O CÃO ETERNO

O CÃO ETERNO

RODNEY HABIB
DRA. KAREN SHAW BECKER
com **KRISTIN LOBERG**

SEXTANTE

Este livro contém orientações e informações relacionadas a saúde veterinária. Ele deve ser usado como complemento, não como substituto das orientações do veterinário, veterinária ou outro profissional apto a trabalhar com saúde animal. Se você sabe ou suspeita que seu animal de estimação tem um problema de saúde, recomenda-se que recorra à orientação de um profissional antes de embarcar em qualquer programa ou tratamento. Todos os esforços foram feitos para garantir a precisão das informações apresentadas neste livro, conforme disponíveis até a data de sua publicação. A editora e os autores não se responsabilizam por quaisquer resultados de natureza médica que possam advir da aplicação dos métodos sugeridos neste livro.

Título original: *The Forever Dog*

Copyright © 2021 por Rodney Habib e Karen Shaw Becker
Copyright da tradução © 2023 por GMT Editores Ltda.

Todos os direitos reservados. Nenhuma parte deste livro pode ser utilizada ou reproduzida sob quaisquer meios existentes sem autorização por escrito dos editores.

tradução: Rita Paschoalin

preparo de originais: Beatriz Ramalho

revisão: Luis Américo Costa e Pedro Staite

revisão técnica: Sylvia Angélico e Vanessa Fermino

diagramação e adaptação de capa: Ana Paula Daudt Brandão

foto da p. 51: cortesia Museu de Israel | Gary Lee Todd | Wikimedia Commons

capa: Pete Garceau

imagens de capa: cortesia Pete Garceau e © Getty Images

impressão e acabamento: Lis Gráfica e Editora Ltda.

CIP-BRASIL. CATALOGAÇÃO NA PUBLICAÇÃO
SINDICATO NACIONAL DOS EDITORES DE LIVROS, RJ

H123c Habib, Rodney
O cão eterno / Rodney Habib , Karen Becker ; [tradução Rita Paschoalin]. - 1. ed. - Rio de Janeiro : Sextante, 2023.
448 p. : il. ; 23 cm.

Tradução de: The forever dog
Apêndice
ISBN 978-65-5564-555-2

1. Cães - Doenças. 2. Saúde - Cães. I. Becker, Karen. II. Paschoalin, Rita. III. Título.

22-81381
CDD: 636.7083
CDU: 636.7:619

Gabriela Faray Ferreira Lopes - Bibliotecária - CRB-7/6643

Todos os direitos reservados, no Brasil, por
GMT Editores Ltda.
Rua Voluntários da Pátria, 45 – Gr. 1.404 – Botafogo
22270-000 – Rio de Janeiro – RJ
Tel.: (21) 2538-4100 – Fax: (21) 2286-9244
E-mail: atendimento@sextante.com.br
www.sextante.com.br

Para Sammie, Reggie e Gemini,
nossos primeiros professores

Sumário

Nota dos autores — 9
INTRODUÇÃO: O melhor amigo da humanidade — 11

PARTE I
O cão moderno e adoentado: *Uma breve história*

1 Doente pra cachorro — 27
2 Nossa evolução compartilhada com o cachorro — 51
3 A ciência do envelhecimento — 75

PARTE II
Os segredos dos cães mais velhos do mundo: *A longa história*

4 Rejuvenescendo por meio da dieta — 123
5 A tripla ameaça — 173
6 O impacto ambiental — 201

PARTE III
Parentalidade canina na criação de um Cão Eterno

7 Hábitos alimentares para uma vida longa e saudável — 231
8 Hábitos suplementares para uma vida longa e saudável — 271
9 Medicina em forma de refeições personalizadas — 301
10 O "OGS" em D.O.G.S. — 367

Epílogo — 413
Agradecimentos — 417

Apêndices

Exames recomendados ... 421
Análise nutricional de uma refeição com carne bovina ... 425
Análise nutricional de refeição com carne de peru e suplementos ... 431
Vinte perguntas para o criador de filhotes ... 435
Recursos adicionais ... 441
Comida canina "com suplementação" ... 443

Notas ... 447

Nota dos autores

Este livro contém muitas referências na forma de citações de fontes primárias e secundárias, além de links para fontes adicionais. No entanto, você não vai encontrá-las nestas páginas. Por quê? Bom, elas são numerosas demais para serem incluídas aqui. É uma avalanche de notas. Portanto, com o intuito de diminuir o custo e o tamanho do livro para você, querido leitor ou leitora, nós decidimos publicá-las (em inglês) no site www.foreverdog.com. Assim todos saem ganhando, já que conseguimos poupar algumas árvores e tornar o livro mais acessível. Além disso, vamos atualizar nossas referências sempre que possível, de uma forma dinâmica – adicionando outras à medida que novas descobertas científicas surgirem. Não deixamos pedra sobre pedra nesse departamento, incluindo sólidos dados científicos e históricos na defesa de nossas afirmações e declarações mais categóricas que vão de encontro ao dogma estabelecido. Tudo neste livro, incluindo argumentos que podem parecer chocantes, pode ser corroborado por evidências indiscutíveis. A lista de referências é sua chave mágica para desbancar a desinformação no mundo dos cuidados com os animais de estimação, aprendendo a verdadeira ciência e se equipando com as ferramentas necessárias para ajudar seu cachorro a ter uma vida melhor e mais duradoura.

INTRODUÇÃO
O melhor amigo da humanidade

Estamos só levando um ao outro para casa...
– Ram Dass

*... e esperamos que seja uma
longa caminhada.*
– Dra. Becker e Rodney

O Dr. Curtis Welch estava preocupado. Nos últimos meses de 1924, à medida que o inverno avançava devagar em Nome, uma cidadezinha no Alasca, ele percebeu uma tendência perturbadora: um aumento nos casos de amigdalite e de doenças inflamatórias da garganta. A pandemia de gripe ocorrida entre 1918 e 1919, que matara pouco mais de mil pessoas em seu estado, ainda estava fresca na memória de todos, mas aquilo era diferente. Alguns casos pareciam difteria. Em seus dezoito anos de trabalho na região, ele nunca havia se deparado com essa infecção contagiosa – causada por uma linhagem de bactérias produtoras de toxinas – que podia ser fatal, especialmente em crianças. A difteria era conhecida como "o anjo estrangulador de crianças": ela causa o bloqueio da garganta por uma camada de matéria rígida e espessa que dificulta muito a respiração. Sem tratamento, a morte por sufocamento é sempre uma possibilidade.

Em meados de janeiro do ano seguinte, não havia dúvidas de que ele estava lidando com um surto da temível doença, sem qualquer tratamento ao seu alcance. Crianças começaram a morrer. Atendendo a um pedido seu, as autoridades fecharam todas as escolas, igrejas, cinemas e hospedarias, e aglomerações públicas foram proibidas. Ninguém mais tinha autorização para circular pelas ruas; apenas carteiros e pessoas que precisavam resolver algo urgente e inadiável podiam transitar livremente. Os moradores da cidade passaram a manter em quarentena os familiares possivelmente infectados. Apesar de essas medidas ajudarem, o Dr. Welch só conseguiria salvar as cerca de 10 mil pessoas do lugar se obtivesse o soro antitoxina. A cura, contudo, se encontrava a mais de 1.500 quilômetros de distância, na cidade de Anchorage. E, como não era possível atravessar as enseadas congeladas nem viajar num avião de cabine aberta em temperaturas abaixo de zero, a distância parecia cada vez maior.

Cães de trenó e seus condutores foram convocados para participar da Grande Corrida da Misericórdia, um revezamento ininterrupto, ao longo de cinco dias e meio, que cobriu mais de mil quilômetros de vastidão selvagem, cursos de água congelados e tundra descampada para levar o soro milagroso até Nome. Dois huskies siberianos, chamados Balto e Togo, se destacaram como as estrelas da aventura. Na maior parte do tempo, eles se guiavam pelo olfato, mais do que pela visão, para enfrentar quilômetros de fortes e ofuscantes nevascas – uma jornada arriscada que hoje em dia integra o roteiro da icônica corrida anual de trenós *Iditarod Trail*. Essa história é apenas uma entre muitas que provam como os cachorros são incríveis e como humanos e cães têm se ajudado mutuamente desde que se apaixonaram, há milhares de anos.

Já faz quase um século que a corrida do soro salvou Nome, e, como a vida é cheia de ironias, escrevemos este livro enquanto outra pandemia se espalhava pelo planeta. A sociedade segue em busca de uma versão moderna dos cães de resgate para nos salvar de um inimigo invisível que se mostrou fatal para muitas pessoas. É pouco provável que um cão de trenó distribua antissoro hoje em dia (mas não ficaríamos surpresos se víssemos esses cães sendo usados em áreas remotas mais uma vez para levar tratamento e vacinas contra a covid-19), mas, sem dúvida, nossos cães têm atuado como um outro tipo de antídoto, nos ajudando a enfrentar a pandemia do coronavírus. Mais da metade das casas nos Estados Unidos tem animais de estimação, com o número de cães superando o de gatos. Segundo algumas estimativas, 12% dos adultos com filhos abaixo de 18 anos adotaram animais durante a pandemia, em comparação a 8% de todos os adultos. Ter um pet é uma tendência crescente, e nós achamos que ela veio para ficar.

Para muitos donos e donas de cães,* os pets são os responsáveis por garantir breves momentos de paz durante caminhadas longas e renovadoras e são sempre fontes de abraços e beijos dentro de casa. Eles proporcionam um conforto incomparável, aconchego e amor incondicional – uma distração das péssimas notícias e uma centelha de esperança no futuro. Em algumas comunidades pequenas, cães "de adega" e cães "de cervejaria" passaram a entregar bebidas na casa dos clientes, e cientistas andam treinando algumas raças para detectar pessoas doentes nos aeroportos.

A pandemia ressaltou a importância dos cães em nossa vida e o papel deles em ajudar a humanidade a seguir em frente e, por assim dizer, a *sobreviver*. Assim como eles dependem de nós para necessidades vitais, nós confiamos neles para inúmeras coisas. Nossos pets nos tornam pessoas melhores física, mental e emocionalmente e até – há quem não hesite em afirmar – profissionalmente (muitas empresas hoje em dia mantêm um *office dog* como empregado). Já foi provado que ter um cachorro aumenta a longevidade dos humanos. Evidências cada vez mais sólidas vinculam cães à boa saúde, e não só por eles ajudarem a diminuir os níveis de estresse e a sensação de solidão. Estudos mostram que os cães nos ajudam a nos manter ativos, auxiliam na redução da pressão arterial e do risco de ataque cardíaco e de derrame, elevam a nossa autoestima, nos incentivam a socializar mais, forçam o contato com áreas externas e com a natureza e desencadeiam a liberação de substâncias poderosas em nosso corpo, capazes de fazer com que nos sintamos seguros, conectados e felizes. Um estudo chegou a revelar que conviver com um cão reduz em 24% nosso risco de morte por *qualquer coisa* (o que a literatura científica chama de "mortalidade por todas as causas"). E para aqueles com problemas cardiovasculares subjacentes, o que só nos Estados Unidos inclui milhões de pessoas, a redução do risco é ainda maior. Em 2014, cientistas escoceses calcularam que ter um cachorro, em particular nas fases mais tardias da vida, pode reverter o relógio do envelhecimento e fazer com que você aja – e se sinta – como se tivesse dez anos a menos. Aprendemos, também, que os cães podem ajudar as crianças a

---

* Nós entendemos que as pessoas utilizam termos diferentes para se referirem ao seu relacionamento com o animal de estimação: "pai/mãe de pet", "dono/dona", "tutor/tutora" e assim por diante. Alguns se incomodam com os termos "pet" ou "dono de cachorro", mas não existe consenso sobre o assunto. Portanto, você pode escolher a terminologia que preferir. Ao longo do livro, usamos termos variados.

desenvolver um sistema imunitário mais forte e os adolescentes a diminuir o estresse típico dessa fase da vida, um período que costuma ser permeado por autoquestionamentos, julgamento dos amigos, expectativas por parte dos adultos e instabilidade emocional.

Os cães nos servem muito bem de diversas maneiras, desde nos ajudar a manter uma rotina mais organizada (afinal, eles precisam ser alimentados e levados para passear) até proteger nossa família e antever o perigo. Eles são capazes de detectar a destruição iminente de um terremoto com minutos de antecedência e de farejar no ar mudanças ambientais que sinalizam a chegada de uma tempestade mais violenta ou de um tsunâmi. Os sentidos aguçados os transformam em excelentes ajudantes para a polícia, identificando criminosos, drogas ilícitas e explosivos, além de conseguirem localizar pessoas em cativeiro ou, pior, mortas. Com seu olfato aguçado, os cães são capazes de farejar o câncer, níveis perigosamente baixos de açúcar no sangue de diabéticos, gravidez e, em situações mais recentes, covid-19. E, além disso tudo, eles podem ser uma fonte surpreendente de reflexão e inspiração. Alguns pesquisadores sugerem que os cães, na verdade, apresentaram Darwin ao estudo sistemático da natureza e o ajudaram a moldar a abordagem científica em seus anos de formação. (Polly, uma esperta terrier, costumava ficar aninhada numa cesta ao lado da lareira, perto da mesa de Darwin, no escritório em que ele escreveu sua obra-prima, *A origem das espécies*. Darwin falava com Polly diante da janela enquanto ela latia e ele fazia piadas sobre as "pessoas travessas" lá fora. Polly se tornou um modelo para as ilustrações no último livro de Darwin, de 1872, *A expressão das emoções no homem e nos animais*.)

Mas nem todas as notícias são fofinhas como um filhote. Levando em conta apenas a nossa geração, segundo algumas comparações, temos testemunhado um declínio na longevidade canina, em especial no que diz respeito a cães com pedigree. Entendemos que essa é uma declaração ousada e controversa, mas continue conosco. Embora muitos cães estejam, de fato, vivendo mais tempo, assim como as pessoas, mais do que nunca temos cães morrendo de forma prematura por doenças crônicas. O câncer é a principal causa de morte de cães mais velhos, seguido de perto pela obesidade, pela degeneração de órgãos, pelas doenças autoimunes e pela diabetes. (Cães mais jovens têm mais chances de morrer de trauma, de doenças congênitas e infecciosas.) Conhecemos inúmeros pais e mães desesperados para manter seus cães em sua vida pelo maior tempo possível (talvez não "eternamente", mas, pelo menos, com a maior expectativa de vida saudável possível ou com a maior expectativa de saúde. "Expectativa de vida" e "expectativa de saúde" são dois termos importantes e distintos; vamos diferenciá-los em breve).

Vamos deixar explícito desde o início: não temos o objetivo de ensinar você a manter seu cachorro vivo literalmente para sempre. Tampouco vamos resolver todo e qualquer problema de saúde neste livro – há muitas variáveis e combinações possíveis de condições de saúde em todos os tipos de cão para que seja possível tratar com precisão cada possibilidade (mas você pode encontrar uma porta de entrada para a solução individual dos problemas de seu animal de estimação em nosso site, www.foreverdog.com, em inglês). O objetivo deste livro é oferecer um alicerce sustentado pela ciência para a criação otimizada de cães e fazer com que você possa adaptá-lo a suas circunstâncias específicas. E o propósito de chamar este livro de *O Cão Eterno* é tanto metafórico quanto ambicioso. Nós nos empenhamos para que nossos cães tenham uma vida leve e vibrante até o fim – independentemente de quando isso aconteça. Na morte, eles também permanecem conosco, afinal nossos cães estão para sempre em nosso coração e nossa memória, mesmo depois que já deixaram este planeta. Seu cachorro encontrou um lar eterno ao seu lado e você quer aproveitar isso ao máximo.

Cão Eterno (kɐu i'tɛʀnu): Mamífero carnívoro domesticado, descendente da linhagem do lobo-cinzento, que vive uma vida longa e vigorosa, livre de doenças degenerativas, em parte por causa das escolhas conscientes de seus humanos e das sábias decisões que lhe conferem saúde e longevidade.

O interessante é que, até a Segunda Guerra Mundial, não considerávamos nossos animais de estimação parte da família. Em 2020, geógrafos historiadores que analisam o relacionamento entre humanos e animais finalmente descobriram isso enquanto examinavam lápides no Hyde Park, na Inglaterra, que chegam a datar de 1881. O parque londrino abriga um cemitério secreto de animais de estimação. Depois de coletar dados em 1.169 lápides datadas de 1881 a 1991, eles descobriram que, antes de 1910, apenas três lápides – menos de 1% do total examinado – referiam-se ao animal como membro da família. Mas, depois da guerra, quase 20% das lápides os descreviam como membros da família e 11% delas tinham sobrenome. Os zooarqueologistas, como são chamados esses pesquisadores, também perceberam um aumento no número de covas de gatos conforme as datas avançavam. E em 2016, pela primeira vez, Nova York legalizou o enterro de animais de estimação ao lado de seus donos em cemitérios humanos. Se nossos pets merecem um lugar no céu ao nosso lado, então também merecem um lugar – e uma vida – ao nosso lado na Terra.

Nossa missão é incentivar as dezenas de milhões de donos de cães, e qualquer pessoa que tenha a esperança de se tornar um deles, a mudar a forma como cuidam de seus animais e, assim, melhorar o bem-estar deles, manter sua saúde em dia e, basicamente, aumentar a expectativa de vida dos cães ao redor do mundo. Eles merecem viver livres das doenças crônicas, da degeneração e da deficiência. Essas não são condições inevitáveis vinculadas à idade (nem mesmo entre nós!). Porém, alcançar esse objetivo requer uma mudança de mentalidade enquanto conduzimos você por uma empolgante viagem, embasada na ciência, por todos os fatores fundamentais que podem ajudar a prolongar a expectativa de vida dos cães. Abordamos alguns detalhes científicos, mas prometemos facilitar as coisas. A pesquisa que incluímos neste livro tem o objetivo de educar, inspirar e oferecer os dados e o contexto para que você se sinta confortável para fazer mudanças importantes em seu estilo de vida e maximizar a saúde e a longevidade de seu cão. Dependendo de quão familiares ou estranhos alguns desses conceitos de bem-estar forem para você, nossas recomendações podem parecer desanimadoras, então providenciamos várias opções de pequenos passos que podem ser incorporados à sua rotina, levando em consideração sua capacidade de adaptação, seus horários e sua condição financeira. Todos os dias lidamos com perguntas vindas de uma grande variedade de pessoas em busca de dicas e soluções para maximizar a qualidade de vida de seus animais de estimação, e sabemos que nosso público é amplo e diverso na mesma medida em que é atento e comprometido. Podemos ter origens e experiências diferentes, mas, quando se trata de nossos cães, todos temos os mesmos objetivos.

Tentamos encontrar um ponto de equilíbrio entre falar para aqueles que precisam de uma ajudinha e falar para aqueles em busca de questões científicas mais complexas. Se houver algo difícil de compreender, siga em frente e não se preocupe; os exercícios práticos vão fazer sentido até o final do livro. Acreditamos que você vai adquirir bastante conhecimento, mesmo que dê só uma olhadinha na ciência mais pesada, e, ao longo do caminho, também vamos compartilhar nossas dicas práticas. Seria negligente não descrever a biologia por trás dos fatos fascinantes da existência de nosso cão (e da nossa também). Da mesma forma, seríamos irresponsáveis se evitássemos conversas difíceis e sensíveis. Por exemplo, todos sabemos, gostemos ou não, que atualmente o peso é um assunto muito discutido na área da saúde. Aqueles quilos extras são um tabu que muitos médicos – incluindo veterinários – não gostam de abordar no consultório. É desagradável e desconfortável. É o tema incômodo que gera constrangimento. Mas essa conversa é necessária. Não estamos apontando dedos; de novo, estamos oferecendo soluções. Quando o excesso de peso afeta a saúde, é como se corrêssemos desengonçados carregando um objeto cortante. Nenhum de nós deixaria nosso cão correr com uma lâmina na boca, correto? Se existe uma lição que você vai aprender muitas vezes, é esta: **Coma menos, tenha uma alimentação mais natural e se mexa cada vez mais.** Essa é uma verdade que serve tanto para você quanto para seu cão. E é o maior ensinamento que há nestas páginas. E, apesar de termos acabado de revelar todo o propósito do livro em pouco mais de dez palavras, você não pode fechá-lo ainda, porque precisa saber *como* e *por que* você e seu cachorro vão comer menos, ter uma alimentação mais natural e se mexer mais. Sabendo *como* e *por quê*, o *fazer* acontece automaticamente.

Vivemos numa época muito interessante, graças à velocidade da tecnologia e à sabedoria adquirida acerca dos mamíferos ao longo do último século. Nossa compreensão do que acontece no interior de nossas células tem crescido de modo exponencial e estamos entusiasmados para apresentar esse novo conhecimento com um ótimo objetivo em mente: ajudar nossos queridos cães a se desenvolverem da melhor maneira possível ao nosso lado.

Muitas de nossas lições desbancam mitos e práticas costumeiras, em especial no que diz respeito à dieta e à nutrição. Como muitos humanos, inúmeros cães comem demais e estão subnutridos. Sabemos que consumir alimentos ultraprocessados em todas as refeições não é uma boa ideia. Isso é bem óbvio. O que não se discute tanto é o fato de que a maior parte da comida comercial feita para animais de estimação não passa disso – um cardápio ultraprocessado. Por favor, não se sinta tão chocado ou enganado. Você não é o único que não sabia. Mas nem tudo é notícia ruim, pois – assim como ocorre com a comida ultraprocessada que você aprecia em sua vida (de preferência, com moderação) – não é necessário eliminar completamente as marcas comerciais de ração da alimentação de seu cachorro. É possível dá-las com moderação seguindo as orientações que oferecemos, bem como escolher em que proporção substituir o alimento industrializado por opções mais naturais.

> **Quanto mais natural, melhor:** refeições de verdade (feitas em casa, comercializadas cruas ou levemente cozidas, liofilizadas ou desidratadas) são opções muito menos adulteradas e, quando comparadas à ração e à comida enlatada, entram na categoria "mais naturais". Chamamos todas essas opções menos processadas de "alimentação mais natural" e vamos mostrar como incluí--las na dieta do seu cão.

Dito isso, tudo começa com a comida, mas não para por aí. Muitos cães praticam exercícios adequados e, ao mesmo tempo, são sobrecarregados com o impacto das toxinas do ambiente e com os efeitos de nosso estresse tóxico e implacável. Vamos discutir, também, maneiras de começar a entender o passado e o presente genéticos de seu cão e a utilizar essa informação para alavancar uma criação proativa e mitigar os efeitos, por exemplo, de uma genética menos favorável.

Práticas de reprodução ao longo do último século alteraram de forma radical muitos de nossos cães – alguns para melhor, mas, infelizmente, muitos para pior. Com certeza, a domesticação gerou orelhas flexíveis e genes mais dóceis; todavia, o cruzamento desenfreado e desestruturado também realçou genes recessivos e criou supressões genéticas e pools genéticos limitados. Essas circunstâncias têm contribuído para "falhas de raça" que geram animais geneticamente frágeis. Um terço dos cães da raça pug não consegue caminhar direito devido a "cruzamentos pela estética", o que leva, entre outras coisas, a um risco maior de claudicação e de problemas na medula espinhal. Por causa da "síndrome do reprodutor popular" ocorrida décadas atrás, sete em cada dez Dobermanns carregam um dos genes ou ambos os genes da miocardiopatia dilatada, MCD. (Trata-se de uma disfunção cardíaca na qual o coração perde a habilidade de bombear o sangue devido à expansão e ao enfraquecimento da câmara principal; é um tipo comum de doença cardíaca em humanos também.) A boa notícia é que pode haver uma solução para alterar esse quadro. Os cães são nossos indicadores. Nos últimos cinquenta anos, suas batalhas na área da saúde têm se equiparado às nossas. Eles envelhecem de um jeito semelhante ao nosso, mas com muito mais rapidez, razão pela qual cientistas têm considerado cães como modelos de envelhecimento humano. Ao contrário de nós, no entanto, nossos animais de estimação não são capazes de tomar decisões relativas à própria saúde. Cabe aos seus cuidadores (ou donos e donas, tutores e tutoras, ou qualquer termo que você use para se referir ao seu papel na vida de seu cão) fazer escolhas inteligentes que gerem saúde e vitalidade duradouras. Mostraremos como e faremos isso da forma mais prática e viável possível.

Na Parte I, vamos começar com uma análise abrangente da quase extinção do cão saudável nos tempos modernos, enriquecendo a discussão com uma perspectiva impressionante de nossa evolução compartilhada. É possível que os cães tenham explorado um nicho que eles descobriram nos primórdios da sociedade humana, quando nos persuadiram a trazê-los para perto de nós, a abrigá-los do frio e a alimentá-los.

Em outras palavras, os cães nos aprovaram, não o contrário. Eles confiaram seus cuidados aos nossos ancestrais, que aceitaram e acolheram essa empreitada. Nesses capítulos, descrevemos todos os desafios que os cães enfrentam na atualidade em relação à saúde e ao bem-estar, em grande medida como consequência da confiança depositada em nós, seus cuidadores humanos. E, então, apontaremos soluções.

Na Parte II, vamos mergulhar na ciência e explorar o que se sabe acerca do rejuvenescimento por meio da dieta e do estilo de vida. Você vai aprender como o alimento conversa com os genes, por que a flora intestinal (o microbioma) dos cães é tão importante para a saúde quanto nosso mundo microbiano interno e por que é importante atender às escolhas do cachorro (pelo menos de vez em quando) e respeitar as preferências individuais.

Por fim, na Parte III, vamos revelar a Fórmula D.O.G.S. do Cão Eterno e mostrar como implementar algumas estratégias, em contextos reais, para que seu fiel companheiro tenha uma vida longa e saudável. Vamos equipar você com todas as ferramentas necessárias para adequar nossas recomendações à vida de seu cão e, sobretudo, selecionar as melhores estratégias para manter uma expectativa de vida longeva para ele. Nossa previsão é que você também se transforme. Você vai começar a pensar no que anda comendo, na quantidade de exercícios que está fazendo e se está ou não vivendo num ambiente propício à saúde.

A FÓRMULA DO CÃO ETERNO

- **D**ieta e nutrição
- **O**timização dos exercícios
- **G**erenciamento do estresse e do ambiente
- **S**aúde genética

Com o intuito de tornar tudo bastante simples e prático, cada capítulo se encerra com as Notas para os Entusiastas da Longevidade e com sugestões que você pode tentar implementar imediatamente. À medida que avançarmos, vamos usar algumas expressões-chave em **negrito** e deixar alguns fatos em destaque. Não é necessário esperar até chegar ao Como Fazer mais aprofundado da Parte III; vamos fornecer informações funcionais desde o início para que você possa implementar alterações pequenas, porém significativas, de imediato. Mais uma vez, consideramos que o que você mais procura neste livro são as respostas para os *porquês* da ciência e *como* aplicá-la no dia a dia.

Nosso público amante de animais é diverso. Se uma vida proativa é novidade para você, esperamos que este seja o início de uma amizade longa e saudável, centrada em tudo que pudermos fazer para maximizar o bem-estar de nossos cães à medida que eles envelhecem. O núcleo de nossa comunidade é formado por centenas de milhares de "pais e mães de pet 2.0" – tutores e tutoras capazes e bem informados, que usam métodos conscientes e bom senso na criação e na manutenção da saúde de seus animais. Esses pais e mães de pet comprometidos têm usado estratégias inovadoras ao longo dos últimos dez anos (e muitos deles há bem mais tempo) e têm nos implorado para disponibilizar a sabedoria em torno da longevidade e do bem-estar em um livro que sirva de referência, para que veterinários, amigos e familiares possam encontrar informações pertinentes em um só lugar. Nos deparamos, também, com donos e donas de cães iniciantes que mudam o próprio estilo de vida (incluindo a maneira como cuidam de membros da família). Nosso objetivo é contextualizar as informações o suficiente para que as recomendações façam sentido para os novatos. Além disso, gostaríamos de expor as pesquisas de ponta aos Entusiastas da Longevidade – os *biohackers* sempre em busca de ajustes para melhorar a saúde dos seus cães. Não gostaríamos que essas informações desanimassem os recém-familiarizados com o conceito de saúde proativa; nosso intuito é inspirar. Portanto, siga uma dica por vez e a integre à vida de seu cão de um jeito que funcione para você.

> **Entusiasta da Longevidade:** alguém que procura segredos diários que possam aumentar a expectativa de saúde – o tempo de vida livre de doenças, de disfunções e de deficiências – com estratégias básicas aplicadas às escolhas de vida.

Unimos forças há alguns anos, e nas páginas seguintes você conhecerá nossas jornadas individuais e colaborativas. Como dois amantes de cães dedicados a ajudar cuidadores a navegar pelo confuso mundo da saúde animal, não fazíamos ideia de quão alinhados nossos objetivos estavam cada vez que nos encontrávamos em conferências e palestras. Assim que nos conectamos e formamos uma parceria profissional, percebemos que tínhamos a oportunidade de realizar um sonho em comum: renovar a mentalidade coletiva acerca dos cães e de sua saúde. Sabíamos que a tarefa seria desafiadora; na verdade, ao longo dos últimos anos temos ido a muitas partes do mundo, reunindo as informações mais atualizadas sobre saúde, doenças e longevidade caninas. Entrevistamos geneticistas, microbiologistas, oncologistas, especialistas em doenças infecciosas, imunologistas, dietistas e nutricionistas, historiadores de cães e clínicos de ponta, coletando dados atualizados que pudessem contribuir para nossa missão. Também falamos com os donos e donas dos cães mais velhos do mundo para descobrir o que haviam feito – e o que não haviam feito – para possibilitar que seus companheiros chegassem aos 20 anos e, em alguns casos, aos 30 (o equivalente a um humano muito idoso, com 110 anos ou mais, conhecidos como "supercentenários"). O que descobrimos tem o potencial de revolucionar para sempre o mundo dos animais de estimação. As informações reunidas neste livro – muitas das quais vão surpreender e motivar você – aumentarão a longevidade de cães em todos os lugares. E, talvez, até a sua. Como gostamos de dizer: "Um cão saudável influencia a saúde de seu tutor."

A medicina veterinária está atrasada cerca de vinte anos em relação à humana. A pesquisa em torno dos últimos senolíticos (compostos anti-idade) vai acabar respingando em nossos animais. Mesmo assim, não queremos esperar. Há, ainda, aspectos cruciais da saúde canina que não são parte das principais discussões; entretanto, isso está mudando, graças ao conceito de Saúde Única – uma abordagem que reconhece que a saúde dos humanos está intimamente conectada à saúde dos animais e ao ambiente compartilhado. A Iniciativa da Saúde Única não é uma novidade, mas sua importância tem crescido nos últimos anos, à medida que médicos, osteopatas, veterinários, dentistas, enfermeiros e cientistas reconhecem que podemos aprender mais uns com os outros por meio de colaborações igualitárias e inclusivas. "Esforços colaborativos de múltiplas disciplinas atuando local, nacional e globalmente com o intuito de otimizar a saúde das pessoas, dos animais e do ambiente" é a definição da Iniciativa da Saúde Única. Portanto, mesmo que uma pesquisa que unifique as medicinas humana e a animal não esteja em evidência, entendemos que estamos no caminho certo. Tratamos muito da saúde humana neste livro porque ela é a base de boa parte da pesquisa sobre nosso companheiro canino, e vice-versa.

Os conceitos e correlações da Saúde Única que discutimos neste livro não são muito difundidos em webnários ou em revistas especializadas em saúde animal; não são discutidos pela maioria dos veterinários ou por muitos donos e donas de cães; nem estão bombando nas mídias sociais... *ainda*. Queremos dar início a essa conversa tão necessária – e provocar uma mobilização. A base de um ser humano saudável (ou adoentado) também se aplica aos cães.

> **Nota Editorial:** Escrevemos este livro de um ponto de vista coletivo, tendo "nós" como autores. Contudo, de vez em quando usamos nossas vozes individuais (Rodney ou Dra. Becker) e, sempre que o fizermos, vai ficar claro qual de nós está escrevendo. Além disso, intercalamos livremente o uso do masculino e do feminino ao nos referirmos ao seu animal de estimação.

O bem-estar físico e emocional de nossos cães é moldado pelas escolhas que fazemos para eles. E, por sua vez, o bem-estar deles tem impacto sobre o nosso. A guia é uma via de mão dupla. Durante séculos, seres humanos e caninos têm usufruído de uma conexão simbiótica, cada um afetando e enriquecendo a vida do outro. À medida que o mundo da pesquisa médica fica mais global, as escolhas em torno da saúde canina se tornam tão amplas quanto aquelas em torno da saúde humana. É preciso fazer escolhas sábias para, assim, proporcionar uma vida longa e saudável para o seu companheiro.

PARTE I
O cão moderno e adoentado
Uma breve história

1
Doente pra cachorro

Por que nós e nossos companheiros estamos morrendo mais cedo

Os motivos de alguns animais terem vida longa e outros, vida curta, ou, em resumo, as causas da longevidade e da brevidade da vida precisam ser investigadas.
– Aristóteles, "Sobre a longevidade e a brevidade da vida", 350 a.C.

Reggie era um cão destinado a ter uma vida longa, pelo menos em nossa opinião. Aos 10 anos o golden retriever estava indo bem. Nunca tinha sofrido de infecções nos ouvidos, nunca precisara limpar os dentes, nunca tivera alergias ou dermatite nem apresentara *qualquer um* dos sintomas típicos da meia-idade ou da velhice que atormentam tantos cães. Seu corpo funcionava com perfeição e ele ia ao veterinário de seis em seis meses para "exames de rotina". Seus exames de sangue semestrais também eram perfeitos, incluindo os índices que monitoram problemas do coração. Reg não teve um único problema de saúde a vida inteira, e que vida boa era aquela, tendo Rodney como pai. No dia 31 de dezembro de 2018, ele se recusou a tomar café da manhã, um sinal evidente de que alguma coisa estava errada. Menos de duas horas depois, passou mal: hemangiossarcoma cardíaco, um câncer que afeta os vasos sanguíneos em torno do coração. A mudança de saudável para mortalmente doente foi repentina, inesperada e traumática demais. Ele se foi em menos de um mês.

A dor causada pela partida chocante de Reggie foi agravada pelo fato de que Sammie, a pastora branca de Rodney, era uma cadela que, como todo mundo sabia, morreria – algum dia – em consequência de uma doença genética. Quatro anos antes, Sam havia sido diagnosticada com mielopatia degenerativa, a temível disfunção hereditária que paralisa as vítimas a partir dos membros posteriores. Contrariando todas as expectativas, ela lutou com sucesso contra o diagnóstico e manteve o funcionamento do corpo, graças à terapia física intensiva diária e a inovadores protocolos neuroprotetores instituídos logo após a identificação do problema. Mas tudo mudou quando o companheiro morreu. Os dois eram melhores amigos e, assim que Reggie se foi, Sammie deu indícios de que também tinha desistido. Depois da morte dele, o problema de Sam se agravou com muita rapidez, deixando Rodney com o coração duplamente despedaçado.

A partida de Reggie e de Sam parou a vida de Rodney, do jeito que só a morte consegue fazer. Uma perda irreparável não se limita a tirar a pessoa do prumo e a deixá-la de joelhos; ela acaba com a vontade de seguir em frente. O sofrimento é ainda mais difícil se o fim for inesperado ou prematuro. No entanto, perda é perda. Psicólogos e terapeutas que lidam com o sofrimento reconhecem que a morte de um companheiro animal querido pode se equiparar à morte de uma pessoa. Existe um "antes e depois" definitivo, sem volta. Nesses momentos, há duas conclusões possíveis: *Não vou mais fazer isso; é doloroso demais.* Ou: *Se eu fizer isso de novo, vou ser mais esperto, vou me preparar melhor e não vou deixar que o problema se repita, pelo menos não do mesmo jeito.* Este livro é para as pessoas que escolhem a segunda opção.

Escrever este livro foi uma espécie de terapia para Rodney e uma evolução pessoal para nós dois, em especial no que diz respeito à forma como enxergamos a genética. Perder cães para a genética não é uma coisa sobre a qual a maioria das pessoas pensa, ainda mais quando se está diante de um filhote fofinho de 2 meses. Ao preencher a ficha da primeira consulta veterinária, ninguém se depara com perguntas semelhantes às que costumam ser feitas quando se vai ao médico pela primeira vez (Qual a causa da morte de seus avós paternos? Qual a causa da morte de seus avós maternos? Existe algum histórico de câncer na família? Você ou algum de seus irmãos e/ou irmãs já foi diagnosticado/a com essa ou aquela doença?). As respostas para essas perguntas seriam muito reveladoras no universo veterinário – mas são impossíveis de conseguir. Descobri-las lançaria uma luz sobre a ocorrência, num período relativamente curto (de maneira geral), de alterações profundas e prejudiciais nos genomas de nossos cães.

O câncer que afetou Reggie é mais comum nos goldens do que em outras raças, em grande medida uma consequência da forma como eles foram cruzados. A maioria dos golden retrievers modernos são carregados de genes que os predispõem a certos tipos de câncer. De modo semelhante, o labrador chocolate vive menos do que outros labradores – 10% menos – devido ao cruzamento seletivo em busca da cor da pelagem, o que, ao mesmo tempo, introduziu genes nocivos. A maneira como a genética (a falta de diversidade, as supressões e as mutações) interfere na saúde geral e nas doenças de um cachorro é tema para livros inteiros repletos de sólidas explicações científicas. Queremos apenas apresentar as regras do caminho para evitar, sempre que possível, os corações partidos pela genética, como foi o nosso caso. Para aqueles que compram filhotes (ou seja, que não adotam ou resgatam), nós temos uma longa lista de perguntas para os criadores, questões que demandam respostas *incrivelmente satisfatórias* antes que você desembolse um centavo sequer. Se pretende comprar um cachorro de um criador, gaste seu dinheiro com genética de ponta.

Aos que não fazem a menor ideia do que está contido no genoma de seus cães (e podem nunca vir a saber, por qualquer que seja a razão), ou que têm um cão geneticamente danificado, oriundo de uma fábrica de filhotes: não desanimem. Entrevistamos alguns dos melhores geneticistas caninos do mundo e todos dizem a mesma coisa: há esperanças, *do ponto de vista epigenético*, de ajudar esses cães a maximizar sua expectativa de saúde, a despeito da terrível genética. Ainda que não sejamos capazes de alterar o DNA de nossos cães, **há uma imensa quantidade de pesquisas que demonstram nossa habilidade de influenciar positivamente e de controlar a manifestação dos genes**, e é disso que este livro trata. Em breve vamos adentrar o mundo mágico da epigenética.

Nosso trabalho como tutores é remover todos os obstáculos que possam diminuir a expectativa de vida dos nossos cães e maximizar a saúde deles. Nosso objetivo é ajudá-los a viver cada dia intensamente e melhorar sua qualidade de vida.

Afinal, por que eles são privados de uma vida livre de doenças e de distúrbios em pleno século XXI, quando temos mais conhecimento veterinário do que nunca? Tudo bem que, em linhas gerais, os humanos sempre vão viver mais do que os cães. Contudo, não deveríamos aceitar a dor de testemunhar a morte prematura de um cão; em alguns casos, várias e várias vezes ao longo da vida, com cães diferentes. Podemos mudar esse quadro? No caso de cães geneticamente danificados, ainda que não possamos prolongar sua permanência conosco, podemos melhorar de maneira significativa sua qualidade de vida enquanto eles estão por aqui? É possível desafiar algumas dessas expectativas negativas? A resposta a todas essas perguntas é um definitivo sim. Hoje em dia, até aqueles cães que ganharam na loteria genética e que não têm genes subjacentes causadores de doenças e de distúrbios são vulneráveis à morte prematura. Isso também pode ser remediado se compreendermos *por quê*. Em primeiro lugar, precisamos dar uma olhada no que está acontecendo entre os equivalentes favoritos dos cães: os humanos.

A extinção do cão saudável

O antigo filósofo e cientista grego Aristóteles era um homem à frente de seu tempo. Embora a maioria de nós pense nele como uma fonte de elevada e esotérica sabedoria nos campos da ética, da lógica, da educação e da política, ele também tinha um vasto conhecimento em ciências naturais e em física, além de ter sido pioneiro no estudo da zoologia, tanto observacional quanto teórica. Aristóteles chegou a escrever sobre os cães e suas muitas personalidades, ressaltando com admiração a longevidade de Argos, o fiel cão de Ulisses no clássico poema épico de Homero. Quando Ulisses retorna ao reino de Ítaca depois de batalhar em Troia por dez anos e de passar outros dez em alto-mar, lutando para chegar em casa, ele surge disfarçado de mendigo com o intuito de testar a lealdade dos amigos e da família. Apenas o velho cão Argos reconhece o mestre, cumprimentando-o com avidez e abanando o rabo, e, pouco tempo depois, morre feliz. Argos havia chegado à casa dos 20 anos.

Os mistérios do envelhecimento são debatidos há mais de 2 mil anos. Aristóteles errou quando pensou que envelhecer tinha alguma coisa a ver com a umidade (de acordo com seu raciocínio, os elefantes viviam mais do que os ratos porque continham mais líquido e, assim, levavam mais tempo para ressecarem), mas ele tinha razão acerca de muitas outras coisas e preparou o terreno para as escolas modernas de pensamento.

Se perguntássemos o que fazer para nos mantermos jovens, levarmos uma vida saudável e ativa, livre de doenças e efeitos colaterais indesejados do envelhecimento, o que você responderia? Talvez alguma ou todas as respostas a seguir:

- Priorizar uma boa nutrição e exercícios regulares para manter o peso ideal, a saúde metabólica e o condicionamento físico.
- Atingir o sono noturno restaurativo.
- Gerenciar o estresse e a ansiedade (com a ajuda de um cão).
- Evitar acidentes, exposição a agentes causadores de câncer e outras toxinas, e infecções mortais.
- Manter-se socialmente ativo, engajado e cognitivamente estimulado (por exemplo, aprendendo coisas novas).
- Escolher pais com genes de longevidade.

É óbvio que a última sugestão está fora de seu controle. Entretanto, se você não nasceu com genes perfeitos (isso não existe), deve ser um alívio saber que os genes não influenciam tanto o quesito expectativa de vida. A ciência enfim chegou a essa descoberta graças a análises de imensos bancos de dados de ancestralidade que só recentemente ficaram à disposição. Novos cálculos apontam que os genes são responsáveis por menos de 7% da expectativa de vida das pessoas – nada dos 20% ou 30% da maioria das estimativas anteriores. Isso significa que a maior parte da longevidade está em nossas mãos e é baseada nas escolhas relacionadas ao estilo de vida – o que comemos e bebemos, a frequência com que nos exercitamos, a qualidade do sono, o tipo de estresse que nos abate (e como lidamos com ele) e até mesmo outros fatores como a qualidade e a força dos relacionamentos e das redes sociais, com quem nos casamos e o acesso a educação e saúde.

Num estudo sobre a expectativa de vida de casais, feito em 2018, envolvendo árvores genealógicas de mais de 400 milhões de pessoas nascidas entre o século XIX e a metade do século XX, os cientistas da Genetics Society of America conseguiram fazer esses novos cálculos. Eles descobriram que os membros de um casal compartilhavam expectativas de vida semelhantes – mais do que entre irmãos. Tal resultado sugere uma forte influência de forças não vinculadas aos genes, uma vez que casais não costumam carregar as mesmas variantes genéticas. Outros fatores que eles tendem a ter em comum, porém, incluem hábitos alimentares e prática de exercícios, uma vida longe de surtos de doenças, acesso a água limpa, alfabetização e a condição de não fumante. Faz sentido: as pessoas tendem a selecionar parceiros que compartilhem um estilo de vida semelhante. É raro vermos uma pessoa tabagista e sedentária comprometida com alguém que goste de se exercitar e não aprecie cigarro. Preferimos passar a vida (e procriar) com pessoas que amem aquilo que amamos, sejam nossas ideologias, nossos valores, nossos hobbies ou nossos hábitos. Esse fenômeno, na verdade, tem um nome: acasalamento preferencial. Tendemos a selecionar parceiros semelhantes a nós.

Todos nós queremos viver saudáveis o maior tempo possível. A maioria dos pesquisadores anti-idade não está em busca da imortalidade. Imaginamos que você também não. O que todos desejamos é uma *extensão da expectativa de saúde*; queremos adicionar uma década ou duas aos dias vibrantes e alegres, e encurtar o período que passamos na "velhice". Em nosso mundo ideal, morremos "de causas naturais", em paz, enquanto dormimos, depois de nossa última e maravilhosa dança. Sem dor. Sem doenças crônicas para gerenciar ao longo de anos ou décadas. Sem recorrer a drogas poderosas para vencer o dia. Queremos o mesmo para nossos companheiros. A boa notícia é que, se a informação for posta em prática, **é possível que a ciência já saiba o suficiente sobre a biologia do envelhecimento a ponto de aumentar a expectativa de saúde de nossos cães em três ou quatro anos**. Isso é muito tempo em anos caninos. No entanto, não há garantias nem podemos afirmar com certeza que, ao pôr em prática determinadas estratégias comprovadamente eficazes, seu cão terá uma expectativa de vida maior.

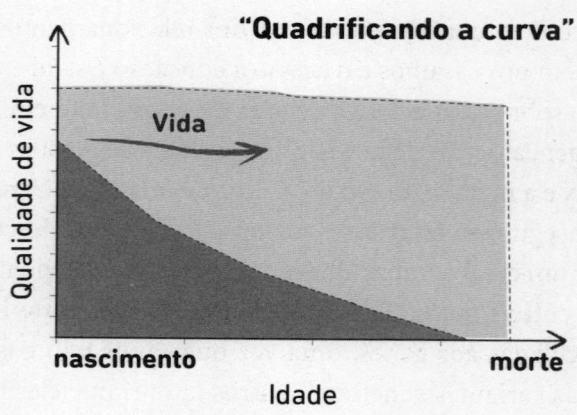

A "quadrificação da curva" ("quadrificar a curva da mortalidade") é um modo de enxergar o aumento da longevidade. Isso significa que o risco de morbidade (a chance de morrer) permanece baixo à medida que se envelhece. Em vez de a pessoa ficar cada vez mais frágil com o avanço do envelhecimento, a boa saúde permanece lá em cima até um curto período antes da morte. "Feliz saudável, feliz saudável, feliz saudável, morto" é como gostaríamos de viver (e de morrer). Isso contrasta radicalmente com aquilo que nos condicionamos a enxergar como inevitável (a linha pontilhada ladeira abaixo): por volta da meia-idade ou na época da aposentadoria, vamos estar às voltas com sintomas físicos que impactam a mobilidade e/ou as funções cerebrais; vai ser preciso tomar uma lista cada vez maior de remédios com o propósito de gerenciar nosso corpo em processo de degeneração; e, então, vamos desenvolver câncer ou mal de Alzheimer, sofrer um ataque cardíaco, ter um derrame ou enfrentar a falência de um órgão, batalhar um pouco e, por fim, morrer. Eca. A ciência nos diz que temos um impacto significativo sobre qual desses dois cenários se desenrola, dependendo das escolhas relativas ao nosso estilo de vida. Mas e quanto aos cães? Nossos animais não podem fazer as melhores escolhas por conta própria, porque nós temos o controle. E não há na atualidade nenhum projeto voltado ao desenvolvimento de uma vida longa e bem vivida para os cães, motivo pelo qual somos tão apaixonados pelo trabalho que fazemos.

Combinando as pérolas de sabedoria que reunimos ao estudar os cães mais velhos do mundo com a pesquisa atualizada em torno da longevidade e com a emergente ciência translacional – a área da ciência que busca estabelecer uma relação melhor entre a pesquisa biomédica e suas aplicações práticas na prevenção e no tratamento de doenças –, esperamos equipar você com o conhecimento necessário para tomar decisões sábias a respeito de seu amigo canino. Ao fazer escolhas cotidianas para seu cão que sejam consistentes e bem embasadas, você se afasta das variáveis de alto risco e da degeneração prematura, porque toma atitudes projetadas com o objetivo de evitá-las. Do ponto de vista estatístico, isso resulta numa expectativa de saúde mais longa.

É óbvio que alguns fatores da longevidade humana não se aplicam à dos cães – os cães não fazem faculdade, não fumam cigarro nem se casam. Além disso, em alguns cães, como vamos ver em detalhes mais adiante, os genes podem pesar um pouco mais na equação da longevidade. Mas va-

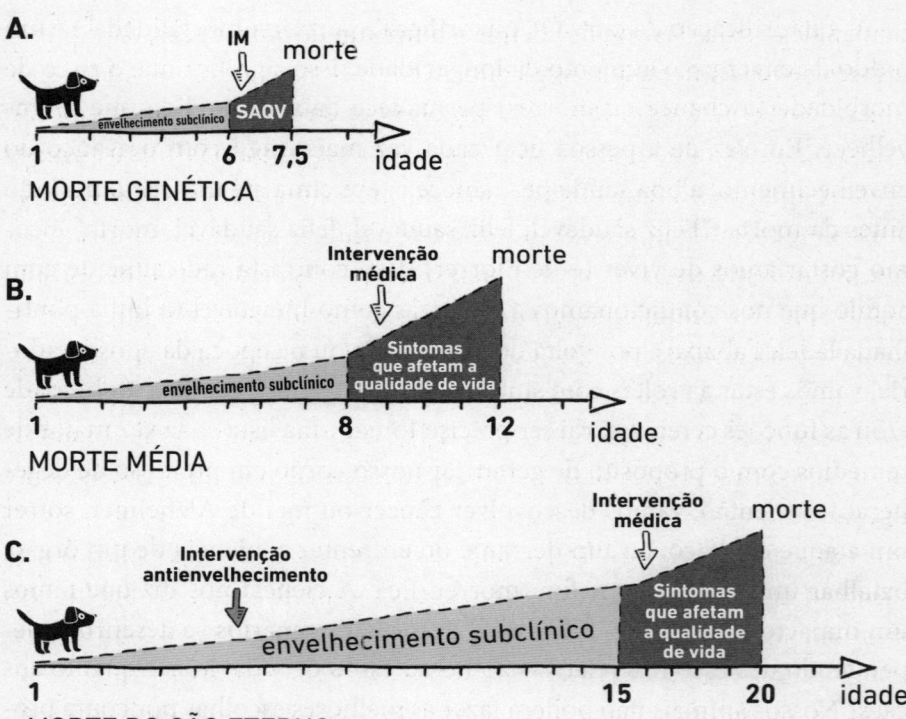

mos deixar o componente genético de lado por enquanto, porque o poder das forças ambientais ofusca o das forças puramente genéticas. Afinal, de acordo com o que vamos apresentar num capítulo posterior, os genes agem *dentro do contexto do ambiente*, e, nesse ponto, há um experimento mental que vale a pena ser considerado. Os cães, de fato, compartilham muita coisa conosco. Vivem em nossas casas, respiram o mesmo ar que nós (e a fumaça que produzimos), bebem nossa água, seguem nossos passos, sentem nossas emoções, comem nossa comida e, às vezes, dormem em nossa cama. É difícil encontrar um animal que compartilhe o ambiente humano como o cachorro. Talvez seja bom imaginar por um instante a sensação de ser o adorado animal de estimação de alguém e de estar à mercê dessa pessoa (com muito prazer): você é alimentado e levado para passear regularmente; a pessoa lhe dá banho, escova seu pelo, o beija e o abraça. Você tem um cantinho favorito para a soneca da tarde; tem brinquedos preferidos e lugares para fuçar e onde fazer cocô. Tem amigos no parque e adora brincar com os companheiros caninos tanto quanto com seu dono. Você gosta, em particular, de se sujar lá fora, de cheirar o bumbum de outros cães, de explorar lugares novos e interagir com os outros.

Em parte, essa descrição traz lembranças da infância, um tempo no qual podíamos confiar num adulto para tomar conta das coisas, limpar toda a bagunça e, acima de tudo, garantir nossa segurança. Quando você era criança, embora pudesse protestar de alguma maneira, não decidia o que comia, em que hora tomava banho ou quantas vezes ia ao parquinho ou à praça. No entanto, fazia tudo isso porque aquele era o seu mundo. Existe uma confiança instintiva, talvez inata, nos pais ou nos tutores. E crescemos com hábitos moldados por essa criação. Hoje em dia, já adulto, é provável que sua saúde (ou a falta dela) seja resultado dos seus hábitos diários, quer eles proporcionem uma vida longa e boa ou o conduzam a doenças crônicas.

Para a maioria de nós, à medida que crescemos e amadurecemos, a maturidade nos torna independentes e aptos a modificar nossos hábitos e a adequá-los a nossas necessidades e preferências. Contudo, nossos cães permanecem para sempre dependentes de nós. Em geral, damos aos cães poucas escolhas. Quando a doença chega, é preciso perguntar: *O que deu errado?*

Faz parte do senso comum o entendimento de que nós, humanos, sofremos cada vez mais dos chamados males da civilização, tais como diabetes, problemas cardíacos e demência, desenvolvidos ao longo do tempo, principalmente, pelas escolhas relacionadas ao estilo de vida (dieta empobrecida, falta de exercícios físicos e assim por diante). Um tsunâmi se avoluma lentamente ao longo dos anos ou das décadas antes de atingir nosso litoral biológico. Apesar de estarmos vivendo mais do que vivíamos há um século, graças sobretudo às melhorias na nutrição, no saneamento e no desenvolvimento de remédios, será que estamos vivendo mais *e melhor*?

Em 1900, de acordo com a Organização Mundial da Saúde, a média global da expectativa de vida era de apenas 31 anos; mesmo nos países mais ricos, ficava abaixo dos 50 anos (nos Estados Unidos, ficava em torno dos 47 anos). Apesar disso, é preciso moderar a importância desses números porque a expectativa de vida "média" no início do século XX era derrubada pelas taxas de doenças infecciosas, em especial entre as crianças, que resultavam em mortes prematuras. Uma vez que os antibióticos se tornaram disponíveis em larga escala e que aprendemos a tratar de várias mazelas, a média da expectativa de vida aumentou de modo significativo. Quando o século XXI chegou, as principais causas de morte e de deficiência não eram mais as doenças infecciosas ou a mortalidade infantil, mas enfermidades não infecciosas – ou doenças crônicas – na idade adulta.

Em 2019, antes de a pandemia distorcer os números, a média da expectativa de vida se aproximava dos 79 anos nos Estados Unidos e chegava aos 84,5 no Japão. Mas perceba uma coisa: menos de 50% das pessoas que vivem nos Estados Unidos hoje passam dos 80 anos, e dois terços delas vão morrer de câncer ou de doença cardíaca, enquanto muitos da "metade sortuda" que passam dos 80 anos sucumbirão à sarcopenia (perda de tecido muscular), à demência ou ao mal de Parkinson. Além disso, nos últimos tempos nossa expectativa de vida está declinando por motivos que vão além dos efeitos da pandemia de covid-19. Os números mostram uma diminuição (e, de certa forma, uma pausa total) em nossa habilidade de prolongar a qualidade de vida. No século passado, tivemos avanços imensos no aumento dos níveis de expectativa de vida. Porém nossa maior meta atual, em grande medida autoimposta, é aumentar os esforços voltados ao prolongamento de uma existência saudável. É inevitável que a idade desgaste nosso corpo; entretanto, cada vez mais sucumbimos a condições que podem muito bem ser evitadas e que acabam resultando em doenças crônicas e incuráveis.

Não precisa ser assim. Cânceres, problemas cardíacos, disfunções metabólicas (como resistência à insulina e diabetes) e doenças degenerativas, como o mal de Parkinson e o mal de Alzheimer, ainda são raros em muitas partes do mundo, incluindo pequenas regiões de países modernizados. Nessas "zonas de alta longevidade", conhecidas como Zonas Azuis, cerca de três vezes mais pessoas chegam aos 100 anos ou mais, mantendo a boa memória e a saúde por muito mais tempo do que nós.* Em 2019, um dos

---

* O termo "Zonas Azuis" surgiu pela primeira vez em novembro de 2005, na matéria de capa da *National Geographic* "Os segredos de uma vida longa", de Dan Buettner. O conceito ultrapassou o trabalho demográfico feito por Gianni Pes e Michel Poulain, apresentado no ano anterior no periódico *Experimental Gerontology*. Pes e Poulain tinham identificado a província de Nuoro, na Sardenha, como a região com maior concentração de homens centenários do mundo. Para destacar o conjunto de vilas com as maiores taxas de longevidade, os dois demógrafos desenhavam círculos concêntricos azuis no mapa. Eles passaram a se referir às áreas destacadas como "Zonas Azuis". Buettner, então, ampliou o uso do termo, em conjunto com Pes e Poulain, à medida que o grupo localizava outras áreas de longevidade pelo mundo, incluindo: Ikaria, na Grécia; Okinawa, no Japão; Loma Linda, na Califórnia; e a península de Nicoya, na Costa Rica.

periódicos médicos de maior prestígio, *The Lancet*, publicou um estudo alarmante declarando que, na atualidade, um quinto das mortes no mundo inteiro se deve exclusivamente à dieta. As pessoas comem açúcar, alimentos refinados e carne processada em quantidades exageradas, e isso contribui para os males da nossa civilização moderna. E o problema não está só nos ingredientes, mas nas porções. Hoje em dia, os alimentos costumam ser preparados para o consumo excessivo. Como já observamos, nos tornamos superalimentados, porém desnutridos. Vamos ver que o mesmo se aplica a muitos de nossos cães. Na Inglaterra, um estudo envolvendo 3.884 cães na primeira "consulta veterinária de rotina" revelou que 75,8% deles tiveram um ou mais problemas de saúde diagnosticados.

Como todos nós sabemos, a obesidade tem se tornado um grande problema em boa parte do mundo, em especial nos países desenvolvidos e com renda alta. Empregamos essa palavra com delicadeza e com boas intenções. Consciência pode gerar atitude. A despeito dos trilhões de dólares gastos em pesquisa e no desenvolvimento de medicamentos, sabemos que o risco de desenvolver câncer, doenças cardiovasculares e males degenerativos continua a crescer e está perigosamente vinculado ao excesso de peso. E quanto aos nossos cães? Eles também andam acumulando quilos; mais da metade dos animais de estimação nos Estados Unidos tem sobrepeso ou é obesa. Muitos fatores contribuem para o ganho de peso excessivo de nossos pets, mas saber que, em menos de 60 anos, a indústria de alimentos para animais de estimação se transformou numa máquina de fast-food de 60 bilhões de dólares ajuda a entender boa parte do problema.

Cães com excesso de peso (incluindo os obesos) estão sendo avaliados há muitos anos, e as duas maiores causas dessa grave situação parecem ser (1) como e o que eles comem e (2) a quantidade de exercício que praticam. Curiosamente, um estudo holandês de 2020, envolvendo pouco mais de 2.300 donos de cães, revelou que a "parentalidade permissiva" gera cães com sobrepeso e obesos, do mesmo modo que a parentalidade permissiva no mundo dos humanos tem relação com o sobrepeso (e com o mau comportamento) em crianças. Nesse estudo, os cuidadores de cães com sobrepeso eram mais propensos a vê-los como "bebês" e a permitir que eles dormissem na cama, ao mesmo tempo que deixavam de priorizar dieta e exercícios. Esses cães com sobrepeso eram também mais propensos a "vários comportamentos indesejáveis", como latir, rosnar, avançar em estranhos, ter medo do ambiente externo e ignorar comandos.

Ao contrário do que diz o senso comum, **os cães não têm necessidade de carboidratos, e o saco médio de ração à base de cereais costuma ter mais de 50% de carboidratos, oriundos em grande medida do milho e da batata, que aumentam os níveis de insulina**. É basicamente diabetes num pote de ração, acrescido de "cidas" (pesticidas, herbicidas e fungicidas). Além de ser rico em carboidratos, o milho eleva rapidamente os níveis de açúcar no sangue dos cães e é alvo de muitos agrotóxicos – 30% de todos os produtos químicos agrícolas usados nos Estados Unidos são direcionados ao milho. Rações sem cereais tampouco se saem bem, contendo cerca de 40% de açúcares e de amidos, em média. Não se engane com os rótulos dos "sem cereais" que parecem ser sinônimo de "saudável". Algumas rações sem cereais têm tanto amido quanto qualquer outra comida comercial para animais de estimação. As condutas adotadas na rotulagem de comida para animais rivalizam com as armações comuns em nossos supermercados, como logo vamos ver. Uma dieta carregada em amido prepara o terreno para doenças degenerativas que podem ser evitadas se optarmos por alimentos metabolicamente menos estressantes.

Apoiamos uma dieta com o mínimo possível de comida processada, uma alimentação natural e saudável (e vamos definir exatamente o que isso significa), com variedade, como você gostaria de comer. **Substituir apenas 10% da comida processada diária (a ração) por comida natural gera mudanças positivas na saúde de um cão**, então não precisamos de uma mentalidade tudo-ou-nada quando se trata de melhorar a vida de nossos cães. Você pode mudar apenas os petiscos que oferece à sua bola de pelos e assim atingir essa mudança na casa dos 10%: troque os petiscos industrializados que ninguém teria coragem de experimentar por alguma coisa que você comeria, como um punhado de mirtilos ou pedacinhos de cenoura crua. Cada pequeno passo pode resultar em benefícios significativos à saúde como um todo. Vamos fazer isso de uma forma prática e econômica para que possa se encaixar na rotina. Assim que compreendemos o poder dos alimentos, vem a motivação para mudar os hábitos, e os capítulos posteriores deste livro estão repletos de dicas passo a passo.

A comida é uma das maneiras mais poderosas de construir ou de destruir a saúde de nossos companheiros (e a nossa); ela pode nos curar ou prejudicar nossa saúde. E não é possível implementar outras medidas com a intenção de compensar o alimento de baixa qualidade – seria o mesmo que tomar complexos multivitamínicos, mas continuar ingerindo fast-food todos os dias. Não dá para compensar o vício em refrigerante tomando sucos *detox*.

Assim como acontece com a maioria dos estudantes de medicina, estudantes de medicina veterinária não recebem cursos aprofundados de nutrição em sua formação. Entretanto, muitos profissionais têm abandonado a noção de que "não importa como alguém alimenta o cachorro com câncer, desde que ele coma" e reconhecido que as escolhas alimentares têm um papel central na resposta imunitária e na recuperação de enfermidades. A nutrigenômica, ou o estudo da interação entre a nutrição e os genes, em especial no que se refere à prevenção e ao tratamento de doenças, é um elemento-chave na saúde de todos os cães. A nutrigenômica oferece aos cães a possibilidade de um destino reversível. Rodney e eu, na verdade, nos conhecemos em torno do tema da nutrição animal. Sammie, a pastora de Rodney, quase perdeu a vida antes do primeiro aniversário. Seus rins foram destruídos por petiscos de carne estragados que prometiam "fortalecer as articulações, promover a saúde imunitária e beneficiar a pelagem". Uma segunda opinião antes da eutanásia salvou Sam, que seguiu uma dieta especial feita em casa com o objetivo de recuperar os rins. Essa experiência é um testemunho do poder da comida como medicamento. Alguns anos depois, o diagnóstico do câncer de Sam nos fez buscar ideias que otimizassem a saúde dos animais de estimação por meio da dieta e que vinculassem a nutrição à longevidade animal. Foi quando arregaçamos as mangas e começamos a trabalhar. Era chegada a hora de revirar toda a ciência disponível nos periódicos médicos e veterinários e compartilhá-la com o mundo.

PRIMEIRAS HISTÓRIAS

Eu (Rodney) peguei Sam para me recuperar de algumas frustrações numa fase tumultuada de minha vida. Veja bem, sendo a primeira geração canadense da família, cresci numa casa tradicional libanesa cheia de parentes, de móveis revestidos de plástico e com um total de zero animais de estimação. Embora fosse um estudante medíocre, eu me dava bem no campo de futebol com o Team Canada e sonhava em um dia jogar na Liga Canadense de Futebol Americano, até que lesionei o joelho. Então duas reviravoltas ocorreram: abandonei o sonho de jogar futebol e, durante o período de minha recuperação, assisti ao filme *Eu sou a lenda*. No filme, Will Smith faz o papel de um homem lutando para sobreviver num mundo deserto e pós-apocalíptico. Sua única companheira, protetora e amiga de todas as horas é uma pastora alemã chamada Sam; os dois têm um relacionamento profundo, vital e simbiótico. Enquanto assistia ao filme, alguma coisa despertou dentro de mim. Até aquele momento, o termo "vínculo humano-animal" não passava de palavras. Senti, no entanto, que havia todo um mundo de conexão que eu estava perdendo: a possibilidade de um relacionamento enriquecedor entre o homem e o animal. Conforme meu joelho se recuperava e meus sonhos de jogar futebol iam por água abaixo, fiz a única coisa lógica possível: providenciei minha própria pastora alemã. Seu nome, claro, era Sam, e sua chegada, em 2008, mudou tudo.

Para mim (Dra. Becker), o amor pelos animais sempre esteve presente. Para meus pais, o primeiro indício de que eu não estava brincando quando falava em ajudar os animais se deu num dia de chuva em Columbus, Ohio, por volta de 1973. Aos 3 anos, implorei, desesperada, para que minha mãe me ajudasse a resgatar as minhocas que eu havia encontrado "encalhadas" numa calçada perto de casa (obrigada, mãe). Daquele dia em diante, meus pais alimentaram minha paixão por todos os animais, apesar de terem estabelecido uma condição inegociável: qualquer um que eu trouxesse para dentro de casa tinha de conseguir passar pela porta da frente. Não demorou muito até eu encontrar meu lugar no mundo. Aos 13 anos, era voluntária na *Humane Society* da minha cidade; aos 16, tinha licença federal como reabilitadora de vida selvagem. Alguns anos mais tarde, entrei na faculdade de medicina veterinária e estava a caminho de transformar minha paixão em profissão. Uma abordagem mais proativa e integrativa ao cuidado dos animais combinava com minhas crenças, interesses e personalidade. Para mim, era uma questão de bom senso partir de opções médicas menos tóxicas e menos invasivas; era ainda mais lógico prevenir os males do corpo, antes de tudo. Nos anos que se seguiram, me especializei em terapia reabilitadora (fisioterapia) e em acupuntura animal, escrevi um livro de receitas para cães e gatos e, por fim, fundei o primeiro hospital veterinário proativo do Meio-Oeste.

Ao longo desses anos, contudo, as lições que aprendi com os animais de estimação de minha família permaneceram relevantes em minha vida profissional. Por exemplo, nosso cão Sooty viveu 19 anos; ele me provou que fatores relacionados ao estilo de vida causam impactos de verdade. Por motivos financeiros, Sooty tinha uma dieta à base de ração, mas muitas outras excelentes escolhas feitas ao longo da vida dele sem dúvida fizeram uma diferença significativa. Gemini, uma rottweiler resgatada que adotei no primeiro ano da faculdade, me mostrou que a comida tem grande importância – na verdade, minhas refeições caseiras a tiraram da beira da morte. Gemini foi meu primeiro cão a superar em muito a expectativa de vida, graças, em parte, às estratégias proativas que passei a implementar no momento em que a adotei. Até hoje – ainda que eu já tenha cuidado de 28 animais de estimação ao mesmo tempo (incluindo anfíbios, répteis e pássaros) – Gemini continua sendo a paciente cuja longa jornada através da saúde e da doença mais me ensinou.

A saúde dos animais de estimação vai muito além da dieta. Há mais na boa medicina do que somente comida. É bom repetir que os cães estão expostos aos mesmos poluentes e agentes cancerígenos que os humanos. É importante ressaltar que as escolhas relativas à saúde que nos permitem viver mais costumam servir aos mesmos propósitos entre os cães.

Duas boas perguntas: os cães vivem mais hoje em dia do que seus ancestrais? Eles vivem *melhor*?

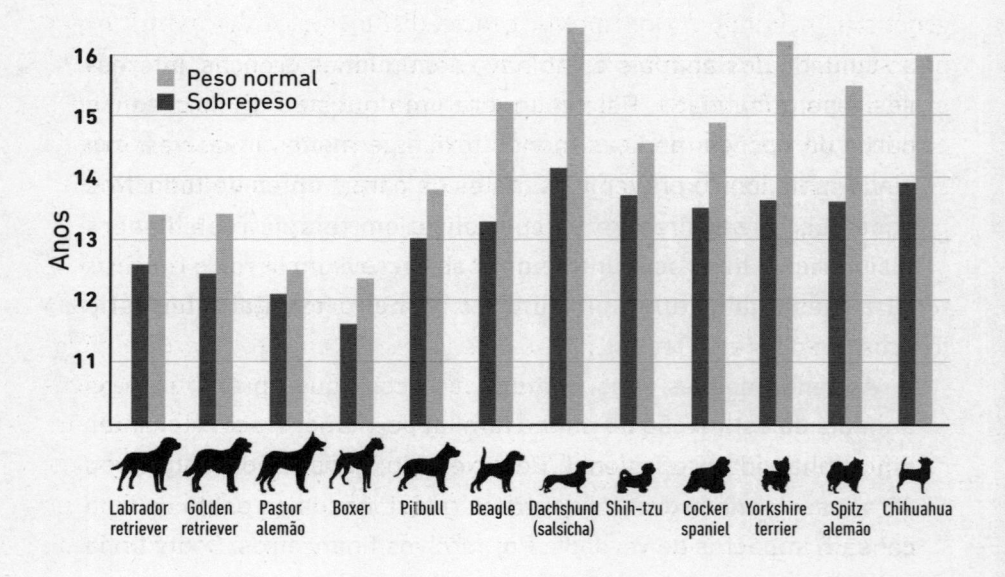

	Peso normal	Sobrepeso
Labrador retriever	13,4	12,6
Golden retriever	13,4	12,4
Pastor alemão	12,5	12,1
Boxer	12,4	11,6
Pitbull	13,8	13,0
Beagle	15,2	13,3
Dachshund (salsicha)	16,4	14,2
Shih-tzu	14,5	13,7
Cocker spaniel	14,9	13,5
Yorkshire terrier	16,2	13,6
Spitz alemão	15,5	13,6
Chihuahua	16,0	13,9

Viver um ou dois anos a mais por ser um cão de peso normal pode parecer pouca coisa, mas, em anos caninos, é uma diferença enorme. Não há dúvida de que os cães passaram a ter uma vida mais duradoura ao nosso lado. As expectativas de vida deles têm crescido desde o início da evolução a partir de seus lobos ancestrais, assim como nós também superamos nossos antepassados. No entanto, essa tendência ascendente na expectativa de vida pode estar se revertendo, e é provável que a expectativa *de saúde* esteja diminuindo. A vida de um cão não é mais tão feliz quanto costumava ser. Apesar de não haver provas científicas estabelecidas de que, em nossa geração, a expectativa de vida dos cães, de maneira geral, tenha diminuído nos últimos anos, há muitas evidências empíricas e um volume crescente de pesquisas que apontam de modo convincente para uma nova e alarmante tendência. Em 2014, no Reino Unido, por exemplo, um estudo envolvendo cães de raça revelou uma diminuição significativa na longevidade em relação à década anterior, com o staffordshire bull terrier perdendo uma média de três anos inteiros de expectativa de vida. A longevidade média dos cães de raça pura britânicos despencou impressionantes 11% em apenas uma década. Um estudo que cobriu cinco anos de casos veterinários na Universidade da Califórnia em Davis indicou que as raças mistas não têm uma vantagem automática no que se refere a distúrbios genéticos. Dos 90 mil registros avaliados, 27.254 envolviam cães com, pelo menos, um entre 24 distúrbios genéticos, incluindo vários tipos de câncer, disfunções cardíacas, distúrbios no sistema endócrino, problemas ortopédicos, alergias, inchaços, catarata, problemas no cristalino, epilepsia e doenças do fígado. De acordo com o estudo, a prevalência de 13 dos 24 distúrbios genéticos era quase a mesma entre cães de raça pura e cães mestiços (notícia urgente: vira-latas nem sempre vivem mais tempo, ao contrário da crença popular).

Cães e seres humanos parecem ter se deparado com um limite existencial. Apesar de alguns especialistas atribuírem a culpa das mudanças na longevidade dos cães a pools genéticos fechados, a reprodutores populares ou a preferências estéticas (aparência) em detrimento da saúde, a ciência nos diz outra coisa: influências ambientais, incluindo uma vida inteira consumindo comida industrializada, e fatores variados de estresse físico, emocional e químico têm um papel crucial – e há muito conhecido – na longevidade. Apesar de muitos fatores afetarem o risco de um ser humano morrer prematuramente, os humanos são, em linhas gerais, criaturas monolíticas, homogêneas; nós somos, em essência, muito parecidos. Os cães, por outro lado, existem em uma grande variedade de raças e tamanhos; como consequência, os perfis de risco em sua saúde são exponencialmente mais complicados de se esmiuçar e entender. E não podemos perder de vista a diferença entre uma vida boa, longa e saudável e uma vida triste, longa e dominada pela doença.

Alguns anos atrás, Bramble, uma Collie azul merle do Reino Unido, entrou para o *Livro Guinness dos Recordes* por ser a cadela viva mais velha do mundo, com 25 anos – o equivalente a um humano com muito mais de 100 anos! Bramble consumia uma dieta caseira, saudável e de alta qualidade e levava uma vida ativa e pouco estressante. De acordo com sua dona, que registrou num livro a vida de Bramble e os segredos de sua longevidade, "os cães se saem melhor sendo educados do que treinados (...) aprender a se comunicar com os cães é um passo inicial importante". Não poderíamos concordar mais; relacionamentos sólidos são baseados em confiança, numa excelente comunicação *de mão dupla* e num entendimento mútuo (isso serve para qualquer relacionamento!). O que nos traz à questão: será que estamos sabendo ouvir nossos cães? Com sagacidade, ela ressalta que, "mesmo com a melhor das intenções e com os donos mais gentis do mundo, esses animais estão em nossos lares sob nosso comando e, nesse aspecto, eles não têm nenhuma escolha".

Diferentemente da média de expectativa de vida, não há nenhuma estatística que indique a média de expectativa de saúde. A Organização Mundial da Saúde desenvolveu um indicador EVS (expectativa de vida saudável) para preencher essa lacuna. O índice não leva em conta lesões ou doenças incapacitantes no cômputo do verdadeiro número de anos bons, com "plena saúde", que um recém-nascido pode esperar viver. Em outras palavras, o cálculo tem o objetivo de dizer por quanto tempo, em média, uma pessoa vai levar uma vida saudável antes que essas enfermidades e limitações comecem a prejudicar sua qualidade de vida.

Sem entrar nos detalhes dessa complicada equação (deixemos isso para os estatísticos e demógrafos), basta dizer que, na última EVS, calculada em 2015, o resultado (uma média global para ambos os gêneros) foi 63,1 anos – 8,3 abaixo da expectativa de vida total no momento do nascimento. Ou seja, péssimos resultados para a saúde, gerando uma perda de cerca de 8 anos de vida *saudável*. Dito de outra forma, em média, ao redor do mundo, passamos quase 20% da vida com problemas de saúde. É muito tempo. Em contrapartida, pense num ganho de 20% no tempo de vida saudável. Em relação aos cachorros, considere o seguinte: se as doenças costumam se manifestar nos cães em torno dos 8 anos e se a vida média de um cão é de 11 anos, então os cães passam 27% da vida lidando com problemas de saúde; nós nos arriscamos a dizer que o percentual se aproxima dos 30% naquelas raças cuja expectativa de vida deveria exceder os 11 anos.

A medicina veterinária "moderna" adota a mesma abordagem reativa em que os médicos de humanos acreditam: a ideia de que as doenças degenerativas de nosso companheiro animal são inevitáveis e que deveriam ser esperadas na meia-idade, culminando em diagnósticos com prognósticos ruins à medida que nosso cão envelhece. Veterinários aprendem protocolos a serem prescritos *depois* que a doença se instala, e, durante meus anos de formação, não aprendi nenhuma estratégia preventiva além do controle de peso. Os alunos (da Dra. Becker) em minha residência de bem-estar medicinal na faculdade desenvolveram protocolos de vacinação para filhotes saudáveis de cães e gatos. Não havia nada na grade curricular ou sequer discussões acerca da *prevenção* da artrite e da atrofia muscular da meia-idade, da manutenção de sistemas orgânicos saudáveis ao longo do envelhecimento, da redução do possível declínio cognitivo ou do câncer antes que esses males se desenvolvam.

O Dr. David Sinclair, da Universidade Harvard, que estuda genética e biologia do envelhecimento, e que tem escrito bastante sobre os segredos de uma vida longa e saudável, nos disse que considera o envelhecimento por si só uma doença. Ao olhar para o envelhecimento por esse ângulo, podemos buscar a "cura" – ou, pelo menos, o controle. De acordo com ele, tratar o envelhecimento pode ser mais fácil do que tratar câncer ou problemas do coração. A perspectiva e a ambição admiráveis do Dr. Sinclair têm ajudado a impulsionar pesquisas sobre antienvelhecimento. O envelhecimento propriamente dito é natural, inevitável e uma parte bonita da vida, a não ser que o adoecimento acelere a degeneração de forma absurda – a pessoa de 40 anos de idade que nunca fumou de repente recebe o diagnóstico de câncer de pulmão, ou o boxer de 5 anos morre, de uma hora para outra, de uma má-formação cardíaca congênita. Envelhecer faz parte da vida, não importa que tipo de animal você é. Ainda assim, envelhecer mais rápido do que o normal ou morrer jovem não deveriam e não precisam fazer parte da vida no século XXI.

O teste da felicidade

Com base em nossas pesquisas empíricas junto a donos de cachorros, a primeira pergunta que eles fariam aos seus cães, caso os animais pudessem falar, seria "Você é feliz?". Essa pergunta costuma ser seguida por "Como eu poderia tornar sua vida mais feliz?". São ótimas perguntas que geram uma terceira: "A saúde de um cão reflete o status da saúde do dono?"

É comum vermos animais de estimação com os mesmos problemas de saúde de seus companheiros humanos ou servindo de indicadores das enfermidades de seus donos.

Se o cão é ansioso, o dono também é? Se ele está acima do peso e fora de forma, o dono também está? Se ele tem alergias, a dona também tem? A saúde de nossos pets pode refletir a nossa: ansiedade, obesidade, alergias, infecções gastrointestinais e até insônia são todos problemas que podem existir em duplas homem-animal.

Estudos que analisam pares homem-animal são relativamente novos no mundo acadêmico, mas a pesquisa existente tem ressaltado descobertas iniciais interessantes. Na Holanda, pesquisadores descobriram que cães com sobrepeso são mais propensos a ter donos com sobrepeso. (Isso não chega a ser uma surpresa; a mesma coisa acontece com pais e filhos.) Os autores sugerem que a quantidade de tempo que a dupla homem-animal passa caminhando é o maior indicador da existência ou não de sobrepeso. Em relação ao tamanho das porções e ao consumo de comidas processadas, um estudo alemão mostrou que temos a tendência de impor aos animais de estimação nossos próprios padrões de lanches e de escolhas, o que influencia quantas calorias eles ingerem por dia.

Na Finlândia, um estudo notável sobre alergias, desenvolvido em 2018, tentou encontrar um padrão entre pares homem-animal. A pesquisa constatou que pessoas e cães vivendo em ambiente urbano e desconectados da natureza e de outros animais têm um risco mais elevado de desenvolver alergias do que aqueles que vivem numa fazenda ou numa casa com outros animais e crianças, ou que costumam passear por uma área verde com regularidade. As alergias nos cães costumam ser diagnosticadas como dermatite atópica canina, o que se assemelha ao eczema humano, e constituem um dos motivos que mais levam os cães ao consultório veterinário. Um estudo finlandês conduzido por alguns dos mesmos pesquisadores documentou outro fator de risco significativo para as alergias caninas: ter uma dieta ultraprocessada baseada em carboidratos. Num artigo publicado na revista científica *PLOS ONE* em 2020, o grupo concluiu que uma dieta não processada, natural e à base de carne nos primeiros anos de vida evita a dermatite atópica canina, enquanto uma ultraprocessada e carregada de carboidratos constitui um fator de risco. Eles identificaram também outras variáveis importantes associadas a um risco significativamente mais baixo de dermatite atópica canina: "Vermifugação materna canina durante a gravidez, exposição ao sol durante o período pós-natal, escore de condição corporal normal durante o período pós-natal, nascimento do filhote na mesma família com quem vai viver e acesso a superfícies com terra ou grama entre 2 e 6 meses de idade". **Em resumo: menos carboidrato processado e mais sujeira.**

Esse fenômeno – a proteção contra alergias a partir da exposição a um estilo de vida rural e à sua inerente sujeira – costuma ser chamado de "efeito fazenda." De fato, se sujar de vez em quando compensa. A sujeira na natureza, é claro, vai além da que encontramos sob nossos pés. A comunidade de micróbios em ambientes rurais e naturais tem um papel importante na proteção contra patógenos, no auxílio ao metabolismo, na educação do sistema imunitário e no controle de hipersensibilidades aos alérgenos. A sujeira ensina o corpo a distinguir entre o amigo e o potencial inimigo. Felizmente, vários projetos de pesquisa têm surgido, incluindo o Canine Healthy Soil Project, dedicados a testar a hipótese da biodiversidade, segundo a qual a exposição precoce do filhote de cão a microrganismos em um solo saudável pode trazer um profundo benefício ao restabelecimento das comunidades microbianas ancestrais do cão, dentro e fora do corpo do animal, e, assim, melhorar a expectativa geral de saúde nos anos seguintes.

Nos próximos capítulos vamos olhar para esse fenômeno com mais detalhes, uma vez que ele está impulsionando uma revolução nos círculos científicos, conforme aprendemos mais e mais acerca de como os micróbios amigos em nosso entorno (e seus metabólitos, ou as substâncias formadas a partir de seu metabolismo) contribuem para a saúde fisiológica – incluindo a de nossos cães. Os imunologistas ao redor do mundo estão correndo para decifrar os segredos do microbioma – o conjunto de toda a microbiota (dominada por bactérias) que vive dentro e fora de nós de forma simbiótica. Esses organismos comensais têm contribuído para nossa sobrevivência ao longo de milhões de anos e evoluíram conosco.

Todos nós, incluindo os cães, temos microbiomas específicos residindo nos tecidos e nos fluidos corporais; eles estão por toda parte, habitando nossos intestinos, nossa boca, nossos órgãos e fluidos sexuais, nossos pulmões, olhos, orelhas, nossa pele e assim por diante. O ecossistema do corpo – humano ou canino – é mais microbiano do que qualquer outra coisa. Não nos surpreende o fato de os pesquisadores terem documentado vastas diferenças nos microbiomas de cães e de humanos que sofrem de alergias em comparação aos seus equivalentes saudáveis. Eles também documentaram diferenças significativas entre o microbioma intestinal de cães saudáveis e o dos que sofrem de inflamação intestinal aguda ou crônica: **existe uma forte relação entre a saúde do microbioma de um cão e o risco de doenças gastrointestinais.** Alguns estudos estão, inclusive, começando a mostrar relações entre nossos microbiomas e os dos cães que vivem conosco. Em 2020, por exemplo, mais um grupo de cientistas finlandeses (incluindo alguns dos mesmos que participaram dos estudos mencionados anteriormente) descobriu que cães e donos eram mais propensos a desenvolver problemas simultâneos de alergia num ambiente urbano, assim como ocorria nos casos em que a exposição de ambos a micróbios benéficos do meio ambiente era limitada. É curioso observar que o grupo também descobriu que o microbioma da pele, que tem um papel poderoso na saúde dessa parte do corpo, tende a ser moldado, *em ambas as espécies*, pelo ambiente em que se vive. Como também vamos ver adiante, esse microbioma se desenvolve e prospera a partir de um conjunto de fatores que vão das exposições ambientais às escolhas alimentares. O que você e seu cachorro comem afeta de forma poderosa a força, a função e a evolução dos microbiomas de vocês dois. Por sua vez, o microbioma influencia o risco de doenças e de distúrbios de dentro para fora.

Conforme publicado na *Nature*, uma das revistas científicas mais prestigiadas do mundo, o estado emocional de nossos animais de estimação, também influenciado pelo microbioma, pode refletir no modo como nos sentimos. Qualquer um que tenha um cachorro sabe que cães e humanos leem uns aos outros muito bem, e essa habilidade parece ter relação com o longo período de associação entre esses dois mamíferos sociais durante o processo de domesticação. As emoções compartilhadas atuam como uma "cola social" e ajudam no desenvolvimento e na manutenção de vínculos sociais fortes e duradouros. Quando entrevistamos a Dra. Lina Roth sobre suas descobertas, publicadas num artigo na *Nature* em 2019, ela comentou sobre os níveis de cortisol do cabelo (um indicador de estresse crônico) em duplas homem-cão e apontou a existência de uma forte "sincronização interespécies" entre os dois. Em geral, esse "contágio emocional" parece fluir dos humanos para os cães, e não o contrário. A descoberta comprova os efeitos prejudiciais que nosso estresse pode causar nos cães, muitas vezes sem nos darmos conta. Se os cães são capazes de perceber nossos estados emocional e mental, o que dizer das fases nas quais enfrentamos estresse crônico em decorrência de um trauma grave ou de ansiedade extrema? Os cães podem estar sofrendo muito, o tempo todo, bem do nosso lado. Um estudo um tanto alarmante, desenvolvido por uma equipe mundial de pesquisadores, revelou que pessoas que costumam evitar emoções (também chamadas de pessoas com "estilo de apego evitativo") apresentam maior probabilidade de ter cães que tentam fugir e se distanciar emocionalmente de seus donos quando sentem que estão diante de um fator social de estresse.

Na Universidade Federico II, em Nápoles, na Itália, observamos cães discernirem e reagirem dentro de *um segundo* a amostras de suor humano coletadas durante estados de alegria ou de medo. O Dr. Biagio D'Aniello nos contou que, surpreendentemente, a pesquisa constatou que os cães eram capazes de diferenciar as emoções humanas por meio dos quimiorreceptores localizados em seus focinhos, ou seja, os próprios marcadores bioquímicos dos cães tinham sido afetados. Cães e seres humanos estão emocionalmente interconectados e seus estados emocionais afetam a fisiologia um do outro. Aquela discussão acalorada no escritório que elevou sua pressão arterial alterou também sua química hormonal, deixando traços detectáveis de hormônios de estresse residual literalmente transbordando de seus poros; quando você voltar para casa, seu cão vai identificar (e reagir a) esses hormônios do estresse. Já observou como ele cheira tudo assim que você volta de algum lugar? Ele está farejando como foi seu dia, verificando se está tudo bem.

Quando perguntamos ao Dr. D'Aniello como podemos ajudar os cães a lidar com nossa vida caótica, a resposta nos fez pensar: "Ao chegar em casa do trabalho, vá correndo tomar um banho." Ele disse isso com um sorriso sutil e malicioso. Um método mais prático, sugeriu, é cultivar hábitos redutores do estresse e adotar ferramentas que possam ser implementadas na rotina. **No fim das contas, o autocuidado (incluindo exercícios, prática de ioga, meditação ou qualquer outro hábito que de fato ajude o dono ou a dona a relaxar e a retornar a um estado de equilíbrio estável) é um presente para o corpo, a mente, a alma e... o cachorro.**

Os cães, assim como os humanos, são animais sociais. Como você está prestes a descobrir, eles se aconchegaram ao nosso lado há muito tempo, numa dança muito bem coreografada, para circularmos juntos por este planeta e para aproveitarmos a vida o máximo possível. Não nos surpreende o fato de os relacionamentos com os cães serem moldados por tantos aspectos de nossa vida, desde hábitos e níveis de estresse até o microbioma. A história de nossa evolução compartilhada com os cães nos faz sorrir porque é comovente. Conseguimos imaginar Reggie, Sam, Gemini e todos os outros cães que já se foram sorrindo também.

NOTAS PARA OS ENTUSIASTAS DA LONGEVIDADE

➤ Seja qual for a raça de seu cachorro e a genética subjacente, o objetivo quanto à expectativa de saúde é o mesmo: viver o máximo possível com alta qualidade de vida. Isso é, por definição, o Cão Eterno.

➤ Muitas e muitas pesquisas demonstram a capacidade de influenciarmos positivamente e de controlarmos a manifestação dos genes quando transformamos o ambiente onde o cão vive. Isso se chama epigenética.

➤ Uma das mais poderosas fontes da medicina da longevidade é a comida. Substitua apenas 10% da comida diária processada de seu pet (ração e petiscos) por alternativas mais naturais para criar mudanças positivas no corpo dele. Uma ótima maneira de começar é adotando petiscos não processados e mais naturais.

➤ Os mesmos fatores que têm prejudicado nossa longevidade também estão levando nossos cães ao limite da existência saudável: ausência de uma dieta variada, minimamente processada; excesso de comida; sedentarismo; e exposições ambientais a toxinas químicas nocivas e ao estresse crônico.

➤ Os cães percebem nosso estresse; adotar atividades e práticas saudáveis que reduzam o estresse, além de cultivar o bem-estar emocional em nossa vida, pode afetar de forma positiva nossos cães.

2
Nossa evolução compartilhada com o cachorro

Do lobo indomável ao cãozinho adorável

Para seu cão, todo homem é Napoleão;
daí a popularidade inabalável dos cães.
— Aldous Huxley

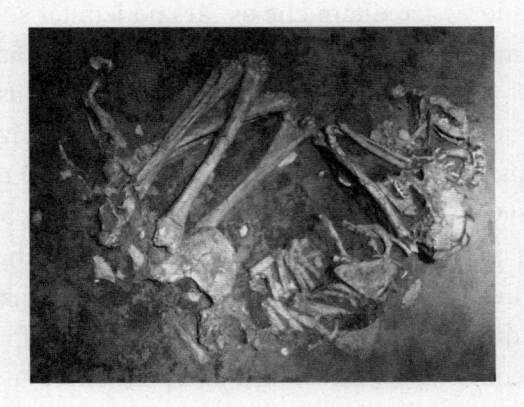

Na fotografia que abre este capítulo vemos os restos mortais de uma mulher em posição fetal com a mão segurando a cabeça de um cachorrinho, num gesto de afeição. Esses esqueletos foram descobertos no final dos anos 1970 numa cova datada de 12 mil anos atrás, na margem do lago Hula, cerca de 25 quilômetros ao norte do mar da Galileia, onde uma pequena comunidade de caçadores-coletores viveu um dia. Capturando um período em que os humanos usavam instrumentos simples feitos de pedra e moravam em casas erguidas com paredes de pedra e cobertura de palha, essa fotografia ressalta a profunda conexão de humanos e caninos desde tempos imemoriais.

Mais recentemente, em 2016, arqueólogos descobriram pegadas caninas, datadas de 26 mil anos atrás, ao lado das pegadas de uma criança de 8 a 10 anos de idade e com cerca de 1,3 metro de altura. A descoberta aconteceu no interior da caverna Chauvet, um sítio arqueológico do período paleolítico no sul da França. A hipótese é de que a criança descalça estivesse caminhando, não correndo, embora, a certa altura, ela pareça ter escorregado no barro macio. Sabemos também que a criança carregava uma tocha, porque há evidências de ela ter parado em determinado ponto para limpá-la, deixando atrás de si um rastro de carvão. É assombroso pensar numa criança do período paleolítico, acompanhada por um animal de estimação, explorando a antiga caverna, lar de algumas das pinturas mais antigas do mundo. O lugar abriga mais de quatrocentas imagens de animais produzidas há cerca de 32 mil anos (no tempo dos homens das cavernas).

Essa descoberta derruba a noção estabelecida de que os cães só foram domesticados entre 12.500 e 15 mil anos atrás. Isso altera de modo radical a explicação de como o cachorro se tornou o melhor amigo da humanidade. Alguns pesquisadores acreditam que os cães podem ter se juntado aos humanos 130 mil anos atrás, muito antes de nossos ancestrais se organizarem em comunidades agrárias. Mas esse debate permanece acirrado e pesquisas futuras vão ter que descobrir a resposta. (Enquanto estávamos escrevendo este texto, nos deparamos com a seguinte notícia: "O excesso de carne durante a Era do Gelo deu origem aos cães"; ou seja, o debate em torno da origem dos cães domesticados continua.) É até difícil definir o termo "domesticação" ou determinar se o fenômeno aconteceu uma, duas ou várias vezes em partes diferentes da Ásia e da Europa. Seja qual for a teoria correta (ou se for uma combinação delas), um fato permanece inquestionável: "A domesticação de cães foi um sucesso para ambas as espécies a ponto de os cães serem atualmente o carnívoro mais numeroso do planeta." Essa declaração foi publicada num artigo de pesquisadores finlandeses na revista *Nature*, em 2021.

É importante observar, também, que a história de nossa evolução permanece um tanto misteriosa, com novas evidências surgindo para mostrar que a linha do tempo e as direções de nossa jornada pelo mundo talvez não tenham sido documentadas com perfeição (ainda). Aliás, nosso DNA nem sempre revela partes da pré-história que podemos observar no genoma dos cães. De acordo com Pontus Skoglund, geneticista populacional do Instituto Francis Crick, em Londres, que atuou na coliderança de um estudo sobre a evolução canina publicado em 2020, "os cães são uma peculiaridade na história humana". De fato, talvez seja necessária uma análise um pouco mais aprofundada do genoma canino para descobrirmos os detalhes de nosso próprio passado e de nossa migração pelo mundo.

Seja qual for a raça do cachorro – labrador, dogue alemão ou chihuahua –, todas têm uma coisa em comum: o lobo-cinzento, o *Canis lupus*.

É difícil perceber as semelhanças entre esses cães de aparências tão distintas (além do pelo, das quatro patas e do latido, comuns a todos), mas todos os cachorros do planeta – todas as mais de quatrocentas raças documentadas – evoluíram a partir de uma mesma população extinta do lobo-cinzento. Isso pode ser provado por meio de estudos genéticos, ainda que seja preciso evidenciar que cães não são lobos. E nossa parceria com os peludos também é antiga. Os cães foram a primeira espécie a forjar um vínculo profundo com os humanos. (Os humanos mantinham animais como companheiros muito antes de domesticar rebanhos de ovelhas, de cabras e de bovinos, há cerca de 10 mil anos. Em comparação, os cavalos foram domados na Eurásia somente há 6 mil anos. Apesar de não serem animais de estimação, os cavalos já inspiraram grandes paixões em seus donos.)

Um dos primeiros cachorros de estimação, conhecido hoje em dia como Abutiu (também transcrito como Abuwtiyuw), pertenceu a um faraó egípcio no início do terceiro milênio a.C. Acredita-se que se tratava de um lebréu, um cão de caça ligeiramente parecido com o greyhound (ou galgo inglês), com orelhas eretas e cauda curva. Depois da morte de Abutiu, seu dono, arrasado, concedeu-lhe um funeral real. A inscrição na lápide de calcário explica: "Sua Majestade assim o fez para que ele pudesse ser honrado diante do grande deus Anúbis."

Do ponto de vista científico, as origens da criação seletiva também permanecem em aberto – em especial no que se refere ao lugar e à época em que determinados tipos de cachorro surgiram. Por exemplo, ao examinar diferentes raças de cães pastores, pesquisadores do National Institutes of Health descobriram algo surpreendente. Ao compararem a genética de várias raças bem conhecidas de cães pastores, verificaram que um grupo de cães teve sua origem no Reino Unido, outro, no norte da Europa; e outro, ainda, no sul da Europa. A equipe de cientistas esperava que eles tivessem um parentesco mais próximo. Essas descobertas, publicadas em

2017, mostraram o contrário, e, quando prosseguiram com as análises, os pesquisadores perceberam que cada grupo usava uma estratégia diferente para tocar os rebanhos, um padrão confirmado pelos dados genéticos. Isso corrobora a teoria cada vez mais forte de que múltiplas populações de humanos deram início à criação deliberada de cães, de modo independente.

A maioria das raças caninas que conhecemos hoje foi desenvolvida nos últimos 150 anos, impulsionada em grande medida por aquilo que ficou conhecido como a explosão vitoriana. Durante esse período, na Grã-Bretanha, a criação de cães se intensificou e se expandiu como um hobby e uma espécie de esporte científico. O resultado são os mais de quatrocentos tipos de cão reconhecidos na atualidade como raças distintas (observação: nem todas as raças modernas se originaram no Reino Unido, uma vez que a moda de criação de cães se espalhou pelo mundo). Essa mudança em busca de uma estética canina desejada tem provocado consequências devastadoras para a saúde. Isso aconteceu no auge das pesquisas de Darwin; ele mesmo era obcecado pela criação de cães e amigo de grandes entusiastas do animal. Entretanto, se você der uma olhada em imagens de cães de raça do século XIX e compará-las a seus equivalentes atuais, verá que ocorreram mudanças dramáticas. Cruzamentos rigorosamente seletivos de traços físicos específicos ao longo do século XX nos deixaram com dachshunds de pernas mais curtas, pastores alemães de porte mais encorpado e dorso inclinado, e buldogues de pregas faciais mais acentuadas e com um corpo mais pesado e atarracado (na verdade, poucos cães têm sido tão moldados artificialmente por meio de cruzamentos seletivos quanto o buldogue inglês). Essas alterações não ocorreram sem que houvesse desvantagens e prejuízos para a saúde. Houve um impacto duplo: uma tremenda perda de diversidade genética e a aquisição de doenças hereditárias indesejáveis.

Muitas pessoas acham que os "vira-latas" são mais saudáveis do que os cães de raça pura, mas nem sempre é assim, como já mencionamos. De acordo com a Dra. Brenda Bonnett, epidemiologista veterinária e atual diretora executiva da organização sem fins lucrativos International Partnership for Dogs, "muitas doenças genéticas resultam de mutações antigas e são amplamente distribuídas em todos os cães. Algumas doenças genéticas têm ocorrido com mais frequência com o acasalamento de indivíduos geneticamente próximos com o intuito de desenvolver certas raças, mas outras disfunções podem ocorrer em níveis variados, em raças distintas".

Ela oferece um bom argumento: se o cruzamento de raças é feito entre o poodle mais saudável de todos, livre de mazelas e com uma boa genética, e um labrador em condições de saúde semelhantes, a ninhada tem uma boa chance de ser saudável (apesar de nunca haver garantias). Ainda assim, não podemos esperar que o acasalamento de dois cães quaisquer produza filhotes de raça mista que sejam mais saudáveis (daí os problemas com fábricas de filhotes e canis de fundo de quintal produzindo "raças fabricadas" sem qualquer preocupação com a saúde). No que se refere àquelas antigas e disseminadas mutações causadoras de distúrbios, isso é ainda mais sério. Quando lhe perguntamos sobre a importância dos testes de DNA canino, para que os donos consigam identificar os males que podem prejudicar o animal e saibam com que se preocupar, ela respondeu que, **mesmo que a testagem genética seja benéfica, muitas das doenças mais comuns e importantes dos cães não são detectadas por testes genéticos –** *ainda*.

A testagem genética tem avançado com rapidez pelo mundo canino. No momento, na América do Norte, os testes de DNA Embark e Wisdom são os kits de identificação de raça mais vendidos àqueles que têm interesse em saber mais sobre a raça, a ancestralidade e os marcadores de doenças de seus cães. A vantagem desses testes é que *é possível* rastrear mais de 190 distúrbios hereditários por meio de indicadores específicos, então é fundamental que bons criadores usem esse tipo de testagem para continuar a produzir bons cruzamentos de animais saudáveis. Esses testes ajudam a discernir entre cães de raça pura produzidos em massa (oriundos de cachorras matrizes e fábricas de filhotes) e aqueles gerados em cruzamentos cuidadosos, conduzidos por criadores zelosos e eficazes, empenhados no melhoramento da saúde canina. Nem todo cão de raça pura é oriundo de um bom cruzamento; portanto, se você pretende comprar um filhote, é fundamental que faça o dever de casa e procure um criador comprometido com melhorias da expectativa de saúde por meio de combinações cuidadosas e bem planejadas. Esse passo decisivo não foi seguido nos casos de Reggie e Sam: seus criadores produziram ninhadas sem determinar a compatibilidade e a adequação genéticas, gerando bolas de pelos encantadoras que não viveram o tempo que mereciam.

Se o pai ou a mãe de um pet fizer um teste genético num cão resgatado de raça mista (um vira-lata) ou num cão adquirido (de uma fábrica de filhotes), é muito importante lembrar que, mesmo que o resultado seja positivo para variáveis genéticas associadas a doenças, isso não significa que o cão vai automaticamente manifestar aqueles genes e desenvolver o problema. Todo veterinário ou veterinária conhece uma história de terror de clientes que descobrem que seus cães carregam um "DNA ruim" e tomam decisões malucas, baseadas em nada além de um pedaço de papel. Esses profissionais costumam ter ressalvas em relação aos testes de disfunções genéticas feitos pelos donos, porque o resultado não comprova se o cão de fato vai adoecer.

Há quem nos diga que não quer saber e, por isso, não faz o teste. E há aquela pessoa que faz o teste, descobre que o cão é portador de doenças hereditárias, mas se esquece de que esses genes podem não se manifestar; então passa a vida ansiosa por causa de uma coisa que pode nunca acontecer. Se você fez um teste genético que mostrou que seu cão tem determinadas variantes ou é portador de genes vinculados a riscos conhecidos para a saúde, não entre em pânico. O melhor a fazer, caso descubra alguma predisposição a alterações no DNA, é encarar a descoberta como uma oportunidade antecipada de dar início a uma nutrição terapêutica e de planejar um estilo de vida com o objetivo de fazer ajustes positivos na epigenética.

O DNA controla quase tudo em nosso corpo; portanto, a identificação de marcadores de doenças genéticas nos dá a chance de modificar a nossa rotina, mas isso é só o começo de como o conhecimento do DNA pode melhorar as expectativas de vida e de saúde. A verdade é que todos nós carregamos algum traço indesejado no DNA, e é aí que a epigenética (vamos falar mais sobre isso em breve) e a nutrigenômica entram em ação. **Assim como acontece com as pessoas, a comida que o cão ingere, os agentes cancerígenos a que ele é exposto e o estilo de vida que o dono adota para ele podem aumentar ou diminuir a probabilidade de que as doenças hereditárias se manifestem.** Escrevemos este livro para ajudar você a identificar os obstáculos que o impedem de manter uma vida saudável e a mitigar seus efeitos, maximizando a expectativa de saúde e, por fim, a expectativa de vida de seu cachorrinho, a despeito das cartas genéticas que ele tenha recebido.

Vamos examinar os motivos de nossos amigos peludos terem desenvolvido espontaneamente alguns dos mesmos males que atormentam os humanos, como câncer, problemas cardíacos e obesidade. Não precisamos ir além do que aconteceu em nossa evolução. Desde o tempo dos homens das cavernas, nos especializamos em facilitar a vida, porém com certos custos. Vamos encarar esses custos. Contudo, não se preocupe: nas partes II e III vamos aprender a contrabalançá-los.

Migração em massa e agricultura

Levante a mão quem já tentou uma dieta específica – com baixo teor de gordura, paleodieta, cetogênica, vegana, carnívora, piscetariana, qualquer uma –, seja para perder peso, gerenciar ou atingir determinada meta ou apenas para tentar ser uma pessoa mais saudável, de modo geral. Nós dois já nos empolgamos com várias modalidades de alimentação e, hoje em dia, mantemos uma dieta quase sem carne e fazemos jejum intermitente. **Dietas são pilares fundamentais de doenças e, em contrapartida, de saúde.** O velho ditado tem razão: somos aquilo que comemos. Mas e os cães? O que é melhor para eles? Será que oferecer o mesmo pote de ração todos os dias é o ideal? (Pense nisto por um instante: você gostaria de comer exatamente a mesma coisa toda vez que ficasse com fome? Embora nos digam que esse pensamento é antropomorfismo e que os cães não se importam, ofereça a seu cão três potes contendo alimentos diferentes e observe: ele não vai ficar voltando para o mesmo pote o tempo todo. Até os cães de Pavlov precisavam de variedade.) Vamos entrar em detalhes na Parte II, mas o que estamos fazendo é preparar o terreno para essa conversa, mostrando as maneiras como nosso sustento ao longo do tempo nos transformou – e nos moldou –, em especial quando se trata do desenvolvimento da agricultura.

Há cerca de 12 mil anos, aquilo que chamamos de "tecnologia disruptiva" se enraizou, literalmente. Começamos a nos mobilizar, a nos organizar e a nos estabelecer em comunidades à medida que transitávamos rumo a um estilo de vida baseado na agricultura e abandonávamos a vida de caçadores-coletores. Essa transição foi responsável por um aumento do crescimento populacional, mas também por uma queda na qualidade de nossas dietas. Conforme aprendemos a lavrar, a cultivar e a armazenar as colheitas, sobretudo grãos como milho e trigo, começamos a ingerir mais calorias do que o necessário e focar num número menor de tipos de alimento, o que impactou a variedade da dieta humana. Pesquisadores que estudam os efeitos da agricultura na sociedade humana perceberam que, ao mesmo tempo que ela teve seus méritos, também trouxe consequências que só se aprofundaram à medida que nossos métodos de cultivo se tornaram mais avançados e sofisticados. Mais tarde, o trigo e o milho cultivados se transformaram em alimentos ultraprocessados – os pães de trigo, os cachorros-quentes e a fast-food mundo afora – e nos colocaram em contato com os produtos químicos usados na agricultura moderna, alguns dos quais comprovadamente carcinogênicos.

Jared Diamond é um dos principais historiadores, antropólogos e geógrafos do mundo. Professor da Universidade da Califórnia em Los Angeles, é também autor vencedor do Pulitzer (com o livro *Armas, germes e aço*) e tem vários escritos sobre o impacto da agricultura na saúde humana. Ao longo dos anos, ele tem feito algumas declarações polêmicas, chegando a se referir à agricultura como "o pior erro na história da raça humana". Ele argumenta que os caçadores-coletores tinham uma dieta muito mais variada do que a dos primeiros lavradores e que retiravam boa parte de seu sustento de apenas alguns alimentos à base de carboidratos. Diamond também ressalta que o comércio gerado pela revolução agrícola pode ter propiciado a disseminação de parasitas e de doenças infecciosas. Ele já declarou que a adoção da agricultura "foi, de muitas formas, uma catástrofe da qual nunca nos recuperamos". Seu colega historiador Yuval Noah Harari também falou sobre isso no best-seller *Sapiens*: "A revolução agrícola com certeza aumentou o total de alimento disponível para a humanidade, mas a comida excedente não significou uma dieta melhor ou mais tempo de lazer (...) A revolução agrícola foi a maior fraude da história." Talvez você não concorde com esses historiadores, mas uma coisa é certa: a revolução agrícola teve um impacto substancial na vida do melhor amigo do homem.

Quando decidimos o que vamos comer, decidimos que informação vamos dar ao corpo. Isso mesmo: **comida é informação para células e tecidos, informação que alcança a estrutura molecular**. Isso serve para os humanos, para os besouros, para as bétulas ou para os beagles. O Dr. David Sinclair concorda, dizendo que uma das causas do envelhecimento é a "perda de informação no corpo".

Quem nunca pensou em comida dessa forma deve considerar o seguinte: comida é muito mais do que energia. Os nutrientes que consumimos enviam sinais do ambiente para o código da vida, o DNA. Esses sinais têm o poder de *influenciar* tanto *o comportamento dos genes* quanto a maneira como o DNA se transforma em mensagens que afetam a funcionalidade do nosso corpo. O que significa que temos a capacidade de alterar, para o bem e para o mal, a atividade do DNA. Essas alterações causadas por influências externas envolvem uma área de estudo conhecida como "epigenética". A boa notícia é que podemos definir qual interruptor genético é ligado ou desligado. Eis um exemplo simples, que serve tanto para humanos quanto para cães: uma dieta pró-inflamatória, carregada de carboidratos refinados, diminui a atividade de um gene importante relacionado à saúde cerebral chamado "Fator Neurotrófico Derivado do Cérebro" – ou BDNF, na sigla em inglês. Esse gene codifica uma proteína de mesmo nome responsável pelo crescimento e pela nutrição das células cerebrais. Gostamos de nos referir a essa proteína como o fertilizante do cérebro. Ela não vem em forma de suplemento e não é encontrada em alimentos, mas podemos fazer com que o corpo do cão continue a produzi-la enquanto envelhece. O tipo certo de alimentação pode sustentar a capacidade que o próprio corpo tem de fabricar a BDNF. Quando ingerimos gorduras saudáveis e proteínas, um tipo de alimentação comum entre nossos ancestrais pré-agrícolas e seus companheiros caninos, a atividade da *via biológica* (uma série de interações entre moléculas) do gene aumenta a produção da proteína. Em essência, ajudamos a saúde do cérebro. A prática de exercícios, da mesma forma, intensifica a produção de BDNF; os níveis de estresse e a qualidade do sono também interferem nesse processo. Na verdade, níveis reduzidos dessa proteína passaram a ser associados a insônia e estudos apontam para um círculo vicioso no qual níveis elevados de estresse enfraquecem a produção de BDNF, o que, por sua vez, perturba o sono profundo. Outros estudos mostram que pessoas que sofrem de declínio cognitivo e de doenças neurodegenerativas têm baixos níveis de BDNF, e aquelas que mantêm esses níveis elevados continuam a melhorar o aprendizado e a memória, ao mesmo tempo que se previnem contra distúrbios do cérebro.

Os cães têm demonstrado os efeitos que certos hábitos podem ter no estímulo à produção de BDNF e ao desempenho cognitivo. Um estudo de 2012 desenvolvido na Universidade McMaster, em Ontário, no Canadá, demonstrou que cães idosos eram capazes de rejuvenescer por meio de uma combinação de "enriquecimento ambiental" com uma dieta reforçada com antioxidantes. O protocolo de enriquecimento ambiental incluía a socialização regular com outros cães, além de exercícios e desafios cognitivos, o que os levava a pensar e realizar tarefas. Os pesquisadores registraram aumentos mensuráveis de BDNF nesses cães idosos que se aproximavam dos níveis encontrados no cérebro de cães novos. Em outras palavras, simples estratégias relacionadas ao estilo de vida rejuvenesceram os cães.

OS CARBOIDRATOS PODEM SER DIVIDIDOS EM TRÊS CATEGORIAS PRINCIPAIS:

- **Açúcares:** glicose, frutose, galactose e sacarose (os cães conseguem produzir glicose a partir de proteínas num processo chamado gliconeogênese; portanto, suplementar o açúcar na dieta é desnecessário).
- **Amidos:** cadeias de moléculas de glicose que se transformam em açúcar no sistema digestório.
- **Fibras:** compostos não absorvidos pelos cães, mas necessários para que as bactérias dos intestinos criem um microbioma saudável.

Os carboidratos são encontrados em plantas (por exemplo, em grãos, frutas, ervas, legumes e verduras) que contêm quantidades variadas de açúcar (o que chamamos de índice glicêmico), em tipos diferentes de fibra (indispensáveis para a formação e o abastecimento do microbioma intestinal) e em outros fitoquímicos saudáveis que podem passar pela cadeia alimentar. Os cães precisam de fibra e de fitoquímicos para atingir a máxima expectativa de vida e de saúde. Eles não precisam de grandes quantidades de açúcar ou de amido. O objetivo é servir "carboidratos bons", com baixo índice glicêmico e ricos em fibras, que protejam os intestinos e o sistema imunitário do cão, e evitar "carboidratos ruins" refinados, com alto teor glicêmico, que geram açúcar em excesso e criam estresse metabólico. No Capítulo 9 vamos mostrar como calcular o nível de "carboidrato ruim" (ou seja, de açúcar) na comida canina para que você possa verificar o índice de estresse metabólico de longo prazo na dieta de seu cão.

A ideia de que nosso DNA trabalha melhor quando adotamos uma dieta antiga ou ancestral é a força que sustenta as dietas populares que visam à diminuição do consumo de carboidratos, em especial os processados, e à maximização das gorduras benéficas e das proteínas encontradas em fontes saudáveis. Durante mais de 99% da vida de humanos e de cães, é priorizada uma dieta com muito menos carboidratos refinados e muito mais gorduras saudáveis e fibras, e, igualmente importante, muito mais variada do que nossas escolhas atuais. Além disso, evoluímos para comer muito menos do que se come em média hoje em dia. A maioria das pessoas – e muitos de nossos cães – tem acesso a comida a qualquer hora; adoramos os lanchinhos, os petiscos, o *drive-thru* aberto 24 horas por dia e os aplicativos de comida capazes de nos fornecer de tudo na porta de casa, em questão de minutos, com um toque na tela. Entretanto, essa moderna dieta ocidental de conveniência trabalha contra a capacidade que o DNA tem de proteger a saúde e a longevidade. Estamos lidando com as consequências dessa incompatibilidade em pleno século XXI, apesar da nossa maravilhosa tecnologia. E nossos companheiros caninos também. Com o surgimento da revolução agrícola, passamos a compartilhar grãos com os cães e, na verdade, alteramos seu genoma. A ciência nos ensina que os cães produzem mais amilase pancreática (a enzima que quebra o carboidrato) do que os lobos.

Se você acha que a agricultura mudou a trajetória de nossa existência, preste atenção ao que o *Big Ag* nos causou. O termo *Big Ag* refere-se ao agronegócio que fabrica um monte de comida processada. É preciso deixar claro que alimento processado não é o mesmo que alimento modificado. De acordo com um grupo brasileiro de nutricionistas e epidemiologistas da Universidade de São Paulo, os processados podem ser definidos como "fórmulas compostas, em grande parte, por fontes industriais baratas de nutrientes e energia dietética e por aditivos, a partir de uma série de processos (por isso, 'ultraprocessados'). Com tudo isso junto, esses alimentos são ricos em tipos nocivos de gordura, de amidos refinados, de açúcares livres e de sal, além de serem péssimas fontes de proteína, de fibra dietética e de micronutrientes. Esses produtos são feitos para serem hiperpalatáveis e atraentes, para terem vida longa e para serem consumidos em qualquer lugar, a qualquer hora. A formulação, a apresentação e a publicidade costumam incentivar o excesso de consumo". Na Parte III vamos examinar em detalhes maneiras de determinar o nível de processamento da comida canina.

À medida que passamos a consumir uma dieta rica desses produtos, os cães também passaram a, cada vez mais, receber sua cota de comida ultraprocessada. No último século, os cães da sociedade moderna saíram do desmame direto para uma alimentação exclusivamente processada. Hoje em dia, poucos cães têm acesso a comida de verdade, a um alimento não processado ou minimamente processado. Os alunos de medicina veterinária aprendem que isso é o ideal tanto para nossos companheiros animais quanto para a produção de comida animal: tornou-se a norma servir, durante a vida inteira, dietas à base de fórmulas, peletizadas e fortificadas, seja a animais confinados (em operações concentradas de alimentação animal), seja aos nossos animais de estimação. Muitos animais (incluindo filhotes) nunca ingerem refeições feitas com comida de verdade, que seja identificável: na maioria das vezes, são servidas bolotas de material refinado, misturado e remodelado que, assim se espera, contêm os nutrientes necessários à prevenção de doenças.

> Alimentos processados são itens que recebem a infusão de ingredientes como o açúcar (amido), a gordura e o sal para ajudar a preservá-los por mais tempo. Os ultraprocessados costumam ser produzidos em fábricas, destituídos de seus formatos originais ou naturais e tratados com espessantes, corantes, coberturas, palatabilizantes (ingredientes que tornam a comida mais "palatável" e viciante) e aditivos que prolongam a vida útil. Para os humanos, eles podem ser fritos antes de serem embalados em latas ou pacotes. Para os animais de estimação, eles são extrusados, ou seja, cozidos sob pressão, a altas temperaturas, para se tornarem crocantes. Ambos podem conter proteínas isoladas ou gorduras interesterificadas (substitutos industrializados das gorduras trans largamente proibidas), ou, no caso de muitas marcas de ração, ser borrifados com sobras de óleo usado em restaurantes. Você se surpreenderia ao saber como algumas rações e certos salgadinhos se assemelham em valor nutritivo!

Vários estudos mostram que as chamadas *junk foods* não só fazem mal à saúde como também levam as pessoas a comer mais e a ganhar mais peso, sem fornecerem qualquer vitamina ou mineral adicional. Elas estão vinculadas às altas taxas de câncer e de morte prematura. Muitos receberam essa informação, mas não a repassaram a seus cães.

Os veterinários e veterinárias que incentivam as pessoas a alimentarem os cães com "comida de cachorro" a vida inteira argumentam que as rações foram produzidas para cobrir necessidades nutricionais, mas sabemos que a chamada *junk food*, é claro, *não* atende a essas necessidades. Alguns alimentos humanos ultraprocessados são rotulados como "completos" do ponto de vista nutricional: a marca de cereais Total alega atender a 100% das quantidades diárias recomendadas de vitaminas e minerais a humanos, assim como algumas bebidas, como Ensure e Soylent. Essas são as melhores comparações para exemplificar como é a comida que damos aos nossos pets a vida inteira: bolotas cientificamente planejadas contendo "tudo de que você precisa". De fato, muitas pessoas consomem bebidas "completas" no início e no fim da vida, e, às vezes, também no meio, quando estão muito ocupadas ou quando estão hospitalizadas, por exemplo. No entanto, os nutricionistas jamais recomendariam o uso desses produtos "nutricionalmente completos" como única fonte de nutrição por toda a vida. Até as fórmulas infantis, "cientificamente planejadas", que nutrem milhões de bebês ao redor do mundo todos os anos, são substituídas após alguns meses por comida de verdade, menos processada e mais variada. Os únicos membros da família que consomem comida ultraprocessada *a vida inteira* são os animais.

Há quem não considere a comida industrializada para cães tão "processada" quanto as comidas processadas para humanos. Contudo, segundo várias definições, **a comida para cães é ainda *mais* processada do que qualquer alimento humano**, como você vai aprender no Capítulo 9. Sabendo como a ração é preparada, começamos a pensar diferente. Toda semana há novas comidas ultraprocessadas no mercado, para humanos e animais. Essas comidas são feitas com uma longa lista de ingredientes que já passaram por algum tipo de processamento antes de fazer parte da receita de um lanchinho. Nada nessa massa de ingredientes tão alterados tem semelhança com qualquer relacionamento real que eles possam ter tido com plantações ou com produtos agrícolas. Do mesmo modo, não há nada que sequer se aproxime de ingredientes "naturais" em qualquer comida ultraprocessada para cães; os ingredientes usados nessas comidas industrializadas já foram bastante alterados (por exemplo, a farinha de carne e de ossos, o sebo, o amido de milho, o farelo de arroz, etc.) antes de chegarem ao destino final, na comida seca. Sem falar no fato de que se espera que o produto final permaneça estável por mais de um ano na prateleira, em temperatura ambiente (os fabricantes não têm divulgado pesquisas indicando por quanto tempo é considerado seguro servir aos cães a comida industrializada depois que a embalagem é aberta). Não há nada natural, sob nenhum aspecto, na comida ultraprocessada; seja para humanos ou para animais.

O processamento de comida para animais de estimação tem impacto na qualidade das vitaminas consumidas, pois muitas delas se perdem durante a produção. Para tornar as coisas ainda piores nesse quadro já tão prejudicial à saúde, resíduos das lavouras, incluindo o glifosato, podem ser encontrados na comida industrializada para cães. O glifosato é o principal ingrediente do herbicida Roundup, e é muito provável que seja cancerígeno. Infelizmente, seu uso disseminado em plantações convencionais aumenta as chances de ele chegar aos gêneros alimentícios destinados ao comércio de comida para cães. Num estudo alarmante divulgado em 2018, pesquisadores da Universidade Cornell encontraram glifosato detectável em *todos* os 18 produtos alimentícios industrializados para cães e gatos testados (inclusive no único produto do grupo livre de organismos geneticamente modificados) e concluíram que "é provável que a exposição ao glifosato por meio do consumo de alimentos seja mais alta entre os animais do que entre os humanos". Eles calcularam que a exposição de nossos animais de estimação a esse agente com potencial cancerígeno é de 4 a 12 vezes maior do que a nossa, numa base de cálculo por quilograma.

Outro agente contaminante que também costuma ser encontrado em muitas comidas secas para cães são as micotoxinas. As micotoxinas são substâncias químicas tóxicas naturalmente produzidas por fungos que infectam muitos grãos, incluindo aqueles contidos nas comidas para animais de estimação, e são um motivo recorrente de *recalls*. Em dezembro de 2020, nos Estados Unidos, o *recall* de uma ração revelou a presença de aflatoxinas, um tipo de micotoxina, em quantidade suficiente para matar mais de 70 cães e deixar centenas muito doentes. Essas substâncias provocam o caos no organismo do cão, incluindo doenças em vários órgãos, imunossupressão e câncer, e seus efeitos são bem documentados. Os fabricantes de comida para animais de estimação não são obrigados a testar os níveis de micotoxinas de seus produtos. Num estudo feito nos Estados Unidos, o exame de nove entre doze comidas para cães deu positivo para, pelo menos, uma micotoxina, resultados consistentes com números identificados na Áustria, na Itália e no Brasil. Caso você sirva a seu cão uma ração feita com grãos, está, sem dúvida, alimentando-o com micotoxinas; as únicas dúvidas são em que quantidade e qual o impacto dessas substâncias no organismo dele. Não entre em pânico, vamos fornecer estratégias para atenuar a ação das micotoxinas.

Ainda que não existam estudos extensos comparando cães que, do nascimento até a morte, fazem uma dieta ultraprocessada com os que comem uma variedade de alimentos menos alterados, o bom senso nos diz que há alguma coisa errada com o quadro nutricional que a indústria de comida para animais de estimação pintou para nós. Nos Estados Unidos, estima-se que **cerca de 50% das calorias diárias consumidas pelos seres humanos são oriundas dos ultraprocessados; para muitos animais de estimação, pelo menos 85% das calorias consumidas vêm desse tipo de comida.**

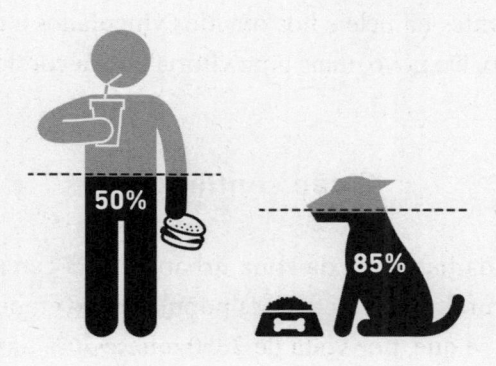

Nunca é demais repetir: nossos pets não podem escolher o que comem. Assim como as crianças, eles comem o que colocamos diante deles, e é comum oferecermos comida demais e, mesmo assim, deixá-los subnutridos, causando uma quantidade enorme de problemas de saúde e de comportamento. Nutricionistas recomendam o consumo de alimentos menos processados, mas a maioria dos profissionais da medicina veterinária ainda recomenda *apenas* comidas processadas. Encontre o erro.

Para evidenciar a poderosa diferença entre uma dieta processada e uma que seja em grande medida natural e minimamente alterada, vamos apresentar o exemplo de um estudo recente: em 2019, um grupo de pesquisadores da Suíça e de Singapura testou duas dietas usando beagles saudáveis. Depois de nivelar o jogo alimentando todos os 16 cães com a mesma comida seca e industrializada durante três meses, eles mediram os níveis de gordura no sangue dos cães e estabeleceram um padrão. Em seguida, separaram os cães em dois grupos aleatórios. O primeiro grupo recebeu uma alimentação semelhante à inicial por mais três meses e o segundo recebeu uma dieta feita em casa, nutricionalmente completa, suplementada com óleo de linhaça e óleo de salmão. Qual dos grupos apresentou melhor perfil de gordura no sangue depois do experimento? Os beagles que receberam o ômega-3 dos óleos saudáveis adicionados à comida natural em vez da ração absorveram melhor as boas gorduras.

O exame do sangue desses cães revelou um sangue muito mais rico em ômega-3 e com menos gorduras saturadas e monoinsaturadas em comparação com os cães alimentados com comida industrializada. Esses estudos revelam que a composição e a fonte da comida podem fazer diferença nos efeitos sobre a saúde, o que é especialmente importante no caso de cães com problemas recorrentes na pele e nos ouvidos vinculados a desequilíbrios do sistema imunitário. De novo, mais uma vitória para a comida de verdade.

O cão confinado

Em 1900, para cada habitante da zona urbana, havia cerca de sete pessoas vivendo na zona rural. Hoje, metade da população do globo vive em centros urbanos e estima-se que, por volta de 2050, quase 70% das pessoas viverão nas cidades. Além disso, passamos mais de 90% do tempo em ambientes fechados. Não temos necessidade de nos mover e de caçar para sobreviver. Quase tudo de que precisamos está a um clique de distância. Quase todas as nossas interações com o mundo moderno acontecem entre paredes de um tipo ou de outro, sob luzes artificiais e em ambientes controlados capazes de enganar nosso ritmo circadiano natural e de evitar que façamos atividades que nosso corpo – e nosso DNA – desejam e demandam. Grande parte do nosso contato com o mundo externo acontece através de janelas, por meio de experiências virtuais on-line e, se tivermos sorte, de caminhadas ocasionais. Isso significa que nossos cães estão vivendo cada vez mais confinados em prédios, com acesso limitado à natureza (exceto para aquelas cobiçadas saidinhas). Eles podem até sentir falta da luz natural do sol ao longo do dia, caso sejam deixados em casa com as cortinas fechadas. Conhecemos inúmeros cães pequenos cujos donos confessam que seus pets nunca tocaram a terra; nunca se esbaldaram num pedaço de grama verdejante, sentiram a força de um vento intenso, fizeram cocô na terra ou fuçaram a folharada do outono. Isso pode parecer absurdo, mas é possível, caso se viva num arranha-céu urbano sem quintal e cercado por calçadas de concreto.

Sabemos também o que a ciência diz: comparados a cães rurais, os cães urbanos que passam a maior parte da vida dentro de casa são mais propensos a altos níveis de ansiedade, exibem mais sinais de estresse biológico nos exames de sangue (ou seja, indicadores mais altos de inflamação e de estresse oxidativo), não praticam exercícios apropriados e chegam inclusive a sofrer de distúrbios comportamentais (porque nunca podem brincar livres, seja com outros companheiros caninos ou com outras pessoas). Os cães estão cada vez mais isolados – engaiolados em casa, num quarto pequeno ou numa caixa de transporte, alguns completamente condicionados ao tapete sanitário e sempre presos à coleira quando saem. Em vez de patrulhar imensas áreas rurais ou mesmo um quintal, eles estão restritos a pequenos espaços e privados das maravilhas da natureza. É bom acrescentar que eles podem estar mais vulneráveis a algumas exposições que ignoramos. Por exemplo, os cães são muito mais sensíveis a campos eletromagnéticos, o que não é um bom prenúncio num mundo tão conectado como o nosso, no qual redes wi-fi se tornam cada vez mais potentes e onipresentes. Não vamos tão longe quanto aquelas pessoas lunáticas que adoram teorias da conspiração, mas sabemos que os cães, incluindo alguns dos nossos, odeiam ficar perto de roteadores 5G, o que nos mostra que deveríamos respeitar suas preferências e seus sentidos excepcionais. Para além do magnetismo e da impressionante capacidade de usar os campos magnéticos da Terra para encontrar o caminho de casa, eles têm outros supersentidos nas orelhas e no focinho que superam os nossos em muitos aspectos. Anos atrás, em meio ao caos da mudança para uma casa nova, o cachorro com que eu convivia desde criança, Sooty Becker, fugiu pela porta aberta da nova garagem. Na manhã seguinte, nós o encontramos em frente à casa na qual ele havia crescido, a mais de 15 quilômetros de distância. E 15 quilômetros não são nada.

Talvez você tenha ouvido falar de Bucky, o labrador preto que caminhou por mais de 800 quilômetros depois que seu dono se mudou do estado da

Virgínia para a Carolina do Sul. Parece que ele preferia seu velho território. Os cães têm um "sexto sentido" que pode estar associado a bactérias magnetotáticas presentes em seu intestino; essas bactérias se orientam ao longo das linhas do campo magnético da Terra. Isso nos faz pensar nos pobres cães com problemas intestinais e disbiose, sem falar em todos os produtos que os cães inadvertidamente consomem e inalam. A disbiose (palavra que, em sua origem, significa "modo ruim de viver") é o desequilíbrio nocivo entre os tipos de organismo presentes na microflora natural do corpo, mais precisamente no intestino. Levando-se em conta o olfato apurado (além de uma capacidade impressionante de detectar o calor à distância pelo focinho) e uma audição semelhante a um radar, é importante levantar a questão: que tipo de agressão típico do ambiente urbano está afetando nosso pet? Já que essa é a realidade de muitos de nós e de nossos cães, como podemos resolver esse problema?

Estamos apenas começando a entender como a vida num "ambiente construído" nos afeta – e a nossos amigos peludos. (A expressão "ambiente construído" se refere ao espaço artificial feito pelo homem no qual vivemos, trabalhamos e nos divertimos; isso inclui tudo, dos arranha-céus e casas aos parques e ruas.) Em 2014, a organização médica Clínica Mayo, em colaboração com a Delos, empresa especializada em ambientes que promovem bem-estar, lançou um projeto chamado Well Living Lab, ou laboratório do bem-estar, com o intuito de verificar como os prédios (e o que há dentro deles) afetam a saúde e o bem-estar das pessoas. Os cientistas já documentaram associações surpreendentes. Por exemplo, crianças nascidas num mundo moderno com relativa esterilização tendem a apresentar um risco maior de desenvolver doenças como asma, desequilíbrios autoimunes e alergias alimentares do que as crianças dos séculos anteriores. A "hipótese do microbioma", ou "hipótese da higiene", propõe que o aumento desses problemas nos países ocidentalizados pode, em parte, ser atribuído à falta de exposição à natureza e aos micróbios. Isso ajuda a explicar por que estudos sobre alergias em cães (em especial com relação à dermatite atópica canina) também mostram correlação entre a vida num ambiente extremamente limpo e o aumento no risco de alergias.

O Environmental Working Group – EWG – foi uma das primeiras organizações a analisar a exposição dos animais de estimação a agentes contaminantes em nossos lares e no ambiente externo. O grupo fez uma descoberta surpreendente: nos Estados Unidos, os índices de contato com muitos dos produtos químicos industriais sintéticos que os pesquisadores registram nas pessoas, incluindo em recém-nascidos, são ainda mais elevados nos animais de estimação. Os resultados mostram que, nos Estados Unidos, os pets são expostos involuntariamente à contaminação química em larga escala, que, segundo os cientistas, está cada vez mais vinculada ao grande aumento de problemas de saúde numa ampla variedade de animais – selvagens, domesticados e humanos.

Em 2008, o EWG desenvolveu um importante estudo sobre substâncias químicas presentes em plásticos e em embalagens de comida: metais pesados, retardantes de chamas e produtos impermeabilizantes, todos contidos em amostras de sangue e de urina de 20 cães e 37 gatos. As amostras foram coletadas numa clínica veterinária da Virgínia. A análise revelou que cães e gatos estavam contaminados com 48 dos 70 produtos químicos testados, incluindo 43 produtos em níveis mais elevados do que aqueles que costumam ser detectados em humanos. O nível médio de vários produtos químicos foi substancialmente mais alto em animais de estimação do que geralmente ocorre em humanos: o nível detectado de coberturas impermeabilizantes (perfluoroquímicos) foi 2,4 vezes maior nos cães; o dos retardantes de chamas (PBDEs), 23 vezes maior nos gatos. As quantidades de mercúrio encontradas foram cinco vezes maiores, se comparadas aos níveis médios detectados nas pessoas em estudos nacionais conduzidos pelos Centros de Controle e Prevenção de Doenças (CCPD) e pelo EWG. Os perfluoroquímicos (PFCs, na sigla em inglês) são mais abundantes do que a maioria das pessoas pensam. São usados em fórmulas para revestimento e forração das superfícies das embalagens de papel e cartonadas; em tapetes; em produtos de couro; e em tecidos impermeabilizados. E têm sido usados, também, em espumas de combate a incêndios.

Não nos surpreende o fato de que os cães absorvam e carreguem por aí PFCs e outros produtos químicos oriundos da exposição contínua aos bens que consumimos. No estudo do EWG, as amostras de sangue e de urina continham substâncias cancerígenas, produtos tóxicos ao sistema reprodutor e neurotoxinas. As substâncias cancerígenas preocupam um pouco mais porque os cães têm taxas muito mais altas de vários tipos de câncer do que os humanos, incluindo 35 vezes mais câncer de pele, quatro vezes mais tumores de mama, oito vezes mais câncer nos ossos e uma incidência duas vezes maior de leucemia. Em capítulos posteriores vamos compartilhar algumas ideias advindas de estudos recentes em relação ao impacto que ftalatos (um ingrediente comum nos plásticos) e produtos de jardinagem têm em nossos pets. Esses produtos estão por toda parte e afetam nossa saúde, estejamos ou não cientes disso.

As pessoas e seus animais em países desenvolvidos têm centenas de substâncias químicas sintéticas acumuladas no corpo devido à alimentação, à água, ao ar e, não devemos esquecer, à poeira contaminada e aos tão bem cuidados gramados. Em relação aos efeitos na saúde, a grande maioria dessas substâncias nunca foi testada adequadamente. A maioria de nós não se dá conta de que muitos produtos que integram nossa rotina, como embalagens de comida, móveis, camas para animais de estimação, objetos caseiros, roupas, cosméticos e produtos de higiene, contêm substâncias nocivas. Isso inclui os suspeitos de sempre, como os pesticidas, herbicidas e retardantes de chamas, além dos ftalatos usados para amaciar plásticos; dos parabenos, que agem como conservantes; das bifenilas policloradas (PCBs, na sigla em inglês), compostos ainda encontrados no ambiente devido ao seu uso em larga escala em muitos equipamentos elétricos e em sistemas de refrigeração; e dos vários tipos de bisfenol, abundantes numa grande variedade de plásticos, incluindo potes para comida e água e vários brinquedos caninos. Algumas das substâncias químicas mais nocivas são capazes de simular ou de bloquear hormônios, desorganizando sistemas vitais do corpo – por isso são chamadas de "disruptores endócrinos" (EDCs, na sigla em inglês).

A exposição precoce ao bisfenol A (BPA, na sigla em inglês), um ingrediente de muitos plásticos presente em tudo, de garrafas e brinquedos a revestimentos de latas de comida, está vinculada à asma e a transtornos do neurodesenvolvimento, tais como hiperatividade, ansiedade, depressão e comportamento agressivo. Nos adultos, a exposição ao BPA está associada à obesidade, à diabetes tipo 2, a doenças cardíacas, à queda no índice de fertilidade e ao câncer de próstata. Embora o BPA seja com frequência substituído pelo bisfenol S (BPS, na sigla em inglês) e pelo bisfenol F (BPF, na sigla em inglês), estes últimos passaram por menos testes, e é possível que, do mesmo modo, atuem como disruptores hormonais. A exposição durante a gravidez e nos primeiros meses de vida aos ftalatos está relacionada à asma, a alergias e a distúrbios cognitivos e comportamentais. Pode também afetar o desenvolvimento reprodutivo nos indivíduos masculinos humanos e caninos. Em ambas as espécies, os ftalatos estão associados à redução nos índices de fertilidade. Na verdade, os pesquisadores já identificaram PCBs e outros produtos químicos ambientais em testículos de cães castrados. É claro que o acasalamento não é mais uma opção para esses animais, mas a ideia de que quantidades detectáveis de produtos químicos presentes no meio ambiente sejam encontradas em diversos órgãos e sistemas de nossos cães não deveria ser tão aceitável.

A ironia é que alguns dos estudos sobre o impacto na saúde humana se originaram do olhar direcionado aos nossos pets. Eles podem atuar como um alarme no que diz respeito à exposição a substâncias tóxicas dentro de casa. Um exemplo: Åke Bergman, professor da Universidade de Estocolmo, adotou uma abordagem diferente na medição dos níveis de várias substâncias no sangue de crianças pequenas examinando amostras coletadas em seus animais de estimação. Em vez de pedir aos pais para examinar o sangue dos filhos, ele coletou amostras de sangue dos gatos das casas, que passam a maior parte do tempo no chão, num ambiente muito semelhante ao das crianças e dos bebês em idade de engatinhar. Enquanto as crianças se arrastam e brincam pelo chão, os bichanos reviram os mesmos pisos e respiram o mesmo ar. Bergman e seus colegas verificaram uma estreita associação entre os níveis de poluentes orgânicos persistentes (que permanecem no ambiente por muito tempo) contidos na poeira caseira e os níveis presentes no sangue dos gatos.

Em 2020, uma equipe de pesquisadores da Carolina do Norte e da Universidade Duke, que diz a que veio já no título do artigo – "Cães domésticos são sentinelas nos cuidados com a saúde humana" –, empregou uma nova tecnologia para ressaltar a carga química compartilhada. Usando pulseiras e coleiras de alta tecnologia, porém baratas, feitas de silicone e projetadas para medir a exposição às substâncias químicas presentes no ambiente, o grupo descobriu semelhanças marcantes entre os níveis dos cães e os de seus donos. Por exemplo, os pesquisadores verificaram um tipo de PCB em 87% das pulseiras humanas e em 97% dos marcadores dos cães. Isso é surpreendente, se considerarmos que o governo dos Estados Unidos baniu o uso de PCBs já em 1979. Ainda assim, aparentemente, esses compostos resistem por décadas e podem ter efeitos silenciosos e a longo prazo. Essa pesquisa se junta a trabalhos anteriores feitos com outros animais, incluindo cavalos e gatos. Em 2019, Kim Anderson, especialista em toxicologia ambiental da Universidade do Estado do Oregon que ajudou a desenvolver a tecnologia da pulseira de silicone, encontrou uma associação entre retardantes de chamas e uma doença conhecida como hipertireoidismo felino, um distúrbio endócrino cujos índices têm disparado nos últimos quarenta anos. A explicação talvez seja o fato de os gatinhos gostarem de descansar (ao nosso lado) em móveis estofados que contêm esses produtos em sua composição. Lembre-se de que o EWG encontrou dezenas de substâncias químicas ambientais em níveis mais elevados nas amostras coletadas em gatos do que naquelas coletadas em humanos. Estamos à espera de um estudo semelhante que investigue os efeitos das substâncias químicas borrifadas nas caminhas para cães.

Contrabalançar os efeitos dessa sopa química, entretanto, é mais fácil do que se pensa. Não vamos sugerir a ninguém que vá correndo comprar mobília e estofados novos, tudo com certificado de produto orgânico. É possível fazer mudanças com o que está ao seu alcance e implementar estratégias baseadas no bom senso, como, por exemplo, espalhar um velho lençol de algodão ou um cobertor de fibra leve e natural na caminha de seu pet e se assegurar de que ele coma e beba em tigelinhas livres de produtos químicos.

Apesar de o Well Living Lab não avaliar a situação particular dos cães, provavelmente podemos tirar conclusões semelhantes, já que nossos cães vivem nesses mesmos ambientes e estão expostos à mesma poluição, que vai além da clássica exposição à indústria química. A poluição também pode vir do barulho e da luz emanados das telas tarde da noite – que configuram agressões à saúde dos seres vivos. Isso inclui a composição e a biologia de seus microbiomas, que, por sua vez, têm impacto em tudo à nossa volta – no nosso metabolismo, nas funções imunitárias e, por fim, em nossa saúde e em nossa felicidade. O mesmo vale para nossos cães. Embora cada um de nós abrigue microbiomas individuais, os padrões emergem quando consideramos as criaturas que coabitam (bom... pessoas e seus animais de estimação). De fato, é possível compartilhar traços de nossos microbiomas com os cães, e vice-versa. Isso pode não parecer muito agradável, mas é um quadro que melhora a saúde e o bem-estar de humanos e caninos.

Essa incrível via de mão dupla é característica de muitos aspectos do par homem-cão. O processo de envelhecimento, por sua vez, é o ponto no qual essa díade compartilha a mesma via de mão única. E essa será nossa próxima parada.

NOTAS PARA OS ENTUSIASTAS DA LONGEVIDADE

- Cães e seres humanos têm coexistido e convivido por séculos, e, ainda que uma linha do tempo que ilustre com exatidão a domesticação de nosso melhor amigo siga aberta a debates, todos os cães evoluíram do lobo-cinzento e usufruem de um vínculo especial com os humanos. Passamos a contar uns com os outros e, quando o assunto é saúde, temos muito em comum.
- No século passado, direcionamos o cruzamento de cães a uma busca audaciosa por determinadas características, o que tem gerado cães com configurações genéticas frágeis. A genética sozinha, entretanto, não necessariamente determina o destino da saúde de um cão. Assim como ocorre com a saúde humana, fatores ambientais, como dieta, prática de exercícios e exposição a certos produtos, têm um peso importante nessa equação.
- Apesar de a lista de ingredientes presentes em muitas rações industrializadas sugerir o contrário, cães não precisam de muito açúcar ou amidos, e existe uma imensa diferença entre carboidratos refinados e processados e carboidratos ricos em fibras e com baixo índice glicêmico. Estes últimos são positivos para a saúde do microbioma – os micróbios presentes nos intestinos, que têm importante função no metabolismo, no humor e na imunidade.
- Os cães estão cada vez mais isolados, confinados em ambientes potencialmente tóxicos e privados de acesso a atividades ao ar livre, à sujeira rica em bons micróbios e aos benefícios que a natureza pode proporcionar à saúde.

3
A ciência do envelhecimento

Verdades surpreendentes sobre os cães
e os fatores de risco de adoecimento

Dar um osso ao cão não é caridade.
Caridade é o osso compartilhado com o cão
quando se está tão faminto quanto ele.
– Jack London

Qual a verdadeira idade do meu cão?

Ouvimos essa pergunta com muita frequência. E sabemos o que as pessoas querem perguntar de verdade. Se elas pudessem controlar as vulnerabilidades genéticas e o estado de saúde geral de seus cachorros, quanto tempo seus adorados companheiros viveriam? Eles estão correndo à frente ou atrás da idade cronológica? O mesmo acontece conosco: todo mundo conhece alguém que parece (e age como se fosse) muito mais jovem ou mais velho do que realmente é. Algumas pessoas parecem desafiar a idade, enquanto outras exibem sinais – internos e externos – de desgaste acelerado.

A foto a seguir mostra Augie pulando na piscina aos 16 anos, uma coisa que ela fazia todos os dias. Seu dono, Steve, disse que, mesmo com essa idade, era comum ela querer pegar a bola na piscina, enquanto os outros cães mais novos pareciam estar cansados. Muitos cães da raça golden morrem por volta dos 10 anos e iniciam o processo de degeneração física, de atrofia muscular e de sarcopenia (perda de força e de função) antes disso. Augie, como podemos perceber, não seguiu a média dos golden retrievers.

Ela viveu até os 20 anos e 11 meses, morrendo na primavera de 2021. É atualmente o 19º cão mais velho do mundo e o mais velho golden retriever de que se tem notícia.

Todo o conceito de envelhecimento é extraordinário e tem sido tema de debate por séculos, sem falar em seu papel como matéria-prima da área de humanidades e como alma do debate científico. A idade é um número, um processo, um estado mental, um aspecto biológico, uma condição, uma realidade, uma inevitabilidade, um ônus e um privilégio. É muita coisa ao mesmo tempo e, no entanto, não é nada que possamos tocar ou sentir. Há muitas teorias do envelhecimento – o que ele significa, como funciona, onde começa, como se desenrola... e, por fim, como se encerra. Enquanto uns se ocupam da força e do comprimento dos cromossomos (em especial dos telômeros, aquelas extremidades que se parecem com o plástico que une as pontas dos cadarços de um sapato) ou da integridade dos processos de renovação celular, outros mantêm o foco na estabilidade do DNA e nos mecanismos de reparação para lidar com as mutações e prevenir, por exemplo, o câncer. A estabilidade das proteínas – as moléculas complexas que controlam direta ou indiretamente quase tudo no corpo por meio de estruturas, hormônios e sinalizações de todo tipo – também recebe atenção dos estudiosos do envelhecimento. Quando há uma perda na proteostase, ou no "controle de qualidade" das proteínas do corpo e das vias celulares equivalentes, os problemas podem aparecer. O termo *proteostase* vem de uma combinação entre as palavras "proteína" (a molécula usada pela célula como um mecanismo ou modelo estrutural) e "estase" (que remete à ideia de estabilidade).

Para manter o controle, um corpo, seja ele humano ou canino, adora a estase (o equilíbrio, a estabilidade, a mesmice dia após dia). Um estudo desenvolvido por David Sinclair, professor da Faculdade de Medicina de Harvard, sobre uma família específica de proteínas, chamadas "sirtuínas", revelou muitas informações úteis. As sirtuínas ajudam a controlar a saúde celular e têm papel de destaque na manutenção do equilíbrio celular (a homeostase) e na capacidade de gerenciar o estresse. Acredita-se que sejam responsáveis, em grande medida, pelos benefícios cardiometabólicos das dietas magras e dos exercícios e que, quando ativadas, sejam capazes de retardar aspectos centrais do envelhecimento. Mas a ação dessas proteínas depende da disponibilidade de outras biomoléculas importantes, como a nicotinamida adenina dinucleotídeo (NAD), uma forma de vitamina B. É fundamental garantir que o corpo esteja totalmente equipado para se beneficiar das sirtuínas ou as coisas podem começar a desandar e a comprometer a equação da longevidade.

Há, ainda, toda a discussão em torno da inflamação (em inglês, usa-se o trocadilho *inflamm-aging*, evidenciando a relação entre a inflamação e o envelhecimento [aging = envelhecimento]), da disfunção imunitária e mitocondrial, do esgotamento das células-tronco, dos radicais livres e da oxidação (a "ferrugem biológica"), da comunicação falha entre as células, do declínio funcional no sistema nervoso central – a lista é longa. As mitocôndrias, por exemplo, são estruturas minúsculas e importantes, situadas no interior das células, e produzem energia; as células-tronco são como células-bebês que podem se converter em *qualquer* tipo de célula – e, assim, são essenciais à renovação celular e à recuperação de tecidos. Os radicais livres (também chamados de "espécies reativas de oxigênio") são aquelas moléculas desgarradas que perderam um elétron. Você já deve ter visto campanhas publicitárias da indústria de saúde e bem-estar promovendo antídotos exterminadores de radicais livres. Essas moléculas causam problemas no organismo. Geralmente, os elétrons são encontrados aos pares, mas agentes como o estresse, a poluição, os produtos químicos, as dietas tóxicas, a radiação ultravioleta e outras atividades corporais comuns são capazes de "libertar" um elétron da molécula e desestabilizá-lo. Dessa forma, ele começa a tentar roubar elétrons de outras moléculas. Essa bagunça é o próprio processo de oxidação, uma cadeia de eventos que cria mais radicais livres e promove inflamações. Como tecidos e células oxidados não têm um funcionamento adequado, o processo pode nos deixar vulneráveis a uma quantidade considerável de problemas de saúde. Isso ajuda a explicar por que aquelas pessoas com altos níveis de oxidação (estresse oxidativo, que costuma se refletir em altos níveis de inflamação) têm uma extensa lista de problemas de saúde.

Você não precisa dominar essas abstrações. Basta adquirir um entendimento geral de como e por que o envelhecimento acontece, e tomar boas decisões diárias que otimizem a saúde e a vitalidade. Os cães envelhecem da mesma maneira que os humanos.

Para qualquer criatura, a vida é um ciclo ininterrupto de destruição e de construção. Desde a química mais simples na qual as moléculas são desmontadas e reagrupadas na formação de novos compostos, esses processos vitais englobam a formação, o crescimento, a manutenção e a replicação da célula. Eles controlam os organismos unicelulares e os multicelulares, do fungo aos cães e aos humanos. Se o funcionamento de qualquer parte desse processo vital for prejudicado – seja a destruição, seja a construção –, ele se tornará disfuncional e, caso não seja corrigido, poderá se encerrar.

ENVELHECIMENTO E DOENÇAS CAUSADAS PELO
ESTRESSE OXIDATIVO

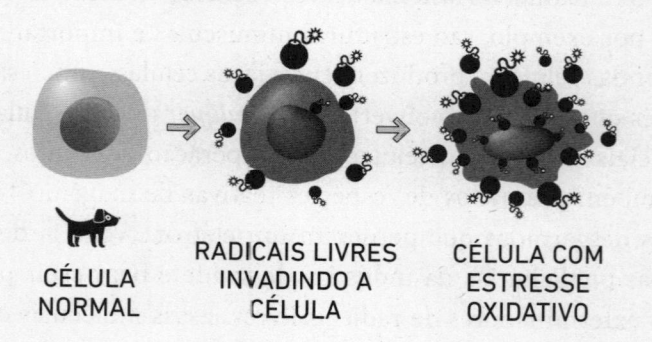

CÉLULA NORMAL → RADICAIS LIVRES INVADINDO A CÉLULA → CÉLULA COM ESTRESSE OXIDATIVO

A idade é o principal fator de risco no que diz respeito às doenças (o prognóstico mais forte na expectativa de saúde); quanto mais velhos, maiores os riscos de adoecimento e do desenvolvimento de um processo degenerativo. O mesmo serve para os cães, que envelhecem cerca de seis a sete vezes mais rápido do que os humanos (daí o hábito de multiplicarmos por sete quando calculamos os "anos caninos"; porém veremos mais adiante como esse cálculo pode ser impreciso). Como os cães vivem e morrem muito mais rápido do que os humanos, é fácil subestimar a velocidade do processo de envelhecimento.

Apesar de a expectativa de vida dos cães ser de 6 a 12 vezes mais curta do que a dos humanos, os fatores demográficos (ou seja, as condições de vida) dos cães podem sofrer alterações consideráveis enquanto eles envelhecem, da mesma forma que acontece com os humanos. **Os cães atravessam estágios semelhantes aos do desenvolvimento humano**, incluindo a infância (do nascimento até cerca de 6 a 18 semanas), a adolescência (aproximadamente, entre os 6 e os 18 meses), a vida adulta (que tem início entre 1 e 3 anos), a maturidade (que começa entre os 6 e os 10 anos) e a fase geriátrica (dos 7 aos 11 anos). Além disso, as necessidades nutricionais dos cães mudam à medida que eles envelhecem e dependem também do nível de atividade física, como acontece com os humanos. Não nos surpreende, sem querer desmerecer esse aspecto, que o aumento dos índices de obesidade entre os cães (de cerca de 20% desde 2007) reflita o aumento dos índices de obesidade em humanos. Nem sempre é fácil imaginar um cão com anormalidades cognitivas, mas acontece com mais frequência do que se pensa: quase ⅓ dos cães entre 11 e 12 anos e 70% dos cães entre 15 e 16 anos apresentam sinais de distúrbios cognitivos com sintomas semelhantes à demência senil humana: desorientação espacial, distúrbios sociocomportamentais (por exemplo, problemas em reconhecer membros da família), comportamento repetitivo (estereotipado), apatia, irritabilidade crescente, problemas no sono, incontinência e capacidade de cumprir tarefas reduzida. Juntos, esses sintomas constituem um declínio progressivo das habilidades mentais tipicamente relacionado ao envelhecimento, um quadro ao qual costumamos nos referir como síndrome da disfunção cognitiva canina, também chamado de demência canina.

Os cães desenvolvem alterações e doenças relacionadas à idade semelhantes às dos humanos, o que os torna uma excelente espécie-modelo para examinarmos a expectativa de saúde. E veja só: os cães compartilham mais sequências do genoma ancestral com os humanos do que os roedores. Aprendemos que as causas de morte prematura nos cães costumam ser as mesmas entre os humanos: uma confluência entre genética *e* imposições do ambiente. Essa é uma das razões pelas quais muitos cientistas que entrevistamos estão usando cães em pesquisas sobre o envelhecimento humano: eles são sentinelas, prognosticadores e promotores da saúde humana. Vamos continuar investigando essas imposições ambientais e mostrar como elas se entrelaçam para definir a vida do cão... e as chances de que ela seja longa e feliz.

Há uma enorme variação na expectativa média de vida entre as raças de cães que vivem nos lares humanos, oscilando entre 5,5 e 14,5 anos (mais ou menos). O ritmo de envelhecimento individual de um cão está relacionado à constituição genética, além de ser influenciado pelo ambiente e por experiências passadas, incluindo traumas. A idade com que a senescência (o declínio do corpo típico do envelhecimento) tem início tende a diferir dependendo da raça, do tamanho e do peso (quanto maior e mais pesada a raça, menor a idade no ponto de partida), bem como da prevalência de doenças hereditárias. A palavra "senescência" pode se referir à senescência celular ou à do organismo como um todo (o termo vem do latim *senex*, que significa "velho", e dela derivam "senil" e "sênior"). Nos últimos anos, a literatura médica tem sido tomada por estudos voltados para as chamadas células zumbis, que são células senescentes. São células normais, mas que se deparam com um estressor, como um dano ao DNA ou uma infecção viral. Nesse momento, elas podem escolher entre morrer ou se tornar um "zumbi", basicamente entrando num estado de animação suspensa no qual não são mais úteis ao corpo e passam o tempo vagando como nômades e causando problemas.

As células zumbis liberam elementos químicos que podem danificar células normais do entorno, o que pode começar a causar complicações. Em estudos com camundongos, drogas que eliminam as células zumbis têm gerado melhoras no quadro de uma lista impressionante de distúrbios de saúde, tais como catarata, diabetes, osteoporose, mal de Alzheimer, hipertrofia do coração, problemas renais, aterosclerose e perda muscular relacionada ao envelhecimento (a sarcopenia). Também é possível mirar nas células zumbis por meio da ingestão de nutrientes específicos, como vamos ver no Capítulo 8. Essa perspectiva ajuda a explicar por que a pesquisa de David Sinclair, que está transformando camundongos velhos em indivíduos saudáveis e ativos, tem sido tão importante para os pioneiros da biotecnologia.

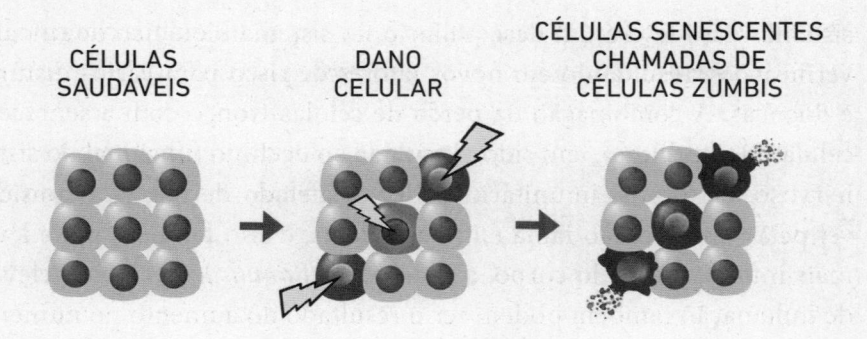

| CÉLULAS SAUDÁVEIS | DANO CELULAR | CÉLULAS SENESCENTES CHAMADAS DE CÉLULAS ZUMBIS |

Se uma célula saudável adoece ou é danificada, ela pode interromper a divisão celular e se tornar uma célula zumbi senescente que libera moléculas inflamatórias para desencadear inflamações. À medida que as zumbis se acumulam, as células do entorno também podem se transformar em zumbis e acelerar todo o processo de envelhecimento.

Estudos com animais também têm revelado um vínculo mais direto entre as células zumbis e o envelhecimento. Quando drogas específicas para essas células foram ministradas a camundongos mais velhos, eles passaram a caminhar melhor, a força das patas aumentou e a resistência durante exercícios na roda de corrida cresceu – todos sinais de juventude. Mesmo nos casos em que o tratamento foi aplicado a camundongos muito idosos, o equivalente a pessoas entre 75 e 90 anos, o aumento na expectativa de vida foi de cerca de 36%! Os pesquisadores demonstraram, também, que o transplante de células zumbis para camundongos jovens faz, sobretudo, com que eles se comportem como se fossem mais velhos: a velocidade máxima de corrida diminui e tanto a força muscular quanto a resistência são reduzidas – todos sinais de declínio relacionado ao envelhecimento. Os testes revelaram que as células implantadas converteram outras células à condição de zumbis.

De modo bem simplista, a senescência celular se refere ao fenômeno de células velhas que não morrem. Como os zumbis das histórias, elas são capazes de se mover, mas carecem de pensamento racional e não reagem bem ao entorno. Em algum momento, todas as células param de se dividir e morrem para que o sistema não fique sobrecarregado e novas células saudáveis não sejam deslocadas. Se elas param de se dividir, mas não morrem, preparam o terreno para problemas nos tecidos, nos órgãos e nos sistemas. Isso leva a um desequilíbrio no sistema biológico de cálculos e verificações, resultando em novos fatores de risco para vários distúrbios e doenças. A combinação da perda de células-tronco com a senescência celular, por exemplo, tem sido vinculada ao declínio funcional do sistema nervoso. O sistema imunitário pode ser afetado de maneira considerável pela comunicação falha entre as células, e isso também pode levar a mais inflamações pelo corpo, a chamada *inflamm-aging*. Níveis elevados de inflamação também podem ser o resultado do aumento no número de células senescentes.

Pesquisadores descobriram que um componente vegetal natural (do grupo dos polifenóis) chamado "fisetina" reduz o nível dessas células zumbis no corpo. Os camundongos mais velhos que receberam tratamento à base de fisetina melhoraram de forma notável a expectativa de vida e de saúde. A fisetina está presente em muitas frutas e legumes, incluindo morango, maçã, caqui e pepino. Ela também confere as cores vibrantes que vemos em nossos produtos hortifrutigranjeiros. Na Parte III você vai ver que nós incentivamos a oferta de petiscos e de porções de comida natural

Os marcadores do envelhecimento

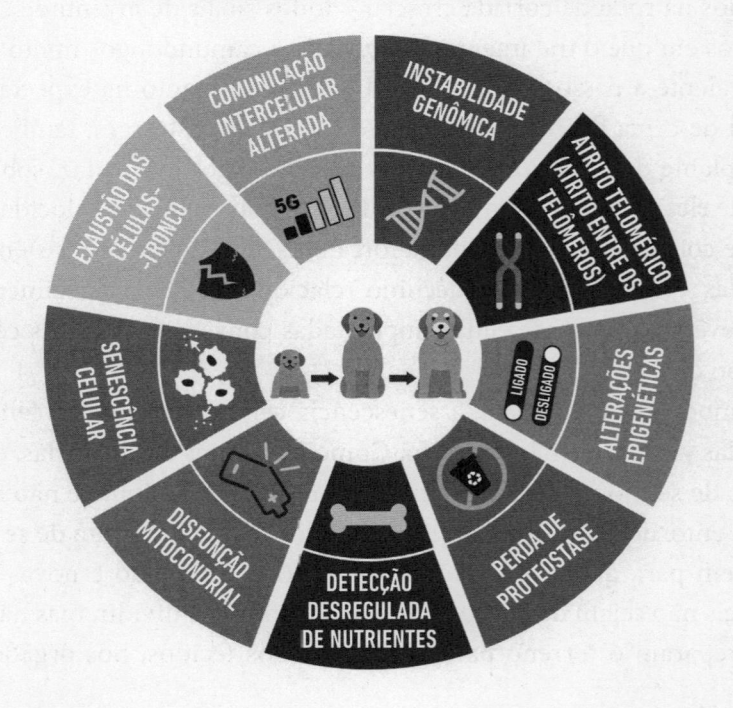

rica em fisetina na refeição de seu cão como modo de adicionar um pouco desse agente anti-idade à dieta. Na hora do petisco, tente servir lascas de maçãs e morangos: além de comer um lanche delicioso, ele vai receber uma dose dessa poderosa molécula da longevidade, além de fibras amigas do intestino.

Portanto, é evidente que o envelhecimento é algo extremamente complexo e que os elementos que contribuem para esse processo estão inter-relacionados (conforme mostra o diagrama). Não existe um caminho único. Múltiplos fatores contribuem para o processo de envelhecimento e para sua velocidade – alta ou baixa.

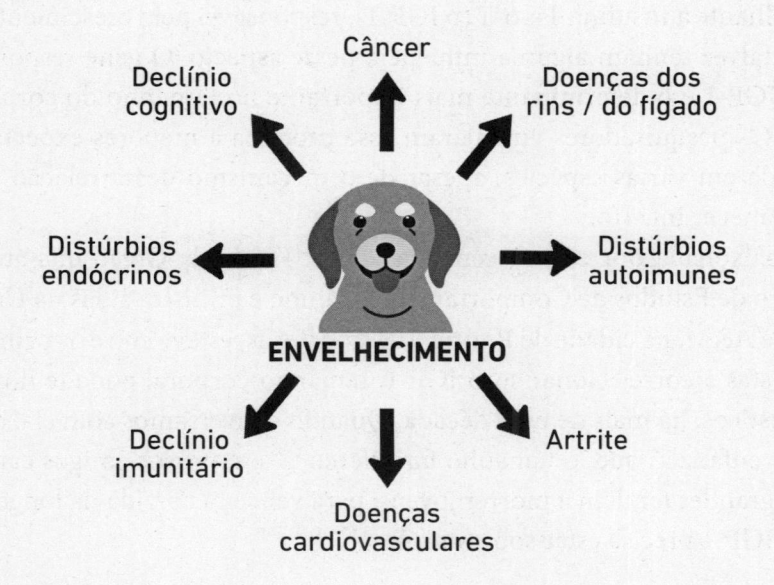

Não é preciso ser cientista para perceber os sinais do envelhecimento em sua cachorrinha – é comum passarmos a segunda metade da vida dos cães diagnosticando e tratando justamente esses sinais. Embora seja possível afirmar que começamos a envelhecer assim que nascemos, passamos a notar um processo mais visível de envelhecimento por volta dos 25 anos (e por volta dos 3 anos nos cachorros). É quando certos eventos biológicos ocorrem e posicionam o corpo numa inclinação descendente inevitável (e, no início, imperceptível) e quando aqueles marcadores do envelhecimento que acabamos de destacar se tornam mais prováveis e pronunciados. Nos humanos, os processos celulares mudam, o hormônio do crescimento altera suas funções, o metabolismo desacelera um pouco, o cérebro atinge a maturidade estrutural e a massa dos músculos e dos ossos chega ao pico. Talvez a pessoa não sinta ou perceba sinais físicos de nada disso até os 40 ou, se tiver sorte, os 50 anos, mas o processo se inicia na casa dos 20. Os cães também têm sua versão de declínio natural, e a velocidade com que ele se desenrola depende de muitas variáveis. Além disso, o processo de envelhecimento canino pode ser enganoso, uma vez que os cães podem demonstrar altos níveis de energia e parecer supersaudáveis, mesmo que esteja acontecendo algo no interior do organismo.

Alguns estudos revelam que o peso corporal tem mais influência na expectativa de vida do que a altura, a raça ou o grupo racial, e que cães de raça grande de fato envelhecem mais rápido do que os de raça pequena. Isso também ocorre com outros mamíferos. Animais de grande porte tendem a viver mais porque se deparam com menos ameaças de predadores (baleias e elefantes, por exemplo, podem envelhecer sem pressa, uma vez que ninguém vai atacá-los; eles evoluíram para ter uma vida longa e podem, inclusive, escapar do câncer – vamos ver mais sobre isso em breve).

Contudo, no mundo canino, maior nem sempre é melhor. Cães grandes, como o Irish Wolfhound, com seus cerca de 65kg, têm sorte se chegar aos 7 anos, enquanto cãezinhos minúsculos, como o papillon e seus 4kg, podem viver por dez anos ou mais. A maioria das raças de cães existe há menos de duzentos anos, então a pressão evolutiva certamente ainda não está em jogo. Em vez disso, alguns hormônios, como o Fator de Crescimento Semelhante à Insulina Tipo-1 (o IGF-1), responsável pelo crescimento dos cães, talvez tenham alguma influência nesse aspecto. O gene responsável pelo IGF-1 é o determinante mais importante no tamanho do corpo dos cães. Os pesquisadores vincularam essa proteína a menores expectativas de vida em várias espécies, apesar de o mecanismo dessa relação ainda permanecer incerto.

Apaixonada por cães, a geneticista Dra. Kimberly Greer, que atua no Centro de Estudos de Comportamento Canino e ministra aulas na Universidade A&M, na cidade de Prairie View, no Texas, esteve entre os primeiros cientistas a correlacionar soro IGF-1, tamanho corporal e idade nos cães domésticos, há mais de uma década. Quando conversamos com ela, a Dra. Greer enfatizou que "o tamanho faz diferença" em nossos amigos caninos. Cães grandes tendem a morrer jovens; para vencer a corrida da longevidade, o IGF-1 precisa estar sob controle.

É interessante observar que, quando a via de sinalização – ou seja, o modo como uma célula se comunica com outra através da emissão de sinais entre proteínas – do IGF-1 carrega uma mutação, o resultado é uma expectativa de vida *mais longa* (um dos casos em que uma mutação gera uma vantagem); dito de forma mais simples, níveis baixos de IGF-1 equivalem a uma vida mais longa. Os cientistas já registraram esse fenômeno em camundongos, moscas, minhocas e até em humanos. Porém, nos mamíferos, o resultado dessa operação costuma ser o nanismo, uma vez que a mutação afeta a maneira como o corpo utiliza o hormônio do crescimento. Surpreendentemente, algumas comunidades de pessoas ao redor do mundo que carregam a mutação do IGF-1 têm uma estatura muito baixa (menos de 1,5 metro), mas não desenvolvem câncer nem diabetes. Esse transtorno é conhecido como síndrome de Laron, em homenagem a Zvi Laron, o endocrinologista pediatra israelense que registrou o distúrbio pela primeira vez, em 1966. No mundo todo, há entre 300 e 500 indivíduos com esse distúrbio específico, e eles continuam a ser estudados.

Essa pode ser a razão de várias raças do grupo Toy – o chihuahua, o pequinês, o Spitz alemão e o poodle toy – terem muito menos chances de morrer de câncer do que outras raças. Muitas raças de animais (de espécies como cães, gatos e porcos em miniatura) cujo nanismo se deve a uma mutação no IGF-1 também usufruem de uma vida muito mais longa do que a de seus ancestrais de tamanho normal. Esse é um exemplo de uma mutação genética gerando efeitos posteriores benéficos.

Sabemos, ainda, que o peso influencia o ponto de partida de doenças relacionadas ao envelhecimento, como o câncer, e isso serve tanto para cães como para humanos. Cães grandes também tendem a crescer mais rápido, o que pode resultar no que os cientistas do Dog Aging Project, um estudo de longo prazo que analisa o envelhecimento dos cães, chamam de "corpos malfeitos", mais suscetíveis a complicações e patologias. Acrescente ao quadro a castração antes da puberdade e entram em cena outras variantes hormonais que afetam as expectativas de vida e de saúde.

Vamos fazer uma pausa para falar sobre a esterilização: se uma pessoa removesse todos os órgãos produtores de hormônios sexuais (ovários ou testículos) antes da puberdade, com certeza ela se preocuparia com os efeitos a longo prazo na saúde e na possibilidade de desenvolver alguma doença. Muitas mulheres, por exemplo, que removem o útero por questões de saúde optam por manter os ovários (se possível) por causa dos importantes hormônios produzidos por eles. A mesma lógica se aplica aos cães. A esterilização canina típica (castração) remove órgãos que pesquisadores da atualidade consideram muito importantes para a saúde geral dos cães. Estudos indicam, ainda, que quanto mais cedo um filhote é castrado, maior a probabilidade de problemas de saúde futuros, desde crescimento anormal dos ossos e câncer ósseo até uma maior incidência de reações adversas a vacinas, além de problemas comportamentais, como medo e agressividade. Minha recomendação (da Dra. Becker) aos cuidadores que ainda não castraram seus cães é, em vez disso, considerar a histerectomia ou a vasectomia; esses procedimentos geram o mesmo resultado (esterilização), sem os efeitos colaterais fisiológicos negativos.

Além dos fatores hormonais na equação da saúde, o tamanho também parece fazer diferença. Cães grandes tendem a ter mais problemas de saúde do que os pequenos; pastores alemães são propensos à displasia de quadril, por exemplo, e huskies siberianos são atormentados por distúrbios autoimunes. Entretanto, alguns desses problemas, como vamos ver em breve, podem ser gerados pelo acasalamento de indivíduos geneticamente próximos (acasalamento consanguíneo) e por outros fatores que afetam a epigenética.

O Dog Aging Project é uma das muitas iniciativas que tentam entender como os genes, o estilo de vida e o ambiente influenciam o processo de envelhecimento. O objetivo é compreender o envelhecimento canino por meio da coleta e da análise de uma grande quantidade de dados. Capitaneado por um consórcio de cientistas das melhores instituições de pesquisa ao redor do mundo e centralizado na Universidade de Washington e na Universidade A&M, no estado do Texas, esse projeto biológico de longo prazo, cujo funcionamento tivemos o privilégio de conhecer nos bastidores, pretende utilizar a informação coletada para ajudar animais de estimação – e pessoas como você e eu – a aumentar a expectativa de saúde. Mais um exemplo de como nossas guias são vias de mão dupla.

Além disso, uma pequena parte do projeto analisa o uso de produtos farmacêuticos no possível aumento da expectativa de vida. O programa, que recebe investimento dos National Institutes of Health, estimula o público a registrar seus cães no estudo e é a maior pesquisa já conduzida sobre o envelhecimento canino. A Dra. Elinor Karlsson integra o corpo de cientistas de Massachusetts, onde gerencia o Grupo de Genômica de Vertebrados, no Broad Institute of MIT and Harvard. Seu projeto Darwin's Dogs também convida a população a compartilhar informações sobre seus cães para que o laboratório possa fazer conexões entre DNA e comportamento. Como ela explicou durante nossa visita ao seu escritório, em Boston, a equipe espera identificar as causas de doenças e distúrbios – do câncer a disfunções psiquiátricas e neurodegenerativas – ligados à genética do cão, e essas pistas podem levar a grandes avanços no tratamento desses mesmos problemas nas pessoas (tudo de que ela precisa são amostras de saliva dos animais e respostas a algumas perguntas básicas).

No National Human Genome Research Institute, em Maryland, o Dog Genome Project, liderado pela Dra. Elaine Ostrander em colaboração com cientistas do mundo todo, está montando um banco de dados com o intuito de entender a genética canina e suas implicações na saúde. Até o momento, o grupo tem participado da descoberta dos genes responsáveis pela retinite pigmentosa, pela epilepsia, pelo câncer nos rins, por sarcomas em tecidos moles e pelo carcinoma de células escamosas – contribuindo de maneira significativa para o conceito de medicina de Saúde Única, tanto para a literatura médica veterinária quanto para a humana. De que modo? Os genes de doenças caninas costumam ser equivalentes aos dos humanos ou estar relacionados aos que nos causam patologias. No reino canino, o esforço colaborativo já identificou genes que contribuem para a variação no formato do crânio, no tamanho corporal, no comprimento das pernas e no comprimento, na cor e no encaracolamento dos pelos. Ao longo das pesquisas, os cientistas vêm reunindo um vocabulário genômico para o desenvolvimento dos mamíferos. É a ciência revolucionária seguindo seu curso.

Muitos dos pesquisadores por trás desses projetos compartilham os dados e têm parcerias profissionais. É uma abordagem que conta com toda a ajuda possível. Com o aumento da rapidez e da eficiência no sequenciamento genético, e com seu relativo barateamento, a velocidade das descobertas científicas é significativamente maior. Por exemplo, os pesquisadores já identificaram mais de 360 distúrbios genéticos que ocorrem em humanos e em cachorros, com cerca de 46% deles presentes em apenas uma ou poucas raças. Numa das correlações mais famosas registradas entre as duas espécies, os cientistas localizaram a mutação no genoma do cão que causa a narcolepsia. Essa descoberta levou pesquisadores a estudar a mutação no equivalente humano – prova de que a genética canina pode beneficiar a nossa.

Sem qualquer surpresa, **os maiores fatores de risco relacionados à morte dos cães são a idade e a raça.** A idade e a genética do indivíduo são capazes de definir a expectativa de vida. No entanto, o que ainda não é consenso é a forma como várias forças colaboram de maneiras sutis, mas significativas, para as chances de morte prematura. Essas forças incluem o ritmo circadiano (a variação nas funções biológicas do indivíduo que se repete a cada 24 horas), as condições do metabolismo, do microbioma e do sistema imunitário, além dos efeitos do ambiente que interferem no genoma.

RAGE: o grude do envelhecimento

Quantas vezes os ingredientes da comida de seu cão foram aquecidos? Uma? Duas? Tantas que ninguém seria capaz de contar? A resposta a essa pergunta-chave é um modo de verificar quão saudável é a comida canina, e na Parte III vamos mostrar como fazer isso. Vamos entender por que isso importa.

O Fator de Crescimento Semelhante à Insulina Tipo-1, que acabamos de ver, é uma proteína importante. Sua atividade está relacionada a dois hormônios-chave que atuam em todos nós: o hormônio do crescimento e a insulina. Esta última, como você já deve saber, é um dos principais hormônios do corpo, tanto nos cães como nos seres humanos. Ela tem um papel fundamental no metabolismo, ajudando a conduzir a energia do alimento ao interior das células para que elas possam usá-la. Como as células não são capazes de absorver automaticamente a glicose que circula na corrente sanguínea, elas precisam da ajuda da insulina, produzida no pâncreas, que age como um condutor.

A insulina transfere a glicose da corrente sanguínea para o interior dos músculos, da gordura e das células do fígado, onde pode, então, ser utilizada como combustível. Células normais e saudáveis não têm qualquer problema em reagir à insulina, uma vez que seus receptores desse hormônio são abundantes. Contudo, se as células são incansavelmente expostas a altos níveis de insulina, por causa da presença persistente da glicose – uma consequência típica do consumo excessivo de açúcares refinados e dos carboidratos simples presentes nos alimentos processados –, elas se adaptam, reduzindo o número de receptores de insulina. Isso as torna insensíveis ou "resistentes" a esse hormônio, o que causa a resistência à insulina e, por fim, a diabetes tipo 2, ou a diabetes induzida pelo estilo de vida (uma vez que a pessoa não nasceu com problemas no pâncreas).

A maioria dos cães diabéticos também nasce com um pâncreas perfeitamente funcional (caso contrário, a doença seria diagnosticada de imediato, enquanto ele ainda é filhote). Conforme o pâncreas vai sendo danificado, ele para de produzir quantidades adequadas de insulina; e, uma vez que as células produtoras de insulina são exauridas, elas já eram. O resultado são níveis elevados de açúcar no sangue fora das células em vez de produzindo energia dentro delas. Se há açúcar (glicose) demais na corrente sanguínea, esse açúcar causa diversos danos, incluindo a geração de "produtos finais de glicação" (também conhecidos como AGEs), nos quais moléculas "grudentas" de glicose se ligam a algumas proteínas (como aquelas que produzem os vasos sanguíneos) e provocam vários distúrbios. O maior receptor dos AGEs, conhecido como "receptor para produtos finais de glicação", recebe o adequado nome de RAGE (ira, em inglês).

A glicação (como é chamada a produção de AGE) acontece sempre que calor, glicose e proteína se encontram; é uma reação química que ocorre tanto dentro quanto fora do nosso corpo. Dentro do corpo, causa envelhecimento prematuro e inflamações nos cães e nos humanos. Vamos voltar a falar disso em mais detalhes, porque, além dos AGEs produzidos pelo corpo, eles também são encontrados nos alimentos que foram processados por meio de calor. Esse é um dos fatores que vamos pedir que você considere na hora de comprar a comida de seu cão. **Se a glicação ocorre no processamento da comida, ela é conhecida como reação de Maillard e o resultado são os produtos da reação de Maillard (os MRPs)**. Quando consumimos ou servimos comida que contém MRPs, estamos lidando com essas substâncias tóxicas: nós as ingerimos *e* nosso corpo as produz. Pior ainda, um segundo tipo de MRP surge quando gorduras são aquecidas na presença de proteínas, resultando na peroxidação lipídica – a produção de substâncias tóxicas chamadas "produtos finais de lipoxidação avançada" (também conhecidas como ALEs), que também se ligam aos mesmos receptores, estimulando a expressão de mais RAGE.

A gordura é uma coisa que passamos a temer. Gordura faz mal. Porém, assim como acontece com os carboidratos, existem gorduras boas e ruins. Sem dúvida, gorduras rançosas, oxidadas e aquecidas prejudicam a saúde, criando citotoxinas (compostos danosos às células), com uma ampla variedade de consequências no funcionamento do corpo: da pancreatite a problemas no fígado e à desregulação imunitária. Os cães precisam de fontes não adulteradas de gordura e de ácidos graxos para sobreviver e crescer, e devem consumi-las em quantidades adequadas para evitar doenças e manter a saúde em dia. Eles precisam de gorduras para manter a química cerebral saudável, para otimizar a saúde da pele e do pelo, para absorver determinados nutrientes e para produzir hormônios importantes, entre muitas outras funções. O consumo de alimentos resultantes do processo de renderização (reaproveitamento de resíduos de tecido animal), oxidados e processados a altas temperaturas, implica o consumo de grandes quantidades de ALEs tóxicos.

Em 2018, um estudo conduzido na Holanda revelou que **os cães consomem até 122 vezes mais AGEs do que os humanos**. Essa informação abalou a veterinária proativa dentro de mim (Dra. Becker) a ponto de me tirar o sono. Entrei em contato com a Dra. Donna Raditic, nutricionista veterinária, e perguntei se seria possível projetar e financiar um estudo que avaliasse a presença de AGEs nas categorias mais populares de comida para cães: crua, enlatada e seca. Como praticamente não há instituições do tipo, a Dra. Raditic e eu fundamos juntas a organização sem fins lucrativos Companion Animal Nutrition and Wellness Institute, com o propósito de conduzir uma pesquisa imparcial e vinculada à academia na área de nutrição de animais de companhia. Os cinco maiores fabricantes de comida para animais de estimação conduzem algumas pesquisas internas que nunca chegam ao público em geral, mas não há nos Estados Unidos nenhum instituto nacional de saúde, bancado pelo governo, dedicado à saúde desses animais. Ninguém está financiando pesquisa nutricional básica e fundamental que permita aos profissionais da medicina veterinária saber mais sobre o impacto da alimentação na saúde e nas doenças, ou quais as consequências ou os benefícios existentes nos modismos atuais em torno da comida, sem qualquer embasamento científico, tais como a ideia de passar décadas servindo "fast-food" ultraprocessada aos animais e dizer às pessoas que esse é um hábito saudável e que é a melhor opção possível.

Não sabemos se é saudável, porque não há um estudo comparando um grupo de cães que passam a vida consumindo comida de verdade a outros que passam a vida consumindo comida ultraprocessada. Não temos nenhuma pesquisa básica que responda às perguntas razoáveis que muitos cuidadores fazem; e, de certa forma, achamos que a indústria prefere que as coisas permaneçam assim. O que acontece se medirmos os níveis de AGEs, de micotoxinas, de glifosato ou de metais pesados na comida para animais de estimação e descobrirmos que eles excedem de longe o nível considerado seguro para os humanos? Alguns grupos de defesa animal já fizeram isso, em pequena escala, testando um punhado de marcas populares em busca de agentes contaminantes, com resultados assustadores que, aqui e ali, resultaram em *recalls*.

Guerras de comida

Dê uma olhada no gráfico a seguir. Ele mostra os *recalls* de comidas para animais de estimação (em quilos) entre 2012 e 2019, nos Estados Unidos.

Rações e petiscos compõem 80% do total de quilos de produtos alimentícios recolhidos. As quatro causas principais dos *recalls*, por quilo de comida, foram contaminação bacteriana (salmonela), níveis tóxicos de vitaminas sintéticas, antibióticos não autorizados e contaminação por pentobarbital (uma solução usada em eutanásia animal). A categoria "outros" inclui dietas e misturas liofilizadas, cozidas e congeladas. Os *recalls*, no entanto, incluem apenas produtos que foram testados em busca de certos problemas conhecidos; na maioria das vezes, níveis excessivos de vitaminas ou de minerais sintéticos e de bactérias com potencial patogênico. Nos Estados Unidos, a FDA, Food and Drug Administration, a agência reguladora que aprova a circulação de produtos em diversas áreas, tais como remédios, alimentos, cosméticos e produtos para animais, não exige que os fabricantes conduzam testes envolvendo outros tipos de toxina presentes nos alimentos. Assim, as comidas para animais de estimação não são recolhidas apesar dos níveis chocantes de glifosato (*Roundup*) ou de AGEs.

Quilos de comida para animais de estimação recolhidos do mercado dos Estados Unidos entre 2012 e 2019

Dados de relatórios da FDA

ração	comida crua	enlatados	outros	petiscos
68.530.053 kg	900.850 kg	42.758.004 kg	99.052 kg	69.430.903 kg

Não é preciso nenhum alerta de *spoiler*: comidas menos processadas são mais saudáveis.

Quando comparados em diferentes categorias, os níveis de AGEs foram mais elevados nos enlatados, seguidos pela ração seca. Sem nenhuma surpresa, os níveis mais baixos foram encontrados em comidas cruas, minimamente processadas. A pesquisa por trás das consequências nocivas à saúde do consumo de altos níveis de MRPs (de AGEs) é inquestionável. Por essa razão, verificar o número de vezes que os ingredientes dos alimentos para animais de estimação são adulterados pelo calor é um fator importante quando precisamos escolher qual comida daremos ao nosso cão.

Quando falamos de alimentação humana, o melhor exemplo de comida completa é a fórmula infantil instantânea que substitui o leite. Na teoria, tanto a ração animal quanto a fórmula para bebês são dietas "nutricionalmente completas". Nos anos 1970, a Nestlé (que também é dona da marca Purina) convenceu milhões de mulheres a substituir o leite materno pela fórmula infantil da marca declarando que o produto era mais saudável. Muitas mulheres seguiram a recomendação, jogando fora o próprio leite e usando o pó completo como substituto. Essa campanha de publicidade provocou um surto nos defensores da saúde em todo o mundo, o que gerou grandes protestos públicos e boicotes, diversos processos judiciais e uma campanha educativa global em torno dos benefícios do leite materno humano. A mesma revolução está ocorrendo neste momento na indústria de alimentação animal: defensores dos animais estão exigindo refeições de verdade, feitas de comida natural, não em forma de bolotas de farinhas alimentícias misturadas a vitaminas e minerais sintéticos.

O conceito de ração animal completa nem sempre foi popular. Na verdade, a comida para animais de estimação é uma adição relativamente recente ao mercado, cortesia de um empreendedor cheio de motivação.

Biscoitos e petiscos

Era uma vez um tempo em que não havia biscoitos nem outros petiscos caninos. Alguém precisava inventá-los. Em 1860, James Spratt foi o primeiro a fabricar um biscoito canino seco. Suas qualificações eram, no mínimo, duvidosas – ele era eletricista e vendedor de para-raios no estado de Ohio. Ainda assim, suas habilidades como vendedor eram suficientes para transformar uma ideia casual numa fortuna absurdamente inusitada e, num primeiro momento, agradou bastante os integrantes da elite. Numa viagem de negócios pela Inglaterra, Spratt observou cães de rua comendo biscoitos secos e duros, do tipo *crackers*, não perecíveis e feitos de cereais processados. Os marinheiros se alimentavam desses biscoitos nas longas travessias (como era comum eles ficarem infestados de minhocas, os soldados que os consumiam durante a Guerra Civil os apelidaram de "castelos de minhocas").

Nascia a ideia da comida industrializada para cães. Spratt batizou seu primeiro biscoito de Patented Meat Fibrine Dog Cake (bolo patenteado de carne e fibrina para cachorro); era feito de uma mistura de ingredientes, tais como trigo, beterraba e vários outros legumes, misturados com sangue bovino e, por fim, assados. Talvez nunca cheguemos a saber o que havia no biscoito original, que incluía "as partes gelatinosas, não salgadas e desidratadas da Carne das Pradarias". O interessante é que, ao longo de toda a sua vida, Spratt nunca falou qual era a fonte exata da carne contida em seu biscoito.

Os biscoitos eram caros. Um pacote de 600 gramas custava o equivalente a um dia inteiro de trabalho de um artesão habilidoso, e Spratt, que não era bobo, mirou no "cavalheiro inglês" capaz de pagar um preço alto. Nos Estados Unidos, sua empresa iniciou as operações nos anos 1870 e Spratt direcionou a atenção aos donos de cães preocupados com a saúde dos animais e aos participantes de exposições caninas, ocupando toda a capa do primeiro periódico do American Kennel Club, em 1889. O público nos Estados Unidos foi fisgado e logo trocou os restos de comida com os quais alimentava os cães pelos biscoitos de Spratt. Ele também ficou conhecido por apresentar o conceito de "fases da vida animal", com alimentos apropriados a cada fase do pet. Parece familiar? Spratt foi sagaz ao usar sua habilidade publicitária (a empresa foi a primeira a montar um painel publicitário em Londres) e se aproveitar do esnobismo (ao promover o produto, ele apelou a alguns amigos ricos para obter relatos que promovessem os benefícios dos tais biscoitos caninos).

Depois da morte de Spratt, em 1880, a empresa abriu o capital e ficou conhecida como Spratt's Patent, Limited e Spratt's Patent (America) Limited. O empreendimento não estava fadado a terminar. Muito pelo contrário, a Spratt's se tornou uma das marcas mais comercializadas no início do século XX, graças à ampla exibição da logo e à publicidade que remetia a um certo estilo de vida, além de outros recursos, como propaganda impressa em cartelas de cigarros colecionáveis. Nos anos 1950, a General Mills adquiriu a Spratt's dos Estados Unidos. A história de James Spratt é um clássico caso de empreendedorismo americano. Ele pode parecer um tipo de herói – um fornecedor de petiscos caninos finos para cuidadores preocupados com a saúde. Mas não se deixe enganar: no fim das contas, Spratt era um vendedor habilidoso, motivado pelo dinheiro, no lugar certo, na hora certa. Ele enxergou e alavancou uma oportunidade num ambiente desprovido de qualquer solução fácil ou conveniente para alimentar animais de estimação. Sua ideia acabou se tornando uma indústria multibilionária de comida para cães. Alguns dos seus argumentos publicitários usados há mais de um século ainda são vistos (com eficácia) hoje em dia. De fato, não demorou muito até que concorrentes usassem as estratégias de Spratt para fornecer aos consumidores uma variedade ainda maior de comidas para animais – comidas convenientes, anunciadas e consumidas como um sinal de amor e de comprometimento com nossos pets.

Em 1948, o veterinário Dr. Mark Morris se associou à empresa Hill Rendering Works para criar a primeira "prescrição" de uma dieta para animais de estimação. Até os dias atuais, o termo "dieta prescrita" é mal interpretado: não há quaisquer medicamentos ou substâncias especiais incluídos nessas receitas prontas; elas são chamadas de "prescrições" porque são vendidas apenas por profissionais da saúde animal. Essas dietas, famosas nos Estados Unidos, nem sempre foram populares. Na verdade, a Hill's Science Diet teve dificuldades de se tornar lucrativa nos anos 1970, até que a gigante do mercado de creme dental Colgate-Palmolive comprou a empresa e seduziu os clientes com as mesmas estratégias de marketing usadas pelo especialista embaixador da marca. A Colgate-Palmolive tirou a sorte grande ao fazer os dentistas sorrirem segurando tubos de sua pasta de dentes, declarando ser "a marca mais recomendada pelos dentistas". O creme dental Colgate se tornou um campeão de vendas instantâneo depois que a equipe de publicidade da empresa decidiu tentar essa nova estratégia de vendas. E se a empresa sabia como tirar a sorte grande... se servia para dentistas e pastas de dentes, por que não serviria para veterinários e comida de cachorro?

Logo a Science Diet replicou no mundo veterinário o plano de ação antes usado nas faculdades de odontologia, firmando contratos com faculdades de medicina veterinária e até financiando a formação de nutricionistas. Hoje em dia, toda faculdade de medicina veterinária dos Estados Unidos mantém parceria com uma das cinco maiores marcas de comida para animais de estimação. Algumas perguntas interessantes: o que acontece quando faculdades de medicina e de veterinária mantêm alianças exclusivas com indústrias como empresas farmacêuticas e fabricantes de comida? Não é óbvio o conflito de interesses? Será que essas alianças semeiam parcialidade nas pesquisas desenvolvidas nessas faculdades e na formação de seus alunos?

A pesquisa em nutrição animal difere da pesquisa em nutrição humana em muitos aspectos. Para animais de estimação, os primeiros dados publicados sobre a quantidade mínima necessária de nutrientes surgiram em 1974, no livro *Nutrient Requirements for Dogs and Cats*, do Conselho Nacional de Pesquisa dos Estados Unidos (o NRC – National Research Council). Era a culminância de toda a pesquisa sobre comida para animais de estimação desenvolvida com pequenos grupos de filhotes de cães e de gatos abrigados em laboratórios, comendo ração de meados do século, com padrões de pesquisa que não seriam mais aprovados em nenhum comitê de ética universitário hoje em dia. Esse livro segue sendo o guia definitivo que a AAFCO, Association of American Feed Control Officials, utiliza no estabelecimento dos parâmetros de nutrição para fabricantes de comida animal. As referências do NRC foram atualizadas só uma vez, em 2006.

Todo tipo de casamento e de divórcio corporativo já aconteceu desde o nascimento da promissora indústria da comida para animais de estimação, há pouco mais de um século. A Nestlé comprou a Purina em 2001 e fabrica mais de vinte marcas, tais como Alpo, Beneful, Dog Chow e Castor

& Pollux. A empresa que domina o mercado na primeira posição continua sendo a Mars Petcare Inc. (sim, a mesma empresa que fabrica muitos dos doces de Halloween), dona das dietas terapêuticas da Royal Canin, além de 28 marcas de comidas para animais de estimação, incluindo Pedigree, Iams e Eukanuba. A Hill's Pet Nutrition ocupa na atualidade a terceira posição e está quase ligada à J. M. Smucker, o que nos leva a Milk Bone, Snausages e Pup-Peroni. Até a publicação deste livro, haverá novas mudanças, uma vez que comida para animais de estimação é um grande negócio e uma ótima *commodity* para corporações multinacionais interessadas em operações lucrativas.

É interessante observar que, nos últimos tempos, muitos defensores da nutrição têm feito protestos públicos e campanhas de conscientização contra comidas "completas" para animais de estimação, da mesma maneira que aconteceu com as campanhas de conscientização sobre a amamentação. Ao longo dos anos, surgiram vários pioneiros da comida natural para animais de estimação – Juliette De Baïracli Levy, Dr. Ian Billinghurst e Steve Brown, para citar alguns – que têm afirmado com convicção que as bolotas de ração jamais poderiam substituir a dieta evolutiva de um cão. Esse é o conceito por trás do movimento pela comida natural para pets que tem se tornado um dos segmentos que mais crescem nessa indústria.

Os defensores da comida natural para animais de estimação têm muitas "questões" com as dietas "completas" ultraprocessadas fabricadas pela indústria, incluindo as seguintes:

➤ As embalagens de comida para animais de estimação não contêm uma tabela nutricional semelhante à encontrada nos rótulos de comida humana que identifique a quantidade de nutrientes, incluindo a de açúcar (ou de amido).
➤ A AAFCO detém a definição dos ingredientes das comidas para animais de estimação listados nos produtos. Para encontrar a definição da AAFCO para "frango", por exemplo, é preciso comprar a publicação oficial da associação por 250 dólares (alerta de *spoiler*: o frango da comida para animais de estimação *não é* o mesmo frango do mercado).
➤ Estudos de digestibilidade (a capacidade de o animal absorver os nutrientes do alimento) são opcionais.

FATURAMENTO ANUAL DOS 10 MAIORES FABRICANTES DE COMIDA PARA ANIMAIS DE ESTIMAÇÃO NOS ESTADOS UNIDOS EM 2019

1. Mars Petcare Inc.:
US$ 18.085.000.000,00
Marcas: *Pedigree, Iams, Whiskas, Royal Canin, Banfield Pet Hospitals, Cesar, Eukanuba, Sheba* e *Temptaions*.

2. Nestlé Purina PetCare:
US$ 13.955.000.000,00
Marcas: *Alpo, Bakers, Beggin', Beneful, Beyond, Busy, Cat Chow, Chef Michael's Canine Creations, Deli-Cat, Dog Chow, Fancy Feast, Felix, Friskie's, Frosty Paws, Gourmet, Just Right, Kit & Kabboodle, Mighty Dog, Moist & Meaty, Muse, Purina, Purina ONE, Purina Pro Plan, Pro Plan Veterinary Diets, Second Nature, T-Bonz and Waggin' Train, Zuke's Castor & Pollux*.

3. J. M. Smucker:
US$ 2.822.000.000,00
Marcas: *Meow Mix, Kibbles 'n Bits, Milk-Bone, 9Lives, Natural Balance, Pup-Peroni, Gravy Train, Nature's Recipe, Canine Carry Outs, Milo's Kitchen, Snausages, Rachel Ray's Nutrish, Dad's*.

4. Hill's Pet Nutrition:
US$ 2.388.000.000,00
Marcas: *Science Diet, Prescription Diet, Bioactive Recipe, Healthy Advantage*.

5. Diamond Pet Foods:
US$ 1.500.000.000,00
Marcas: *Diamond, Diamond Naturals, Diamond Naturals Grain-Free, Diamond Care, Nutra-Gold, Nutra-Gold Grain-Free, Nutra Nuggets Global, Nutra Nuggets US, Premium Edge, Professional and Taste of the Wild*. Também: petiscos *Bright Bites*.

6. General Mills:
US$ 1.430.000.000,00
Marcas: *Basics, Wilderness, Freedom, Life Protection Formula, Natural Veterinary Diet*.

7. Spectrum Brands/United Pet Group: US$ 870.200.000,00
Marcas: *Iams* (Europa), *Eukanuba* (Europa), *Tetra, Dingo, Wild Harvest, One Earth, Ecotrition, Healthy Hide*.

8. Simmons Pet Food:
US$ 700.000.000,00
Marcas: *3,500 SKUs*, principalmente no ramo da comida úmida

9. WellPet: US$ 700.000.000,00
Marcas: *Sojos, Wellness Natural Pet Food, Holistic Select, Old Mother Hubbard Natural Dog Snacks, Eagle Pack Natural Pet Food, Whimzees Dental Chews*.

10. Merrick Pet Care:
US$ 485.000.000,00
Marcas: *Merrick Grain Free, Merrick Backcountry, Merrick Classic, Merrick Fresh Kisses All-Natural Dental Treats, Merrick Limited Ingredient Diet, Merrick Purrfect Bistro, Castor & Pollux ORGANIX, Castor & Pollux PRISTINE, Castor & Pollux Good Buddy, Whole Earth Farms, Zuke's*.

Em 2019, esses dez fabricantes de comida para animais de estimação estiveram entre as empresas do setor sediadas nos Estados Unidos com maior receita anual, de acordo com a tabela Top Pet Food Companies, disponível no site *Petfood Industry*.

- Nenhum teste por amostragem é solicitado para verificar a adequação nutricional ou a presença de contaminantes e de toxinas.
- Nos Estados Unidos, a AAFCO estabelece os requisitos mínimos para que as comidas para animais de estimação sejam consideradas nutricionalmente completas. Entretanto, apenas poucos nutrientes têm um limiar máximo. Isso significa que é aceitável produzir um alimento para animais de estimação com quantidades excessivas de outros nutrientes que podem causar danos ao organismo.
- Vários estudos validam o entendimento de que muitos produtos alimentícios para animais de estimação não são rotulados de forma precisa, com ingredientes de alto custo ou proteínas substituídos por ingredientes mais baratos, não mencionados no rótulo.

Não há nenhum segredo por trás do sucesso das comidas ultraprocessadas. Elas são convenientes, assim como a chamada fast-food feita para o consumo humano. Contudo, é preciso perguntar: quanta saúde estamos sacrificando em nome da conveniência? Hoje em dia, a pressão por mais comida de verdade, minimamente processada, para o consumo humano tem crescido e temos observado que o mesmo tem acontecido no mundo canino – principalmente após as evidências científicas em torno da forte influência da nutrição sobre o processo de envelhecimento. Melhor nutrição significa menos estresse corporal, e menos estresse corporal significa uma vida mais longa.

O tripé do envelhecimento e do declínio

Todo ser vivo que habita este planeta está sob constante pressão, que culmina no envelhecimento. A forma como cada um de nós envelhece é o resultado de três forças poderosas em particular, não importa como a pessoa as encare: (1) efeitos genéticos diretos do DNA herdado de seus pais biológicos; (2) efeitos genéticos indiretos resultantes da maneira como o DNA realmente se comporta, conforme descrevemos no início do capítulo; (3) efeitos diretos e indiretos do ambiente (dieta, exercícios, exposição a produtos químicos, sono e assim por diante). Essas influências são complexas, interativas e dinâmicas. Somadas, elas explicam os "porquês" do status da saúde individual e quem vai ou não viver até os 100 anos. Seu DNA, o comportamento do seu DNA e sua exposição aos fatores do ambiente são exclusividades suas. O mesmo serve para seu cão.

Numa seção anterior deste capítulo, explicamos que o DNA e o modo como ele se comporta estão o tempo todo à mercê das forças do ambiente. Um jeito simples de entender isso é considerar um cão resgatado que alguém leva para casa. Ele está abaixo do peso, frágil, fora de forma e assustado por ter sido abandonado. A pessoa devolve a saúde do cão e, em alguns meses, ele é a própria imagem da vitalidade – brincalhão, saudável e confiante. Esse cão ainda tem o mesmo DNA, mas é claro que os genes estão se expressando de um jeito muito diferente devido à mudança drástica no ambiente. Ele encontrou um lar no qual é bem alimentado e amado. E funciona dos dois lados: um animal (seja ele um cachorro ou uma pessoa) pode não ter qualquer fator de risco genético para determinada doença e, ainda assim, desenvolvê-la devido a hábitos rotineiros. Todos nós conhecemos pessoas que são diagnosticadas com diabetes ou com câncer, por exemplo, sem ter qualquer histórico desses problemas na família. Os cães, da mesma maneira, podem desenvolver um problema de saúde sem que tenham qualquer histórico genético da doença.

São as forças *epigenéticas* em ação.

Uma das mais fascinantes áreas de pesquisa da atualidade é a epigenética, o estudo de determinadas seções do DNA, ou do genoma, que, basicamente, informam aos genes quando e com qual intensidade eles devem se expressar. Talvez seja mais fácil pensar nessas seções tão importantes como sinais de trânsito para o genoma. Elas dão ao DNA sinais de *pare* ou de *siga* e o controlam dessa forma não só em prol da saúde e da longevidade, mas também da forma como passamos os genes às futuras gerações. As escolhas de vida diárias têm um profundo efeito na atividade dos genes. Já aprendemos que as escolhas alimentares que fazemos, o estresse que enfrentamos ou que evitamos, o exercício que praticamos ou que negligenciamos, a qualidade do sono e até os relacionamentos que escolhemos ter, na verdade, influenciam de maneira significativa os genes que são "ligados" ou "desligados". E eis a parte mais interessante: **somos capazes de alterar a expressão de muitos genes que têm influência direta na saúde e na longevidade.** O mesmo vale para a maioria de nossos companheiros caninos, com uma ressalva: *cabe a nós tomar boas decisões por eles.* Se você pensa como nós, isso vai soar como uma tremenda responsabilidade, em especial num momento em que médicos e veterinários não estão treinados para ser conselheiros de saúde proativos capazes de projetar protocolos de bem-estar bioindividualizados para humanos e suas famílias. Até que surja um novo paradigma médico, a responsabilidade de saber o suficiente e assim fazer boas escolhas que beneficiem nosso corpo e o de nossos animais é toda nossa.

Resposta de perigo celular (CDR): Como o trauma celular acelera o envelhecimento em cães jovens

É impossível viver sem alguma dose de perigo. Sempre vamos estar expostos a substâncias químicas do ambiente, doenças infecciosas ou traumas físicos. Como David Sinclair costuma dizer: "Os danos aceleram o envelhecimento." Mas como isso ocorre? Quando o dano acontece, as células danificadas passam por três fases de recuperação chamadas de "resposta de perigo celular" (também conhecida como CDR, na sigla em inglês). À medida que o cão envelhece, o processo se torna menos eficiente e a recuperação incompleta resulta na senescência da célula e na aceleração do envelhecimento. Por essa razão, a ciência tem apontado para interrupções da recuperação no nível molecular, nas fases iniciais da vida, como possíveis causas do envelhecimento acelerado e de doenças crônicas.

As três fases da recuperação, controladas pela mitocôndria da célula, devem ser completadas com sucesso depois de a célula ter enfrentado estresse ou alguma agressão química ou física. Do contrário, células disfuncionais acabam ocasionando sistemas orgânicos disfuncionais. Em outras palavras, se, entre um problema e outro, a recuperação celular for incompleta, mais problemas graves serão desencadeados. Doenças crônicas acontecem quando as células entram num ciclo repetitivo de recuperação incompleta seguida de uma nova agressão e se tornam incapazes da recuperação total. Ainda não temos estatísticas para os cães. Porém, como cuidadores, podemos reconhecer os sintomas da recuperação celular inacabada que provoca doenças sistêmicas: alergias crônicas, distúrbios em determinados órgãos, degeneração musculoesquelética, desequilíbrios no sistema imunitário (das infecções crônicas ao câncer). É assim que a doença intracelular começa, de modo microscópico, banal e silencioso, numa fase em que seu cão ainda é jovem e aparentemente saudável.

Interruptores celulares

Outra área de interesse, quando se trata da nossa habilidade de controlar o ritmo do envelhecimento e a divisão celular, é a avaliação das vias de sinalização interna. Um "interruptor" genético que atua como um sensor de nutrientes e que tem se tornado o centro das atenções nos círculos de pesquisa nos últimos tempos é a proteína mTOR, que significa "alvo mecanístico da rapamicina" (também conhecido como "alvo da rapamicina em mamíferos"). É possível pensar na mTOR como a diretora de uma escola onde estudam todas as nossas células (exceto as do sangue). Quando entrevistamos a Dra. Enikő Kubinyi, pesquisadora-chefe do Senior Family Dog Project na Universidade Eötvös Loránd, em Budapeste, Hungria, ela ressaltou que as vias genéticas do envelhecimento nos seres humanos e nos cães são semelhantes e envolvem algumas das mesmas moléculas, tais como a mTOR e a AMPK, a proteína quinase ativada por monofosfato de adenosina.

A AMPK é uma enzima antienvelhecimento. Sempre que é ativada, promove e ajuda a controlar uma via importante chamada "autofagia" ("comer a si próprio"), que, em linhas gerais, gerencia a limpeza celular e, assim, permite que as células funcionem de forma renovada. Essa via serve a diversas funções no corpo, mas, em especial, ela é a maneira como o organismo remove ou recicla partes perigosas e danificadas, incluindo aquelas células zumbis inúteis e patogênicas. Nesse processo, o sistema imunitário é reforçado e há um pequeno risco de se desenvolver câncer, problemas do coração, doenças autoimunes e disfunções neurológicas. Essa molécula também é fundamental para o equilíbrio da energia celular. Além disso, a AMPK é capaz de ativar nossos "genes antioxidantes" inatos, responsáveis pela produção natural de antioxidantes pelo corpo. Como vamos ver em breve, é muito melhor ativar o sistema antioxidante interno do corpo do que tomar suplementos antioxidantes.

Como no caso dos humanos, essa via metabólica nos cães sinaliza o crescimento e a diferenciação celular (ou seja, decide se a célula se torna parte de um músculo ou do olho, por exemplo) e pode ser regulada para mais ou para menos, como um interruptor *dimmer*, por fatores do estilo de vida, tais como a dieta, o intervalo entre as refeições e a prática de exercícios. Quando alguém jejua, por exemplo, a mTOR é inibida e a AMPK limpa a casa, o que explica, em parte, os benefícios do jejum ou, no caso dos cães, da alimentação de tempo restrito (como vamos ver no Capítulo 4). Trata-se, também, de controlar o açúcar no sangue, uma vez que a redução da insulina e dos níveis de IGF-1 está relacionada à diminuição da mTOR e à ativação da autofagia. Se uma pessoa se senta (ou descansa) o dia inteiro, ingerindo ultraprocessados que favorecem inflamações, além de o fluxo de insulina e os níveis de açúcar no sangue ficarem desgovernados, o lixo começa a se acumular nas células. Esse é um jeito muito simplificado de explicar a autofagia, mas ela é um dos fatores principais no processo de envelhecimento (e na vida em si). É bom saber que todos nós temos essa tecnologia interna de renovação das células e de fortalecimento de seu desempenho. Ao seguir as estratégias sugeridas neste livro, você pode ajudar a ativar essa capacidade em seu cão.

RAPAMICINA: UM REMÉDIO DO FUTURO?

O "R" em mTOR, como observamos anteriormente, representa a rapamicina, um composto que, na verdade, é produzido por uma bactéria. Ela recebeu esse nome em homenagem ao lugar onde foi descoberta, no início dos anos 1970: a ilha de Páscoa, também chamada de Rapa Nui, a mais de 3.200 quilômetros da costa oeste da América do Sul. (Hoje em dia, a ilha de Páscoa é um Patrimônio da Humanidade pertencente ao Chile e famosa pelos sítios arqueológicos, incluindo quase novecentas estátuas monumentais chamadas de "moai", criadas por habitantes do lugar entre os séculos XIII e XVI.)

A rapamicina atua como um antibiótico, com poderosos efeitos antibacterianos, antifúngicos e imunossupressores. No início dos anos 1980, os laboratórios começaram a estudá-la e, ao longo da década seguinte, uma sequência de artigos científicos foi publicada relatando seus efeitos no crescimento celular em leveduras, na mosca-da-fruta, nos nematódeos, em fungos, plantas e, o mais importante, nos mamíferos. Somente em 1994 os cientistas enfim descobriram a versão mamífera da mTOR, graças ao trabalho do Dr. David Sabatini e de seus colegas na Faculdade de Medicina da Universidade Johns Hopkins, em Baltimore, e no Memorial Sloan Kettering Cancer Center, em Nova York. É bom pensar nas funções da mTOR como o centro do sistema de sinalização celular, o centro de controle e de comando da célula. Existe uma razão para ela ter sido conservada ao longo de dois bilhões de anos de evolução: mestra reguladora do crescimento e do metabolismo celular – a vida –, ela é um dos segredos de como este último é orquestrado no interior da célula.

Hoje em dia, a rapamicina aprovada pela FDA é usada em pacientes transplantados para prevenir a rejeição e tem se tornado um dos medicamentos antienvelhecimento e anticâncer mais estudados. Pesquisas ambiciosas sobre o uso da rapamicina em cães já estão em andamento, e vai ser emocionante ver como as descobertas afetarão não só a saúde dos cães, mas a nossa também. Mas que fique claro: não estamos "prescrevendo" a rapamicina para você nem para seu cão, porém vale a pena falar dessa novíssima ciência, porque, sem dúvida, leremos sobre o assunto na grande mídia nos próximos anos. A boa notícia é que é possível influenciar a mTOR com dieta e mudanças no estilo de vida.

Uma palavrinha sobre o câncer

O medo de um diagnóstico de câncer ronda a mente de muitas pessoas. Os cães desenvolvem uma ampla variedade de cânceres, tais como melanoma, linfoma, osteossarcoma e sarcoma dos tecidos moles, além do câncer de próstata, de mama, de pulmão e carcinomas colorretais. Cerca de um em cada três cães vai ser diagnosticado com câncer ao longo da vida; metade dos cachorros com mais de 10 anos de idade morre de câncer. Boa parte do que se sabe sobre cânceres caninos se aproxima muito do que se sabe sobre os cânceres humanos.

O câncer é uma doença complexa nos humanos, assim como nos cães. É parcialmente genético, mas nem todas as mutações que resultam em câncer são hereditárias e há muitas teorias na sua história, incluindo o impacto do dano mitocondrial no processo que desemboca no seu surgimento. Por enquanto, vamos focar no aspecto genético. O DNA no interior das células do corpo de um cão é capaz de sofrer alteração espontânea enquanto ele estiver vivo. Ao longo dos anos, essas mutações genéticas podem aumentar ou ocorrer em genes importantes. Se uma única célula acumula mutações suficientes ou adquire uma variação num gene crucial, pode começar a se dividir e a crescer descontroladamente. Então ela para de desempenhar sua função primordial, o que pode causar o câncer. Isso é chamado de Teoria das Mutações Somáticas, e, nos últimos dez anos, essa hipótese tem sido questionada por um número cada vez maior de pesquisadores oncologistas, que argumentam que o câncer é um distúrbio do metabolismo mitocondrial. Pesquisas recentes demonstram que, se um núcleo canceroso é transplantado para uma célula saudável, esta permanece saudável. Entretanto, se transplantam a mitocôndria de uma célula cancerosa para uma saudável, ela se torna cancerosa.

A teoria metabólica do câncer, então, considera a ideia de que podemos interferir na saúde e no bem-estar das mitocôndrias e, assim, influenciar o risco de câncer e, caso necessário, seu tratamento. A despeito de qual teoria lhe pareça mais razoável, o resultado é igual – DNA alterado. Alguns genes poderosos têm sido identificados como capazes de iniciar o processo, muitas vezes com uma simples mutação. Os genes BRCA1 e BRCA2, da suscetibilidade ao câncer de mama, entram nessa categoria. Genes ausentes também podem provocar um aumento na suscetibilidade ao câncer. As raças de cão Bernese Mountain Dog e Flat-Coated Retriever apresentam com mais frequência deleções dos importantes genes supressores de tumor CDKN2A/B, RB1 e PTEN, o que as torna mais predispostas aos sarcomas histiocíticos. Por fim, fatores ambientais também têm relação com o câncer, tais como tabagismo e câncer de pulmão, nos humanos, e produtos químicos usados em jardinagem e linfoma, nos cães.

Seja a causa genética, ambiental ou uma combinação desses dois fatores, o diagnóstico de câncer costuma ocorrer quando o crescimento descontrolado gera um número grande de células anormais conhecido como neoplasia. Geralmente, massas ou tumores surgem em decorrência da neoplasia, que é o produto de uma longa cadeia de ocorrências disfuncionais no corpo iniciada com uma falha na resposta de perigo celular (no período de recuperação celular) e culminando numa célula completamente confusa, contendo mitocôndrias disfuncionais e um DNA danificado de forma permanente. Cada célula tumoral contém uma cópia do gene modificado idêntica àquela da célula original modificada. As células do tumor podem migrar para outros órgãos e começar a crescer ali. Isso se chama "metástase". O objetivo do tratamento de câncer é matar todas as células tumorais dentro do indivíduo afetado, uma vez que uma única célula remanescente pode fazer o câncer retornar. A radiação é usada como "terapia local" e tem por objetivo matar as células dentro do próprio tumor. De maneira semelhante, a cirurgia costuma ser usada para a remoção do tumor. A quimioterapia é uma "terapia sistêmica" que mata as células de crescimento acelerado – tanto as que formam o tumor quanto, espera-se, aquelas que partiram rumo a outros órgãos (na metástase). Os agentes quimioterápicos matam, também, células *saudáveis* de crescimento rápido, o que se torna um problema.

Até o momento, o tratamento da maioria das doenças (incluindo o câncer) é feito somente depois que o problema é diagnosticado. Nos cães, isso costuma ocorrer em estágios avançados, pois eles não conseguem nos dizer quando não estão se sentindo muito bem. Avanços em pesquisas genéticas devem expandir essa abordagem. Felizmente, métodos simples de diagnóstico, tais como o Nu.Q Vet Cancer Screening Test, já estão disponíveis na América do Norte. De fato, uma das possibilidades mais animadoras no estudo do câncer reside na possibilidade de usar a genômica na identificação de mutações e no diagnóstico – antes de ele se tornar um imenso problema. Em resumo, esperamos desenvolver exames genéticos capazes de identificar as mutações deletérias antes que o cão adoeça. E a comunidade científica espera trabalhar com a comunidade de criadores de cães com o objetivo de erradicar nas populações os perfis genéticos suscetíveis à doença. A Dra. Brenda Bonnett, da International Partnership for Dogs, está tentando fazer exatamente isso.

Cães felizes e saudáveis

As estratégias para aumentar a expectativa de saúde se resumem a evitar (ou, pelo menos, adiar) três categorias de declínio: cognitivo, físico e emocional/mental. Não é exagero falar no terceiro tipo, tantas vezes subestimado ou ignorado. Todo mundo sabe que o estresse contínuo faz mal à saúde, mas e quanto aos níveis de estresse de um cão? Não é piada: um estudo finlandês revela que 72,5% dos cães exibem pelo menos uma forma de ansiedade, entre outros problemas psiquiátricos que costumamos atribuir aos humanos, tais como comportamento compulsivo, medos, fobias e agressividade. Nem por um segundo pense que isso é pouca coisa. Estudos com cães que sofrem danos psicológicos ou que não foram socializados adequadamente nas primeiras fases da vida, por exemplo, destacam sérios efeitos a longo prazo na saúde e na longevidade. Mais uma vez, os estudos sobre animais refletem os feitos com humanos. A longo prazo, o trauma e o medo prejudicam o nosso bem-estar. Esse é um problema silencioso, porém mortal. Todos os anos, milhões de cães vão parar em abrigos e sofrem eutanásia devido a "problemas de comportamento" desencadeados por experiências e eventos malconduzidos no início da vida e por meio de medidas de treinamento "corretivas" inapropriadas e muitas vezes abusivas. No fim das contas, o trauma emocional negligenciado nos impede de ter uma vida vibrante e feliz tanto quanto a nossos companheiros.

Muitos animais de estimação recebem medicação psiquiátrica. De acordo com um estudo americano realizado em 2017 por uma empresa de pesquisa de mercado, 8% dos donos de cães e 6% dos donos de gatos ministraram remédios aos seus pets no ano anterior para tratar ansiedade, tentar acalmá-los ou por questões relacionadas ao humor. Em outras palavras, milhões de animais nos Estados Unidos tomam remédio por questões de comportamento. Em 2019, uma pesquisa feita com donos de cães no Reino Unido revelou que 76% das pessoas gostariam de alterar um ou mais comportamentos de seu cão. O estudo finlandês ao qual nos referimos há pouco descobriu que a sensibilidade ao barulho é o traço mais comumente relacionado à ansiedade, com uma prevalência de 32% em 23.700 cães. Algumas versões de remédios humanos têm sido aprovadas pela FDA para usos específicos no cuidado da saúde mental dos animais de estimação, incluindo o antidepressivo clomipramina (Clomicalm), para ansiedade de separação nos cães, e o sedativo dexmedetomidina (Sileo), para tratar cães com aversão ao barulho. Para frustração de muitos, as drogas que alteram o comportamento não produzem um cão mais disposto, calmo e equilibrado. Drogas modificadoras de comportamento não dão ao cão uma nova personalidade; ainda cabe ao cuidador coordenar e executar intervenções comportamentais que ajudem a gerenciar a reação do cão ao estresse.

Infelizmente, a verdade é que muitos desses cães carecem de estímulos mentais e ambientais adequados, de um treinamento livre do medo, centrado no relacionamento, e de conexão social. Esse é um atoleiro ético, ainda mais levando-se em conta que estamos falando de pacientes incapazes de verbalizar sentimentos, cujos comportamentos são muitas vezes interpretados de maneira equivocada e que são obrigados a aprender uma linguagem diferente para saber o que esperamos deles.

Todo adestrador e estudioso do comportamento canino lendo estas palavras concorda que muitos dos problemas comportamentais que vemos nos cães hoje em dia são o resultado direto de filhotes que foram socializados de forma inadequada, crescendo em lares onde não há uma rotina de exercícios, com comunicação bilateral ineficaz (é preciso aprender a entender o cachorro) e que não estimula os hobbies ou interesses preferenciais do cão (as "tarefas caninas"). De acordo com Suzanne Clothier, uma renomada adestradora comportamentalista de filhotes que trabalha com animais desde 1977, "as experiências formativas que mais nos afetam ao longo da vida são aquelas ocorridas quando somos jovens e impressionáveis: é a mesma coisa com os cães". As experiências de nossa infância foram seguras, previsíveis e divertidas? Ou foram assustadoras, imprevisíveis, solitárias ou dolorosas? A resposta faz muita diferença.

Eu (a Dra. Becker) já ouvi muitos clientes dizerem que cresceram em lares disfuncionais e que jamais teriam a intenção de repetir os erros parentais com os quais conviveram na infância, e, ainda assim, descobrem-se criando seus cães da mesma forma que foram criados – em especial no que se refere à rispidez física, à falta de paciência nos momentos de conflito, aos desafios comportamentais e aos gritos diante da frustração. Os cães são tão indefesos, dependentes e impotentes quanto nós éramos na infância: vulneráveis, incapazes de alterar as circunstâncias, encarando barreiras linguísticas confusas e sem condições de comunicar as emoções de maneira efetiva. Talvez fôssemos jovens demais para verbalizar o que sentíamos ou incapazes de usar palavras para expressar nossos pensamentos, mas isso não quer dizer que não sentíamos emoções intensas que foram possivelmente negligenciadas ou passaram despercebidas. Medo. Ansiedade. Frustração. Confusão. Seu cão enfrenta essas mesmas emoções, além das imensas diferenças linguísticas e sociais.

É perfeitamente normal um cão rosnar caso se sinta assustado ou ameaçado; ele está se comunicando. Contudo, muitas pessoas tendem a punir filhotes por eles rosnarem. Treinar e ensinar são duas abordagens distintas para ajudar o cão a aprender o que estão lhe pedindo e o que querem que ele faça. O treinamento não considera a experiência emocional individual do animal, enquanto o ensinamento leva em conta a melhor forma para que o aluno aprenda. Assim como as crianças aprendem e assimilam informações de maneiras diferentes, o mesmo acontece com os cães. É nossa responsabilidade, enquanto professores, instruir nossas crianças para que elas sejam capazes de compreender e de reagir. Imagine uma pessoa ter sido adotada por pais estrangeiros na infância e, então, ter ouvido gritos em uma língua estranha ou ter sido fisicamente punida quando um deles tentava privá-la de alguma coisa e ela se limitava a se defender. Essa é a infância no mundo confuso do cachorro doméstico: esperamos que ele se comporte como uma criança humana saída de uma escola de elite onde aprendeu boas maneiras e obteve um diploma de bom comportamento. No entanto, nem chegamos a matriculá-lo numa escola montessoriana do jardim da infância canino; além disso, não passamos nem perto dos departamentos de *homeschooling* ou da escuta ativa.

Não é razoável confiar em apenas uma hora de pré-escola por semana para ensinar às crianças tudo que elas precisam aprender sobre o mundo. Como pais, se não nos dedicarmos ao ensinamento consciente todos os dias, nossos filhos não aprenderão a nos ouvir ou a se comunicar conosco. Da mesma forma, sem o compromisso de um ensino contínuo dentro de casa, nossos lindos pacotinhos de fofura criarão as próprias regras de acordo com a cultura deles, estabelecendo, dentro de um ou dois anos, comportamentos que não nos parecerão socialmente aceitáveis. Construir um relacionamento sólido com o cão demanda tempo, confiança, consistência e ótima comunicação bilateral. No entanto, a recompensa é gigantesca: um cão mais bem-comportado, menos estressado e, de quebra, com uma vida mais longa.

Vamos voltar a falar sobre como começar o treinamento adequado com o pé direito. Por ora, vamos derrubar outro mito que tem tudo a ver com o envelhecimento, em particular com a idade propriamente dita: a ideia de que cada 7 anos humanos equivalem a 1 ano canino. Como tudo na vida: ah, se fosse tão simples...

Qual a idade do meu cachorro?
Contando o tempo num relógio diferente

Há séculos as pessoas comparam os anos humanos com os caninos. Uma inscrição no piso da abadia de Westminster, em Londres, feita por artesãos em 1268, contém uma profecia para o Dia do Juízo Final: "Se o observador julgar com sabedoria tudo que neste plano se apresenta, descobrirá aqui o fim da *primum mobile*; a murta vive três anos, adicione cães, cavalos e homens, veados e corvos, águias, imensas baleias, o mundo: cada um que segue triplica os anos daquele que o procede." Por esse cálculo, um humano vive até os 80 anos, e um cão, até os 9. Felizmente, quando fazemos boas escolhas, humanos e caninos têm chances de viver mais do que isso.

A equação de 7 anos humanos para cada ano canino pode ter se originado a partir da percepção de que as pessoas, em média, vivem cerca de 70 anos, enquanto os cães vivem cerca de 10. Contudo, alguns especialistas acreditam que essa pode ter sido apenas uma maneira de incentivar os donos a levar seus cães a uma consulta veterinária ao menos uma vez ao ano, movidos pela ideia de que os cães envelhecem muito mais rápido do que nós. O que é verdade. No entanto, um modo muito mais preciso de fazer paralelos entre as duas espécies é usar a seguinte fórmula: o primeiro ano da vida de um cão de porte médio equivale a cerca de 15 anos humanos; o segundo ano da vida de um cão equivale a cerca de 9 anos; e cada ano consecutivo equivale a cerca de 5 anos humanos.

A maioria das tabelas que mostram a idade de um cachorro também leva em conta o tamanho na equação. Tabelas assim, entretanto, são questionadas e revisadas com frequência para incluir as novas descobertas da ciência. Outros estudos sugerem que os cães com 1 ano têm uma "idade humana" equivalente a 30 anos, e que, ao completarem 4 anos, teriam cerca de 54 anos humanos; aos 14, eles se equipariam aos humanos em seus 70 e poucos anos. Mas, afinal, o que define um "ano humano" (e, por conseguinte, por que sentimos a necessidade de encontrar uma forma arbitrária para vincular ou equiparar a idade canina à dos humanos)?

O cálculo da idade de um cão – o da idade de qualquer um, aliás – também deveria levar em conta a diferença entre a idade cronológica e a biológica. Todo mundo conhece alguém que parece desafiar a idade. Uma pessoa de 70 anos que, por sua aparência e energia, poderia ser 10 anos mais jovem. Ou o braco alemão de pelo curto de 9 anos com comportamento e aparência de um cão de 4 anos. O conceito de idade depende do modo como nosso corpo funciona e da maneira como nos cuidamos e nos comportamos no mundo. Anos atrás, talvez você tenha ouvido falar de uma calculadora especial chamada RealAge Test, criada pelo Dr. Michael

Roizen, atual diretor-chefe de bem-estar da Cleveland Clinic. O teste tem o objetivo (sem base científica) de prever a longevidade baseado em coisas como a quantidade de exercícios que praticamos, se fumamos ou não, que tipo de dieta seguimos, como anda nossa saúde (por exemplo, índices de colesterol, pressão arterial, peso) e qual o nosso histórico médico. É claro que nenhum teste é capaz de prever com exatidão nossa expectativa de vida, mas essas experiências são boas porque mostram para onde deveríamos canalizar os esforços na equação da saúde.

Os cientistas vêm tentando desenvolver novas formas, baseadas em dados, de medir a verdadeira idade biológica e diversos métodos vêm surgindo ao longo dos anos. Mais uma vez, nenhum teste sozinho é capaz de ser 100% preciso, ainda que alguns deles sejam fascinantes e dignos de análise. O comprimento dos telômeros, por exemplo, tem sido considerado um indicador de como estamos envelhecendo. Os telômeros são tampas de DNA nas extremidades dos cromossomos que protegem nossas células do envelhecimento. Com o passar do tempo, eles encolhem naturalmente, ou seja, ter telômeros curtos muito cedo na vida não é um bom sinal. Uma das maneiras mais interessantes e inovadoras de medir a idade, e que nos traz de volta à diferença entre cães e humanos no processo de envelhecimento, é o chamado relógio epigenético. Desenvolvido pelo Dr. Steve Horvath, geneticista da Universidade da Califórnia em Los Angeles, o relógio epigenético se baseia no epigenoma do corpo, que, por sua vez, engloba as modificações químicas que marcam o DNA. O padrão dessas marcações muda ao longo da vida e rastreia a idade biológica da pessoa, que pode ser maior ou menor que a idade cronológica.

Esses marcadores epigenéticos são importantes para a saúde, para a longevidade e, também, para a maneira como esses traços são passados às futuras gerações. Até a comida que se consome, o ar que seu cão respira e o estresse que o corpo sofre influenciam o DNA (o disco rígido) por meio do epigenoma – o software que determina quais genes são ativados.

Isso é muito importante para pessoas que pagam rios de dinheiro por um cão com genes estelares que será exposto o tempo todo a substâncias ambientais que afetam negativamente o epigenoma; a saúde do cão pode sofrer danos devido a gatilhos epigenéticos. Da mesma forma, a descoberta de variantes genéticas ou de uma predisposição a determinada doença num cão não significa que ele vá automaticamente manifestar o DNA não expresso e desenvolver o problema; é possível influenciar positivamente o epigenoma. O animal pode ser uma bagunça genética e nunca manifestar qualquer sinal de enfermidade. Essa é a prova de que você precisa para se convencer, de uma vez por todas, de que todos os aspectos da vida do cão e do ambiente imediato conversam com o DNA dele; é nosso dever garantir que o espaço no entorno exale apenas saúde, vitalidade e resiliência ao epigenoma.

Saber que é possível influenciar o epigenoma é um conhecimento poderoso para os tutores. É um grande incentivo entender que, mesmo que um cão seja o resultado de um endocruzamento ou que tenha imensas falhas genéticas, ainda há grandes esperanças de melhorar de maneira radical sua qualidade de vida e de desacelerar a progressão de doenças, graças à epigenética. Seja como for, a atenção a todas as influências epigenômicas conhecidas é o único meio de desacelerar o envelhecimento e, de quebra, preparar o terreno para animais de vida excepcionalmente longa. Embora esteja fora do escopo deste livro tratar de questões epigenéticas vinculadas a especificidades de cada raça, a implementação das estratégias recomendadas aqui pode trazer benefícios para qualquer cão, uma vez que esses procedimentos fomentam manifestações epigenéticas positivas. (Para ideias mais personalizadas em inglês, visite www.foreverdog.com.)

PRINCIPAIS GATILHOS EPIGENÉTICOS

- Níveis de nutrientes nos alimentos
- Níveis de polifenol nos alimentos
- Substâncias químicas nos alimentos
- Atividade física
- Estresse
- Obesidade
- Pesticidas
- Metais
- Produtos químicos disruptores endócrinos
- Material particulado (fumaça de segunda mão)
- Poluentes do ar

Em 2019, um estudo conduzido por pesquisadores da Universidade da Califórnia em San Diego propôs um novo relógio baseado nas mudanças sofridas pelo DNA do humano e do cão ao longo do tempo. Todos os cães – de qualquer raça – seguem uma trajetória semelhante de desenvolvimento, atingindo a puberdade por volta dos 10 meses de idade e morrendo antes dos 20 anos. Não obstante, para aumentar as chances de identificar fatores genéticos associados ao envelhecimento, a equipe da pesquisa se concentrou em uma única raça: o labrador retriever.

Os cientistas escanearam os padrões de metilação (um tipo de reparação química) do DNA nos genomas de 104 cães, com idades que iam de 4 semanas a 16 anos. As análises revelaram que os cães (pelo menos os labradores retrievers) e os humanos têm padrões semelhantes de metilação relacionados à idade. Os pesquisadores também descobriram que determinados grupos de genes envolvidos no desenvolvimento são metilados de modo semelhante durante o envelhecimento nas duas espécies. Isso indica que pelo menos alguns aspectos do envelhecimento são uma continuação do desenvolvimento em vez de um processo distinto – e que ao menos algumas dessas alterações são evolutivamente conservadas nos mamíferos.

A equipe criou um novo relógio para calcular a idade dos cães, apesar de a conversão resultante ser um pouco mais complexa do que "multiplicar por sete". A nova fórmula, que se aplica a cães com mais de 1 ano, diz que a idade canina em relação à humana é da ordem aproximada de $16 \times \ln$ (idade do cão) $+ 31$. Para calcular a idade "humana" de seu cão, comece digitando a idade do cão e aperte "ln" numa calculadora científica. Depois, multiplique o resultado por 16 e, por fim, adicione 31.

As fases da vida de cães e de humanos são equivalentes. Por exemplo, um filhote de 7 semanas de vida pode se equiparar, mais ou menos, a um bebê de 9 meses, ambos às voltas com novos dentes. A fórmula também pareia muito bem a média de expectativa de vida do labrador retriever (12 anos) com a expectativa de vida global dos humanos (70 anos). Em linhas gerais, o relógio canino dá a partida mais rápido do que o humano – o labrador de 2 anos pode ser ativo como um filhote, mas, na verdade, já está enfrentando o processo de envelhecimento assintomático, que a partir daí começa a desacelerar.

Como dá para imaginar, a maioria dos amantes de cachorros não gostou dessa descoberta, mas os resultados da pesquisa com certeza impulsionaram a popularidade da medição dos telômeros, transformando-a numa no-

RELAÇÃO ENTRE IDADE CANINA E IDADE HUMANA

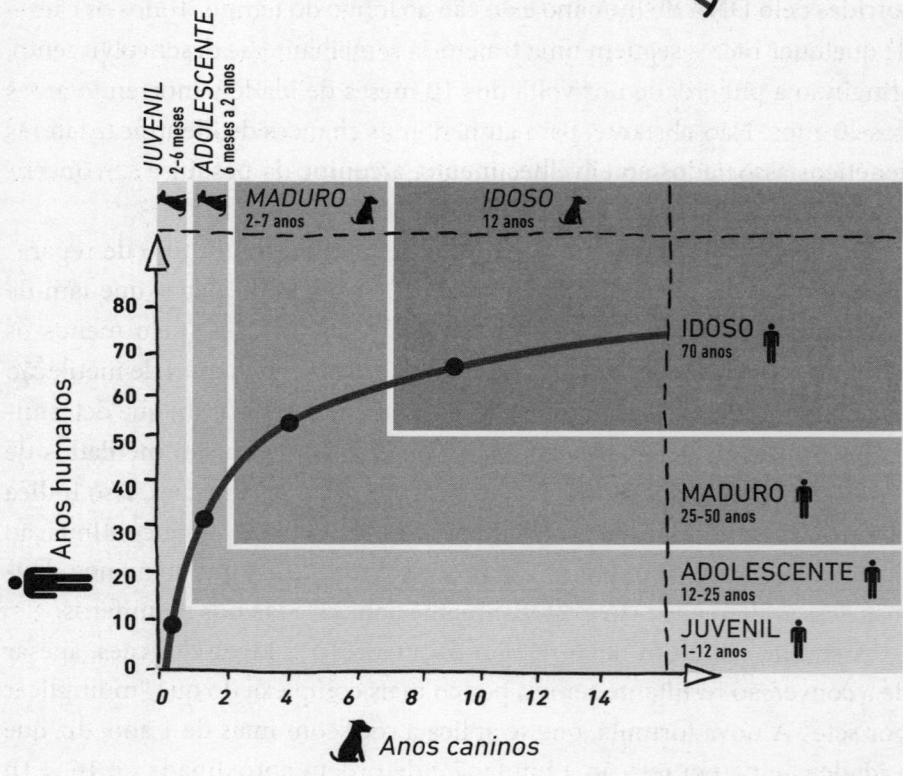

Este gráfico mostra a diferença entre o modo como cães e humanos envelhecem ao longo do tempo. Ele é baseado em alguns cálculos bem complexos extraídos de diversos estudos, em especial de uma pesquisa conduzida pelo Dr. Trey Ideker, da Universidade da Califórnia em San Diego, de onde essa imagem é adaptada. As zonas cinzentas indicam os intervalos aproximados de idade nas principais fases da vida, com base na fisiologia comum do envelhecimento. O termo "juvenil" se refere ao período depois da infância e antes da puberdade (de 2 a 6 meses nos cães, de 1 a 12 anos nos humanos); a adolescência se refere ao período que vai da puberdade à conclusão do crescimento (de 6 meses a 2 anos nos cães, cerca de 12 a 25 anos nos humanos); a maturidade se refere ao período entre 2 e 7 anos nos cães e 25 e 50 anos nos humanos; a velhice se refere ao período subsequente até a expectativa de vida, 12 anos nos cães, 70 anos nos humanos. As fases da vida do cão são baseadas em guias veterinários e em dados sobre mortalidade. As fases da vida humana são baseadas na literatura especializada, sintetizando o ciclo e a expectativa de vida.

va tendência no mundo dos *biohackers*, e há até um laboratório oferecendo medições de telômeros para cães.

Admitimos que a "idade humana" de seu cão baseada nessa fórmula pode não ser muito precisa. É de conhecimento geral que raças distintas envelhecem de forma diferente e que o tamanho faz diferença. Por isso, a fórmula apresentada pode não oferecer variáveis que permitam resultados conclusivos. Seja como for, essa nova fórmula cientificamente embasada é certamente mais útil do que o mito, há muito derrubado, de "multiplicar por 7".

A AMILOIDE E O ENVELHECIMENTO

A maioria de nós reconhece que, com o avanço da idade, costumam chegar a rigidez, a artrite e os problemas nas articulações. É comum vermos cães idosos caminhando com as pernas rígidas, como se elas fossem feitas de bambu. As mesmas alterações degenerativas que vemos na aparência de nossos cães podem estar ocorrendo também em seus cérebros. Estamos começando a compreender a relação entre a formação de amiloide e o envelhecimento. Talvez você já tenha ouvido falar nas proteínas beta-amiloides no cérebro, que, quando mal dobradas, se acumulam de maneira emaranhada, criando bolhas, chamadas de "placas", que podem ser um indicador do mal de Alzheimer. Os cães também desenvolvem a beta-amiloide semelhante à do mal de Alzheimer, associada ao declínio cognitivo. É por isso que alguns cientistas estudam cães – para aprofundar o conhecimento do mal de Alzheimer e a busca por tratamentos. A relação entre a saúde do cérebro e a saúde cardiovascular parece verdadeira para eles e para nós. O enrijecimento das artérias pode estar ligado ao acúmulo progressivo de placas de beta-amiloide no cérebro de pacientes idosos – mesmo entre aqueles que não apresentam demência. Essa descoberta sugere a relação entre a severidade da doença vascular e a placa indicativa de doença neurodegenerativa. O que significa que o segredo para manter a saúde do seu cérebro e para a sua mobilidade (nada de pernas de bambu!) é preservar o condicionamento cardíaco. O que é bom para a saúde do coração é bom para a saúde do cérebro, seja num humano ou num cão.

O processo de metilação faz reparos contínuos no DNA. A adição ou a subtração de um dos grupos metil causa profundas alterações bioquímicas em nosso corpo, assim como nos cães, uma vez que esses grupos ativam e desativam o código vital de seus corpos e afetam processos vitais cruciais. Portanto, se a metilação dá errado ou se desequilibra, os problemas começam a aparecer. Defeitos na metilação têm sido associados a doenças cardiovasculares, ao declínio cognitivo, à depressão e ao câncer, com análises semelhantes conduzidas em cães. Mas ainda restam muitas perguntas. As alterações na metilação são uma causa ou um efeito do envelhecimento? Ou talvez elas estejam vinculadas ao envelhecimento de muitas outras maneiras. De acordo com o Dr. Trey Ideker, professor de genética da Universidade da Califórnia em San Diego, que liderou o estudo da metilação, "ninguém sabe, é tudo especulação". Em 2020, quando Augie, a golden retriever do Tennessee, quebrou o recorde mundial de golden mais velha do mundo aos 20 anos, as ideias do Dr. Ideker reverberaram pelo planeta: algumas pessoas começaram a procurar os segredos de tamanha longevidade. No momento, o objetivo é descobrir o que estabelece a taxa de metilação e por que ela acontece com mais rapidez em alguns animais do que em outros. Ao entender esse relógio genético, talvez sejamos capazes de assumir a dianteira no controle do processo de envelhecimento – em nossos animais de estimação e em nós mesmos.

A superciência das variações do DNA

Os polimorfismos de nucleotídeo único (ou SNPs, a partir do termo em inglês) representam variações nas sequências de DNA. Os SNPs são alterações no conjunto de instruções genéticas que, acredita-se, fornecem os marcadores genéticos de resposta a uma doença, a fatores ambientais (incluindo a comida) e a medicamentos. Essas variações, edições específicas no código do DNA, podem se manifestar em coisas como a cor da pelagem, uma maior suscetibilidade ao desenvolvimento do câncer ou, ainda, a impossibilidade de metabolizar a histamina nos cães (e nas pessoas).

Alguns SNPs e outras combinações de variantes dos genes podem afetar profundamente a capacidade do corpo de fabricar e de utilizar diversos nutrientes fundamentais em processos como a redução de inflamações, a promoção adequada da função desintoxicante e imunitária, além da produção de neurotransmissores saudáveis. Certas variantes genéticas podem levar o corpo a receber instruções celulares diferentes ou incorretas. Por exemplo, a seleção de um aminoácido alternativo durante a síntese proteica altera o formato da proteína resultante (os aminoácidos são as unidades formadoras das proteínas). Isso significa que os processos daí derivados ocorridos pelo corpo serão diferentes ou impactarão funções de outras células, de outros órgãos e tecidos – tudo por causa da genética. Mas e se houver na dieta aminoácidos biodisponíveis suficientes para a primeira, a segunda ou a terceira escolha de aminoácidos? É dessa forma que a nutrição afeta o DNA. Ainda vamos falar sobre a qualidade e a quantidade de aminoácidos (proteínas) e de todos os outros nutrientes importantes não encontrados em quantidades muito digeríveis na comida ultraprocessada para animais de estimação, mas acreditamos que variantes genéticas somadas a uma nutrição de baixa qualidade são parte da razão de tantos cães serem diagnosticados com doenças degenerativas na meia-idade ou antes dos 10 anos.

    É importante compreender que essas diferenças no DNA não necessariamente *causam* o problema. Elas, no entanto, podem ser marcadores do risco relativo de desenvolvê-lo. De modo semelhante, se seu cão não tem nenhum marcador genético de risco de uma determinada doença, isso só significa que ele tem menos chances de desenvolver tal enfermidade do que os cães com marcadores de risco específicos. Desde a conclusão do Projeto Genoma Humano, vêm sendo publicados milhares de estudos que descrevem as associações entre SNPs e centenas de doenças, características e disfunções específicas. O mesmo tipo de estudo está em andamento em relação aos cães. Uma vez que a comida conversa com o genoma, cientistas estão descobrindo padrões de SNP que afetam as vias de metilação em pessoas e em cães e que podem embasar uma nutrição melhor para o bem-estar de todos; essa nova fronteira tem sido chamada de nutrigenética.

    O DNA de um cão controla a fisiologia, incluindo a forma como o corpo produz nutrientes e enzimas e elimina substâncias tóxicas. Caso uma pessoa ou um cão tenha uma porção de variantes (SNPs) impedindo o funcionamento otimizado da fisiologia normal, do metabolismo e dos mecanismos desintoxicantes, é fácil perceber como, sem a interferência de um bom suporte nutricional, o corpo pode se desestabilizar. As pesquisas estão descobrindo a existência de variantes genéticas que afetam também fatores do comportamento do cão, incluindo o medo.

A ótima notícia sobre a velocidade com a qual a comunidade médica está respondendo ao diagnóstico genético é que a nutrigenética personalizada e a análise nutricional genômica funcional já se tornaram uma tendência entre *biohackers*, atletas e pessoas em busca de otimizar a saúde por meio da nutrição e da suplementação customizadas. Um simples teste de DNA com saliva revela as variantes genéticas individuais, e esses dados podem ser transferidos para um software especializado, junto com os exames laboratoriais do paciente, o que permite a médicos e nutricionistas a identificação de vias metabólicas que necessitem de suportes extras, inteiramente customizados com base no perfil genético exclusivo. A partir daí, é possível fazer recomendações para ministrar os cofatores (moléculas auxiliares das enzimas) e nutrientes ausentes de um modo que o indivíduo seja capaz de metabolizá-los. Medicina e nutrição personalizadas de verdade!

É possível usar o genoma para ajudar a definir protocolos médicos e quimioterápicos apropriados, e quais vitaminas, minerais e suplementos funcionam melhor – e quais devem ser evitados –, com resultados transformadores. No momento, fazemos os testes nos cães buscando apenas os marcadores genéticos de doenças. Entretanto, a medicina veterinária, felizmente, caminha em direção à medicina e à nutrição personalizadas. Dentro de alguns anos, análises nutricionais genômicas estarão disponíveis para os veterinários e outras espécies vão se beneficiar de uma nutrição e de uma suplementação customizadas, além de protocolos clínicos e medicamentosos baseados nas configurações genéticas exclusivas de cada animal. Empresas de bem-estar já estão desenvolvendo protocolos nutracêuticos (ou seja, usando compostos alimentares que atuam como suplemento nutricional) customizados, desenvolvidos de acordo com o resultado dos testes de DNA do cão e levando em consideração as predisposições da raça, o estilo de vida e a fase da vida.

NOTAS PARA OS ENTUSIASTAS DA LONGEVIDADE

➤ A vida é um ciclo constante de destruição e reconstrução. O envelhecimento é um processo normal e contínuo, que envolve múltiplas ações no corpo que refletem a genética, mas também as forças ambientais.

➤ Os diversos caminhos ou marcadores do envelhecimento – e as rotas que levam a disfunções celulares, orgânicas e sistêmicas – são iguais nos humanos e nos cães. Embora passem por fases semelhantes de desenvolvimento se comparados aos humanos, os cães envelhecem muito mais rápido e, por isso, nos oferecem a oportunidade de estudá-los em busca de pistas para a programação de um envelhecimento otimizado.

➤ As mutações genéticas e/ou as deficiências nutricionais podem regular, para cima ou para baixo, a taxa de metilação, que, por sua vez, prepara o terreno para a aceleração ou para o retardamento do envelhecimento.

➤ Tamanho importa: cães maiores são mais propensos a morrer de forma prematura do que os menores, e isso se deve, em parte, às discrepâncias no metabolismo e a riscos de doenças degenerativas relacionadas ao peso. A idade e a raça são os maiores fatores de risco entre os cães.

➤ Esterilizar ou castrar o cão cedo demais pode provocar efeitos de longo prazo na saúde e no comportamento. Ao esterilizar os filhotes antes da puberdade, considere a histerectomia ou a vasectomia em vez da remoção total dos órgãos sexuais.

➤ Muitos projetos de genoma canino estão em andamento com o objetivo de mapear determinados genes que indicam riscos de doenças.

➤ Reações químicas adversas ocorrem quando a glicose (açúcar) e a proteína reagem uma com a outra, tanto dentro do corpo quanto no momento em que a comida é misturada e aquecida. O resultado são produtos nocivos como os MRPs (incluindo AGEs e ALEs), que causam um caos biológico. Esses compostos,

- combinados com outros ingredientes agressivos, tais como as micotoxinas, o glifosato e os metais pesados, adulteram ainda mais a comida industrializada para animais de estimação.
- Um jeito simples de avaliar se a comida do seu cão é saudável é contar quantas vezes ela foi cozida/aquecida durante o processamento (na Parte III vamos tratar disso em detalhes).
- Apesar de os parâmetros de pesquisa, dos processos de inspeção e de regulação serem distintos na indústria alimentícia humana e na de animais de estimação, ambas utilizam as mesmas jogadas engenhosas de publicidade e seguem empenhadas na incessante campanha por mais e mais comida processada.
- O DNA é estático, mas a forma como ele se comporta ou se expressa é muito dinâmica – um prodígio dos interruptores epigenéticos. Entre os principais gatilhos epigenéticos com o poder de alterar a maneira como o DNA atua estão os nutrientes no alimento, as agressões do ambiente e a falta de atividade física.
- A autofagia é um processo biológico importante que ajuda a manter o corpo limpo e organizado. Há situações nas quais é interessante ativar a autofagia, e é possível fazer isso por meio da dieta, dos intervalos entre as refeições e de exercícios.
- Assim como as crianças, os cães precisam de um ambiente caseiro adequado e de orientação diária sobre comportamento e sociabilidade. Assim, eles terão a oportunidade de amadurecer e vão se tornar bolas de pelo bem-comportadas e sempre prontas para brincar, capazes de lidar bem com o estresse.
- A idade dos cães em relação à dos humanos não é um mero múltiplo de 7. Há algumas maneiras de estimar a "idade" de um cão, mas a potência e a agilidade dos gatilhos epigenéticos subjacentes no animal são fatores mais importantes na determinação do bem-estar ou de uma eventual disfunção.

PARTE II
Os segredos dos cães mais velhos do mundo
A longa história

4
Rejuvenescendo por meio da dieta

Como os alimentos levam informações aos
genes da saúde e da longevidade

*Você é aquilo que você come, literalmente;
é possível escolher de que se é feito.*
— Anônimo

*Todo mundo tem um médico dentro de si; só é preciso ajudá-lo
em seu trabalho. A força natural de cura dentro de cada um
de nós é a maior força na recuperação. O alimento deve ser
nosso remédio. O remédio deve ser nosso alimento. No entanto,
comer quando se está doente é alimentar a doença.*
— Hipócrates

Em 1910, um cão da raça blue heeler chamado Bluey nasceu em Vitória, na Austrália. Ele viveu 25 anos e 5 meses, e entrou no *Guinness* como o cão mais velho do planeta. Bluey morava numa fazenda, onde trabalhava no meio das ovelhas e do gado. Em 2016, uma kelpie australiana chamada Maggie morreu durante o sono; tinha, até onde se sabe, 30 anos. Assim como Bluey, Maggie morava numa fazenda, mas não pôde receber o título de cadela mais velha porque o dono perdeu os registros que comprovavam sua idade. Esses cães notáveis tinham muito em comum. Os dois passavam os dias ao ar livre, circulando em amplos espaços abertos, praticavam bastante exercício (ótimo) e tinham muito contato com a natureza (ótimo). O dono de Maggie, Brian, disse que ela corria vários quilômetros todos os dias, perseguindo o trator que ele dirigia. A vida na fazenda também proporcionava acesso a muita comida natural e não processada. A dieta equilibrada de Maggie consistia em alimentos crus que incluíam uma boa quantidade de proteína e um maior consumo de gordura, sem produtos industrializados (ótimo). Além disso, a rotina de ambos era pouco estressante e com alta qualidade de vida (ótimo).

Bluey e Maggie são conhecidos nos círculos caninos como *os cães Matusalém*. Esses dois pontos fora da curva, de vidas excepcionalmente longas, estão virando notícia mundo afora graças à Dra. Enikő Kubinyi e à sua equipe de pesquisadores *cão-centrados*, em Budapeste. Matusalém é um patriarca bíblico, personagem do judaísmo, do cristianismo e do islamismo. Dizem que ele teria vivido até os 969 anos, a figura mais velha mencionada na Bíblia. Em estudos humanos, os centenários (com 100 ou mais anos de idade) costumam ser chamados de Matusalém. No mundo canino, cães são considerados Matusalém caso vivam 17 anos ou mais (no entanto, como já vimos, há uma variação considerável devido a diferentes fatores, tais como raça e tamanho). Cães de raças mistas que vivem pelo menos 22,5 anos ou mais são considerados Matusalém. Os estudos mostram que apenas um em cada mil cães vive de 22 a 25 anos. A imensa maioria morre mais jovem, de diversas doenças, muitas das quais resultam de fatores de risco reversíveis, tais como dieta e exercício.

É bom repetir que os cães são cada vez mais usados nos círculos de pesquisa que estudam o envelhecimento humano por serem grandes modelos para nos ajudar a entender os diferentes caminhos desse processo e as modificações de comportamento que podem prolongar a duração e a qualidade de vida. A pesquisa é uma via de mão dupla – à medida que os cães nos dão dicas sobre o processo de envelhecimento, aprendemos a prolongar a vida deles também.

É comum nos perguntarem qual a coisa mais importante que podemos fazer para prolongar a vida de nosso cão. Talvez seja surpreendente se dar conta de que a "coisa mais importante" também serve para nós: otimizar a dieta. Em outras palavras, **coma melhor, coma menos e com muito menos frequência**. Ainda que simples na teoria, isso nem sempre é algo fácil de implementar na vida real. Somos o tempo todo atraídos por dezenas de opções em embalagens lindas e brilhantes, muitas das quais deveríamos evitar. Pense em seus hábitos alimentares. Quantas dietas da moda você já experimentou, seja para perder peso ou para tratar de um problema crônico? Seja contando carboidratos e calorias, questionando se deveria ou não repetir o prato ou seguindo ao pé da letra um protocolo rigoroso, controlando cada refeição durante dias, podemos apostar que, ao menos uma vez na vida, você já fez um esforço consciente para melhorar sua dieta. Muitas pessoas acabam fazendo isso em algum momento da vida, até saírem dos trilhos durante as comemorações de Ano Novo.

Ao contrário dos humanos, os cães de estimação não podem escolher o que comer. São inteiramente dependentes de nós – os cuidadores – para fazer as escolhas certas *por eles*. Coloque-se no lugar de seu cão: a partir de agora, todas as refeições lhe são oferecidas pelo seu amado dono. Não é possível opinar. A fome primitiva o leva a comer o que colocarem à sua frente. Se um indivíduo só pudesse ingerir comida ultraprocessada, quanto tempo levaria até sentir os efeitos no corpo (na linha da cintura), sem falar na mente e no sistema imunitário? Com certeza, não muito – dias ou semanas. O peso aumentaria. A pessoa se sentiria cansada e mentalmente confusa. Um sono restaurador seria impossível; os níveis gerais de estresse e de ansiedade subiriam, manifestados em elevados níveis de cortisol. E, em algum momento, surgiria a necessidade de uma refeição saudável, composta por alimentos de verdade, frescos, não processados e vindos direto da natureza. Era assim que nossos ancestrais se alimentavam, portanto a necessidade de nutrientes oriundos de uma variedade de produtos naturais e não processados já está programada em nosso genoma. Para o ancestral do cão, o lobo, encontrar comida era uma tarefa que demandava estratégia e inteligência. E envolvia, também, muita atividade física.

Lobos ancestrais e lobos modernos são carnívoros clássicos. Preferem comer grandes mamíferos de casco, como veados, bisões e diferentes espécies de alce. E ainda caçam mamíferos menores, como castores, roedores e lebres. Sua dieta é composta quase toda de proteínas e de gorduras não processadas. De maneira semelhante, os ancestrais humanos (que não tinham acesso aos benefícios da indústria de alimentos ou da cadeia mundial de suprimentos) caçavam e coletavam; consumiam uma dieta rica em animais selvagens, peixes e plantas comestíveis, incluindo castanhas e sementes. Os lobos também comiam pequenos frutos, gramíneas, sementes e castanhas, o que faz com que ambas as espécies possam ser consideradas onívoras. Os primeiros humanos tinham sorte de encontrar as frutas doces de cada estação, e alguns estudos mostram que essas antigas frutas naturais eram provavelmente mais ácidas e amargas; ao longo dos últimos duzentos anos, cultivamos as nossas e as tornamos doces e açucaradas demais. As grandes maçãs não eram nada parecidas com as de hoje. Assim como cruzamos cães para adequá-los ao nosso padrão de estética, também cruzamos frutas para que elas atendam às nossas preferências; atualmente, as frutas se parecem cada vez mais com uma bala misturada com um multivitamínico medíocre.

Nossos ancestrais também não comiam com a mesma frequência de hoje. Eles precisavam trabalhar duro (ou seja, se exercitar) para conseguir comida, e é provável que o desjejum matinal não fosse a refeição mais importante do dia, já que era preciso um dia inteiro – ou vários dias – para encontrar alimento. Às vezes eles passavam dias sem se alimentar. E tudo bem, levando em consideração que o corpo humano havia evoluído para enfrentar períodos de fome. Era uma questão de sobrevivência. Dispomos de biotecnologia interna para lidar com longos períodos de escassez de comida. O problema surge quando a biotecnologia da Idade da Pedra se encontra com a era moderna da conveniência e do processamento. O mesmo se aplica aos cães que "cresceram" conosco na Idade da Pedra, mas que vivem no século XXI. Os cães, assim como os gatos caseiros, ainda se encaixam na definição de carnívoros. Eles têm um trato gastrointestinal ultracurto, são incapazes de sintetizar vitamina D a partir da luz solar e carecem da amilase salivar (a enzima que digere os carboidratos). Devido ao fato de os cães domésticos terem aumentado a secreção *pancreática* de amilase, entretanto, muitos veterinários pressupõem que eles podem ser vegetarianos. Nós discordamos.

De acordo com o Dr. Jason Fung, pesquisador de dieta e obesidade, nem toda caloria é igual. Ele tem publicado vários livros sobre o poder da alimentação de tempo restrito e sobre a diferença entre uma caloria, digamos, vinda de uma pilha de panquecas regadas de melado e outra oriunda de uma omelete vegetariana. Suas ideias, já amplamente aceitas na área da nutrição humana, contradizem quase todas as recomendações de nutricionistas veterinários da atualidade. Do ponto de vista metabólico, uma dieta à base de carboidratos atua de modo bem diferente de outra composta por proteínas balanceadas e gorduras saudáveis, e nem todo carboidrato é criado da mesma forma – a maneira como o corpo responde a uma refeição rica em carboidratos depende da composição química e da velocidade da digestão desses nutrientes. Um indivíduo que ingere carboidratos de absorção lenta, como legumes grelhados, se sente diferente de outro que consome carboidratos de absorção rápida, como cereais. Os de absorção lenta (ou de "queima lenta") vão deixá-lo com a sensação de saciedade por mais tempo do que os que são logo digeridos (os de "queima rápida") e que o fazem querer mais e mais. Uma coisa com a qual todos os veterinários e veterinárias concordam é que cães saudáveis (ao contrário dos gatos) são adaptados evolutivamente para a fome extrema. Os cães nem sempre tinham sucesso caçando ao amanhecer ou no fim de cada dia. Podiam passar dias sem encontrar comida e, caso não conseguissem caçar um jantar fresquinho, comiam o que fosse possível – carniça, vegetação, nozes, pequenos frutos.

Por mais de trinta anos, o pesquisador de câncer Dr. Thomas Seyfried tem ensinado neurogenética e neuroquímica na Universidade Yale e na Faculdade de Boston, áreas que se relacionam com o tratamento de câncer. Ele nos falou de um cão chamado Oscar, que – na época em que os comitês de ética ainda não supervisionavam o tratamento dado aos animais de pesquisa – jejuou por mais de cem dias na Faculdade de Veterinária da Universidade de Illinois. De acordo com o Dr. Seyfried, Oscar foi enviado de volta à fazenda e ainda foi capaz de pular a cerca de quase um metro de altura para entrar no canil. Esse estudo revoltante mostra que cães saudáveis *são capazes* de jejuar sem problemas. Não recomendamos protocolos específicos de jejum neste livro, pois cada protocolo deve ser elaborado de acordo com a idade e a raça de cada animal. Mas vamos apresentar estratégias que simulam jejuns e que permitem ao cão usufruir dos benefícios dessa prática sem precisar pular as refeições.

Se você pudesse viajar no tempo – com seu cachorro e uma sacola de compras na mão – até encontrar um grupo de humanos primitivos, reunidos em torno de uma fogueira para compartilhar uma presa fresquinha, eles ficariam impressionados, talvez sem palavras, diante das mercadorias. Provavelmente não reconheceriam nada que estivesse dentro daquela sacola, mesmo que você se desfizesse das embalagens do século XXI. Os próprios rótulos de nutrientes já os confundiriam (vamos fazer de conta que eles soubessem ler). E quanto à comida de cachorro? Imagine que você levou um pacote de ração e uma lata de comida canina em sua viagem no tempo, para fins de pesquisa. Os cães companheiros de nossos camaradas ancestrais não reconheceriam nem a ração, nem a gororoba enlatada, e é provável que nem sequer se aproximassem daquilo (eles estariam se alimentando dos restos de comida jogados por seus mestres humanos). Enquanto isso, você ficaria ali, comendo uma refeição que poderia muito bem ter vindo do espaço. E seu cão do século XXI com certeza ficaria com inveja dos predecessores, salivando diante do que os seus semelhantes devoravam, em meio aos grupos familiares.

O poder da comida

Para você ter mais saúde e prolongar sua vida saudável (e a de seu cão), é essencial entender o poder da comida. O alimento é a pedra fundamental da medicina do bem-estar. Como temos afirmado, ele é muito mais do que o combustível do corpo: é *informação* (literalmente, "a *ação de formar* o corpo"). É simplista e equivocado pensar na comida como meras calorias cuja função é gerar energia (combustível) ou apenas como uma porção de micro e macronutrientes (pecinhas). Pelo contrário, a comida é a ferramenta da expressão epigenética; a dieta e o genoma interagem. Em outras palavras, aquilo que se come conversa com as células e essa comunicação crucial instrui a funcionalidade do DNA. **Devido ao seu impacto contínuo e duradouro, a nutrição pode ser o fator ambiental mais importante para a saúde.** De fato, a comida é um dos caminhos mais potentes e relevantes na construção ou no desmantelamento da saúde de nossos companheiros; ela pode curar ou levar ao adoecimento. Pesquisas em nutrição molecular tentam entender essa interação. A nutrigenômica (às vezes chamada de nutrigenética), o estudo da interação entre a nutrição e os genes (em especial no que se refere à prevenção e ao tratamento de doenças), é *crucial* para a saúde e a longevidade de todos os cães.

Nutrição não é uma matéria muito ensinada nas faculdades de medicina e de veterinária, pelo menos não como outros assuntos – fisiologia, histologia, microbiologia e patologia – são abordados. Não nos entenda mal: essas disciplinas são todas importantes. Porém não há uma "logia" para a nutrição e ela não recebe tanta atenção na formação dos profissionais de saúde animal. Os tempos podem estar mudando nesse departamento para as futuras gerações de profissionais da medicina, pois estamos notando essa carência. Apesar disso, as faculdades da área da saúde permanecem focadas em métodos tradicionais: estudamos o básico de biologia e fisiologia e então aprendemos a diagnosticar e a tratar doenças. Há muito pouco ensinamento e aprendizagem sobre *a prevenção*. Assim como na medicina humana, a veterinária permanece presa ao velho paradigma do gerenciamento de distúrbios e do controle de sintomas em vez de prevenir o desencadeamento desde o princípio. Os profissionais da medicina veterinária não estão deixando de lado essas informações importantes de propósito; eles não discutem intervenções nutricionais direcionadas, estilo de vida, riscos e estratégias preventivas com seus clientes porque não receberam esse tipo de formação na faculdade.

Além disso, é possível que a educação nutricional que os alunos por acaso recebam – como também acontece com estudantes de medicina – esteja comprometida, uma vez que os cursos costumam ser conduzidos por nutricionistas financiados por conglomerados de comida industrializada. Em grande medida, veterinários e veterinárias em formação recebem informações dentro do complexo industrial de comidas processadas – dos fabricantes das mesmas comidas que prejudicam a saúde animal. Isso é que é a raposa tomando conta do galinheiro! Para sermos francos, é ainda pior: a raposa está *dentro* do galinheiro!

Falta de informação nutricional é um problema global. Em 2016, uma pesquisa com reitores e docentes de 63 faculdades europeias de medicina veterinária revelou que 97% dos entrevistados acreditavam que a capacidade de realizar uma avaliação nutricional nos pacientes (nos animais) era uma competência fundamental. Não obstante, apenas 41% deles registraram satisfação com as habilidades e com o desempenho em nutrição veterinária de seus formandos.

O número de profissionais que trabalham com alimentação natural para animais de estimação cresce com rapidez, mas não porque as faculdades estejam ensinando os alunos a calcular as demandas de nutrientes para criar receitas caseiras e nutricionalmente otimizadas, ou porque as aulas de nutrição de animais de pequeno porte estejam examinando o modo como as técnicas de processamento de comida (extrusada, enlatada, assada, desidratada, liofilizada, levemente cozida e crua) afetam a perda de nutrientes. A demanda tem sido gerada *pelo consumidor*. Donos e donas de animais de estimação têm insistido numa alimentação natural, e, assim, veterinários e veterinárias precisam escolher entre se educar e atender aos clientes ou perdê-los. Muitas pessoas ainda não conseguem ter uma conversa transparente e instrutiva no consultório veterinário sobre o preparo de dietas caseiras balanceadas. Diretórios on-line – como o www.freshfoodconsultants.org – têm preenchido essa lacuna, fornecendo receitas nutricionalmente completas a cuidadores de animais de estimação do mundo inteiro.

Em 2012, quando a página criada por Rodney no Facebook, a Planet Paws, fez as primeiras postagens despretensiosas, uma imagem e uma lista de todos os ingredientes encontrados num pacote típico de comida industrializada para cães acumularam meio milhão de compartilhamentos de um dia para o outro. A audiência cresceu rapidamente, trazendo à luz uma fome voraz de conhecimento: as pessoas estavam desesperadas para saber como alimentar e cuidar de seus pets corretamente. Uma das postagens mais populares sobre os "ossos" de couro cru já foi lida mais de meio bilhão de vezes, e o vídeo que a acompanha, descrevendo como o couro desses "ossos" é tratado, já foi visto mais de 45 milhões de vezes. Em 2020, a página Planet Paws tinha quase 3,5 milhões de seguidores e as conversas mais populares eram as que tratavam de comida.

Não restam dúvidas de que os donos de animais de estimação estão ansiosos por orientação. Eles querem adquirir sabedoria baseada em fatos, corroborada pela ciência, acerca da nutrição e do bem-estar de seus pets. Nada de truques ou de propaganda disfarçada. Não nos surpreende o fato de que o TED Talk sobre cães mais visto da história foi dado por um de nós (Rodney) e que a Dra. Becker tenha se tornado a primeira veterinária do mundo a apresentar um TED Talk sobre nutrição adequada à espécie. Adoramos ver a indústria de alimentação para animais de estimação evoluir diante de nossos olhos à medida que fabricantes mais transparentes e éticos emergem para desbancar o cardápio ultraprocessado que ameaça a vida e o bem-estar de nossos companheiros animais. Há uma revolução em andamento. Se você ainda não se juntou a ela, vai fazê-lo até o fim deste livro (talvez até o fim deste capítulo!). E não estamos sozinhos. Segundo a acadêmica Marion Nestle, "estamos em meio a uma revolução alimentar". Isso é verdade para os humanos, assim como para nossos parceiros peludos, e ela se refere ao momento como um "movimento da boa comida animal". Tal como as dietas humanas alternativas, as dietas caninas alternativas podem incluir alimentos orgânicos, naturais, frescos, cultivados na sua região, livres de organismos geneticamente modificados (GMO) ou oriundos de animais criados de um jeito humanizado.

Imagine obter *a melhor nutrição possível* a partir do mesmo pacote de comida durante a vida inteira. Parece inviável? Porque é. Não é possível confiar num único *shake* de proteína para suprir todas as suas necessidades nutricionais. Conforme mencionamos na Parte I, pessoas que sobrevivem à base de bebidas nutritivas, comercializadas como bebidas completas, com vitaminas e ingredientes destinados a preencher carências nutricionais, fazem isso apenas por curtos períodos e por motivos específicos (por exemplo, durante uma hospitalização). Essas bebidas, consideradas alimento processado, não devem ser a nossa única fonte de nutrição, ainda que contenham todos os nutrientes diários recomendados. Ninguém – seja uma pessoa ou um cão – conseguirá se desenvolver bem à base de uma dieta monocromática e processada.

As pessoas estão entendendo que os animais precisam de mais do que bolotas para nutrir o corpo. Em 2020, um estudo revelou que apenas 13% dos donos de animais de estimação os alimentam exclusivamente com comida ultraprocessada. Essa é uma notícia maravilhosa porque significa que 87% dos donos e donas estão adicionando outros alimentos aos potinhos de seus pets. Alguns países estão à frente na corrida para recuperar a saúde de nossos companheiros animais, com os australianos liderando a lista de tutores e tutoras que oferecem mais comida natural do que enlatados ou ração.

A comida natural é o único tipo de comida para animais que oferece a opção "faça você mesmo" (não dá para fabricar ração em casa), e isso acabou criando uma discordância considerável entre veterinários e tutores. Portanto, sempre existe a possibilidade de fazer errado. E as pessoas fazem. Pessoas responsáveis e que amam seus animais de estimação, mesmo estando munidas das melhores intenções, já causaram alguns desastres nutricionais não intencionais ao tentar adivinhar o que constitui uma refeição balanceada para eles. Todo profissional de saúde animal que conhecemos tem pelo menos uma história para contar sobre consequências infelizes da alimentação natural (inadequada) oferecida a um cão, desde diarreia aguda (devido à mudança brusca na dieta) até o fatal hiperparatireoidismo nutricional secundário (uma doença metabólica dos ossos causada por meses ou anos de níveis inadequados de cálcio). Há infinitas histórias de terror sobre todo tipo de coisa que pode dar errado com refeições caseiras desbalanceadas, uma das razões por trás do rápido crescimento, nos últimos 15 anos, da indústria de comida comercial crua e nutricionalmente completa para animais de estimação. **Na verdade, a alimentação natural é um dos segmentos que mais crescem na indústria de alimentação para animais de estimação**, para desgosto dos cinco maiores fabricantes de comida industrializada, os chamados Big Five. Cinco empresas gigantescas dominam a indústria de comida animal ultraprocessada, um ramo de 80 bilhões de dólares, e nenhuma delas, no momento, produz comida natural feita com ingredientes de qualidade para consumo humano. (A Mars Petcare, que ocupa de longe o primeiro lugar no ranking, possui atualmente três das cinco maiores marcas de comida animal do mundo – Pedigree, Whiskas e Royal Canin; o colosso é um bloco em expansão, com cerca de cinquenta marcas.) Quanto mais lucro essas empresas perdem para o grande número de empresas de comida animal humanizada e natural que surgem aos montes, mais amedrontadores se tornam seus comentários acerca da alimentação natural. Num capítulo posterior vamos entrar em detalhes sobre como garantir que a comida comercial comprada nas lojas seja nutricionalmente adequada. No entanto, no que se refere às dietas caseiras, elas podem ser a melhor ou a pior comida a se oferecer a um cão, dependendo da adequação (ou da inadequação) nutricional.

Dietas caseiras desastrosas são o resultado de humanos bem-intencionados, porém mal informados, tentando adivinhar o que fazer. Essa é mais uma razão pela qual escrevemos este livro: para fornecer um modelo sólido a ser seguido, embasado na ciência. Curiosamente, é raro lermos sobre os milhares de cuidadores que seguem receitas nutricionais completas, fazem a coisa certa e restauram a saúde dos animais de estimação por conta própria. Um dos motivos por trás do número cada vez maior de veterinários e veterinárias buscando informação sobre comida natural ao redor do mundo é a grande quantidade de recuperações quase milagrosas de casos antes considerados perdidos. É difícil ignorar os resultados, e muitos desses profissionais mudaram de postura após testemunhar muitos pacientes caninos usufruindo de uma saúde melhor ou experimentando a regressão de doenças depois que seus donos instituíram uma dieta natural. É provável que, para cada história de terror que seu veterinário ou veterinária compartilhe envolvendo o hiperparatireoidismo nutricional secundário, ele ou ela possa também (talvez a contragosto) relembrar dezenas, quem sabe centenas, de clientes que optaram por uma "alimentação alternativa" que ele ou ela não pratica... e que tiveram resultados revolucionários. A Dra. Donna Raditic, veterinária nutricionista, acredita que profissionais que recomendam apenas comida ultraprocessada como padrão nutricional de cuidado podem abalar a confiança dos tutores nos colegas de profissão. Um estudo de 2020 sobre o tipo de comida oferecida aos cães, envolvendo 3.673 cuidadores da Austrália, do Canadá, da Nova Zelândia, do Reino Unido e dos Estados Unidos, revelou que 64% dos donos e donas oferecem refeições caseiras. Ousamos afirmar que, a fim de evitar confronto, muitas dessas pessoas não discutem suas escolhas alimentícias no consultório veterinário.

Isso nos faz pensar em quantos casos de sucesso sem o próprio envolvimento profissional os veterinários mais céticos precisam testemunhar antes de a curiosidade se instalar, ou, pelo menos, antes de decidirem ter conversas francas com os clientes adeptos da alimentação natural. A boa notícia é que milhões de guardiões de animais têm assumido o controle e se tornado defensores conscientes de uma dieta saudável, melhorando de forma notável a nutrição, o bem-estar e o ambiente de seus cães. Como resultado, eles têm influenciado de maneira positiva os quadros de doenças dos animais. Vemos profissionais da saúde com a mente aberta adotarem uma postura bastante questionadora sobre as tendências emergentes na área da saúde animal. O resultado são milhares de profissionais ao redor do mundo investigando o que há por trás dessas drásticas recuperações sobre as quais eles não tiveram qualquer influência. Como costuma ocorrer em toda mudança de paradigma na saúde, uma ruptura começa a tomar forma entre o velho e o novo. A Raw Feeding Veterinary Society (Sociedade Veterinária de Alimentação Crua), uma organização profissional para veterinários e veterinárias que queiram aprender mais acerca da alimentação natural, é apenas uma das consequências da imensa pressão por mudança que os donos de animais de estimação têm exercido sobre a indústria.

Dezenas de pequenas empresas independentes têm surgido mundo afora produzindo comida natural para animais de estimação, com nutricionistas empolgados e devidamente certificados liderando a tarefa de elaborar refeições com comida de verdade, feitas com ingredientes naturais minimamente adulterados. É óbvio que essas empresas constituem uma pequena parcela do mercado de comida animal. Contudo, elas estão fadadas a crescer e a expandir sua presença, conforme donos e donas como você se tornam mais informados acerca dos riscos de uma vida inteira consumindo fast-food. É uma mudança bem-vinda após décadas de críticas direcionadas à comunidade de veterinários adeptos da alimentação natural e aos tutores que amam pets e são bem informados sobre saúde, quando esses sugeriam que os pets passassem a receber dietas menos processadas. Além disso, para sermos francos, a palavra "crua" costuma ser mal interpretada. Nós a usamos com moderação, porque essa é apenas uma das opções na categoria de comida pouco processada e, também, porque ela evoca, na cabeça de muita gente, imagens estereotipadas de contaminação e de carne ruim ou estragada em vez de imagens do açougue do bairro. A conotação infeliz por trás da palavra "crua" tem adiado a revolução da saúde preventiva e desencorajado muitos cuidadores bem-intencionados a dar a seus amados peludos aquilo que eles instintivamente desejam e de que geneticamente precisam (na dúvida, faça o teste do potinho e veja qual seu cachorro escolhe). Na Parte III você vai aprender que, além da comida crua, há uma variedade de opções dentro da categoria "comida mais natural". E que, no reino da comida crua propriamente dita, há meia dúzia de escolhas, incluindo comida pasteurizada e esterilizada.

Não nos esqueçamos de que houve um tempo em que nos disseram que as gorduras trans (a margarina) eram as melhores e de que os médicos já ajudaram grandes empresas de tabaco a vender cigarros. (Sem brincadeira: em 1946, a Reynolds lançou uma campanha com o slogan "Os médicos fumam mais Camels do que qualquer outra marca".) Porém, quando a ciência emergente fala, não há argumentos. E se você não se sente pronto para servir comida crua, sem problemas. Você pode preparar ou comprar comida levemente cozida; os benefícios notáveis da redução do consumo de comida ultraprocessada vão influenciar de modo positivo a saúde de seu cão.

Não comeríamos um prato de frango cru e um copo de água não tratada com uma porção de ostras saídas de uma baía poluída. Da mesma forma, não devemos alimentar nosso cão com nada que possa adoecê-lo. A ideia é usar ingredientes naturais que sejam seguros, deliciosos e cheios de nutrientes para que possamos abastecer o corpo de nossos cães com trunfos a favor da longevidade. Os cães podem apreciar diversas comidas que nós consumimos, mas é preciso respeitar as diferenças entre as espécies, e logo vamos ver como fazê-lo. Além disso, é bom registrar: não estamos sugerindo alimentar seu cachorro como se ele fosse um lobo. Quase todas as embalagens de comida canina exibem lobos, o equivalente às imagens enganosas de pessoas felizes, exuberantes e de aparência saudável nas embalagens de alimentação humana ultraprocessada. Sabemos que aquelas comidas não promovem o bem-estar a longo prazo. Entretanto, a publicidade engenhosa atinge e explora nossas vulnerabilidades enquanto atiça nossas papilas gustativas. Nossos cães gostam de proteína saudável e de boas gorduras não adulteradas, com pouco carboidrato. Isso é exatamente o que seus ancestrais selecionavam, e com certeza *não é* o que encontramos nos reluzentes sacos de comida canina.

Os cães evoluíram se alimentando de comida crua e não adulterada, e é muito pouco provável que eles tenham perdido essa adaptação evolutiva nos últimos 100 anos. Todavia, essa não é a única opção, caso seu objetivo seja evitar a categoria ultraprocessada. É claro que o nosso objetivo é minimizar a quantidade de ultrarrefinados que nossa família consome, mas nem toda técnica de processamento é desenvolvida da mesma maneira. Na Parte III vamos ensinar como avaliar as marcas de comida canina com alguns critérios simples – a matemática da adulteração – que ajudam a perceber em qual categoria os produtos alimentícios se encaixam. Os fabricantes sabem que estamos em busca de opções menos alteradas, então é bom ter consciência de que esses termos são traiçoeiros. A indústria de comida para animais de estimação se apropriou de termos como "natural", "fresco" e "cru". Em seguida, as empresas de comida animal ultraprocessada sequestraram a expressão "minimamente processada", estampando o termo nas embalagens de ração e enganando muitos donos de pets.

Determinar quando um alimento deve ser considerado minimamente processado, processado ou ultraprocessado pode ser difícil. A verdade é que, a não ser que seu cão esteja caçando ou comendo amoras direto do jardim, todas as dietas comerciais que você servir foram alteradas de algum modo. Na teoria, lavar e picar legumes recém-colhidos é um processo, mas estamos nos referindo às definições mais largamente aceitas pela comunidade de nutricionistas:

➤ **Alimentos não processados (crus) ou "frescos ou minimamente processados":** ingredientes naturais, crus, minimamente alterados para fins de preservação, com perda mínima de nutrientes. Exemplos de técnicas de processamento mínimo são a moagem, a refrigeração, a fermentação, o congelamento, a desidratação, a embalagem a vácuo e a pasteurização (de acordo com o sistema de classificação NOVA – índice que agrupa os alimentos com base no nível de processamento).

- ➤ **"Alimentos processados":** a definição da categoria anterior ("minimamente processados") quando modificados por um processo térmico adicional (calor). (Portanto, há duas fases de processamento, incluindo a adulteração pelo calor.)
- ➤ **"Alimentos ultraprocessados":** criações da indústria alimentícia (que não podem ser replicadas em casa) que contêm ingredientes não encontrados na culinária caseira; requerem várias fases de processamento com múltiplos ingredientes já previamente processados, com aditivos para realçar o sabor, a textura e a cor. Durante o processamento, são assados, defumados, enlatados ou extrusados. Na extrusão, o produto ou a mistura de ingredientes – nesse caso, a ração canina – é pressionada através de uma pequena passagem com o objetivo de moldar o material de acordo com formatos preestabelecidos. A extrusão foi desenvolvida nos anos 1930 para a fabricação de massa seca e de cereais matinais. Depois, nos anos 1950, passou a ser aplicada à fabricação de comida para animais de estimação.

Isso deixa tudo evidente: alimentos caninos mais naturais, minimamente processados, contêm ingredientes que sofreram *uma adulteração*. Isso inclui as dietas cruas (congeladas), as cruas pasteurizadas em alta pressão (HPP), as liofilizadas e as desidratadas, preparadas com ingredientes crus e não processados. O processamento desses alimentos é chamado de *flash* porque a adulteração se dá rapidamente – por um período muito curto – e apenas uma vez. Na teoria, essa categoria de comida para animais de estimação poderia ser chamada de "ultra-não-processada", uma vez que, caso seja comparada à comida ultraprocessada, ocupa o lado oposto no espectro de processamento.

A comida canina processada passou por uma adulteração térmica adicional (calor) ou contém ingredientes que passaram. Essa categoria inclui as dietas caninas levemente cozidas, além das liofilizadas ou desidratadas feitas com ingredientes já processados (não crus). Esse tipo de comida é mais saudável do que a ultraprocessada porque os ingredientes não foram refinados ou aquecidos sucessivamente.

Comida canina processada

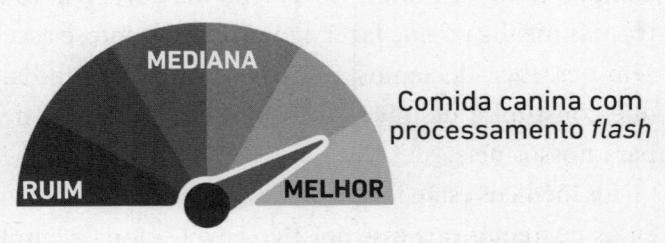

Comida canina ultraprocessada — RUIM

MEDIANA

Comida canina com processamento *flash* — MELHOR

A comida canina ultraprocessada sofre múltiplas adulterações quando é aquecida, inclui ingredientes previamente refinados por meio do calor e contém aditivos industriais indisponíveis ao consumidor. Por exemplo, não conseguimos comprar xarope de milho rico em frutose ou farinha de frango (ou qualquer farinha de carne) no mercado; apenas as indústrias alimentícias (humana e veterinária, respectivamente) têm acesso a esses ingredientes. A putrescina e a cadaverina (acredite, ninguém vai querer se informar melhor sobre esses dois realçadores de sabor, os nomes já dizem tudo) são apenas dois dos muitos aditivos que os fabricantes usam para convencer os cães a comer ração seca. Eles não são acessíveis aos consumidores. A farinha de glúten de milho, um ingrediente comum usado em muitas linhas veterinárias de comida, é acessível aos consumidores apenas como herbicida, vendido em lojas de artigos para casa e jardim (não em mercados). E não existe uma versão caseira da ração. Por definição, alimentos caninos ultraprocessados incluem a maioria das rações secas, algumas desidratadas (aquelas não preparadas a partir de ingredientes naturais e crus) e todas as enlatadas, assadas e extrusadas. Na Parte III vamos dar dicas simples de como decifrar toda essa confusão. Pode ser chocante para alguns e exasperante para outros, mas essa informação é importante para a saúde de seu cão.

Algumas das experiências mais interessantes e recorrentes que tivemos nas entrevistas com os maiores especialistas em longevidade humana do mundo foram as reações admiradas toda vez que eles ligavam os pontos. Quase sempre, depois de entrevistas incríveis com cientistas brilhantes, falando sobre como a pesquisa que eles desenvolvem demonstra o poder curativo ou prejudicial da comida no organismo e como ela evidencia o fato de que o alimento conversa com o epigenoma e pode destruir/salvar o bioma do intestino, perguntávamos como eles alimentavam os próprios cães. À medida que a conversa avançava, ouvíamos várias reações como

"Nossa!" ou "Nunca pensei em como essas descobertas impactam nossos companheiros" e muitos "Por favor, me envie o livro quando estiver pronto, mas me diga o que fazer agora!". Realmente, é assustador entender que, sem perceber, deixamos a imensa indústria mundial de fast-food ditar o que constitui a definição de "comida saudável" e de lanches, para nós e para nossos pets.

Os médicos estão incentivando a mudança de nossos hábitos alimentares e nós queremos que esse objetivo envolva toda a família, incluindo os cães. No que se refere aos peludos, é possível atingir parte desse objetivo apenas adicionando os *Toppers* Essenciais da Longevidade (os TELs) – sobre os quais você vai aprender na próxima parte – às refeições ou oferecendo-os como petiscos. O bom de nossa longa lista de superalimentos TELs é que eles podem ser adicionados a qualquer tipo de comida canina (inclusive a dietas ultraprocessadas) para melhorar o bem-estar geral. Não é preciso mudar tudo de uma vez. Na verdade, dá para optar por não trocar nenhuma das refeições. Algumas pessoas vão achar que apenas o departamento de petiscos precisa de uma grande reforma; a mera substituição dos petiscos atuais, caros e de baixa qualidade, por TELs já é um grande passo para elevar a saúde do animal a outro patamar. Talvez você descubra, à medida que avança na leitura, que a comida de sua cachorrinha não é tão maravilhosa quanto o fabricante, o vizinho ou o veterinário fez parecer. Para quem está pensando em trocar a marca da ração, também podemos fornecer os critérios necessários para escolhas bem pensadas, com base em parâmetros nutricionais objetivos, não em estratégias de marketing ou em popularidade.

A maioria das marcas de comida canina crua, liofilizada, levemente cozida ou desidratada tem produtos muito menos adulterados por meio do calor em comparação à ração ultraprocessada e à comida enlatada. Daqui em diante, chamaremos todas essas opções de comida menos alterada de "dietas mais naturais" ou de "dietas minimamente processadas". O tipo e a proporção de comida canina mais natural na dieta são escolhas particulares de cada um. Na Parte III, entre outras coisas, vamos ensinar a lidar com essas variáveis.

A conversa em torno da comida canina está fadada a passar por uma revolução. Esperamos mudar a forma como você pensa na alimentação do seu pet (e na sua). Há muitas maneiras de os cuidadores melhorarem o status nutricional do cão, uma porção de cada vez. Adições simples ao pote de comida podem trazer melhorias relevantes na função cerebral, na saúde da pele e do pelo, no hálito, nas funções orgânicas, no status inflamatório e no equilíbrio do microbioma. **Toda pequena porção de comida natural e viva que substitua uma porção de "fast-food" (ou seja, de comida canina ultraprocessada) significa um passo rumo à desaceleração do envelhecimento.**

Os dois Ts: tipo e tempo

Quando falamos de "boas práticas" de alimentação canina, a questão se resume aos dois Ts:

Tipo: quais os tipos ideais de nutriente?
Tempo: em que momento as refeições devem ser oferecidas ao longo do dia?

Tipo: 50/50 proteína e gordura

Ao contrário da crença popular, como já ressaltamos anteriormente, a quantidade de carboidrato que um cão precisa consumir é *zero*. Isso pode parecer absurdo, levando-se em conta o universo alimentar rico em carboidratos e o fato de que a maior parte da comida canina é feita à base desses nutrientes. Conforme descrito na Parte I, depois que a revolução agrícola transformou caçadores-coletores em fazendeiros que cultivam plantações, os cães se adaptaram à digestão do amido para acomodar a mudança na dieta. O que aconteceu é bastante interessante, do ponto de vista evolutivo: assim que passamos a cultivar grãos e a compartilhar comida com nossos cães, modificamos o genoma dos animais. Os cães produzem mais amilase – a enzima que quebra os carboidratos – do que os lobos. De fato, essa mudança significou um passo crucial na evolução do lobo para o cachorro. Às vezes o mundo natural é cruel: evolua ou morra. Para os animais, é vantajoso adaptar-se a mudanças e a desafios da dieta e do ambiente, para que possam continuar vivos e passar adiante o DNA. Os cães de antigamente se adaptaram ao consumo cada vez maior de carboidratos contidos nos restos da comida que recebiam, aumentando a produção pancreática de amilase. Isso lhes permitiu seguir usufruindo dos benefícios de evoluírem ao lado dos humanos.

Curiosamente, segundo o Dr. Richard Patton, formulador de comida para animais de estimação, há 150 anos o consumo total de carboidratos de um cão era estimado em menos de 10% da ingestão calórica, índice completamente aceitável para o estilo de vida de um cão ativo. Nos últimos cem anos, desde a invenção da comida canina ultraprocessada, o consumo involuntário de carboidratos pelos cães disparou, o que não combina muito bem com seu mecanismo metabólico. Os cães conseguem digerir carboidratos, e o fazem, de fato, mas esse não é o problema. Assim como ocorre nos humanos, o consumo prolongado das versões refinadas desse nutriente traz consequências adversas à saúde dos cães.

Embora o pâncreas canino produza enzimas capazes de quebrar os carboidratos, isso não significa que a maioria das calorias que um cão consome deva vir do amido. Esse cenário é terreno fértil para distúrbios na saúde, em especial distúrbios metabólicos que geram inflamação sistêmica e obesidade. Segundo o Banfield Pet Hospital, pertencente à Mars, Inc. e gerenciador de inúmeras clínicas veterinárias nos Estados Unidos, no México e no Reino Unido, somente na última década a obesidade canina teve um aumento de 150%.

Tivemos uma ótima conversa com o Dr. Mark Roberts sobre sua pesquisa em macronutrientes envolvendo lobos e cães domésticos. O Dr. Roberts é cientista do Instituto de Ciências Veterinária, Animal e Biomédica da Universidade Massey, na Nova Zelândia. Ele é mais conhecido por seus estudos sobre comidas que os cães decidem instintivamente ingerir, caso tenham escolha. Eles não escolhem os carboidratos. Muito pelo contrário: os cães – assim como os lobos – *selecionam primeiro as calorias vindas da gordura e da proteína*, seguidas de longe pelos carboidratos. É por isso que muitos formuladores de dietas naturais falam que 50% das calorias ingeridas pelos cães (não do volume de comida) deveriam vir de proteínas, e 50%, de gordura; essa é a "dieta ancestral" que caninos domesticados e selvagens preferem e da qual precisam.

Contudo, mais uma vez, cães não são lobos: nos estudos da dieta escolhida, os cães de fato preferem consumir um pouco mais de carboidratos (teriam eles desenvolvido um gosto por carboidratos durante a revolução agrícola?). A variedade de proteínas, gorduras e carboidratos que esses dois grupos de caninos selecionam é chamada de "variedade de macronutrientes biologicamente apropriados", e é ela que sugerimos como meta aos Entusiastas da Longevidade canina.

Então, faça um cálculo rápido dos carboidratos na ração seca que você tem dado ao seu cão: vire o saco de ração e encontre a Análise Garantida. Some proteína + gordura + fibra + umidade + minerais (considere 6% se não houver um valor para os minerais, uma estimativa do conteúdo mineral na comida) e subtraia seu resultado de 100. Essa é a quantidade de amido na comida do seu cão. Como a fibra não digerida é incluída nesse cálculo, o número obtido é a quantidade de carboidratos presentes no amido (que se converte em açúcar) na comida canina. Uma quantidade biologicamente adequada fica abaixo de 10%. Trabalhando como veterinária, eu (Dra. Becker) verifiquei que muitos cães ativos conseguem tolerar até 20% de amido na comida sem consequências significativas; contudo, passar a vida inteira servindo uma dieta com índices entre 30% e 60% de amido, quando a necessidade é zero, vai trazer consequências indesejadas.

Humanos que comem carboidratos feitos principalmente de farinhas refinadas e de açúcares lidam com todo tipo de problema de saúde relacionado a inflamações. Eles costumam encontrar alívio (sem falar na perda de peso) quando optam por uma dieta mais rica em proteína saudável e em gordura oriunda de alimentos naturais. Ao contrário do que diz a crença popular, **os carboidratos são um nutriente *não essencial***. A glicose requerida pelo corpo – especialmente pelo cérebro – pode ser sintetizada a partir de aminoácidos (das proteínas) por meio de um processo chamado "gliconeogênese". A gordura fornece um supercombustível chamado

FONTES FAVORITAS DE CALORIAS

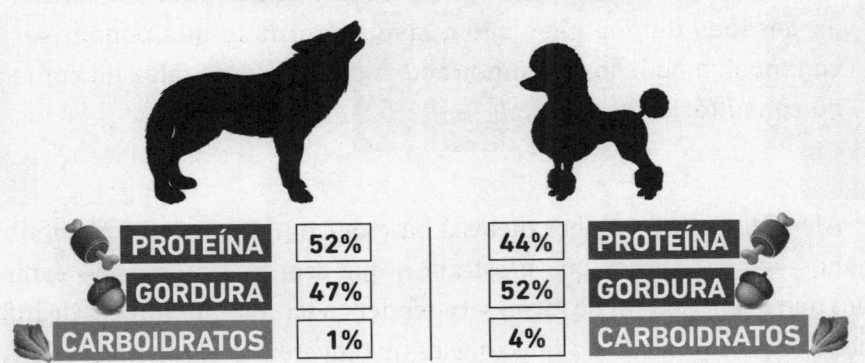

PROTEÍNA	52%	44%	PROTEÍNA
GORDURA	47%	52%	GORDURA
CARBOIDRATOS	1%	4%	CARBOIDRATOS

"corpos cetônicos", que, após metabolizados, alimentam o cérebro de maneira mais eficiente do que a glicose, tanto no homem quanto nos cães. Portanto, é possível que cães e humanos (e muitas outras espécies) satisfaçam suas necessidades nutricionais sem ingerir carboidratos – embora muitos de nós possamos apreciá-los com moderação. É bom acrescentar que esses nutrientes têm tido um papel-chave na evolução humana. Temos mandíbulas que se movem para os lados e molares achatados para mastigar grãos; os cães, não. Sem acesso aos carboidratos, junto com gorduras e proteínas de alta qualidade, jamais teríamos desenvolvido cérebros tão grandes. Não estamos dizendo que devemos eliminar todos os carboidratos da dieta; estamos dizendo que é preciso prestar atenção no consumo de amido do cão, caso o objetivo seja otimizar o bem-estar metabólico e, por extensão, a longevidade.

O DINHEIRO FALA (E LATE) MAIS ALTO

O consumidor médio nos Estados Unidos gasta 21 dólares por mês em comida para animais de estimação, insuficientes para prover uma dieta com carne de qualidade e gorduras saudáveis. Por isso os fabricantes de comida utilizam pequenas quantidades de carne de má qualidade, gordura renderizada e muitos carboidratos alimentícios baratos para que os consumidores consigam alimentar seus pets a baixo custo. É importante entender que os carboidratos são ingredientes comuns na comida dos animais de estimação porque são *baratos*, não porque são saudáveis. Alimentá-los da forma correta pode ser inviável financeiramente, então a indústria de comida animal convenceu as pessoas de que cães são quase onívoros (e que podem ser veganos), mas isso tem um preço: a saúde – sem falar na conta do consultório veterinário!

Além dos estudos sobre dietas à base de comida processada para humanos, temos estudos que mostram o que acontece no mundo canino: cães que se alimentam de ração seca tendem a ter maiores índices de inflamação e de obesidade do que aqueles que ingerem comida natural. Esses resultados foram confirmados no início de 2020, quando pesquisadores, junto com uma empresa de comida natural para animais de estimação e com a Universidade da Flórida, coletaram índices de condicionamento físico e dados demográficos, alimentares e comportamentais de 4.446 cães. Desses, os donos informaram que 1.480 (33%) estavam acima do peso ou obesos, com 356 (8%) dos cães registrados especificamente como obesos. Os alimentos naturais analisados na pesquisa incluíam comida natural comercial, congelada industrializada e caseira. De acordo com a líder do estudo, LeeAnn Perry, "esses alimentos costumam ser caracterizados pelo uso de ingredientes naturais levemente cozidos ou minimamente processados antes de serem congelados ou refrigerados. (...) Dos 4.446 cães em nosso estudo, 22% estavam sendo alimentados apenas com comida natural e outros 17% estavam recebendo comida natural combinada com outros tipos de comida".

Os resultados do estudo são evidentes: os cães alimentados com ração seca e/ou enlatada eram mais propensos a estar acima do peso ou obesos. E, como previsto, os pesquisadores descobriram que o aumento gradual de exercícios semanais diminuía a probabilidade de estarem acima do peso ou obesos.

Tivemos a sorte de visitar a Dra. Anna Hielm-Björkman, professora da Faculdade de Veterinária de Helsinki, na Finlândia, que estuda a metabolômica canina – ou seja, estuda os produtos do metabolismo no organismo do cão. O programa DogRisk, no hospital da Universidade de Helsinki, está liderando diversas pesquisas inovadoras que pretendem avaliar os efeitos de diferentes tipos de comida na saúde dos cães. Os pesquisadores descobriram que a comida crua é menos estressante do ponto de vista metabólico do que a ração e que cães alimentados com comida crua têm níveis menores de marcadores inflamatórios ou de adoecimento, incluindo níveis de homocisteína (um aminoácido vinculado ao surgimento de problemas cardiovasculares), se comparados aos cães alimentados com ração. Isso se aplica até aos cães que parecem magros e saudáveis. Aparência não é tudo: ela nem sempre revela o que está acontecendo metabólica, fisiológica e epigeneticamente. Nosso palpite fundamentado é que milhões de pessoas e seus cães estejam andando por aí com inflamações crônicas não manifestadas. Todos os especialistas entrevistados concordaram: **a inflamação crônica e leve é o início da maioria das doenças.**

COMO A INFLAMAÇÃO SE MANIFESTA NOS CÃES?

Problemas médicos com um componente inflamatório podem ser identificados por termos com o sufixo "ite" (o sufixo usado para qualquer doença inflamatória). Inflamações, inclusive os problemas comuns listados a seguir, levam mais cães ao consultório veterinário do que qualquer outro motivo.

NOME	LOCALIZAÇÃO	SINTOMAS
Gengivite	inflamação das gengivas	mau hálito evoluindo para doenças da boca, baba
Uveíte	inflamação dos olhos	estrabismo, olhos doloridos, esfregação
Otite	inflamação dos ouvidos	infecções nos ouvidos, vermelhidão
Esofagite	inflamação do esôfago	náusea, lambedura dos lábios, deglutição excessiva, relutância a comer
Gastrite	inflamação do estômago	DRGE (refluxo), vômito, náusea, diminuição do apetite
Hepatite	inflamação do fígado	vômito, náusea, letargia, aumento da sede
Enterite	inflamação dos intestinos	náusea, vômito, diarreia (DII, SII), gases, inchaço
Colite	inflamação do cólon	diarreia (com ou sem sangue), constipação, problemas na glândula adanal, dificuldade para evacuar
Cistite	inflamação da bexiga	infecções no trato urinário, cristais de urina, dificuldade para urinar
Dermatite	inflamação da pele	eczemas, feridas, casquinhas, infecções de pele, coceira, mordidas na pele, lambedura
Pancreatite	inflamação do pâncreas	vômito, náusea, letargia, anorexia
Artrite	inflamação das articulações	rigidez, dor nas juntas, claudicação, diminuição da mobilidade
Tendinite	inflamação dos tendões	dores e inchaço nos joelhos, nos ombros, nos cotovelos, nos pulsos e nos tornozelos, claudicação

O que todos esses problemas têm em comum? A parte "ite" do diagnóstico é estimulada por alimentos inflamatórios, em especial o açúcar e os carboidratos refinados. O amido excessivo na comida canina provoca níveis elevados contínuos de açúcar no sangue, o que, por si só, já causa estados inflamatórios. Milho, trigo, arroz, batatas, tapioca, aveia, lentilha, grão-de-bico, cevada, quinoa, "grãos ancestrais" e outros carboidratos encontrados na comida canina também estimulam a produção interna de AGEs no corpo, propiciando uma eterna e progressiva inflamação sistêmica.

Quando filmamos a *Dog Cancer Series*, rastreamos os níveis de glicose no sangue de dezenas de cães à medida que eles substituíam a ração por uma dieta crua e cetogênica. Os níveis de glicose em jejum caíram de modo significativo. Tanto que, depois de receber os resultados, alguns profissionais de plantão ligaram para os donos demonstrando preocupação com uma possível crise de hipoglicemia. Assim como a frequência cardíaca de atletas é muito menor do que em pessoas sedentárias, os cães alimentados com comida crua têm níveis de glicose em jejum muito menores do que os dos cães alimentados com amido.

Isso não é um problema, é um benefício. Lembre-se: **o objetivo é manter a insulina e a glicose baixas e estáveis**. E esse é o aspecto metabolicamente menos estressante da verdadeira comida, "biologicamente adequada" (com pouco amido). Sempre que a glicose ultrapassa 110mg/dl – miligramas de glicose por decilitro de sangue ou 6mmol/dl, milimoles de glicose por decilitro de sangue –, o corpo de um cão secreta mais insulina. Depois de comer um pote de ração, é comum o cão apresentar excesso de glicose no sangue na casa de 250mg/dl. Ainda mais preocupante é o tempo que a insulina passa circulando pelo corpo após um pote de ração. Um estudo revelou que os níveis de insulina nos cães permanecem elevados por até *8 horas* depois de *uma* refeição à base de carboidratos, ao contrário das diferenças insignificantes de insulina antes e depois de uma refeição com baixos níveis de amido. Adicione a refeição número dois, também rica em carboidratos (e, talvez, a número três), além de petiscos com amido, e fica fácil ver como todas essas "ites" se originam, sem falar das doenças crônicas degenerativas.

> Baixos índices de açúcar no sangue, decorrentes de uma dieta adequada à espécie, são um risco para o cão? Felizmente, apenas filhotes muito pequenos (com menos de 2,2kg) se encaixam numa categoria de alto risco para hipoglicemia; essa é a razão para veterinários recomendarem oferecer várias pequenas refeições ao longo do dia aos filhotes minúsculos. Cães adultos e saudáveis, até os pequenininhos, têm estoques adequados de glicogênio e de triglicerídeos para garantir energia contínua entre as refeições, sem risco de hipoglicemia.
>
> Segundo o Dr. Richard Patton, os cães domesticados ainda se encontram num estado evolutivo adaptado à abundância e à fome; eles produzem uma porção de hormônios que elevam o açúcar no sangue em tempos de fome e apenas um hormônio, a insulina, que o reduz. A maioria dos cães modernos e bem cuidados nunca pulou uma refeição, muito menos jejuou por mais de um dia ou se alimentou sem carboidratos. Na verdade, a maioria deles recebe um fluxo constante de calorias o dia todo, todos os dias. Entre múltiplas refeições e petiscos frequentes, os cães muito bem tratados têm se convertido em cães bem alimentados cujos corpos produzem um fluxo constante de insulina que, com o passar do tempo, sobrecarrega o pâncreas, gerando inflamações e estresse metabólico. No Capítulo 9 vamos ajudar a estabelecer uma janela de alimentação otimizada que minimize o estresse metabólico e permita oportunidades de cura para o corpo.

O nascimento e a evolução da comida industrializada para animais de estimação

A indústria de comida canina cresceu exponencialmente desde o Patented Meat Fibrine Dog Cake, de James Spratt. No momento, a maioria dos cães consome dietas ultraprocessadas industrializadas que, em grande medida, consistem em subprodutos da indústria alimentícia humana. Quando nossa percepção coletiva dos cães os promoveu de meros animais de estimação a amados membros da família, a indústria comercial de comida canina desencadeou uma eficiente "guerra aos restos de comida", impulsionando a criação de um novo modelo de alimentação – dietas comerciais completas, compradas só para eles. Empresas bem-sucedidas logo ganharam a confiança de veterinários e veterinárias, que, então, passaram a recomendar que os clientes alimentassem seus pets *apenas* com comida industrial; a comida humana foi considerada inadequada diante da outra, "especialmente elaborada" para animais de estimação. Forças sociais também fortaleceram o movimento em torno da comida industrializada para cães. À medida que um número cada vez maior de mulheres integrava a força de trabalho em meados do século XX, elas passaram a ter menos tempo de preparar o alimento das famílias e dos cães. Além disso, a industrialização da agricultura produziu uma variedade de inovações agrícolas (por exemplo, fertilizantes e tratores) que baratearam *commodities* como carne e grãos (e seus subprodutos), tornando-as mais acessíveis aos produtores de comida canina.

O uso de operações concentradas de alimentação animal (as CAFOs, a partir do termo em inglês) para aumentar o rebanho e de técnicas de cultivos comerciais de arroz, trigo, milho, cana-de-açúcar e soja se tornou cada vez mais comum. Conforme os fazendeiros aumentavam a produção, o preço dos alimentos caía de modo considerável. Os produtores de ração para animais de estimação se beneficiaram não apenas do excedente no suprimento da comida humana, mas também dos subprodutos do processamento desses alimentos e da indústria agrícola, tornando as dietas comerciais para cães muito mais baratas e acessíveis. Durante o crescimento acelerado no pós-guerra, essas dietas deixaram de ser um luxo e se tornaram um produto prático e conveniente, essencial e acessível. As empresas do ramo passaram a explorar cada vez mais o argumento de que restos de comida não eram seguros (até o próprio termo – *restos* – parecia pejorativo) e difundiram a ideia de que o preparo de refeições nutricionalmente completas e balanceadas era complicado – melhor deixar isso com os "especialistas".

Embora os fabricantes de comida para animais de estimação queiram que acreditemos que todos os seus produtos são totalmente seguros e altamente nutritivos, eles são tudo, menos isso. Caso esta seja a primeira vez que você tem conhecimento de problemas nessa indústria, há alguns pontos adicionais a considerar para fazer escolhas conscientes:

➤ Existe uma grande diferença de qualidade e de segurança entre alimentos "para consumo humano" e comida "para consumo animal". Nos Estados Unidos, as carnes são fiscalizadas por inspetores de alimentos do Departamento de Agricultura; elas passam na fiscalização e são aprovadas para o consumo humano, ou são reprovadas e se tornam ingredientes para alimentos destinados a animais de estimação ou a rebanhos. Todos os ingredientes utilizados pelos fabricantes de alimentos para animais de estimação são dessa categoria, a não ser que, em seu site, a marca declare especificamente que seus ingredientes são adequados ao consumo humano. Nossa estimativa é de que menos de 1% da ração seca e enlatada seja feito com ingredientes adequados ao consumo humano, o que diz muito sobre a qualidade e sobre os níveis de possíveis contaminantes na imensa maioria das comidas para animais de estimação. Nem toda matéria-prima crua selecionada para o consumo animal é uma escolha ruim; o problema é que não há um sistema público de ranqueamento para rações de animais de estimação (como o Prime/Choice/Select usado pelo Departamento de Agricultura dos Estados Unidos para classificar as carnes destinadas ao consumo humano), então é sempre um tiro no escuro.

➤ As necessidades nutricionais de cães e gatos são estabelecidas pela AAFCO (Association of American Feed Control Officials), nos Estados Unidos, ou pela FEDIAF (European Pet Food Industry Federation), na Europa. No Brasil, a ABINPET (Associação Brasileira da Indústria de Produtos para Animais de Estimação) edita o Manual Pet Food Brasil, com diretrizes nutricionais e de produção do setor. Os fabricantes devem seguir diretrizes dessas organizações considerando os produtos "nutricionalmente completos e balanceados". A AAFCO exige que todos os rótulos de comida para animais de estimação incluam a Análise Garantida, uma declaração de adequação nutricional, e uma lista dos ingredientes em ordem decrescente de peso. Entretanto, é significativo que a organização não exija um teste de digestibilidade nem um teste de nutrientes no produto final.

➤ A data de validade no saco de ração é para a comida *lacrada*. As empresas não revelam por quanto tempo a comida permanece estável ou segura para o consumo depois que a embalagem é aberta.

- Os fabricantes de comida para animais de estimação não precisam especificar no rótulo a presença de nenhum conservante químico nem de outras substâncias adicionadas aos ingredientes adquiridos junto aos fornecedores.
- Não há leis ou regulamentos que exijam que os fabricantes de comida para animais de estimação examinem seus produtos em busca de resíduos de metais pesados, de pesticidas, de herbicidas ou de qualquer outro contaminante. As empresas que alegam que "todo lote é testado" nos processos de controle de qualidade deveriam se dispor a compartilhar os resultados; peça para ver os resultados dos testes do lote que você comprou.
- Os cães, assim como os humanos, têm demandas nutricionais e de energia distintas nas diferentes fases da vida, mas a imensa maioria das comidas para animais de estimação é vendida "para todas as idades" (ou seja, uma nutrição em tamanho único, da infância à fase geriátrica).

GORDURAS BOAS E GORDURAS RUINS

Da mesma maneira que existem diferenças entre carboidratos bons e ruins, também existem gorduras boas e ruins. As gorduras ruins, como as trans e as saturadas, alimentam a inflamação e costumam ser encontradas em comidas muito processadas. As gorduras saudáveis são as mono e poli-insaturadas – ricas em ácidos graxos ômega anti-inflamatórios. Fontes excelentes de gorduras saudáveis incluem castanhas, sementes, abacate, ovo, peixes gordurosos de água fria, como salmão e arenque, e azeite de oliva extravirgem. As gorduras devem ser não refinadas, não aquecidas e cruas. Gorduras aquecidas liberam os temidos ALEs (a versão lipídica dos AGEs).

Os carboidratos do mercado de comida canina, incluindo batatas, arroz, farinha de aveia ou quinoa, são ricas fontes de "energia" (ou seja, calorias). No entanto, as calorias oriundas de carboidratos desnecessários desequilibram as quantidades de proteína magra e saudável e das gorduras de alta qualidade que deveriam compor a dieta do cão. A comida canina sem grãos geralmente apresenta taxas maiores de amido do que a feita à base de grãos e costuma conter leguminosas que abrigam antinutrientes, como a lectina e os fitatos. Os antinutrientes são substâncias químicas encontradas em plantas que impedem o corpo de absorver nutrientes essenciais. Nem todos os antinutrientes são ruins, e é impossível evitá-los por completo se a pessoa ingere muitos alimentos de origem vegetal, mas evitar as quantidades excessivas dos alimentos à base de grãos já ajuda.

Um dos problemas com a alimentação canina à base de grãos é o potencial de conter resíduos de contaminantes. Como observamos na Parte I, em 2020, 94% dos *recalls* de comida para animais de estimação (impressionantes 623.419kg, nos Estados Unidos) se deveram à presença de aflatoxinas, um tipo de micotoxina fúngica definitivamente vinculado a problemas renais e hepáticos e a vários tipos de câncer. Nossa própria testagem demonstrou que comidas veganas para cães tinham os maiores níveis de glifosato, substância que atravessa a cadeia alimentar; o resultado são a síndrome do intestino permeável e a disbiose, que levam a uma grande inflamação sistêmica (vamos voltar a tratar desse fenômeno).

Em 2019, um estudo analisando a urina de 30 cães e 30 gatos encontrou de 4 a 12 vezes mais glifosato do que a média encontrada em amostras humanas, com os cães alimentados com ração seca apresentando os maiores níveis. E não podemos esquecer o estudo realizado em 2018 a que nos referimos na Parte I, quando pesquisadores da Universidade Cornell procuraram resíduos de glifosato em 18 comidas de animais de estimação comercializadas por oito fabricantes e encontraram o agente cancerígeno em todas elas. Um estudo conduzido pelos Health Research Institute Laboratories (HRI) sobre os níveis de glifosato em cães e gatos também está em andamento. Alguns dos resultados até o momento causariam arrepios em qualquer cuidador preocupado com a saúde de seu pet: **os cães têm níveis de glifosato 32 vezes maiores do que a média humana**. Além de todos os carboidratos desnecessários e quimicamente carregados perturbarem o bioma intestinal, eles impedem que os cães se sintam saciados. Veterinários e veterinárias adeptos da alimentação natural perceberam que muitos cães alimentados com ração parecem esfomeados, sacos sem fundo, nunca satisfeitos e sempre com fome, o que nos faz perguntar: estariam eles tentando desesperadamente satisfazer as demandas biológicas de gordura e proteína se empanturrando com a única fonte disponível de calorias, rica em carboidratos?

Como o número de empresas de alimentação animal usando ingredientes aprovados para consumo humano está aumentando, a competição também vem crescendo. Visite o site do fabricante da marca que você compra: se ele utiliza ingredientes desse tipo, não será difícil encontrar essa informação; slogans e títulos destacando os ingredientes aprovados para consumo humano estarão espalhados em toda peça de publicidade da marca para ajudar potenciais consumidores a entender por que aquele produto é tão mais caro. A transparência é um fator de diferenciação importante para essas empresas. Frequentemente elas compartilham com orgulho em seus sites os resultados de testes de digestibilidade e de análise nutricional, sempre conduzidos por terceiros independentes, além de testes para verificar a presença de glifosato, micotoxinas e outros contaminantes. Esse é um imenso passo na construção da confiança do consumidor acerca da qualidade dos ingredientes utilizados na comida canina que você compra.

Se não encontrar a informação que está procurando no site da marca, ligue para o número do atendimento ao consumidor e pergunte. Vai ser difícil interromper a ligação com empresas transparentes, porque elas se orgulham dos ingredientes e da origem deles – elas sabem que esses fatores chamam atenção para seus produtos num mercado competitivo. Algumas empresas de comida natural utilizam ingredientes apropriados ao consumo humano, mas não fabricam seus produtos em instalações aprovadas para a produção de comida humana, então não podem ser rotuladas como tais. Algumas empresas de comida natural podem ainda optar por incluir alguns ingredientes que não são aprovados para consumo humano (como ossos moídos, usados como fonte de cálcio), o que desqualifica sua comida como "adequada ao consumo humano", ainda que tenha uma qualidade excepcional. Esses produtos são seguros e saudáveis, e, se você ligar, as empresas terão prazer em fornecer explicações.

O alimento conversa com o microbioma

Um lembrete: a maioria dos cães tolera até 20% de calorias oriundas do amido sem consequências metabólicas significativas em sua dieta, e a vasta maioria dos cães que conhecemos é super-resiliente. Ao longo do tempo, conforme ingerimos cada vez mais carboidratos refinados e hiperglicêmicos, todos nós somos acometidos por diversos males. É bom destacar, também, a questão da nutrição do microbioma: o alimento pode ser o elemento mais importante na manutenção da saúde do microbioma, e nunca é exagero ressaltar a importância desse fato. Aquelas criaturas microscópicas que habitam o intestino (e outros órgãos, incluindo a pele) são fundamentais para a saúde e para o metabolismo. **O microbioma é tão crucial para a saúde do mamífero que poderia ser considerado um órgão por si só.** Nossos animais de estimação têm o próprio microbioma específico que reflete a evolução e as exposições ao ambiente, incluindo a dieta. (Um fato curioso: 99% do material genético em seu corpo não são seus; pertencem aos camaradas micróbios!) A maior parte dessas criaturas invisíveis vive no interior do trato digestório, e, ainda que elas incluam fungos, parasitas e vírus, são as bactérias que parecem guardar as chaves mestras para o reino da constituição biológica, já que são elas que determinam cada traço concebível de sua saúde.

Essa incrível ecologia interna ajuda você e seu cão a digerir alimentos e a absorver nutrientes; mantém o sistema imunitário (na verdade, entre 70% e 80% de ambos os sistemas imunitários são localizados no interior da parede do trato intestinal) e as vias de desintoxicação do organismo; produz e libera enzimas e substâncias importantes que colaboram com sua constituição biológica; protege contra outras bactérias nocivas; ajuda a regular as vias inflamatórias do corpo, o que, por sua vez, afeta o grau de risco de quase toda forma de doença crônica; ajuda a lidar com o estresse por meio dos efeitos no sistema hormonal; e até permite que se tenha uma boa noite de sono. Algumas das substâncias que esses micróbios produzem são metabólitos essenciais para os sistemas do corpo, do metabolismo às funções cerebrais. Na verdade, em essência, terceirizamos a esses micróbios a síntese de várias vitaminas, gorduras, ácidos, aminoácidos e neurotransmissores essenciais.

As bactérias nos intestinos humano e canino produzem vitaminas B12, tiamina e riboflavina, além da vitamina K, necessária para a coagulação do sangue. As boas bactérias também mantêm a harmonia do organismo por meio do desligamento de descargas de cortisol e de adrenalina – os dois hormônios associados ao estresse que, caso fluam de modo ininterrupto, podem desorganizar as funções do corpo. No reino dos neurotransmissores, os micróbios do intestino têm uma grande participação no suprimento de serotonina, dopamina, norepinefrina, acetilcolina e do ácido gama-aminobutírico (GABA, na sigla em inglês). Bem quando pensávamos que todas essas substâncias eram produzidas no andar de cima, no cérebro, começamos a aprender o contrário, graças a novas pesquisas e tecnologias que estão abrindo nossos olhos para o poder do microbioma. Embora os cientistas ainda estejam descobrindo os segredos do microbioma e de sua composição ideal (e das formas de alterá-la), já sabemos que ter um leque diverso de colônias é crucial para a saúde. E essa diversidade depende das escolhas dietéticas que alimentam os micróbios e determinam se eles funcionarão de maneira adequada. Fatores que podem prejudicar um microbioma saudável incluem a exposição a substâncias que matam ou que alteram negativamente a composição das colônias de bactérias (por exemplo, substâncias químicas presentes no ambiente, fertilizantes, água contaminada, açúcares artificiais, antibióticos, anti-inflamatórios não esteroides), o estresse emocional, traumas (incluindo as cirurgias), doenças gastrointestinais, falta de nutrientes ou uma dieta biologicamente inadequada (com produtos metabolicamente estressantes).

O Projeto do Microbioma Humano, lançado em 2008 com o objetivo de catalogar os microrganismos que vivem em nosso corpo, vem reescrevendo os livros de medicina. Até o lançamento do projeto, não compreendíamos que o centro de comando do sistema imunitário é o próprio microbioma. **A parte principal do sistema imunitário reside em nosso intestino.** Chama-se "tecido linfoide associado ao intestino" (GALT, a partir do termo em inglês) e é significativo: mais de 80% do sistema imunitário total do corpo é atribuído ao GALT. Por que nosso sistema imunitário está quase todo localizado no intestino? É simples: a parede do intestino é a fronteira com o mundo exterior; com exceção da pele, é nessa parede que temos as maiores chances de encontrar material e organismos estranhos possivelmente ameaçadores. Essa parcela de nosso sistema imunitário não atua num vácuo. Pelo contrário, ela se comunica com outras células do sistema imunitário ao longo do corpo e, caso encontre uma substância potencialmente danosa no intestino, aciona um sinal de alerta. É por isso que as escolhas alimentares são tão fundamentais para a saúde imunitária. E tudo isso se aplica aos cães. Para citar Daniella Lowenberg, em sua cobertura do microbioma da pele do cão para o blog PLOS (*Public Library of Science*): "Uma casa não é um lar sem um cão, e um cão não está completo sem sua 'equipe' de micróbios." Muitas instituições ao redor do mundo estão estudando o sequenciamento do microbioma canino. A AnimalBiome, por exemplo, é uma dessas empresas, sediada na área da baía de São Francisco e dedicada ao cuidado animal por meio de pesquisas e de produtos vinculados ao microbioma. Ela consegue avaliar o microbioma de seu cão antes e depois de intervenções restaurativas.

Estudos italianos vêm demonstrando que oferecer uma dieta natural à base de carne influencia de forma positiva o microbioma em cães saudáveis. Visitamos os cientistas Misa Sandri e Bruno Stefanon no Departamento de Ciências Agrícolas, Alimentares, Ambientais e Animais da Universidade de Údine para entender por que isso acontece. Os alimentos puros, naturais, biologicamente adequados nutrem os cães hoje em dia da mesma maneira que a comida de seus ancestrais fez por milhares de anos. Eles ainda estabelecem a base fundamental da vitalidade celular e da potência metabólica necessárias para fazer os cães superarem sua expectativa média de vida. Nossa entrevista com Sandri e Stefanon nos forneceu um olhar fascinante acerca da comida e de certos nutrientes, e como eles podem ajudar ou atrapalhar a capacidade do corpo de se reconstruir e se recuperar, dependendo de quais comunidades microbianas são construídas ou destruídas no intestino. Eles foram os primeiros pesquisadores a observarem como o microbioma de um cão muda quando se adota uma dieta crua ou processada por meio do calor: **as dietas cruas produzem uma comunidade de organismos no intestino muito mais rica e mais diversificada**. O Dr. Tim Spector, da Faculdade de Medicina da King's College, especialista em microbioma, ressaltou o papel crucial da saúde do intestino, responsável por muitos aspectos da expectativa de saúde de um cão. O que mais impactou Rodney durante a entrevista no campus de Londres foram os comentários finais do Dr. Spector: "Cães e gatos passam a vida recebendo comida processada. Com base em meus estudos mais recentes, não consigo imaginar nada pior para o microbioma do que uma alimentação rica em amido, ultraprocessada e sem variedade, por um período prolongado, para *qualquer* animal. Isso reduz o número de espécies microbianas no intestino, afeta a expressão genética e reduz o número de enzimas e de metabólitos, influenciando o funcionamento do sistema imunitário. É o sistema imunitário que barra alergias e cânceres."

Como vamos explicar no Capítulo 6, não são só as escolhas alimentícias que afetam a saúde intestinal do cão. Algumas escolhas ambientais também têm impacto no equilíbrio dos micróbios no trato gastrointestinal, o que, por sua vez, altera a saúde imunitária ao longo do tempo. Por ora, vamos retornar a algumas estratégias de publicidade que a indústria de comida animal emprega para enganar os consumidores (e meter a mão em seus bolsos).

A verdade por trás dos rótulos

De certo modo, a indústria de comida para animais de estimação é como a indústria do jeans. É possível comprar uma calça jeans por 30 ou por 300 dólares, ainda que se trate do mesmo tecido. Terminologia básica:

- "Premium" é um termo indefinido e não regulamentado (qualquer coisa pode ser premium).
- "Aprovado por veterinários" significa que um profissional pode endossar uma comida por qualquer motivo, inclusive mediante pagamento.
- "Orgânico", "fresco" e "natural" podem significar muitas coisas, como acontece na indústria alimentícia humana.
- A propaganda enganosa é permitida quando se trata de produtos alimentícios para animais de estimação. A imagem de um peru perfeitamente assado na embalagem não significa que o produto contém peru assado.
- A "Política de Conformidade" da FDA permite que fabricantes de comida para animais de estimação usem animais que "morreram sem abate". Na teoria, animais que morrem por abate são saudáveis até serem mortos. Contudo, de acordo com essa Política de Conformidade, animais que morreram de doenças ou por outras causas podem ser renderizados e ter seus tecidos usados em comida para animais de estimação. Foi assim que, alguns anos atrás, uma subs-

tância usada em procedimentos de eutanásia foi parar na comida que matou muitos animais.

➤ Muitas marcas registram jargões publicitários para fazer com que os consumidores se sintam bem com o que estão comprando – fórmulas *Life Source Bits*, *Vitality+* e *Proactive Health* ["Pedacinhos de Fontes da Vida", "Vitalidade+" e "Saúde Proativa"] –, embora não façamos ideia do que esses termos significam.

➤ A quantidade real de suplementação em alimentos com a função de promover benefícios extras (tais como "glucosamina para a saúde dos quadris e das articulações" ou "adição de ômega-3 para a saúde da pele e do pelo") pode ser de *partes por milhão*, quantidades homeopáticas de suplementos para enganar o consumidor, sem qualquer benefício à saúde.

➤ Preste atenção ao que a Dra. Marion Nestle chama de "divisor de sal": as empresas têm consciência de que os superalimentos causam boa impressão no rótulo, mas como saber a quantidade de cúrcuma, de salsinha ou de frutinhas vermelhas que realmente há na comida? Observe onde esses alimentos estão listados no rótulo – eles aparecem antes ou depois do sal? O sal (um mineral necessário para os animais de estimação) quase nunca excederá 0,5% a 1% dos ingredientes; portanto, os superalimentos listados depois do sal estão ali apenas pelo marketing.

O QUE É *HUMANE WASHING*?

Os recursos legais para garantir o bem-estar dos animais de criação são muito limitados nos Estados Unidos, tanto na esfera federal quanto na estadual. As poucas proteções legais que de fato existem não acompanham a industrialização cada vez maior da produção de carne, de derivados do leite e ovos. Consequentemente, animais criados para uso nessas indústrias estão sujeitos a uma gama de práticas cruéis, tudo dentro da lei e bem longe do olhar do público. Por isso, até mesmo consumidores que se importam com o bem-estar animal estão adquirindo, sem querer, comida produzida a partir de métodos desumanos.

Grandes produtores de alimentos vêm se beneficiando dessa situação com campanhas publicitárias elaboradas para retratar produtos (como carne, derivados do leite e ovos) como se fossem mais humanizados do que são na verdade – uma prática conhecida como *humane washing*. Estas são algumas expressões que costumam ser usadas nesse tipo de marketing: "humanizado", "feliz", "criado solto", "com cuidado", "livre de antibióticos" e "criado na natureza". Como termos desse tipo não são definidos pelos órgãos reguladores, os produtores de comida os utilizam à vontade e, muitas vezes, de um modo inconsistente com interpretações razoáveis do consumidor. Muitos consumidores estão mais conscientes das diferenças entre as expectativas criadas pela publicidade que utiliza essas expressões e as reais condições dos animais confinados. Processos judiciais alegando que produtores e fabricantes de comida para animais de estimação induzem consumidores ao erro têm sido uma ferramenta não apenas contra a própria *humane washing*, mas um jeito de chamar atenção para diversas práticas industriais ilegais que, de outra maneira, passam despercebidas.

Muitas pessoas que conhecemos querem ter certeza de que animais que se transformam em comida para outros animais são tratados de um jeito humanizado, inclusive no abate. Alguns fabricantes de comida para animais de estimação já foram acusados de praticar

> *humane washing* em suas campanhas publicitárias. Em 2015, durante a reunião anual da AAFCO, em Denver, no Colorado, Rodney confrontou a FDA por causa das imagens e da propaganda enganosas permitidas nas embalagens de comida para animais de estimação. A resposta da FDA foi que se tratava de liberdade de expressão. Portanto, nossa melhor recomendação é nunca julgar algo pelas aparências. O que se vê na embalagem *não é* necessariamente o que se compra. É preciso pesquisar sobre a empresa que fabrica a comida dos animais do mesmo jeito que pesquisamos sobre escolas e babás para nossos filhos; pesquise a fundo e faça todas as perguntas necessárias até se sentir confortável com sua decisão.

O debate em torno da definição de "processado" não tem fim, mas o bom senso pode simplificar as coisas sem grandes dificuldades. Todos nós – incluindo nossos pets – ingerimos comida processada (a rigor, qualquer coisa em caixas, sacos, garrafas, latas ou que tenha um rótulo). Reconhecemos a conveniência da ração como uma realidade na vida de muita gente, do mesmo modo que consumimos alimentos processados regularmente e tentamos equilibrar as coisas fazendo escolhas alimentares melhores quando não estamos tão assoberbados de tarefas ou correndo de um lado para outro. Estudos de epidemiologia humana evidenciaram que populações que consomem grande quantidade de ultraprocessados exibem mais predisposição a doenças crônicas. Essa descoberta levou ao desenvolvimento de sistemas de classificação de alimentos (por exemplo: NOVA, International Food Information Council) de acordo com o grau de processamento: minimamente processado, processado e ultraprocessado.

Recentemente, um sistema semelhante foi proposto para a comida animal, com o objetivo de fornecer aos profissionais da medicina veterinária uma terminologia neutra que possa embasar conversas sobre dietas com os donos de animais de estimação. A definição de dieta ultraprocessada para animais de estimação é a mesma que para humanos: alimentos fracionados e recombinados, com ingredientes adicionados; em outras palavras, ração seca, enlatada ou qualquer outra fabricada com o uso de mais de um processo térmico ou de pressão até o produto final. De acordo com esse sistema, as dietas para animais de estimação comercializadas "minimamente processadas" contêm alimentos naturais ou congelados, sem ou com apenas um processo térmico (aquecimento) ou de pressão. Na Parte III vamos explicar por que sugerimos definições um pouco menos rigorosas.

Quase 90% dos alimentos de um cão são processados de algum modo. Conforme ressaltamos, é com a comida *ultra*processada que precisamos nos preocupar. Há alimentos que de fato vieram da natureza, mas foram alterados por meios mecânicos, químicos e térmicos inúmeras vezes e depois misturados com outros ingredientes que a Mãe Natureza não cultivou. Esses aditivos sintéticos incluem a carragena e outros espessantes, corantes sintéticos, coberturas e realçadores de sabor, gorduras hidrogenadas manufaturadas, vitaminas, minerais, conservantes e sabores fabricados em laboratório. As pesquisas mostram que não é só o número de agressões à comida que transforma plantas saudáveis em coisas hediondas; a quantidade de tempo e a temperatura em que os ingredientes são aquecidos também fazem diferença. **O saco médio de comida canina seca (ração) contém ingredientes que foram fracionados e isolados, refinados e aquecidos em média 4 vezes – o que torna a ração, por definição, ultra-ultra-ultra-ultraprocessada.**

Além dos ingredientes de baixa qualidade na maioria das comidas ultraprocessadas destinadas aos animais de estimação e do índice glicêmico fora dos limites, os subprodutos do processo de fabricação, **os chamados produtos da reação de Maillard (MRPs), geram preocupações *importantes* com a saúde a longo prazo**. Nos últimos anos, as comidas de animais de estimação comercializadas sofreram ataques por conterem dois MRPs particularmente agressivos: as acrilamidas e as aminas heterocíclicas (AHCs). As acrilamidas são neurotoxinas poderosas que ocorrem quando carboidratos (amido) passam por processamento térmico (calor). As acrilamidas também têm gerado alarme nos círculos ligados à saúde humana: talvez você já tenha ouvido falar que comida queimada ou cozida demais pode aumentar o risco de câncer. As AHCs são compostos químicos e também têm sido apontadas como agentes causadores de câncer em carnes processadas com muito calor. Essas descobertas não são exatamente novas, mas foram ignoradas pela literatura médica, e provavelmente a indústria de alimentos ultraprocessados para animais de estimação tentará fazer o mesmo. O conhecimento público desses estudos condenatórios tem o potencial de causar um impacto dramático nas vendas, estimadas, até 2025, na casa dos

113 bilhões de dólares. Em 2003, quando cientistas do Lawrence Livermore National Laboratory, na Califórnia, analisaram 24 marcas de comida destinada a animais de estimação em busca de AHCs cancerígenas, descobriram que os testes deram positivo para as toxinas em *todas elas, com exceção de apenas uma*. Estudo após estudo, essas descobertas têm sido reiteradas, inclusive nas influentes análises conduzidas pelo Dr. Robert Turesky, cientista pesquisador e professor de Química Medicinal na Faculdade de Farmácia da Universidade de Minnesota, onde atua como catedrático em Causas do Câncer no Masonic Cancer Center. Ao detectar a presença desses carcinógenos no pelo de seus cães, e sabendo muito bem que não os estava alimentando com filés grelhados ou hambúrgueres bem passados, ele encontrou o culpado na ração ultraprocessada.

Como já explicamos, sempre que carboidratos e proteínas (amidos e carnes) são aquecidos juntos (seja no corpo ou na fabricação da comida), eles resultam numa outra reação química permanente, igualmente destrutiva, chamada "glicação": a geração de *produtos finais de glicação avançada* (AGEs). Em nossa entrevista com a veterinária Siobhan Bridglalsingh, ela explicou os resultados de um estudo seu, conduzido em 2020. Ela avaliou como quatro dietas com processamentos distintos (enlatadas, extrusadas, secas e cruas) influenciam os níveis de AGEs no plasma sanguíneo, no soro sanguíneo e na urina de cães saudáveis. As descobertas foram exatamente o que se esperava: os alimentos enlatados e extrusados geraram os maiores índices de AGEs no corpo de cães saudáveis, seguidos das rações secas; as cruas, claro, produziram os índices mais baixos. A pesquisadora ressaltou: "Por causa dos métodos de processamento, alimentar os cães com essas dietas (excluindo-se as comidas cruas) é o equivalente a uma pessoa adepta de uma dieta ocidental ingerir grandes quantidades de fontes externas de AGEs." Ela explicou que os AGEs causam doenças degenerativas devastadoras nos cães.

Segundo a Dra. Bridglalsingh: "Descobrimos que o processamento térmico afeta os níveis de AGE dietético na comida e corresponde a uma alteração semelhante nos AGEs totais do plasma sanguíneo. Portanto, é possível afirmar que as dietas tratadas a altas temperaturas resultam na formação de mais AGEs na comida e que isso corresponde a um aumento nos AGEs totais do plasma." Quando lhe perguntamos se os resultados da pesquisa mudaram sua forma de pensar como devemos alimentar nossos animais de estimação, ouvimos uma resposta parecida com a nossa: "Estou muito mais aberta à ideia de oferecer comida caseira aos pets."

O que essa pesquisa significa? A pesquisadora nos diz, sem rodeios: "Significa que alimentar os cães com comida processada a altas temperaturas pode se equiparar a nos alimentarmos com fast-food o tempo todo. Conhecemos os efeitos de uma alimentação diária à base de fast-food e talvez estejamos forçando nossos cães a isso. Temos escolha, mas é essa a dieta que oferecemos; portanto, como veterinários profissionais, temos a responsabilidade de oferecer algo melhor e mais seguro a eles. Se alimentá-los dessa forma os predispõe a problemas inflamatórios e a doenças degenerativas, devemos mudar o quadro e fazer o necessário para produzir uma comida mais saudável. E, talvez, ao servir um produto melhor, possamos aumentar a expectativa de vida desses animais e lhes permitir uma melhor qualidade de vida."

Embora esse estudo revolucionário seja o primeiro a avaliar as técnicas de processamento da comida canina e a formação de AGEs, outros estudos envolvendo refeições de animais de estimação certamente ressaltam as consequências das inflamações e da desregulação do sistema imunitário mediadas pela dieta. Quais os resultados de testes que achamos que todos os amantes de animais deveriam conhecer? Nossos cães não estão saudáveis porque têm *níveis 122 vezes mais altos* desses compostos tóxicos do que humanos que consomem fast-food (gatos têm níveis 38 vezes mais altos).

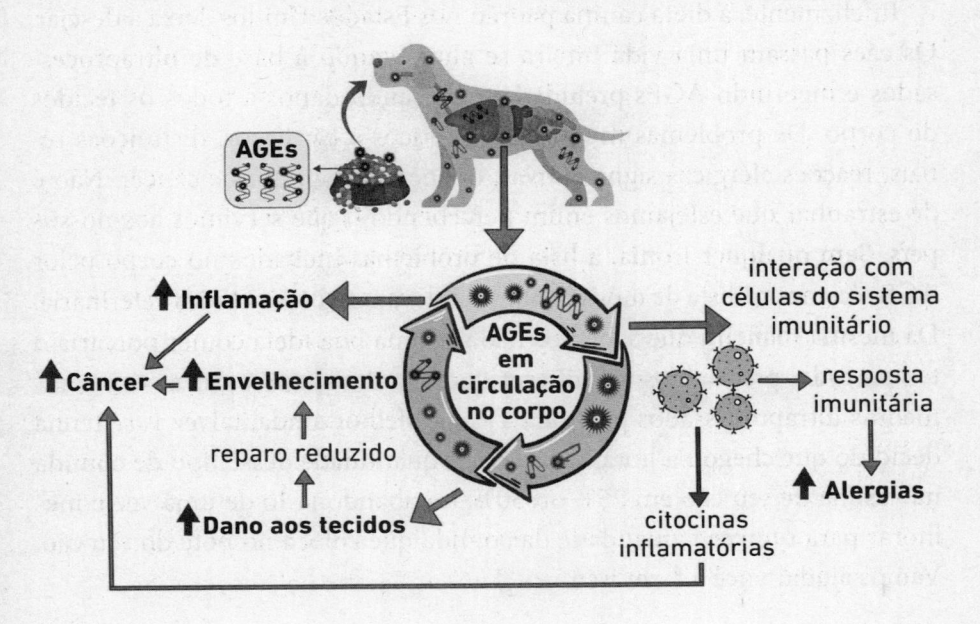

Sabemos que dietas ultraprocessadas oferecidas a animais de laboratório resultam em anomalias no crescimento e em alergias alimentares. No entanto, nunca houve a publicação de experimentos randômicos, clinicamente controlados, comparando os efeitos gerais de uma alimentação à base de ração seca, enlatada e crua na saúde, nas doenças e na expectativa de vida de uma população canina ao longo de uma geração. Os estudos de curto prazo que examinam as diferenças entre animais que têm dietas ultraprocessadas e aqueles que consomem comida crua e não processada refletem o que veterinários e veterinárias têm visto na prática clínica: a comida crua diminui o estresse oxidativo, fornece melhor nutrição por ser mais digerível, afeta positivamente o sistema imunitário (ao criar um microbioma mais diversificado) e tem influência positiva no DNA do cão e na expressão epigenética, inclusive em cães que sofrem com problemas de pele. O pequeno número de estudos que envolvem comida crua *versus* comida processada já começa a mostrar o que adeptos da comida natural registram há décadas: donos que oferecem dietas à base de comida crua afirmam que seus cães têm uma condição física mais saudável, mais energia, pelo mais brilhoso, dentes mais limpos e funcionamento normal dos intestinos. Eles acreditam que seus animais têm menos problemas de saúde do que aqueles que comem comida ultraprocessada. A boa notícia é que alimentos minimamente processados ou crus ajudam a reduzir a quantidade de AGEs acumulada nos tecidos.

Infelizmente, a dieta canina padrão nos Estados Unidos deixa a desejar. Os cães passam uma vida inteira se alimentando à base de ultraprocessados e ingerindo AGEs prejudiciais, causando danos a todos os tecidos do corpo. De problemas musculoesqueléticos a cardíacos, disfunções renais, reações alérgicas significativas, doenças autoimunes e câncer. Não é de estranhar que estejamos enfim percebendo o que servimos aos nossos pets. Sem qualquer ironia, a lista de problemas incitados no corpo pelos AGEs é a mesma lista de motivos que mais levam os cães à clínica veterinária. Da mesma maneira que sabemos não ser uma boa ideia comer porcaria o tempo todo, precisamos reconhecer que não deveríamos dar aos cães alimentos ultraprocessados por toda a vida. Melhor ainda, talvez *você* tenha decidido que chegou a hora de reduzir a quantidade desse tipo de comida na vasilha de seu cão em 25% ou 50%, ou abandoná-lo de uma vez e melhorar para sempre a qualidade da comida que coloca no pote do seu cão. Vamos ajudar você a fazer isso.

No âmbito do bem-estar canino, uma estratégia dietética terapêutica não processada tem feito barulho nos últimos quatro anos. Como numa dieta humana, a canina também pode ser manipulada de modo positivo para fornecer mais calorias a partir de gorduras e proteínas (uma dieta cetogênica), estratégia nutricional poderosa para gerenciar algumas formas de câncer canino. É provável que você já tenha ouvido falar nas dietas cetogênicas, que têm sido muito usadas no gerenciamento de alguns problemas médicos.

Em vários aspectos metabólicos e fisiológicos, a dieta cetogênica é semelhante ao jejum. Ela adota uma restrição extrema de carboidratos e uma restrição moderada de proteínas, obrigando o corpo a recorrer à gordura em busca de combustível. Antes de fazê-lo, contudo, ele vai queimar estoques de glicose e de glicogênio, e, depois, o fígado vai entrar em ação para produzir o combustível alternativo, chamado de corpos cetônicos. O corpo está "em cetose" quando os corpos cetônicos se acumulam no sangue e quando os níveis da glicose em repouso (jejum), de hemoglobina glicada (uma medida da glicação no corpo) e de insulina estão baixos e estáveis. Qualquer pessoa experimenta uma cetose moderada quando jejua, quando se levanta de manhã depois de um longo sono sem glicose ou depois da prática de exercícios muito intensos. A cetose tem exercido um papel crucial na evolução dos mamíferos, permitindo-nos perseverar em tempos de escassez de comida. Não é um estado metabólico no qual você deva manter seus cães o tempo todo, mas ele pode ser usado como uma estratégia poderosa de curto prazo ou de modo intermitente no gerenciamento de uma variedade de distúrbios inflamatórios. É provável que a cetose também tenha desempenhado um papel importante na evolução dos cães, e ela ainda pode ser acionada em benefício à saúde, em particular no tratamento do câncer.

Durante as filmagens do documentário *Dog Cancer Series*, entrevistamos as pessoas do KetoPet Sanctuary, uma organização sem fins lucrativos no Texas, e conhecemos dezenas de cães que estavam enfrentando câncer em estágio quatro e recebendo como principal terapia uma dieta crua e cetogênica. Na maioria dos cães, uma alimentação crua balanceada que forneça 50% de calorias a partir de gordura e 50% a partir de proteínas gera naturalmente um estado cetogênico moderado. A proporção de gorduras e de proteínas pode ser manipulada nas dietas cetogênicas para atender a necessidades metabólicas distintas, mas o KetoPet ressalta a necessidade de que essas dietas sejam servidas *cruas*: eles descobriram que gorduras processadas por meio do calor causam pancreatite, enquanto gorduras cruas não adulteradas são metabolizadas de modo sadio, sem efeitos colaterais. A pancreatite é um problema real na medicina de animais de pequeno porte, e gorduras oxidadas e aquecidas devem ser evitadas a qualquer custo. **Aquecer gorduras também gera outro MRP altamente tóxico: os produtos finais de lipoxidação avançada (ALEs), que muitos toxicologistas situam entre os mais nocivos aos sistemas orgânicos.**

A pesquisa do Dr. Mark Robert, na qual cães selecionavam quase as mesmas proporções de macronutrientes (50% de calorias a partir de gorduras saudáveis e 50% a partir de proteínas), confirma que os cães mantêm alguma sabedoria metabólica inata, ancestral – permitida a escolha, os cães domésticos preferem consumir gordura e proteína como fontes primárias de energia, o que em animais usados em pesquisa resulta na diminuição do estresse metabólico e no aprimoramento do desempenho físico e imunitário. Faz sentido. Tudo que precisamos fazer é implementar refeições com proporções de macronutrientes que se aproximem daquelas desenvolvidas e aperfeiçoadas com primor pela Mãe Natureza ao longo dos últimos 10 mil anos.

Tempo: respeite o relógio biológico

A busca pela saúde por meio da comida é uma coisa. Porém a busca pela saúde por meio da comida *e dos horários das refeições* é uma forma ainda mais eficiente de atingir saúde e longevidade otimizadas. Durante nossa busca por mais sabedoria sobre a vitalidade dos mamíferos, volta e meia ouvimos que o alimento mais saudável do mundo consumido na hora errada do dia se torna um fator de estresse fisiológico. É isso mesmo: **"A quantidade que comemos e o que comemos são muito importantes, mas *a hora em que comemos pode ser ainda mais*."** Essas são as palavras do Dr. Satchin Panda, do Instituto Salk. Suas pesquisas têm mostrado que os intervalos entre as refeições são benéficos para a saúde. As calorias não sabem as horas, mas seu metabolismo, suas células e seus genes com certeza sabem. Ao respeitarmos o mecanismo metabólico inato de nosso cãozinho, fazemos nossa parte para reduzir o estresse alimentar; e, ao respeitarmos a janela de alimentação ancestral do cão, podemos colher os benefícios profundos para a saúde de um ritmo circadiano equilibrado, um relógio interno nato que vem regulando nossos ciclos de sono e de vigília por milhares de anos.

Todo mundo tem um relógio biológico, seja um homem, uma mulher ou um cachorro. Tecnicamente, ele se chama "ritmo circadiano" e é definido pelo padrão de atividade repetida associada aos ciclos ambientais de dia e noite. Esses ritmos se repetem a cada 24 horas e incluem nosso ciclo sono-vigília, a diminuição e o fluxo dos hormônios e o aumento ou a queda da temperatura corporal, e se correlacionam aproximadamente com o dia solar de 24 horas. Um comando saudável do ritmo dos padrões normais de secreção hormonal tem especial importância, desde os hormônios associados aos sinais de fome até aqueles que têm relação com o estresse e com a recuperação celular. Se o ritmo não está sincronizado de maneira adequada, a pessoa não se sente 100% bem e provavelmente se sentirá irritada, cansada, com fome e estará propensa a infecções, uma vez que o sistema imunitário não está totalmente operacional. Quem já atravessou fusos horários e sentiu jet lag sabe – infelizmente – o que significa perturbar o ritmo circadiano (e qual a sensação que isso traz).

Como vamos ver no Capítulo 6, o ritmo circadiano gira em torno dos hábitos de sono. Assim, a privação do sono pode afetar de modo considerável o apetite. Os principais hormônios do apetite, a leptina e a grelina, por exemplo, comandam os nossos padrões de alimentação e funcionam dia e noite. A grelina nos diz que precisamos comer, e a leptina nos avisa que já comemos o suficiente. As pesquisas recentes sobre esses hormônios digestivos são impressionantes: os dados demonstram que o sono inadequado cria um desequilíbrio desses hormônios, o que, por sua vez, afeta de modo adverso a fome e o apetite. Em um estudo muito bem referenciado, pessoas que dormiram apenas quatro horas por noite, por duas noites consecutivas, sentiram 24% mais fome e gravitaram em torno de lanchinhos, salgadinhos e alimentos ricos em carboidratos, todos ultracalóricos. É provável que essa conduta seja uma resposta do corpo em busca de um rápido aporte de energia na forma de carboidratos, algo bastante fácil de ser encontrado nas opções processadas e refinadas.

Nem por um minuto pense que o ciclo circadiano do cão não é uma coisa importante. Ele é, sim. Visitamos o Instituto Salk, no sul da Califórnia, onde conhecemos o professor Satchin Panda e seu Laboratório de Biologia Regulatória (o Panda Lab) para discutirmos os efeitos dos horários no consumo da comida. O ritmo circadiano nato de um animal dita o momento no qual a refeição é nutritiva e curativa, ou metabolicamente estressante; e a restrição calórica ("alimentação ou jejum intermitente") pode adicionar anos à vida de um animal de estimação. A pesquisa do Dr. Panda demonstra que, ao se retirar o pote de alimentação, limitar os petiscos e seguir o relógio biológico do animal, muitas das doenças metabólicas mais comuns associadas ao envelhecimento podem ser evitadas.

Sempre que dizemos aos donos que não há problema se o cão saudável não quiser comer por um dia ou se pular uma refeição, eles ficam surpresos. No entanto, os cães não precisam comer duas ou três refeições certinhas por dia, além de petiscos nos intervalos (nem os humanos). Assim como nós, os cães são equipados para o jejum. Na verdade, é bom que eles jejuem de vez em quando para acionar o botão metabólico de reiniciar.

O jejum intermitente, às vezes chamado de alimentação de tempo restrito (TRF, a partir do termo em inglês), para animais tem uma longa história, de milhares de anos (há uma razão para a maioria das religiões incorporarem o jejum à sua prática). Hipócrates, o médico grego que viveu entre os séculos IV e V a.C. e que nos deu o Juramento de Hipócrates, foi um dos pais da medicina ocidental. Ele era um grande defensor do jejum terapêutico. Em seus escritos, propunha que várias doenças, inclusive a epilepsia, podiam ser tratadas com a abstinência completa de comida e bebida. Num trabalho intitulado "Conselhos para o Bem-Estar", o filósofo greco-romano Plutarco disse: "Em vez de usar remédios, prefira jejuar [por] um dia." Avicena, um grande médico árabe, costumava prescrever o jejum por três semanas ou mais. Os gregos antigos usavam o jejum e as dietas de restrição de calorias para tratar a epilepsia, e essa prática foi retomada no início do século XX. O jejum também tem sido usado para desintoxicar o corpo e purificar a mente com o intuito de se alcançar a saúde natural completa. Até Benjamin Franklin opinou que "o melhor remédio de todos é repousar e jejuar".

Existem várias formas de jejum, mas o efeito fundamental no corpo é o mesmo. O jejum aciona o hormônio glucagon, que contrabalança a insulina e mantém equilibrados os níveis de glicose no sangue. Eis uma imagem para fixar o conceito. Imagine um trampolim ou uma gangorra: se uma pessoa sobe, a outra desce. Essa analogia costuma ser usada para simplificar ou explicar a relação biológica da insulina com o glucagon. No corpo, se o nível de insulina sobe, o de glucagon cai, e vice-versa. Quando o corpo recebe comida, o nível de insulina sobe e o de glucagon cai. O oposto ocorre quando não se come: o nível de insulina cai e o de glucagon aumenta. Ao subir, o glucagon aciona diversos eventos biológicos – um dos quais é a autofagia, aquele mecanismo de limpeza celular de que já falamos. É por isso que negar temporariamente nutrientes ao nosso corpo e ao corpo de nossos cães, por meio da prática segura da alimentação de tempo restrito, é uma das melhores maneiras de impulsionar a integridade das células. **Encaixar todas as calorias dadas ao cão num intervalo estabelecido ao longo do dia faz maravilhas pela fisiologia do animal.** Além de manter a "juventude celular" e desacelerar o envelhecimento, as pesquisas mostram que a prática promove maior energia, aumenta a queima de gordura e diminui os riscos de desenvolver doenças como a diabetes e problemas cardíacos, tudo porque o jejum aciona a autofagia, a faxina celular.

Mark Mattson, professor de neurociência da Faculdade de Medicina da Universidade Johns Hopkins e ex-chefe do Laboratório de Neurociência do National Institute on Aging, é um grande pesquisador nessa área. Ele colaborou com o Dr. Panda na pesquisa já mencionada e tem vários trabalhos publicados sobre o tema na literatura médica. O Dr. Mattson tem um interesse especial no modo como o jejum é capaz de melhorar as funções cognitivas e de reduzir o risco de desenvolvimento de doenças neurodegenerativas. Ele conduziu estudos nos quais submeteu animais a jejuns em dias alternados, com uma dieta de 10% a 25% de restrição calórica nos dias intermediários. De acordo com ele, "se você repetir esse padrão enquanto os animais são jovens, eles vivem 30% mais". Leia essa frase outra vez. Ao alterar o momento em que os animais comem, prolongamos – e muito – sua expectativa de vida! **Não é só uma questão de mais tempo; é mais tempo com mais saúde e menos doenças.** O Dr. Mattson descobriu que, durante a adoção desse protocolo, as células nervosas dos animais ficavam mais resistentes à degeneração. Além disso, ao desenvolver estudos semelhantes em mulheres ao longo de várias semanas, ele verificou que elas perdiam mais gordura corporal, retinham mais massa muscular e melhoravam a regulação da glicose.

A ironia é que um dos mecanismos que acionam essas reações biológicas não é a autofagia, mas o *estresse*. Durante o período de jejum, as células sofrem um estresse moderado (um tipo "bom", saudável, de estresse) e reagem a esse efeito melhorando a capacidade de lidar com ele e, talvez, de resistir a doenças. Outros estudos corroboram essas descobertas. O jejum feito de modo correto reduz a pressão arterial, melhora a sensibilidade à insulina e a função cerebral, estimula a função renal, regenera o sistema imunitário e aumenta a resistência a doenças em todos os mamíferos.

O jejum também é algo natural para a fisiologia do cachorro; eles se beneficiam nos mesmos moldes. Alguns cães jejuam de modo espontâneo, o que pode assustar os donos. Contudo, o comportamento de jejum autoimposto imita o que aconteceria na natureza, garantindo um intervalo para o sistema digestório e permitindo que o corpo descanse, se recupere e se restaure. Um número cada vez maior de especialistas em animais recomenda o jejum para cães saudáveis (que pesam mais de 4,5kg) um dia por semana, talvez oferecendo um osso recreativo para roer nesse dia. Para alguns, a ideia de fazer o cachorro pular uma refeição não é agradável, e as pesquisas indicam que muitos donos consideram os animais de estimação membros da família, acreditando que a restrição de comida pode perturbar o animal. Consequentemente, esses donos podem não concordar com as sugestões de TRF ou de planejamento para perda de peso porque não querem privá-los de petiscos ou restringir a quantidade de comida. Entretanto, estabelecer rotinas sadias é necessário para que nossos cães mantenham uma vida saudável. Um amor que limita calorias (ao qual gostamos de nos referir como "limites alimentares saudáveis") faz parte da criação de hábitos alimentares benéficos para muitos cães. Na Parte III vamos dar uma longa lista de lanches e petiscos de baixíssimo teor calórico que você vai adorar oferecer ao cão durante a "janela de alimentação" estabelecida. É bom deixar bem claro que jejum significa limitar o acesso à comida, nunca à água.

QUEM ESTÁ TREINANDO QUEM?

"Mas você não conhece o meu cachorro!" A gente ouve muito isso. Os cães são criaturas previsíveis muito perceptivas. A maioria dos tutores não se dá conta de que, sem perceber, desenvolvem nos cães todo tipo de comportamento irritante relacionado a comida, da dancinha e dos latidos que podem começar no momento em que se abre a porta da geladeira ao gemido constante quando eles se sentam para comer, ou ao vômito de bile se o jantar não estiver pronto na hora exata (vamos voltar a falar disso no Capítulo 9). É importante reconhecer que você estimulou (talvez sem querer) as reações de seu cão, comportamental e fisiologicamente.

É isso mesmo: em nossas casas, somos os responsáveis pelo comportamento do monstro peludo da comida. Se você, sem querer, criou uma fera do petisco, pode reformular esses comportamentos a partir de hoje. O processo vai demandar tempo e paciência, mas acreditamos que o único meio de melhorar comportamentos indesejados é tratar deles de maneira consistente e adequada, fazendo modificações de conduta conscientes e positivas. É natural que os cães repitam comportamentos que os beneficiem. Em outras palavras, se houver uma forma de conseguir o que querem agindo de determinada forma, eles vão repeti-la (às vezes chegando a reproduzir um comportamento desagradável para garantir que alguém preste a devida atenção e reaja do jeito que eles querem). Se não houver reação de sua parte (nenhuma, zero: nenhuma resposta verbal, nenhum contato visual, zero reação – literalmente), em pouco tempo eles pararão com os comportamentos desagradáveis: as habilidades de treinamento de humanos não deram certo! Conhecemos vários cães que acordavam seus donos à noite como se estivessem famintos e com atitudes irritadas, até que os donos corrigiram esses padrões. O Instituto Purina descobriu que beagles alimentados duas vezes ao dia aumentavam a atividade noturna em 50% em comparação com cães que comem uma vez ao dia. Portanto, a alimentação de tempo restrito pode inclusive melhorar a quantidade de sono restaurativo – do cão e do dono.

Na Parte III vamos apresentar algumas ideias de como introduzir uma janela de alimentação na vida de seu cão para melhorar o ciclo repouso-restauração-reconstrução, uma peça-chave na composição de um cão saudável. **A combinação de uma alimentação com os nutrientes corretos na quantidade adequada e na hora certa é o tripé mágico dos ganhos biológicos.** Esperamos que você tenha se convencido de que dar ao cachorro licença para comer o que quiser, quando bem entender, com petiscos de carboidratos nos intervalos, é uma bomba biológica. Petiscos são importantes, mas a qualidade e a hora dos petiscos são ainda mais.

Natural é melhor, ou seja:
"comida de gente, direto da geladeira"

Um dos maiores feitos da indústria de comida canina comercial foi convencer gerações de donos de cães de que dar "comida de gente" para os cães é nutricional e socialmente inaceitável. Mas esse sentimento encontrou um oponente à altura na ciência do século XXI. Nem tudo que comemos é ruim para os cães. Na verdade, a comida que ingerimos é a melhor que seu cão pode comer: ela passou por uma inspeção! Sua qualidade é muito maior do que a aprovada para consumo animal oferecida à maioria dos cães. Porém o *tipo* de comida humana que fornecemos aos nossos pets é de suma importância. **Não devemos dar a eles pratos prontos direto da mesa; em vez disso, precisamos oferecer alimentos que sejam adequados à constituição biológica dos cães e criar refeições balanceadas, fazer petiscos de treinamento ou usar essa comida como suplemento das refeições.**

Em resumo, devemos incentivar o consumo de comida de verdade, saudável e natural para *todo mundo* da família (mas lembre-se: nada de cebolas, uvas ou passas para os cães). Uma abordagem equilibrada de alimentação canina composta por uma mistura de comida natural saída da geladeira e alimentos industrializados é uma ótima escolha. Na Parte III vamos mapear exatamente o que isso significa. Queremos que você escolha a comida, o estilo de alimentação e as empresas do ramo que combinem com sua filosofia alimentar pessoal e com seu bolso.

NOTAS PARA OS ENTUSIASTAS DA LONGEVIDADE

➤ A indústria de comida para animais de estimação está fadada a mudanças radicais, uma vez que os donos de pets têm demandado alternativas mais saudáveis e mais naturais do que as rações e os enlatados tradicionais.

➤ Se comparadas às rações e aos enlatados ultraprocessados, a maioria das marcas de comida canina crua, congelada, levemente cozida e desidratada é muito menos adulterada.

➤ Nos últimos cem anos, desde a invenção da "comida de cachorro" rica em carboidratos e ultraprocessada, o consumo involuntário de carboidratos pelos cães disparou, em detrimento de seu mecanismo metabólico.

➤ A proporção: cerca de 50% das calorias que seu cão ingere deveriam vir de proteínas, e os outros 50%, de gorduras; essa é a dieta ancestral que cães domésticos e selvagens preferem e que mais se adéqua ao duplo objetivo de saúde e longevidade. Alimentar o cão com cerca de 30% a 60% de amido a vida inteira, quando a necessidade desse componente na dieta é de 0%, traz consequências indesejadas para a saúde.

➤ Estudos atuais mostram que quanto mais ração os cães comem, maiores as chances de ficarem com sobrepeso ou obesos e de apresentarem sinais de inflamação sistêmica (os diagnósticos das "ites").

➤ O alimento não é só informação para células, tecidos e sistemas; ele é a principal informação para o microbioma do intestino e afeta de modo poderoso a força e a função do metabolismo e do sistema imunitário.

➤ O horário faz diferença: *quando* seu cão come é tão importante quanto *o que* e a *quantidade* que ele come. As calorias não sabem que horas são, mas nosso metabolismo, nossas células e nossos genes sabem. Sempre que o ritmo circadiano do corpo é sincronizado de forma adequada, a dieta se torna mais nutritiva e menos estressante do ponto de vista metabólico. O jejum intermitente – que chamamos de alimentação de tempo restrito (TRF) – pode ser uma ferramenta poderosa para os cães e para os humanos. Os cães saudáveis não precisam de três refeições por dia, além de petiscos ofertados em abundância nos intervalos. Caso eles não queiram comer uma refeição ou um petisco, não entre em pânico. Não só é normal (partindo do pressuposto de que eles não estejam doentes) como também é benéfico. A combinação de uma alimentação que contenha os **nutrientes corretos** na **quantidade adequada** e na **hora certa** é o tripé mágico dos ganhos biológicos.

5
A tripla ameaça

Como o estresse, o isolamento
e a falta de atividade física nos afetam

*Nos momentos de alegria, todos gostaríamos de
ter uma cauda que pudéssemos abanar.*
– W. H. Auden

Tina Krumdick nos contou a impressionante jornada de recuperação da saúde de sua cadela Mauzer:

"Mauzer tinha diarreia crônica. Durante um ano, eu a levei ao veterinário local, que fez todos os exames possíveis e não descobriu nada. A sensação era a de estar num eterno jogo de tentativa e erro: todas as vezes que eu saía do consultório, levava comigo um tipo diferente de ração ou mais remédios para experimentar e endurecer o cocô. Nada funcionava. Eu tinha a impressão de estar tratando os sintomas sem encontrar a causa. Depois da última consulta, eu me lembro de voltar para casa com um saco de ração à base de carne de canguru, de 60 dólares, e de me perguntar: 'E se o problema for a comida?'

"O amigo de um amigo me recomendou a Dra. Becker. Hesitei, porque o consultório ficava a uma hora de distância e eu tinha ouvido falar que ela não era uma veterinária 'típica'. Então, Mauzer começou a defecar jatos de sangue e de ração não digerida. Perdeu mais de três quilos em uma semana e achei que ela não fosse sobreviver. Marquei uma consulta; talvez o que nós precisássemos era justamente de uma abordagem atípica. A Dra. Becker entrou e se sentou no chão, e a Mauzer se arrastou até o colo dela.

Nesse momento, tive certeza de que estávamos no lugar certo. Nada do que eles tinham tentado havia funcionado. Depois de um exame de sangue, a Dra. Becker diagnosticou má absorção intestinal.

"Ela conversou comigo sobre a dieta crua. Comida de verdade fazia sentido. Falou também em suplementos para ajudar a Mauzer a se recuperar da má absorção. Em questão de alguns dias, o cocô estava normal e ela começou a ganhar peso. Nada de sangue. Minha cachorrinha não estava mais letárgica. Então comecei a alternar proteínas de búfalo, de veado e de peru, que ela ainda não havia experimentado. A variedade não irritou o organismo da Mauzer, ela foi a cura. Usei mirtilos congelados como petiscos. Passei a separar um pouco do que eu preparava para o meu jantar e a adicionar ao jantar dela. Tudo natural e saudável. O pelo dela passou de opaco a brilhoso. Ela estava com mais energia. Os olhos brilhavam. Ela se recuperou. E muito bem...

"Gastei muito dinheiro tentando solucionar um problema que começou com a comida que eu dava a ela. A ironia é que a comida foi a causa do problema, mas foi também a cura."

A transformação positiva de Mauzer reflete o que muitos outros cães experimentam em relação à dieta. Não há dúvidas de que a alimentação de Mauzer estava estressando seu organismo. Reduzir o estresse metabólico ajudou a reverter o quadro. E, embora o estresse se manifeste de muitas maneiras diferentes, sempre que ele persiste, o resultado é um só: saúde precária. E por mais que esse assunto seja por si só estressante, precisamos falar sobre ele.

Uma epidemia de estresse

Se, numa sala cheia de gente, pedíssemos que levantasse a mão quem já sofreu pelo menos uma vez – ou de modo persistente – de ansiedade, agitação interna, fadiga, medo, irritabilidade ou de uma sensação de sobrecarga, nosso palpite é que muitas mãos seriam levantadas. Se pudéssemos fazer a mesma coisa com os cães, pedindo que latissem para expressar os níveis de estresse, muitos latiriam.

Todo mundo sabe que os seres humanos andam especialmente estressados hoje em dia. Mais de 30 milhões de americanos tomam antidepressivos (desde os anos 1990, o número de receitas de antidepressivos nos Estados Unidos aumentou mais de 400%). E desde o início do século XXI, os índices de suicídio vêm aumentando em quase todos os estados. A insônia aflige cerca de um quarto dos adultos, fazendo com que muitos recorram a remédios para dormir a fim de conseguir pelo menos algum descanso. Apesar de gostarmos de pensar que as mídias sociais nos aproximam, elas podem ter o efeito oposto: entre a população dos Estados Unidos, mais de três em cada cinco pessoas admitem que se sentem solitárias e apenas cerca de metade da população do país afirma ter interações sociais presenciais significativas.

Também não estamos nos exercitando muito, outro fator que compõe nossa carga de estresse físico e mental. Nos Estados Unidos, apenas 8% dos adolescentes fazem os sessenta minutos de exercícios diários recomendados e menos de 5% dos adultos fazem os trinta minutos recomendados. E trinta minutos são apenas a recomendação mínima. Na verdade, as pessoas do país se mantêm num estado sedentário na maior parte do dia. Estamos longe de nossa média ancestral: dados de tribos modernas de caçadores-coletores, como o grupo nativo hadza, da Tanzânia, mostram que uma saída para procurar comida equivale a caminhar cerca de 5 a 6,5 quilômetros por dia para as mulheres e cerca de 11 quilômetros para os homens.

Durante milênios, os exercícios físicos e o movimento foram componentes intrínsecos, cruciais, da nossa vida diária e da própria sobrevivência. Caçadores-coletores não tinham escolha, precisavam sair em busca de comida e caçar para se nutrirem, confiando nos próprios pés como meio de transporte – e com os companheiros peludos ao lado. Conforme nos movimentávamos, nosso cérebro crescia e se tornava mais bem condicionado, construíamos comunidades unidas, compartilhávamos mais recursos e criávamos organizações sociais multifacetadas. Essas organizações sociais incluíam também os cães.

Muitos estão afirmando que "sentar é o novo fumar". E por uma boa razão: em 2015, uma revisão sistemática com meta-análise – ou seja, quando os resultados de dois ou mais estudos independentes são agrupados – publicada no periódico *Annals of Internal Medicine* concluiu que o comportamento sedentário está vinculado à morte prematura por todas as causas. Além disso, o hábito de se movimentar tem sido diretamente relacionado à prevenção de doenças e de morte. Outro estudo, também de 2015, que avaliou pessoas por anos, revelou que levantar-se de uma cadeira a cada hora para dois minutos de atividade leve reduz em cerca de 33% o risco de morrer de forma prematura de qualquer causa. E, em muitas análises de larga escala, a atividade física tem se mostrado capaz de reduzir o risco de muitos tipos de câncer, incluindo câncer de cólon, de mama, de pulmão, endometrial e o meningioma (um tipo de tumor cerebral). Como? Provavelmente, ao menos em parte, por meio do maravilhoso efeito controlador dos exercícios sobre as inflamações. Quando se tem menos inflamações crônicas, diminuem as chances de que as células saiam do rumo e se convertam em câncer.

Isso também se aplica aos cães: se eles se exercitassem como seus companheiros ancestrais ou se pudessem escolher quanto tempo gostariam de passar correndo, fuçando ou caminhando lá fora, colheriam os benefícios da diminuição do risco de envelhecimento precoce e de doenças, incluindo a depressão. Apesar de falarmos pouco sobre a depressão nos cães, eles estão acompanhando nossas taxas ascendentes de depressão e ansiedade.

Talvez os cães não sintam depressão da mesma forma que os humanos, mas qualquer um que já tenha presenciado um cão passando por uma experiência traumática – a morte do dono ou de um membro da família, um desastre natural, a exposição a sons muito altos, uma mudança geográfica ou alterações na dinâmica familiar (por exemplo, um novo cônjuge, um bebê, um divórcio) – sabe que os cães são plenamente capazes de exibir sinais de tristeza, letargia ou outros comportamentos atípicos como reação a esses fatores causadores de estresse. Eles podem se recusar a passear, parar de comer, começar a latir, se recolher ou se portar de maneiras que podemos considerar "impróprias". Nessas circunstâncias, alguns veterinários costumam prescrever ansiolíticos, os mesmos que tomamos – Paxil, Prozac e Zoloft. Mas acreditamos que existem meios melhores de enfrentar o problema do que enchê-los de remédios.

A ansiedade e a agressividade são problemas comuns em cachorros. De acordo com o *Journal of Veterinary Behavior*, até 70% dos distúrbios comportamentais caninos são atribuídos a algum modo de ansiedade. Embora abusos e negligência com certeza contribuam para a ansiedade e para outros problemas de comportamento nos cães, assim como nos humanos, outras fontes de estresse podem ser mais sutis e enganadoras: técnicas de treinamento confusas e aversivas; períodos prolongados de solidão; um sono intranquilo; e a falta de exercícios. Essas causas são perfeitamente tratáveis sem remédios.

Na última década, sem qualquer surpresa, a prática de exercícios passou a ser considerada uma estratégia eficaz tanto no tratamento quanto na prevenção da ansiedade e da depressão humanas. (Quando os estudos vão tratar desse assunto no meio veterinário também?) Um estudo publicado em 2017 acompanhou, ao longo de 11 anos, 40 mil adultos sem qualquer diagnóstico de problemas de saúde mental. O estudo descobriu que exercícios regulares nos momentos de lazer reduzem de forma significativa o risco de depressão, que se tornou a principal causa de afastamento do trabalho ao redor do mundo. Com base nessa correlação, os autores sugeriram que uma hora de atividade física por semana é capaz de evitar 12% dos casos futuros de depressão. Então, em 2019, um estudo de Harvard causou espanto. Envolvendo centenas de milhares de pessoas (indícios de um estudo robusto), concluiu que o hábito de correr durante 15 minutos por dia (ou caminhar ou fazer jardinagem por um pouco mais tempo) pode ajudar a evitar o desenvolvimento da depressão. Os cientistas usaram uma técnica de pesquisa inovadora chamada randomização mendeliana, que identifica relações causais entre fatores de risco modificáveis – nesse caso, a quantidade de exercício – e problemas de saúde, como a depressão. A conclusão dos pesquisadores, de que "aumentar a atividade física pode ser uma estratégia preventiva eficiente contra a depressão", é revolucionária.

Trata-se de uma terapia poderosa, de fato. Porém muitos não entendem a mensagem e arrastam os cães para o mesmo buraco sedentário. **Os cães precisam se movimentar todos os dias, e o tipo de exercício depende da personalidade, do corpo e da idade do cachorro (portanto, não podemos fornecer orientações generalizadas aplicáveis a todos os cães). A terapia do movimento diário, como gostamos de chamar, ajuda a acalmar, reduz a agitação, restabelece o sono e pode melhorar a maneira como os cães interagem entre si.** É claro que há benefícios mentais e físicos, mas os exercícios também geram ganhos diretos no gerenciamento do estresse propriamente dito. Adeptos da medicina veterinária comportamentalista há muito recomendam a atividade física para tratar problemas comuns no comportamento canino, pois esse é um dos recursos mais eficientes de que dispomos. Ela é, também, uma das ferramentas mais fortes no gerenciamento do estresse. Após vinte minutos de exercícios aeróbicos, os benefícios contra a ansiedade nos humanos duram de quatro a seis horas. Quando repetidos todos os dias, há um efeito cumulativo. A mesma coisa acontece com os cães.

Ratos de laboratório gostam de correr na roda giratória, caso haja uma por perto. Pesquisas mostram que, nesses animais, a liberação de endorfina (que reduz a dor e aumenta a sensação de bem-estar) dura muitas horas, voltando aos níveis normais somente 96 horas depois de uma sessão de exercícios. Os efeitos da atividade física no cérebro duram muito mais do que o tempo gasto praticando os movimentos. Para um cão com distúrbio hiperativo ou com ansiedade, até sessões curtas de treinamento podem ajudar a melhorar a qualidade de vida do animal e do dono por muito tempo. Exercícios diários rigorosos reconfiguram as reações imoderadas ao estresse, comuns em nossos companheiros caninos. Praticar exercícios também modifica a química do cérebro, inclusive alterando e promovendo o crescimento de células cerebrais para estabelecer uma disposição mais tranquila. Os cães estão sofrendo tanto quanto os humanos. A prática de atividades físicas gera benefícios protetivos contra os efeitos deletérios do grande volume de estresse nos animais, incluindo medo e ansiedade. Talvez seja por isso que o escritor Aaron E. Carroll, do *New York Times*, afirma que "o exercício é a coisa que mais se aproxima de uma droga milagrosa". A pergunta que não quer calar é: estamos dando aos cães a oportunidade de mexer o corpo com a frequência e a intensidade de que precisam?

Devemos mencionar também **a importância da escolha**. Sim, os cães merecem e devem ter o poder de fazer decisões independentes. Passamos um episódio inteiro de um podcast conversando sobre esse assunto com a Dra. Alexandra Horowitz, pesquisadora sênior do Departamento de Psicologia da Faculdade Barnard, na Universidade Columbia. Autora do best-seller *Inside of a Dog: What Dogs See, Smell, and Know*, a Dra. Horowitz é especialista em cognição canina e, assim como nós, uma grande defensora de deixar os cães serem cães. Com que frequência deixamos os cães decidirem a rota da caminhada? Não estamos falando de ensinar a andar na guia ou a obedecer; estamos falando em delegar certas decisões aos cães – em incluí-los nas decisões que costumamos tomar por eles. Em **criar uma parceria, não uma ditadura**. Quando os cães demonstram uma forte necessidade de farejar alguma coisa numa direção que não pretendíamos seguir, quantas vezes respeitamos essa vontade? Quanto tempo deixamos que eles farejem antes de puxar a guia? Permitir aos cães certo controle do que acontece a eles, de aonde ir e do que fazer é mais importante do que parece. A verdade é que muitos cachorros nunca decidem nada sobre a própria vida. Dar-lhes mais escolhas em todas as áreas da vida é um presente; ao proporcionar poder de decisão, respeitamos a necessidade do cão de participar de forma ativa do próprio bem-estar (e do nosso!), o que, por sua vez, melhora a autoconfiança, a qualidade de vida e, por fim, a apreciação e a confiança que eles dedicam ao tutor.

Nosework (exercício de farejar) é uma atividade mental enriquecedora que se pode fazer com o cão. Exercícios de farejar são extremamente benéficos para cães reativos ou traumatizados que tendem a surtar ou a travar nas caminhadas. Todos os cães podem se beneficiar de uma variedade de "jogos cerebrais" e de estimulação mental que um "farejafári" proporciona durante as caminhadas. Essas atividades satisfazem o desejo inato de farejar e ajudam a aliviar o estresse.

O envelhecimento prematuro de cães estressados

O envelhecimento prematuro é algo que todos gostaríamos de evitar. Em 2018, o comércio global de cosméticos antienvelhecimento humano foi avaliado em 38 *bilhões* de dólares, e a maioria das estimativas dá conta de que, em torno de 2026, chegará aos 60 bilhões. De maneira geral, sofremos um desgaste natural durante a vida; no entanto, acrescente ansiedade severa, estresse tóxico e talvez um pouco de depressão, e esse relógio do envelhecimento avança cada vez mais rápido. Considere a rapidez com que os presidentes envelhecem e ficam grisalhos após quatro ou oito anos de mandato. Pessoas que enfrentam períodos de grande estresse, ansiedade ou depressão severa costumam emergir com uma aparência atipicamente mais desgastada, como se tivessem enfrentado uma tempestade, e isso se torna visível em seus semblantes. De fato, o estresse é capaz de causar um estrago em nossa aparência física – mas causa duas vezes mais estrago em nosso interior. E o mesmo acontece com os cães.

Há muitas pesquisas sobre cabelos brancos prematuros, um dos sinais físicos externos do envelhecimento humano. Entre os maiores fatores associados aos cabelos brancos prematuros estão o estresse oxidativo (a "ferrugem biológica"), doenças, estresse crônico e genética (uma predisposição aos cabelos brancos graças aos genes). A combinação de forças genéticas com uma vida estressante diminui a resistência ao estresse nos folículos capilares e nos melanócitos, as células que criam a cor do cabelo.

Já temos pesquisa semelhante sobre os cães. Um estudo publicado em 2016, no periódico *Applied Animal Behaviour Science*, registrou uma correlação significativa entre a ansiedade e a impulsividade e a presença de pelos brancos na linha do focinho. Embora seja comum o pelo na linha do focinho embranquecer com o envelhecimento, esse fenômeno não é comum em cães jovens (com menos de 4 anos). Nesse estudo em particular, os autores revisaram estudos de caso de uma clínica comportamental e verificaram que muitos cães com pelos brancos prematuros também apresentam problemas de ansiedade e de impulsividade. Da mesma maneira, um estudo anterior registrou uma associação entre certos hábitos comportamentais, como se esconder ou fugir, e níveis elevados de cortisol no pelo do cão.

O cortisol, você se lembra, é o hormônio corporal tradicionalmente vinculado aos níveis de estresse – níveis mais altos de cortisol indicam níveis mais altos de estresse (e, como consequência, de inflamações). Esse hormônio cumpre uma função benéfica, uma vez que regula e protege o sistema imunitário, além de preparar o corpo para se defender. Ele atua muito bem em ameaças de curta duração e de fácil solução. Entretanto, o nosso estilo de vida moderno é implacável e faz com que o cortisol trabalhe dia e noite. Ao longo do tempo, a exposição contínua ao excesso desse hormônio pode gerar aumento de gordura abdominal, perda óssea, deficiências no sistema imunitário, além de riscos maiores de resistência à insulina, diabetes, problemas cardíacos e distúrbios de humor. Nos cães, esses distúrbios de humor costumam ser descritos como problemas comportamentais, como agressividade, comportamento destrutivo, medo e hiperatividade.

Os níveis de cortisol documentados nesses cães refletiam reatividade emocional crônica. Esses dois estudos não são exceções; muitos outros já identificaram sintomas potenciais de ansiedade e impulsividade caninas. Um cão ansioso, por exemplo, pode ganir ou preferir ficar perto do dono. Outro com problemas de impulsividade pode ter dificuldade de manter o foco, latir sem parar ou exibir sinais de hiperatividade. Os autores de um estudo publicado em 2016 sugeriram que, **em diagnósticos de ansiedade, de impulsividade ou de problemas relacionados ao medo, os pelos brancos na linha do focinho devem ser levados em conta**. A presença de muitos pelos brancos na juventude é um indicativo de que o cão está sob muito estresse – uma situação reversível. O que leva à pergunta: *o que é o estresse?*

A ciência do estresse

Em física, o termo "estresse" significa a interação entre uma força e a resistência para contrapor essa força, mas todo mundo sabe que o termo significa muitas outras coisas hoje em dia. Usamos variações dessa palavra todos os dias: a expressão mais popular é *Estou muito estressado(a)!* Os sintomas são universais e abrangem um amplo espectro, do mau humor e do nervosismo às taquicardias, irritações no estômago, dores de cabeça ou um ataque completo de pânico. Algumas pessoas têm a sensação de morte iminente. É bom lembrar que o estresse é um componente necessário (e inevitável) da vida. Ele ajuda a evitar o perigo, a manter o foco e a reagir de forma instintiva em situações decisivas. Quando estamos no limite, ficamos mais atentos e reativos ao ambiente, o que pode ser muito benéfico. Contudo, o estresse prolongado pode trazer consequências físicas e mentais duradouras.

> **ESTRESSE BOM, ESTRESSE RUIM**
>
> Assim como existem gorduras e carboidratos bons e ruins, também temos o estresse bom e o ruim. Exemplos do estresse bom incluem hábitos alimentares como o jejum. Essa prática causa um ligeiro estresse nas células, levando-as a produzir efeitos no corpo que acabam se tornando positivos. Os exercícios físicos também pressionam o corpo de um jeito benéfico. No entanto, existem muitos exemplos do estresse ruim, aquele capaz de gerar resultados indesejados. As pesquisas mostram, por exemplo, que gritar com os cães ou puni-los com castigos físicos leva à secreção crônica de hormônios estressantes, o que tem sido vinculado ao encurtamento da expectativa de vida.

A forma como utilizamos o termo "estresse" atualmente foi criada por um endocrinologista austro-húngaro-canadense da primeira metade do século XX. Em 1936, János Hugo Bruno "Hans" Selye o definiu como "a reação não específica do corpo a qualquer demanda que lhe é imposta". O Dr. Selye propôs que, quando sujeitos a estresse persistente, os humanos e os cães podem desenvolver certos distúrbios potencialmente fatais (como ataques cardíacos ou derrames) cujas causas eram anteriormente vistas como o auge de determinadas variáveis fisiológicas. Hoje reconhecido como um dos fundadores da pesquisa sobre o tema (famoso a ponto de ter sido homenageado em um selo canadense), o Dr. Selye ressaltava o impacto que a rotina e as nossas experiências podem ter não apenas no bem-estar emocional, mas também na saúde física.

Talvez seja surpreendente descobrir que, até os anos 1950 e o início da Guerra Fria, o uso da palavra "estresse" vinculada às emoções não fazia parte do vocabulário e da linguagem do dia a dia. Foi só nessa época que substituímos o rótulo "temeroso" por "estressado". Muitas pesquisas realizadas desde o tempo do Dr. Selye confirmam que o estresse persistente é prejudicial à nossa fisiologia. É possível inclusive averiguar seus efeitos nos sistemas fisiológicos na forma de desequilíbrios químicos nas atividades dos sistemas nervoso, hormonal e imunitário. Ele também pode ser medido por meio de distúrbios no ciclo dia-noite do corpo – o ritmo circadiano. Além disso, os cientistas já verificaram alterações na estrutura física do cérebro resultantes do estresse.

O complicado é que, independentemente do tipo ou do tamanho da ameaça, nossas reações físicas não mudam muito. Seja um fator que realmente põe nossa vida em risco, apenas uma longa lista de tarefas ou uma discussão com alguém da família, a reação do corpo ao estresse é, em linhas gerais, a mesma. Primeiro o cérebro envia uma mensagem para as glândulas adrenais, que, de imediato, liberam adrenalina, também conhecida como epinefrina. A adrenalina aumenta o ritmo cardíaco e o fluxo sanguíneo para os músculos, preparando o corpo para a fuga. Depois que a ameaça passa, o corpo volta ao normal. Porém, se a ameaça persiste e a resposta estressante se intensifica, outra série de eventos é desencadeada ao longo do eixo hipotálamo-pituitária-adrenal (o HPA). Essa via envolve múltiplos hormônios, com o hipotálamo coordenando um tráfego intenso. O hipotálamo é uma pequena, mas importante, região reguladora do cérebro, com um papel vital no controle de diversas funções corporais, incluindo a liberação de hormônios da glândula pituitária. É a parte do cérebro que liga os sistemas nervoso e endócrino, regulando muitas das funções automáticas do corpo, em especial o metabolismo. Conhecido como a sede de nossas emoções, é também o quartel-general do processamento emocional. Assim que alguém fica estressado (ou como quiser chamar: nervoso, preocupado, tenso, ansioso, sobrecarregado, etc.), o hipotálamo envia um coordenador de estresse – o hormônio liberador de corticotrofina (CRH) – para iniciar uma cascata de reações que culminam com um pico de cortisol na corrente sanguínea. Mesmo que já compreendamos esse processo biológico há muito tempo, novas pesquisas revelam que a mera *percepção* do estresse é capaz de acionar sinalizações inflamatórias do corpo ao cérebro, preparando-o para a hiper-reação. Esse processo se desdobra de forma semelhante nos cães. É um mecanismo preservado durante milênios em todo o reino animal. Segundo um estudo conduzido por um grupo de pesquisadores finlandeses que, em 2020, examinou a ansiedade em quase 14 mil cães de estimação, "sugere-se que alguns desses problemas comportamentais sejam análogos, ou talvez homólogos, aos distúrbios humanos de ansiedade. O estudo do surgimento desses problemas espontâneos de comportamento num ambiente compartilhado com pessoas pode revelar importantes fatores biológicos ligados a problemas psiquiátricos. Por exemplo, os distúrbios compulsivos caninos se assemelham ao transtorno obsessivo-compulsivo humano, tanto no nível fenotípico quanto no neuroquímico". Em outras palavras, **quando o dono fica estressado, provavelmente o cão também fica.**

MÉTODOS DE TREINAMENTO INFLUENCIAM O ESTRESSE A LONGO PRAZO

Nos Estados Unidos, o adestramento canino é uma profissão não licenciada e não regulada, sem qualquer requisito educacional mínimo, sem padronização de cuidados e sem proteção ao consumidor. "O consumidor que se vire" não chega nem perto de resumir os danos às vezes irreparáveis infligidos aos cães por meio de métodos abusivos de treinamento. Alguém que pretende contratar alguém para ajudá-lo a melhorar o comportamento de seu cão precisa ter consciência de que o adestrador ou a adestradora selecionado(a) e o método de treinamento que ele ou ela utilizar vão impactar a saúde do animal e podem desencadear (ou reprimir) ansiedade crônica, medo e comportamentos agressivos. **Todos os pesquisadores que entrevistamos concordaram que métodos de treinamento aversivos comprometem o bem-estar dos cães a longo prazo.** Existem abordagens mais seguras, mais gentis e mais inteligentes do que gritar, bater, enforcar e dar choques. Pelo bem-estar mental de seu amigo, prefira adestradores que sigam metodologias de treinamento embasadas na ciência (se precisar de orientação para começar, verifique a lista na página 441 dos Apêndices).

Surge a próxima pergunta: como adquirimos maior controle sobre o estresse – para nós mesmos e para os membros peludos da família? A resposta é inusitada, mas, além de sono de qualidade e exercícios, dois pilares que exercem papéis poderosos na nossa capacidade de gerenciar a tensão (graças a múltiplos efeitos biológicos), a tranquilidade vem da barriga.

Os efeitos do sono e dos exercícios no estresse

Qualquer pessoa que já tenha passado longos períodos dormindo mal, ou sem forçar o coração a bater mais rápido devido a movimentos físicos vigorosos, conhece o resultado: mau humor e irritabilidade; podemos dizer que nos sentimos um trapo. Assim como os humanos, os cães precisam de sono adequado e atividade física. No entanto, os hábitos de sono e exercícios de um cão não são exatamente iguais aos nossos. Para começar, os cães não passam a noite dormindo e depois ficam o dia inteiro acordados, como nós. Eles costumam cochilar quando bem entendem, muitas vezes por puro tédio, e podem despertar a qualquer momento, prontos para entrar em ação. Tiram sonecas ao longo do dia, além de dormirem no período noturno, por um total aproximado de 12 a 14 horas diárias (com pequenas variações baseadas na idade, na raça e no tamanho). Além disso, passam apenas 10% do tempo de cochilo na fase do movimento rápido dos olhos (sono REM), quando os olhos se movem sob as pálpebras em reação aos sonhos. Como os padrões de sono dos cães são mais irregulares e mais leves (com menos REM), eles precisam de mais tempo dormindo para ajudar a compensar a falta de sono profundo (nós passamos até 25% do sono na fase REM).

As semelhanças entre humanos e cães estão na importância do sono. Em estudos sobre o sono canino, verificou-se que, durante a fase "não REM", os cães experimentam curtos acessos de atividade elétrica, chamados "fusos do sono", como acontece conosco. A frequência desses fusos tem sido vinculada ao modo como os cães retêm informações novas que aprenderam imediatamente antes das sonecas, refletindo estudos em seres humanos que vinculam a qualidade do sono à forma como nos lembramos de informações recém-adquiridas. **Os fusos do sono são a maneira como humanos e cães consolidam as memórias**; quando os fusos acontecem, o cérebro fica protegido de informações distrativas vindas de fora. Cães com mais fusos do sono durante a sessão de soneca demonstram ser aprendizes melhores do que aqueles com fusos do sono menos frequentes. Esses resultados também foram observados em humanos e roedores.

Apesar dos padrões distintos entre humanos e cães, em ambas as espécies o sono é igualmente essencial para revigorar o cérebro e o corpo e para manter a constituição biológica em seu curso suave, com o funcionamento metabólico intacto. Do mesmo modo que a falta de sono restaurativo pode gerar problemas de saúde, o excesso de sono também pode, uma vez que ele sinaliza problemas como depressão canina, diabetes, hipotireoidismo e possível perda auditiva.

Há muito tempo os exercícios provaram ser essenciais ao bem-estar – seja do *sapiens*, dos caninos ou de qualquer outro mamífero. Pode-se afirmar que a atividade física é o meio mais poderoso e cientificamente comprovado de manter o metabolismo saudável (por exemplo, controlando os níveis de açúcar no sangue e mantendo o equilíbrio hormonal geral, além de controlar inflamações). Além disso, a prática de exercícios também ajuda a manter o tônus de músculos e de ligamentos e a saúde dos ossos, a impulsionar a circulação do sangue, da linfa e do suprimento de oxigênio para células e tecidos, a regular o humor, a diminuir níveis perceptíveis de estresse e a aumentar a saúde do coração e do cérebro; e ainda contribui para um sono mais restaurativo e profundo. Na verdade, sono e exercícios caminham de mãos dadas. Sabemos que não somos os primeiros a dizer que esses dois hábitos cruciais são vitais para manter uma boa saúde, mas é comum nos esquecermos de como isso também é necessário para nossos amigos caninos – apesar das diferenças na dose, na forma e na intensidade.

O poder da barriga:
cão suave, sereno e sossegado

Já descrevemos a importância da saúde do microbioma – a comunidade de microrganismos dominada por bactérias que vivem dentro de nós (e de nossos cães). Os primeiros trabalhos sobre a contribuição do microbioma para o bem-estar se concentraram principalmente na saúde digestiva e na estabilidade da imunidade. Entretanto, hoje em dia, a ciência, em especial a área que estuda os caninos, tem explorado o modo como as bactérias que vivem na barriga (no trato digestório) são capazes de afetar o humor e, portanto, o comportamento. As evidências sugerem que o intestino influencia o cérebro e que esses dois estão em constante comunicação um com o outro.

Os microrganismos do intestino participam de diversas funções distintas, desde a sintetização de nutrientes e de vitaminas até o auxílio na digestão da comida e na prevenção de disfunções metabólicas, incluindo a obesidade. As boas bactérias também mantêm as coisas em harmonia ao desligar as descargas de cortisol e de adrenalina – os dois hormônios associados ao estresse que podem desorganizar o organismo, caso fluam de modo ininterrupto. Não costumamos pensar no intestino e no cérebro como duas partes estreitamente conectadas (como os dedos e as mãos), mas o "eixo cérebro-intestino" é extremamente relevante nesta conversa. As bactérias do intestino produzem substâncias químicas que se comunicam com o cérebro através de nervos e de hormônios. Mas essa comunicação é uma via de mão dupla.

Todos nós já experimentamos essa conexão em situações que mexem com os nervos e nos deixam enjoados ou, pior, que nos fazem correr para o banheiro. O nervo vago é o primeiro canal entre as centenas de milhões de células nervosas do sistema nervoso central e as do sistema nervoso intestinal. Isso mesmo: o sistema nervoso vai além do cérebro físico e da espinha dorsal. Além do sistema nervoso central, temos um sistema nervoso intestinal (entérico) dentro do trato gastrointestinal. Esses dois sistemas nervosos são criados a partir do mesmo tecido durante o desenvolvimento fetal e ambos se conectam ao nervo vago ("errante"), que se estende do tronco cerebral até o abdômen. Ele é parte do sistema nervoso involuntário (autônomo) e dirige muitos processos corpóreos que não demandam pensamento consciente, como a manutenção do ritmo cardíaco, a respiração e o gerenciamento da digestão. O sistema nervoso simpático é o sistema *luta ou fuga* do corpo – aquele que acelera a pulsação e a pressão arterial para desviar o sangue rumo ao cérebro e aos músculos, longe da digestão. Ele nos mantém atentos e mentalmente capazes. O sistema nervoso parassimpático, por outro lado, é nosso sistema de repouso e de digestão e nos permite reconstruir, restaurar e dormir.

A possibilidade de a presença de microrganismos do intestino – ou a ausência deles – ter efeitos causadores de estresse foi primeiro explorada em estudos com os chamados camundongos livres de germes. Esses camundongos são animais especialmente desenvolvidos sem os germes normais do intestino, permitindo, assim, que os cientistas estudem os efeitos de micróbios ausentes ou que exponham os animais a certas cadeias de microrganismos, documentando as alterações observadas no comportamento. Em 2004, um estudo que virou referência revelou algumas das primeiras pistas da interação bidirecional entre o cérebro e as bactérias do intestino. Ele demonstrou que os camundongos livres de germes reagiam ao estresse de maneira dramática, evidenciada pela química cerebral alterada e pela elevação dos hormônios do estresse. Esse estado era então revertido por meio da inoculação de uma bactéria chamada *Bifidobacterium infantis*. Desde então, múltiplos estudos com animais analisaram o relacionamento entre a influência das bactérias do intestino no cérebro e, especificamente, nas emoções e no comportamento. Os efeitos dessas substâncias químicas e desses hormônios produzidos no intestino dependem de quais bactérias estão presentes, porque bactérias distintas fabricam substâncias químicas distintas. Algumas bactérias produzem substâncias químicas que têm um efeito relaxante, enquanto outras são capazes de promover depressão e ansiedade. Por exemplo, em muitos estudos, a prática de alimentar os camundongos com certas bactérias probióticas (*Lactobacillus* e *Bifidobacterium*) resultou no envio de substâncias químicas a regiões do cérebro que regulam as emoções. Essas bactérias enviaram sinais que diminuíram a ansiedade e a depressão nesses animais. Resumindo, algumas bactérias do intestino tiveram impacto sobre o humor e sobre o comportamento deles.

Todos esses processos biológicos que acabamos de descrever também ocorrem nos cães. Na verdade, a maioria das pesquisas sobre quais bactérias do intestino conversam com o cérebro foi primeiro realizada em animais (em especial, camundongos), não em humanos. Entretanto, está documentado que o microbioma do intestino canino – assim como seu relacionamento com o cérebro – parece muito com nosso microbioma, seja na composição, seja na sobreposição funcional. A forma como o eixo cérebro-intestino opera no cão se assemelha ao que ocorre nos humanos. Essa nova ciência ajuda a explicar como esses organismos minúsculos influenciam as emoções dos cães, podendo causar ansiedade, que, por sua vez, pode gerar agressividade e outros comportamentos indesejados.

A Universidade do Estado do Oregon fez um estudo que resultou num exemplo gritante. Em 2019, pesquisadores colheram amostras de bactérias intestinais de 31 cães resgatados de uma casa onde eram forçados a participar de rinhas. Eles avaliaram cada cachorro quanto ao comportamento agressivo e os dividiram em dois grupos: os que demonstravam agressividade evidente e os que não eram agressivos com outros cães. Analisando cuidadosamente as fezes dos animais, eles examinaram o microbioma intestinal e descobriram que alguns grupos de bactérias apareciam em níveis mais elevados nos cães agressivos. Além de concluírem que certos tipos de bactéria no microbioma intestinal podem estar ligados à agressividade e a outras manifestações de ansiedade, eles enfatizaram mais uma vez aquilo que tantos pesquisadores já perceberam: às vezes a ansiedade está vinculada ao comportamento agressivo e as causas da ansiedade podem ser encontradas no intestino e em seus habitantes microbianos.

A ideia de que as características da composição microbiana do intestino podem refletir o comportamento e os níveis de ansiedade tem ganhado força nos círculos de pesquisa à medida que cientistas mapeiam as espécies de bactéria que se correlacionam a determinados resultados. Consequentemente, os cientistas estão aprendendo quais são as dietas que alimentam determinados perfis microbianos. Se a comida de um cão afeta as variedades de bactéria que vivem dentro do intestino, então que tipo de nutrição estimula um intestino saudável e seus efeitos benéficos corpo afora? Alguns estudos comparando dietas à base de carne e de comidas cruas com outras à base de ração concluíram que os cães alimentados com comida crua apresentam um crescimento mais equilibrado das comunidades bacterianas e um aumento de bactérias do gênero *Fusobacterium* (uma coisa boa). Num dos estudos, os cães alimentados com dieta crua por pelo menos um ano demonstraram um microbioma mais rico e mais equilibrado em comparação ao grupo de controle, alimentado com ração. Sabemos, ainda, que os microbiomas de cães mantidos à base de comida natural abrem caminho para o aumento da secreção do "hormônio da felicidade", a serotonina (um eixo cérebro-intestino mais saudável), e para um menor declínio cognitivo, com um controle mais eficiente de bactérias do filo *Actinobacteria*. Essas bactérias são associadas não só ao declínio cognitivo, mas também ao mal de Alzheimer, em cães e em humanos.

É estimulante saber que temos a possibilidade de tratar diversos problemas – ansiedade, estresse, depressão, inflamação intestinal e até declínio cognitivo – pelo intestino. O microbioma intestinal é um ecossistema em constante mudança, impactado por muitos fatores, incluindo a dieta, medicamentos (por exemplo, os antibióticos e os anti-inflamatórios não esteroides – AINES) e o ambiente. As pesquisas mostram que, depois de uma rodada de antibióticos, pode levar meses até que a comunidade microbiana do cão seja restaurada de forma saudável. Até mesmo uma semana de AINESs diários (Previcox, Rimadyl, Metacam, etc.) pode afetar de forma significativa a saúde do intestino. É claro que não estamos sugerindo a interrupção da medicação para dor de seu cão. Contudo, a instituição de um plano de controle de mitigação dos danos causados ao trato gastrointestinal pelo uso prolongado de diversos produtos farmacêuticos é algo que muitos veterinários e veterinárias têm passado a implementar. Além disso, a melhor maneira de reconstruir e de otimizar o microbioma do cachorro é manter hábitos rotineiros simples que afetam a fisiologia geral do corpo e definem um dia médio – nosso e de nossos cães: sono, exercícios, dieta e exposição ao ambiente. A idade também influencia a equação, uma vez que a diversidade microbiana gastrointestinal, chave para a saúde do intestino, é impactada pelo envelhecimento. Quanto mais envelhecemos, mais difícil é manter essa diversidade. Na Parte III você verá que incentivamos a adição de pequenas quantidades de uma ampla variedade de alimentos curadores ao pote de comida, porque a ciência é clara: **quanto mais rica em diversidade microbiana for a flora intestinal do cão, mais saudável ele será.**

Os segredos revelados pelos transplantes de microbioma fecal

A Terapia Restauradora do Microbioma (TRM) é um nome bonito para um transplante fecal: retira-se uma amostra do microbioma das fezes de um doador física e emocionalmente saudável; depois de filtrada, a amostra é doada a um paciente doente. Ainda que isso possa causar certo espanto, a

TRM é uma técnica antiga, com raízes que remontam à África, onde mães adotavam a prática para evitar que seus bebês morressem de cólera. Agora adiante vários séculos: os melhores hospitais dos Estados Unidos usam esse tratamento rudimentar para salvar pacientes com infecções causadas pela ameaçadora bactéria *Clostridium difficile* (*C. diff*). Como profissional da área da saúde, eu tinha conhecimento dos transplantes fecais usados para tratar humanos com infecções graves no trato gastrointestinal, mas não havia considerado usá-los na prática veterinária. Até conhecer o Felix.

Felix era um filhote de labrador amarelo, com 10 semanas de vida, que contraiu parvovirose mesmo sendo vacinado contra a doença. Os donos tinham gastado mais de 10 mil dólares tentando salvar sua vida, mas, apesar dos esforços, Felix foi hospitalizado na UTI de um centro especializado e estava visivelmente definhando. Alguns dias depois, os donos foram avisados de que o cãozinho não conseguia mais se levantar e que eles deveriam considerar a possibilidade de uma eutanásia humanizada. Foi quando a mãe de Felix, Whitney, me ligou. Ela perguntou se eu tinha "alguma carta salvadora na manga" que pudesse ser usada antes de agendarem a eutanásia para aquela tarde. Eu lhe falei do transplante fecal e sugeri que ela trouxesse para o hospital fezes frescas de um de seus outros labradores incrivelmente saudáveis, que se alimentavam de dieta crua. Se o médico de plantão permitisse, eles fariam uma pasta fluida e a administrariam ao Felix por meio de um enema, com o intuito de inundar seu trato gastrointestinal infectado com milhões de microrganismos benéficos retirados de sua irmã.

Funcionou. Felix se levantou algumas horas depois do transplante. Estava iniciando sua recuperação. Naquele momento, todo mundo envolvido nos cuidados de Felix reconheceu o poder do cocô. Desde então, as pesquisas evoluíram rumo a descobertas incríveis: transplantes fecais de camundongos saudáveis para camundongos deprimidos curam a depressão, transplantes fecais inoculados de camundongos magros em camundongos obesos resultam na perda de peso e transplantes fecais de cães amigáveis para cães agressivos melhoram o comportamento. Estamos apenas começando a entender a dimensão dos distúrbios de saúde que podem ser tratados de modo eficaz com o uso desse procedimento simples, antigo e comprovadamente benéfico.

Falando em cocô: "Coprofagia" é o termo médico para o hábito de comer cocô. A maioria dos cães adota a prática em algum momento ao longo da vida. Esse hábito nojento pode fornecer pistas sobre a saúde e as necessidades do microbioma do animal. Os cães vão tentar, por instinto, consertar suas mazelas com as ferramentas e com os recursos disponíveis no ambiente, incluindo consumir cocô que estiver à disposição. Por razões variadas, eles procuram e comem tipos diferentes de cocô. Os pesquisadores acreditam que, quando isso acontece, alguns cães podem estar em busca de uma fonte de probióticos para corrigir um problema digestório. Eles podem comer fezes que contenham comida parcialmente digerida ou algum nutriente ou substância de que sintam falta (por exemplo, o cocô de coelho é uma fonte natural de enzimas digestivas suplementares). Algumas vezes a coprofagia é comportamental: em certas circunstâncias, os cães comem as próprias fezes. Se seu cão adota esse hábito desconcertante, tente alternar uma variedade de probióticos e de suplementos de enzimas digestivas até encontrar uma combinação benéfica. Caso ele coma fezes de outros animais com regularidade, é importante levar uma amostra das fezes dele ao consultório veterinário uma vez por ano para rastrear parasitas internos que possam ter atravessado a cadeia alimentar.

A importância da integridade da parede intestinal

A saúde, a vitalidade e o funcionamento da parede do intestino são importantes – ela separa o interior do corpo do exterior e de seus possíveis perigos. Seja no cão ou no homem, o trato gastrointestinal é forrado por uma única camada de células epiteliais, do esôfago ao ânus. Na verdade, todas as superfícies mucosas do corpo, incluindo as dos olhos, do nariz, da garganta e do trato gastrointestinal, são uma porta de entrada acessível para vários patógenos, portanto elas devem ser bem protegidas pelo organismo.

A parede intestinal, a maior das superfícies mucosas do corpo, tem três tarefas principais. Primeiro, ela trabalha com um canal pelo qual o corpo obtém nutrientes a partir dos alimentos. Segundo, ela impede a entrada na corrente sanguínea de partículas com potencial danoso, incluindo substâncias químicas, bactérias e outros organismos ou partes de organismos que possam ameaçar a saúde. Por fim, a parede intestinal atua de forma direta no sistema imunitário por meio de algumas classes de proteínas chamadas "imunoglobulinas", que se unem às bactérias e às proteínas estranhas ao organismo, evitando que elas se liguem à parede intestinal. Essas proteínas são anticorpos liberados pelas células do sistema imunitário no outro lado da parede intestinal e são transportadas para o intestino através da parede. Essa função acaba por permitir que o corpo conduza organismos patogênicos e proteínas (nocivas) através do sistema digestório até que sejam excretados nas fezes.

A incapacidade de absorver nutrientes do intestino é uma das maiores causas de problemas de permeabilidade. Trata-se da chamada síndrome do intestino permeável, na qual substâncias que não deveriam entrar no corpo conseguem acessá-lo e provocam o sistema imunitário. Essas fronteiras determinam, em grande medida, o nível geral da inflamação sistêmica. **Uma barreira intestinal comprometida pode gerar uma variedade de problemas de saúde, diversos sintomas e, por fim, uma vida inteira de doenças crônicas.**

A parede do intestino também mantém relações importantes com a flora intestinal – e com a dieta. Alimentos processados podem liberar toxinas bacterianas que costumam habitar o intestino como parte do microbioma; quando a parede intestinal é comprometida pela síndrome do intestino permeável, essas toxinas podem escapar, entrar na corrente sanguínea e causar estragos na circulação. Enquanto isso, a composição de uma flora intestinal saudável pode se tornar adversa e desbalanceada, resultando numa condição que já definimos, chamada disbiose. Muitas coisas podem perturbar a flora gastrointestinal de seu cão: antibióticos, pesticidas (remédios contra pulgas e carrapatos), esteroides e outras drogas veterinárias (AINESs). Algumas dessas agressões são temporárias e necessárias, mas os maiores culpados desse quadro estão escondidos na comida ultraprocessada: os resíduos de glifosato, as micotoxinas e o fluxo constante de AGEs que nossos cães consomem; todos contribuem para a disbiose e para um microbioma desequilibrado. Um estudo com animais modelo demonstrou que, **além de promoverem a síndrome do intestino permeável, os produtos da reação de Maillard (MRPs) aumentam a quantidade de bactérias com potencial nocivo no intestino**. Não nos surpreende o fato de que tantos animais alimentados com dietas processadas tenham problemas de intestino, sem falar nos distúrbios do sistema imunitário. Lembre-se: boa parte do sistema imunitário do cão situa-se na parede do trato intestinal, que é constantemente comprometida. Ouvindo os donos descreverem os problemas gastrointestinais, as alergias, os problemas comportamentais e neurológicos e as doenças autoimunes de seus cães, é comum suspeitarmos da disbiose e da síndrome do intestino permeável como causas. Entretanto, a solução é simples: uma alimentação mais natural que não apenas nutra a composição e a funcionalidade do microbioma, mas que também mantenha a integridade do intestino.

A disbiose se desenvolve de um jeito silencioso, sem quaisquer sintomas externos, até que uma reação imunitária sistêmica seja desencadeada. É quando começam a comichão, a coceira e os sintomas gastrointestinais aparentes. Tanto nos cães como nos humanos, a disbiose está associada à obesidade, a distúrbios metabólicos, ao câncer e a disfunções neurológicas, para citar alguns dos problemas. Infelizmente, o antibiótico mais prescrito para problemas gastrointestinais nos cães, o metronidazol (*Flagyl*), exacerba profundamente a disbiose. O metronidazol mata as bactérias do gênero *Fusobacterium* – as bactérias de que os cães precisam para digerir a proteína –, permitindo que patógenos oportunistas assumam o controle. Além de isso desencadear sintomas de intestino irritável (incluindo a queda do número de bactérias do grupo *Fusobacterium*), há um aumento de bactérias filamentosas segmentadas, as BFSs. Isso pode acionar a expressão epigenética da interleucina 6 (IL-6) e de outras vias inflamatórias que levam à inflamação sistêmica do corpo. E pode acionar, também, uma maior expressão do gene Th17, que, por sua vez, causa dermatite atópica e outras inflamações da pele. Pesquisas indicam ainda que o número de bactérias do grupo *Fusobacterium* é menor em cães alimentados com ração. Ao estudar staffordshire bull terriers saudáveis e atópicos que consumiam comida crua ou seca, o grupo DogRisk descobriu padrões de expressão genética semelhantes aos dessas pesquisas: os alimentos crus pareciam ativar a expressão dos genes com efeitos anti-inflamatórios.

Ao redor do mundo, há vários projetos relacionados ao microbioma em andamento, mas essa promissora área de pesquisa ainda está só começando.

Embora haja muito a ser aprendido, já está claro que o microbioma do intestino tem um papel importante em inúmeros processos físicos e psicológicos de nossos cãezinhos. É por isso que afirmamos que um animal de estimação saudável começa pelo intestino saudável. Vamos retomar essa conversa dentro do contexto da dieta. Ao falarmos de comportamento, é possível que estejamos negligenciando a comida que oferecemos aos cães e o papel que ela desempenha no intestino. Assim como oferecer às crianças muitos alimentos processados e refinados, com alto teor de açúcar e de aditivos, pode torná-las agitadas, hiperativas e irritadas, o mesmo se aplica aos cães.

A importância do solo

Os cães têm uma sabedoria inata e sábios instintos finamente aprimorados ao longo de anos de evolução que os guiam em escolhas curativas – caso surja uma chance. No entanto, a maioria dos cães não tem oportunidades de fazer escolhas instintivas capazes de curar seu corpo.

A palavra "zoofarmacognosia" se refere ao comportamento de automedicação animal e deriva do grego antigo: "zoo" (animal), "pharmaco" (remédio) e "gnosis" (conhecimento). Animais que sabem do que precisam e quando precisam.

Há décadas a zoofarmacognosia tem sido bem explorada na literatura sobre vida selvagem. Nos anos 1980, o Dr. Michael Huffman disseminou essa fascinante área de pesquisa ao publicar as primeiras e extraordinárias observações de chimpanzés selvagens selecionando com cuidado partes de plantas medicinais com o objetivo de tratar de diversos males (seu TEDx Talk sobre o assunto é fascinante).

Perguntamos ao Dr. Huffman sobre cães domésticos e a "síndrome de pica" (ou alotriofagia, o termo médico usado para se referir ao hábito de o animal ingerir itens que não são comida, como solo, argila e papel higiênico). Ele sorriu e explicou que **animais domésticos ainda têm instintos ancestrais que são bem úteis, mas que muitos desses animais não têm como adotar, de uma forma natural, comportamentos que equilibrem seus corpos**. Nós tomamos a maioria das decisões por nossos cães e não lhes damos a oportunidade adequada de farejar, de cavar e de discernir quais substâncias orgânicas eles precisam para corrigir os desequilíbrios de seu bioma ou de identificar uma deficiência de minerais. É comum deixarmos os cães com poucas opções dentro e ao redor da casa – lamber fibras de tapetes, mastigar pedaços de lenços que roubam da lata de lixo e comer as ervas daninhas que eles, de vez em quando, conseguem arrancar das rachaduras nas calçadas. Isso é muito diferente do ambiente natural no qual eles evoluíram. Pior ainda, é comum eles serem punidos ao expressar esses anseios desesperados – uma receita para a ansiedade, de fato. Não estamos sugerindo que você solte o seu cão no meio do mato todas as tardes para lamber calcário e assim corrigir a deficiência de cálcio, mas com certeza recomendamos avaliar o comportamento do animal para que você possa entender melhor o que ele está procurando e por quê. Não permita que ele explore áreas perigosas, incluindo ambientes tratados com produtos químicos. Porém *permita* que ele seja um cão: conceda tempo e espaço para ele mordiscar a grama, lamber a terra, cavar até encontrar a raiz que está procurando, experimentar uma plantinha específica ou o trevo escondido entre os torrões de grama e terra. Se o cachorro tenta desesperadamente ingerir substâncias orgânicas (e depois vomita), ele tem problemas com o microbioma ou está doente. Caso contrário, a grama que ele procura no meio das rachaduras da calçada pode ser a única chance de selecionar algo que ele deseja. Deixe-o aproveitar. É possível aprender mais sobre o uso da zoofarmacognosia em www.carolineingraham.com (conteúdo em inglês).

Por essas razões, nosso querido amigo Steve Brown lançou o Canine Healthy Soil Project. Steve sabe muito bem que os filhotes de cachorro que ele criou com acesso a um solo saudável, livre de produtos químicos e de toxinas, são *muito* mais saudáveis do que as ninhadas de outros criadores mantidas exclusivamente dentro de casa durante as primeiras oito semanas de vida, seguindo protocolos rigorosos de higiene em ambientes quase esterilizados. Um solo saudável tem grande biodiversidade; um grama de solo pode conter 10 bilhões de microrganismos, pertencentes a algo entre 2 mil e 50 mil espécies ou mais, que conversam em linha direta com o microbioma do cão. As pesquisas apontam para a necessidade de os filhotes terem acesso a solos ricos em micróbios no início da vida a fim de desenvolverem bem-estar imunitário a longo prazo. Como a maioria dos filhotes não tem essa oportunidade, Steve quer disponibilizá-la na forma de orientações acerca do microbioma *soil-based* (composto por bactérias do solo), que ajuda a nutrir os microrganismos que os cães modernos estão deixando de ter. Seu objetivo é ajudar os cães a desenvolver microbiomas equilibrados e com biodiversidade por meio da alimentação e de metabólitos bioativos benéficos encontrados numa grande variedade de micróbios do solo. Esses microrganismos ajudam no desenvolvimento de uma população microbiana diversificada na boca, no intestino e, em especial, quando há contato direto com a pele e o pelo do cão. Em dois anos de pesquisa e desenvolvimento do projeto, ele se surpreendeu com os resultados altamente positivos, sobretudo no que diz respeito ao comportamento, às alergias, à obesidade, à diabetes, à saúde bucal, à respiração, à pele e ao pelo, à artrite e à função cerebral.

Pés no chão

Nos últimos anos tem ganhado destaque a chamada terapia natural, que implica buscar na natureza mais ar puro e paz de espírito. Esse movimento tem origem na tradição japonesa de *shinrin-yoku*, ou banho de floresta: uma imersão nas imagens, nos sons e nos cheiros da natureza. A *shinrin-yoku* foi desenvolvida no Japão durante os anos 1980 e tem sido promovida pelo Departamento de Silvicultura desde 1982 como uma iniciativa de saúde pública. Resultados de pesquisas associadas a essa prática curativa incluem efeitos terapêuticos nas funções imunitárias, na saúde cardiovascular, nas doenças respiratórias, na depressão, na ansiedade e nos distúrbios de hiperatividade. Os pesquisadores atribuem parte dos efeitos imunitários benéficos de se estar na natureza à inalação de moléculas chamadas fitocidas, secretadas por árvores e outras plantas para se protegerem de pestes e doenças.

A vida moderna costuma afastar os humanos (e os animais) do contato direto com a terra. As pesquisas na área sugerem que essa desconexão pode contribuir para disfunções fisiológicas e mal-estar. Descobertas mostram que a reconexão com a terra física promove mudanças fisiológicas intrigantes e relatos subjetivos de bem-estar.

Você já se perguntou como os animais sabem que haverá um terremoto antes de ele acontecer? A resposta está na Ressonância Schumann: a vibração eletromagnética da Terra. Sim, é verdade. A Terra tem uma energia à qual os cães (e as pessoas, segundo a ciência) são sensíveis. A equipe do Dr. Abdullah Alabdulgader publicou um artigo fascinante na revista *Nature* avaliando as forças magnéticas da Terra e o modo como elas influenciam as respostas do sistema nervoso autônomo (SNA) dos mamíferos. A pesquisa confirma com veemência que a atividade diária do SNA dos mamíferos reage às mudanças nas atividades geomagnética e solar. Isso explica como fatores energéticos ambientais podem influenciar a psicofisiologia e os comportamentos de diferentes formas (pense na lua cheia e nos terremotos!). Os animais são especialmente sensíveis à Ressonância Schumann, cuja frequência de 7,8 Hz é quase idêntica à das ondas cerebrais alfa (aquelas ligadas à tranquilidade, à criatividade, ao estado de alerta e ao aprendizado).

Estudos conduzidos no Halberg Chronobiology Center, na Universidade de Minnesota (o Dr. Franz Halberg, que dá nome ao centro, criou o termo "circadiano"), mostram que os ritmos e a ressonância da Terra e uma ampla variedade de indicadores de bem-estar humano e animal estão conectados. Quando os biorritmos são perturbados, alguns dos primeiros sintomas são a confusão e a agitação. **Nossa hipótese é de que é importante para o seu cão mexer na terra regularmente.** De preferência, várias vezes ao dia.

Nos anos 1960, 90% das consultas médicas dos humanos deviam-se a um problema agudo, a uma doença infecciosa ou ao nascimento de uma criança. Hoje em dia, 95% de todas as consultas médicas se dão por distúrbios relacionados ao estresse ou ao estilo de vida, o que significa que alguma coisa está interferindo na capacidade do corpo de se manter saudável e equilibrado. Isso também se aplica aos animais de estimação. Há cinquenta anos, a maioria dos pacientes ia até o veterinário para tratar problemas agudos ou doenças infecciosas. No entanto, na atualidade, a maior parte dos pacientes que recebemos está sofrendo com problemas gastrointestinais, alergias, doenças de pele, problemas musculoesqueléticos e disfunções orgânicas. É uma epidemia. A melhor maneira de você e seu cachorro se realinharem é saindo de casa e mexendo com a terra: saiam para passear. Todos os animais, se puderem escolher, vão usar os campos magnéticos da Terra em benefício próprio; os cães podem inclusive encontrar o caminho de casa quando se perdem. Na verdade, pesquisas mostram que os animais encostam determinadas partes do corpo na terra devido a certos benefícios fisiológicos. O problema é que nem sempre lhes damos essa oportunidade. Todos os Cães Eternos que conhecemos passavam muito tempo ao ar livre, todos os dias. Quanto mais se passa tempo ao ar livre com um cão, num ambiente seguro, permitindo que ele fareje, cave, role, corra, se movimente e brinque, mais ligado à Terra (e, ousamos dizer, mais feliz e satisfeito) ele se sentirá.

NOTAS PARA OS ENTUSIASTAS DA LONGEVIDADE

➤ Uma epidemia de estresse tóxico – que impõe muita pressão ao corpo e leva a resultados nocivos à saúde – tem atormentado o mundo humano e o canino. Mesmo assim, existem estratégias simples de combate ao estresse que não precisam vir de uma caixa de remédio.

➤ Seja na vida de um cão ou de uma pessoa, a prática de exercícios é um antídoto contra o estresse, a ansiedade, a depressão e a sensação de solidão. O ato de mover-se por apenas dois minutos a cada hora tem sido associado à redução do risco de morrer por qualquer causa. A terapia do movimento diário, como gostamos de chamar, ajuda os cães a se sentirem mais calmos, reduz a agitação, regula o sono e é capaz de melhorar o jeito como os cães interagem entre si.

➤ Seu cão tem pelos brancos prematuros? Se comporta mal? Esses são sinais do excesso de estresse. E, se você estiver muito estressado(a), há grande chance de seu cão também estar. Os sintomas físicos e emocionais do animal podem alertá-lo para algum problema que demanda atenção.

➤ Os biomas intestinais, incluindo o dos cães, interferem na saúde e podem ser influenciados por escolhas dietéticas boas ou ruins, pelo nível de atividade física, pela qualidade do sono e pela exposição a fatores ambientais. Isso significa, também, que temos a capacidade de causar um impacto positivo no microbioma do intestino por meio de um estilo de vida baseado em boas escolhas.

➤ Os cães adoram tomar decisões em benefício da própria saúde, o que pode incluir coisas como farejar e procurar comida em gramados (não tratados com herbicidas). Esse comportamento pode ter um impacto positivo no microbioma do animal. Muitos cães, contudo, não têm a chance de explorar a natureza, fazer "farejafáris", cavar ou brincar na terra.

6
O impacto ambiental

A diferença entre o cão sujo e o cão poluído

*Os cães são cavalheiros; espero ir para o céu deles,
não para o dos humanos.*
– MARK TWAIN

Em 2010, eu (Dra. Becker) tive uma paciente felina com asma que precisava usar frequentemente um inalador para controlar os sintomas da doença. Quando investiguei mais a fundo os motivos para a asma da gatinha ter ficado mais forte ao longo dos últimos meses, descobri que sua dona tinha se tornado representante de uma marca popular de aromatizadores de ambiente, vendidos direto ao consumidor. Ela havia se tornado uma vendedora de sucesso e organizava várias exposições em casa nas quais todas as velas perfumadas, difusores elétricos e outros sprays irresistivelmente aromatizados eram expostos e disponibilizados para venda. Todo ambiente da casa tinha algum tipo de adereço perfumado. Ao mesmo tempo, a asma da gata foi se agravando – a ponto de ela precisar ser hospitalizada. Depois que a dona da gata retirou de casa todos os dispositivos que emanavam compostos orgânicos voláteis (VOCs, a partir do termo em inglês), a asma da gata diminuiu. O seu cachorro, que estava sofrendo de conjuntivite crônica, secreção nos olhos e lambia as patas constantemente, também melhorou.

O ambiente realmente faz diferença. Muita diferença.

As ameaças da modernidade que diminuem a longevidade

Quando éramos crianças, o uso do cinto de segurança não era obrigatório (em especial para quem dirigisse no interior), as pessoas podiam fumar onde bem entendessem (inclusive nos aviões), a idade mínima para consumir bebidas alcoólicas era 18 anos, preferíamos comer margarinas cheias de gorduras trans a manteiga e tínhamos o hábito de aquecer alimentos no micro-ondas em recipientes de plástico (lembra das refeições congeladas em bandejas de plástico, prontas para serem devoradas diante da TV?). Além disso, andávamos de bicicleta e esquiávamos sem capacete, bebíamos água da mangueira do jardim cheia de ftalatos e de chumbo (lembra do gosto de metal?) e tomávamos sol sem protetor solar (óleo de bebê era melhor). Hoje em dia, esses comportamentos são proibidos em certas idades, totalmente banidos ou, pelo menos, desaconselháveis com veemência. Fazíamos muitas outras coisas em nossa infância que, atualmente, seriam desaprovadas ou consideradas nocivas à saúde. Toda geração identifica novos perigos que devem ser evitados ou regulados, e com certeza esperamos que haja mais investigação e testagens no futuro, em particular no que diz respeito às substâncias químicas e seus produtos associados. Infelizmente, entretanto, a regulamentação costuma ficar muito aquém dessas constatações e é provável que permaneça assim.

Quando descobrimos os possíveis riscos de uma substância (ou de um comportamento ou uma atividade), muitos de nós já estamos experimentando os efeitos da exposição. A Agência de Proteção Ambiental dos Estados Unidos, a União Europeia e a Organização Mundial da Saúde prometeram acelerar os esforços para reunir dados sobre "agentes contaminantes de preocupação emergente", e o Centro de Controle e Prevenção de Doenças dos Estados Unidos estabeleceu um sistema nacional para rastrear riscos ambientais e as enfermidades ou doenças causadas por eles. O Instituto Nacional de Ciências da Saúde Ambiental dos Estados Unidos, criado pelo National Institutes of Health em 1966, também conduz e apoia pesquisas na área, mas não está envolvido em biomonitoramento. É pouco provável que regulamentos sejam implementados com a rapidez necessária para garantir nossa segurança e a de nossos cães.

Hoje em dia, em muitos aspectos, vivemos num mundo mais seguro do que as gerações anteriores. Menos pessoas se machucam em acidentes de trânsito, em guerras e em desastres naturais; o fardo global de adoecimento tem diminuído graças a uma medicina mais eficiente, incluindo saúde pública e medidas sanitárias. Temos mais chances de morrer de velhice do que de um ferimento ou de um ataque cardíaco repentino aos 42 anos. Mesmo assim, quando se trata de exposição ambiental, ainda temos muito que aprender sobre segurança. **Não é possível aumentar a longevidade se não controlarmos e mitigarmos a exposição à poluição em todas as suas formas, inclusive naquilo que inalamos, que absorvemos ou que assimilamos através dos olhos (como a luz azul à noite) e em todos os ruídos capazes de perturbar nossa serenidade.**

Toda vez que alguém pensa em poluição, é provável que imagine chaminés de fábricas expelindo fumaça, centros urbanos enevoados, garrafas de solventes com caveiras no rótulo, canos de escapamento, imensos depósitos de lixo e oceanos cheios de plástico. Não é comum pensarmos na poluição mais discreta e invisível a que nós e nossos cães estamos expostos todos os dias. Tire um minuto para pensar em todo o conforto que reflete modernidade ao seu redor. Volte às primeiras horas da manhã e reflita sobre seu dia – começando pelos cosméticos e produtos de higiene, passando pelos produtos de limpeza e chegando até a cadeira em que está sentado ou sentada; pense nos eletrônicos que usou; nos gramados, tapetes e pisos de madeira que atravessou; no ar que respirou dentro dos ambientes fechados; na água que bebeu; no colchão em que dormiu; nas roupas que está usando; nos perfumes que sentiu; e no excesso de barulho e de luz. A lista continua – e nem incluímos a comida. Neste capítulo vamos manter o foco nas exposições tóxicas com as quais nos deparamos em nossa rotina, sem levar em consideração o que comemos.

Para começar, eis uma ótima maneira de ter alguma noção de nossas exposições diárias não relacionadas à alimentação. Marque as alternativas para as quais sua resposta for "sim":

- ❏ Você bebe água não filtrada da torneira (e dá ao cachorro a mesma água)?
- ❏ Você tem tapetes ou piso de madeira em casa?
- ❏ Você utiliza produtos de limpeza que tenham alertas de toxicidade no rótulo?

❑ Você tem mobília ou acolchoados tratados com impermeabilizantes ou com retardantes de chamas?
❑ Você utiliza sabão perfumado ou amaciante para lavar roupas, lençóis, etc.?
❑ Seus pratos ou os de seu animal de estimação são de plástico?
❑ Você guarda comida em sacos de plástico?
❑ Você aquece comida em recipientes de plástico?
❑ Você fuma ou mora com alguém que fuma?
❑ Você utiliza pesticidas, inseticidas ou herbicidas no jardim? Seus vizinhos os utilizam?
❑ Você usa colônia ou perfume?
❑ Você tem velas perfumadas espalhadas pela casa? Utiliza aromatizadores de ambiente, inclusive difusores elétricos?
❑ Seus filhos ou seus pets põem brinquedos de plástico na boca?
❑ Você mora numa área metropolitana ou perto de um aeroporto?
❑ Você costuma dedetizar a casa contra insetos e outras pragas?
❑ Você mora em um imóvel que tem problemas de infiltração ou mofo?

Quanto mais itens marcados, maior sua carga tóxica. Agora pense num dia na vida de um cão. Imagine que você colocou uma câmera na cabeça dele com o intuito de gravar os tipos de exposição que ocorrem. Elas serão semelhantes às suas, porque seu cão compartilha suas experiências rotineiras, como beber da mesma água, usar o mesmo sofá, inalar o mesmo ar, além de se esfregar nas mesmas roupas bem lavadas e na pele perfumada. Os cães estão ainda mais expostos a esses poluentes devido à proximidade com o chão, à falta de roupas protetoras e de banhos frequentes, capazes de remover substâncias químicas e agentes contaminadores. Sua cabeça está entre 1,5 e 1,8 metro de altura, mas a de seu amigo peludo está a centímetros do chão e é comum ele dormir onde os produtos químicos rondam os assoalhos e onde todas as partículas levadas pelo ar acabam se depositando. Os vapores dos produtos de limpeza se misturam com o ar e alguns deles costumam liberar gases químicos oriundos do material de que são compostos. O focinho do cachorro é até *100 milhões* de vezes mais sensível do que o nariz do dono. A poeira caseira, que se esconde no chão e nos cantinhos, pode conter toxinas que se acumulam como novelos. Casas mais antigas podem ter sido pintadas com tintas que continham chumbo na composição, chumbo esse que pode ser inalado, ingerido ou lambido nos parapeitos das janelas ou próximo ao chão, nos recantos onde a tinta descasca ou se solta.

Do lado de fora, os cães adoram a maciez da grama, mas, se ela tiver sido tratada, as patinhas e os focinhos vão absorver uma boa quantidade de carcinogênicos. Tudo isso gera uma carga muito pesada, um fardo para o corpo. Estudos de mais de vinte anos atrás mostram que os pesticidas caseiros – repelentes de insetos, produtos diversos para controlar formigas, moscas, baratas, aranhas, cupins e insetos de plantas, herbicidas (incluindo os utilizados em serviços de jardinagem profissional), produtos para controle de ervas daninhas, produtos antipulgas (inclusive inseticida aerossol, coleiras, sabonetes, xampus, sprays e produtos em pó) – todos estão correlacionados a um aumento impressionante no risco de certos tipos de câncer, tanto em crianças quanto em animais de estimação. Um dos primeiros e mais alarmantes estudos, conduzido por um grande grupo de pesquisadores de todo o mundo liderado pela Dra. Elizabeth R. Bertone-Johnson, da Universidade de Massachusetts, comprovou que **a exposição a pesticidas de jardim (especificamente aqueles utilizados por empresas de jardinagem profissional) aumenta em até 70% o risco de linfoma maligno canino**. Meses atrás, 1,8 milhão de pessoas pararam para assistir ao vídeo educativo que publicamos no Facebook sobre os riscos à saúde que produtos químicos de jardinagem podem causar aos cães; as reações de cuidadores surpresos com as informações foram impressionantes. As pessoas ficaram estarrecidas e muitas entraram em ação, repensando os cuidados com o jardim.

Outro estudo semelhante, realizado na Universidade Purdue, descobriu um forte vínculo entre gramados tratados com produtos químicos e maiores riscos de cânceres caninos. Esse estudo analisou em particular o risco de câncer de bexiga no terrier escocês, que costuma desenvolver essa doença com muito mais frequência do que outras raças. A predisposição genética para esse câncer os torna "animais-sentinela" ideais para os pesquisadores, porque eles demandam muito menos exposição a um agente cancerígeno do que outras raças antes do início da doença. O grupo da Purdue descobriu que quanto maior a exposição, maior o risco: a incidência de câncer de bexiga foi de quatro a sete vezes *mais elevada* no grupo exposto às substâncias químicas. A semelhança entre os genomas do cão e do homem permite aos pesquisadores encontrar o gene que torna os humanos mais suscetíveis a desenvolver câncer de bexiga.

Esse estudo foi particularmente relevante porque ressaltou uma verdade importante acerca das misturas químicas que utilizamos nos gramados e nos jardins: ingredientes vendidos como inertes podem ter culpa no cartório. Milhões de toneladas de produtos químicos não testados chegam aos gramados e jardins todos os anos, e ainda que seja fácil apontar o dedo para vilões conhecidos, como o DDT ou o glifosato, é muito mais difícil identificar culpados que se escondem bem embaixo do nosso nariz e dos nossos pés – literalmente.

A carga corporal

Conforme observamos brevemente na Parte I, os habitantes de nações industrializadas têm centenas de substâncias químicas sintéticas no corpo, acumuladas a partir da comida, da água e do ar. Elas compõem a chamada "carga corporal" e estão armazenadas em quase todos os tecidos, inclusive na gordura; estão nos músculos cardíacos e esqueléticos, nos ossos, nos tendões, nas articulações, nos ligamentos, nas vísceras e no cérebro. O modo como essas substâncias se armazenam depende de sua natureza química: toxinas solúveis em gordura, como o mercúrio, ficam armazenadas nos tecidos adiposos, enquanto as solúveis em água, como os percloratos (que podem se acumular nos reservatórios de água), costumam ser excretadas por meio da urina, depois de atravessarem o corpo. Muitas delas são solúveis em gordura, o que significa que quanto mais gordura, mais retenção de toxinas. Outra má notícia é que elas são capazes de reter água e gordura. Se o corpo está sobrecarregado de toxinas, é natural que a inflamação se instale e que ele reaja guardando água na tentativa de diluir as toxinas solúveis tanto em gordura quanto em água.

Reiterando: a vasta maioria dessas substâncias, muitas das quais vêm dos plásticos, nunca foi testada de forma adequada em relação aos seus efeitos na saúde. As substâncias químicas dos plásticos são absorvidas pelo corpo humano – 93% dos testes em americanos com 6 anos de idade ou mais apresentam resultados positivos para bisfenol A (BPA), que, como já sabemos, é um produto derivado dos plásticos cujos efeitos adversos em nosso corpo já foram comprovados, em especial no que diz respeito ao sistema endócrino. Também já foi comprovado que outros componentes encontrados nos plásticos afetam os hormônios ou têm efeitos prejudiciais à saúde.

Nos Estados Unidos, a espectrometria de massa é um método utilizado para detectar mais de 170 poluentes ambientais, inclusive pesticidas organofosforados, ftalatos, benzeno, xileno, cloreto de vinila, inseticidas piretroides, acrilamidas, percloratos, difenil fosfato, óxido de etileno, acrilonitrila e muitos outros. Os resultados de exames que analisam 18 metabólitos diferentes numa amostra de urina podem ajudar a determinar a carga corporal individual – quantas e quais os tipos de substâncias químicas que seu corpo abriga. Estamos trabalhando para disponibilizar esses exames para animais de estimação também. Porém, mesmo sem esses exames especializados, os cientistas dispõem de muitas evidências do peso que todos carregamos, dos fetos não nascidos aos cães idosos. A contaminação por substâncias químicas tóxicas é generalizada.

Alguns dos mesmos pesquisadores do estudo da Purdue observaram também substâncias químicas na urina de cães que viviam em casas com gramados tratados *e não tratados*, evidenciando que até as pessoas que não encharcam o gramado com produtos químicos podem expor seus animais de estimação (e a si mesmas) a substâncias adversas em eventuais passeios (por exemplo, caminhadas na vizinhança ou em parques) ou circulando entre gramados vizinhos. Os vapores dos herbicidas viajam muito mais longe do que se pensa – até mais de 3 quilômetros, embora a maior parte deles flutue num raio de 200 metros, o suficiente para alcançar algumas casas da rua.

No Institute of Environmental and Human Health da Universidade Texas Tech, cientistas registraram fontes improváveis de exposição dos cães ao BPA e a ftalatos: brinquedos e objetos usados em treinamentos, como os bastões que os cães adoram morder. Esses itens são feitos de plásticos que retêm substâncias químicas também classificadas como compostos disruptores endócrinos (EDCs, a partir do termo em inglês) por causa da capacidade de prejudicar o sistema hormonal. Essas mesmas substâncias são conhecidas por afetar de maneira adversa os seres humanos e, em consequência dos impactos hormonais, estão associadas à puberdade precoce de meninas.

Dica: os dois produtos mais nocivos usados em gramados, genuinamente cancerígenos, são o ácido 2,4-diclorofenoxiacético (2,4-D) e o glifosato (o ingrediente-chave do herbicida Roundup). Verifique os produtos químicos usados em seu gramado; se estiver em dúvida, interrompa o uso. Há alternativas mais seguras para quase todo produto tóxico ou serviço oferecido por aí.

LAVE AS PATAS DO SEU CÃO

As patas caninas são como pequenos panos de chão umedecidos, recolhendo todo tipo de alérgenos, substâncias químicas e outros poluentes espalhados por aí. Tenha em mente que os cães transpiram apenas pelo focinho e pelas almofadinhas das patas. Portanto, essas almofadinhas úmidas são capazes de acumular um volume considerável de agentes nocivos. Muitas vezes é possível diminuir significativamente a quantidade de tempo que o cão passa lambendo e mordendo as patas com uma lavadinha rápida e fácil. Dependendo do tamanho do cachorro, é possível usar uma pia ou banheira.

Encha a pia ou a banheira com alguns centímetros de água, o suficiente para cobrir as patas. Nosso produto favorito é o antisséptico iodopovidona (disponível em farmácias ou em lojas on-line), um produto orgânico que não irrita a pele; é uma solução segura, não tóxica, antifúngica e antibactericida. Dilua o iodopovidona com água até atingir a cor de um chá gelado de pêssego (marrom-claro). Se a solução estiver muito clara, adicione um pouco mais do produto. Se estiver muito escura, mais água. Deixe o cão ficar com as patas na solução por cerca de dois a cinco minutos. Não é preciso fazer nada com as patas; a solução fará o trabalho sozinha. Se seu pet não gosta de ficar na água e você não conseguir acalmá-lo, ofereça petiscos. Depois, seque com batidinhas leves e pronto! Repita a cada dois ou três dias.

No quesito casa, os gramados pulverizados são um risco, mas há outros perigos do lado de dentro, onde passamos mais de 90% do tempo. Se a pessoa não estiver rolando e enfiando a cara num gramado ensopado de veneno, os ambientes internos podem ser mais tóxicos do que os de fora, em vários aspectos. Inúmeros estudos realizados na última década, incluindo a meta-análise publicada em 2016 por um consórcio de instituições dos Estados Unidos e divulgada na grande mídia, já demonstraram que o ar dentro de casa pode ser um coquetel tóxico – muitas vezes cheio de poeira contendo substâncias químicas tóxicas aos sistemas imunitário, respiratório e reprodutivo. O coquetel contém ainda compostos orgânicos voláteis (VOCs), como o formaldeído, e subprodutos da combustão, como o monóxido de carbono. Na verdade, os VOCs são culpados pela alta toxicidade de nosso ambiente caseiro. Eles estão entre as mesmas toxinas encontradas em carros novos (responsáveis pelo cheirinho característico). Os VOCs não são estáveis; por isso, se vaporizam (se transformam em gás) com facilidade e se conectam com outras substâncias químicas para criar compostos capazes de causar reações adversas quando inalados ou absorvidos através da pele. São encontrados numa grande variedade de produtos: colônia, cola para carpetes, colas em geral, resinas, tintas, vernizes, removedores de tinta e outros solventes, conservantes para madeira, espuma expansiva, aglutinantes, sprays aerossóis, produtos de limpeza, desengordurantes e desinfetantes, repelentes de traças, aromatizadores de ambiente (inclusive difusores elétricos), galões de combustível, produtos usados em artesanato, tecidos lavados a seco e cosméticos.

Mesmo que você esteja tomando todas as precauções para minimizar a presença dessas substâncias químicas no ar, escolhendo alternativas ecologicamente corretas sempre que possível, ainda assim recomendamos investir num bom purificador de ar para a casa. As substâncias químicas presentes no ar são uma das maiores ameaças poluidoras do lar – e elas poluem sem percebermos, bem embaixo (e dentro) do nosso nariz. Existem purificadores de ar específicos para fumaça e partículas; para produtos químicos, gases e vapores; e para mofo, vírus e bactérias. Alguns são desenvolvidos para lidar com todos esses agentes. Mais de 90% das partículas são pequenas o suficiente para serem removidas com eficiência por um filtro HEPA (com alta eficiência de absorção de partículas). Se algum morador da casa, incluindo o cão, tem alguma alergia ou sofre de asma, os purificadores de ar podem ajudar a reduzir os sintomas. Claro, trocar com frequência os filtros do ar-condicionado também ajuda, além de limpar os dutos uma vez por ano. Para quem não quiser investir num filtro de ar, a forma mais simples e rápida de manter baixo o nível de toxinas no ar dentro de casa é ventilá-la com frequência. Abra as janelas!

> **Dica:** não entre em pânico substituindo todos os produtos da sua casa para tornar sua vida mais limpa. Há coisas simples que podem ser feitas para reduzir a exposição. Quando o sabão da máquina de lavar acabar, compre uma marca sem cheiro, menos agressiva ao meio ambiente. O sofá e a cama do cachorro são revestidos com estofamento tratado? Cubra-os com um cobertor ou com uma manta feita de fibras naturais. Seu tapete é "suspeito"? Use um aspirador com filtro HEPA. De maneira geral, o ar dentro de casa é ruim? Mantenha os ambientes ventilados com janelas abertas e use exaustores em lugares como a cozinha, o banheiro e a área de serviço. Essas medidas são fáceis, baratas e úteis.

Vamos dar uma olhada em outros poluentes caseiros abomináveis (e em suas fontes) presentes na nossa vida e na de nosso cão. Isso ajudará você a entender por onde começar a prestar atenção e a fazer mudanças nos produtos usados na limpeza, nos sprays do jardim, nos móveis, na decoração dos ambientes e nos produtos trazidos para casa, inclusive os de cuidado pessoal.

> A seguir, uma lista parcial de fontes comuns de poluição caseira, de acordo com estudos ambientais e com órgãos como a Organização Mundial da Saúde (who.int), a Agência de Proteção Ambiental (epa.gov) e o Environmental Working Group (ewg.org):
>
> ➤ Sprays aerossóis
> ➤ Materiais de construção (paredes, pisos, carpetes, persianas de vinil e mobília)

- Monóxido de carbono
- Produtos de limpeza (detergentes, desinfetantes, polidores de piso e de mobília)
- Roupas lavadas a seco
- Sistemas e aparelhos de aquecimento
- Produtos para trabalhos manuais (colas, adesivos, cola-cimento vulcanizante e marcadores permanentes)
- Espuma expansiva
- Produtos químicos para jardinagem
- Chumbo
- Mofo
- Bolinhas e cristais de naftalina
- Tintas (em especial as que têm propriedades antifúngicas)
- Produtos de higiene pessoal
- Pesticidas
- Plásticos
- Compensados, aglomerados
- Poliuretano, verniz
- Radônio
- Desodorantes e aromatizadores de ambientes, velas perfumadas
- Tecidos sintéticos
- Água da torneira
- Fumaça de cigarro
- Conservantes de madeira

Casa de plástico: a vida fede

O plástico está por toda parte. Dos carros aos computadores, dos brinquedos e produtos de banho dos animais de estimação às garrafas, das roupas aos utensílios e recipientes de cozinha, sua onipresença é imensurável. Na última década, produzimos mais plástico do que durante todo o século XX. Metade do plástico que utilizamos é descartável, ou seja, é usada apenas uma vez e jogada fora. Boa parte das pessoas não se dá conta de como aquele cheiro do mais puro plástico, em especial no brinquedo macio e mastigável do cachorro, denuncia a presença de uma sopa química. Já nomeamos os mais nocivos à saúde: BPA, PVC, ftalatos e parabenos.

Apesar da pressão dos consumidores para remover o BPA dos produtos, em particular daqueles aos quais as crianças são expostas (por exemplo, copinhos infantis e mamadeiras), ele continua à espreita e infesta os brinquedos para cães, infelizmente. Qualquer coisa com a palavra "fragrância" no rótulo também pode ser problemática. De acordo com uma lei federal nos Estados Unidos, nenhuma substância rotulada como "fragrância" precisa ter os componentes informados às agências reguladoras.

O curioso é que os ftalatos podem se esconder por trás do rótulo de "fragrância", já que eles são adicionados ao produto para conduzir a fragrância e ajudar a melhorar o desempenho de outras substâncias nos ingredientes. Os ftalatos não são encontrados apenas nos plásticos clássicos; estão em perfumes, géis de cabelo, xampus, sabonetes, sprays de cabelo, hidratantes corporais, no protetor solar, nos desodorantes, esmaltes de unha e utensílios médicos. E são também usados nos produtos de higiene e brinquedos dos animais de estimação. Em 2019, num dos primeiros estudos sobre o assunto, bioquímicos do Departamento de Saúde de Nova York mediram a exposição a 21 metabólitos de ftalatos em cães e gatos. Eles registraram exposição generalizada, e o nível de um dos ftalatos testados era muito próximo do que a Agência de Proteção Ambiental sugere ser "tolerável" para seres humanos.

Camas, brinquedos e mordedores tóxicos

Os ingredientes a seguir costumam ser encontrados em brinquedos e mordedores para animais de estimação:

> **Ftalatos:** mais uma vez, essa ampla classe de substâncias químicas costuma ser adicionada aos brinquedos de cães e gatos feitos de policloreto de vinila (PVC) com o propósito de amaciar o vinil e torná-lo mais flexível e mastigável. Os ftalatos, na verdade, têm cheiro de vinil. Termos como "metilparabeno", "etilparabeno", propilparabeno", "isopropilparabeno", "butilparabeno" e "isobutilparabeno" na lista de componentes são pistas claras, porém a maioria dos brinquedos não

contém no rótulo os materiais de que são feitos. Não é mistério de difícil compreensão: quanto mais os cães mastigam e brincam com brinquedos de vinil ou de plástico macio, mais ftalatos são liberados. Essas toxinas se movimentam livremente e podem ser absorvidas através das gengivas e da pele. O resultado vem na forma de danos ao fígado e aos rins.

➤ **Policloreto de vinila (PVC):** conhecido como "vinil", esse é um plástico relativamente duro que costuma ser acrescido de amaciantes, como os ftalatos. O PVC contém cloro, que é liberado ao longo do tempo, à medida que o cão mastiga os brinquedos feitos com esse produto. O cloro produz dioxinas, que são poluentes perigosos e bem conhecidos. Nos animais, elas causam câncer e prejudicam o sistema imunitário. São ainda associadas a problemas reprodutivos e de desenvolvimento.

➤ **BPA:** é o material-base dos plásticos policarbonatos e é muito usado numa variedade de produtos plásticos, incluindo aqueles vendidos na pet shop do seu bairro. É encontrado também no revestimento de latas que contêm comida canina (assim como no revestimento de latas de comida humana). Num estudo de 2016 conduzido pela Universidade do Missouri, mostrou-se que o BPA perturba o sistema endócrino canino. Ele pode ainda causar distúrbios no metabolismo do animal.

➤ **Chumbo:** praticamente todo mundo sabe que o chumbo é uma substância tóxica, especialmente para os sistemas nervoso e gastrointestinal. Qualquer indivíduo bem informado teme o envenenamento por esse metal pesado. Porém muita gente não percebe que, apesar de os Estados Unidos terem proibido seu uso nas tintas desde 1978, ele *ainda* está por aí. Além das casas antigas que foram pintadas há décadas, o chumbo pode contaminar seu pet por meio de produtos importados, como bolinhas de tênis ou outros brinquedos para animais de estimação, potes importados para água e comida feitos de cerâmica e vitrificados, e por meio de água contaminada.

➤ **Formaldeído:** é provável que você tenha cheirado formaldeído pela primeira vez (e tomara que tenha sido só um pouquinho) na aula de biologia da escola. Ele é um conservante usado há muito tempo. No entanto, caso seja ingerido, inalado ou absorvido através da pele, é também um conhecido carcinogênico. Esse produto deveria permanecer trancafiado em potes de vidro contendo animais preservados para estudo – não em mordedores feitos de couro, onde é muito encontrado.

➤ **Cromo e cádmio:** alguns anos atrás, testes de laboratório conduzidos pela agência Consumer Affairs colocaram o Walmart na berlinda. Relatórios toxicológicos revelaram altos níveis desses produtos químicos em brinquedos para animais de estimação vendidos pela imensa rede de lojas. O excesso de cromo prejudica o fígado, os rins e os nervos, além de ser capaz de desregular o ritmo cardíaco. Altos níveis de cádmio podem destruir as articulações, os rins e os pulmões.

➤ **Cobalto:** em 2013, a varejista Petco recolheu potes de aço inoxidável para animais de estimação que tinham sido contaminados por radiação de cobalto, gerando uma nova conscientização em torno da importância dos potes de comida e de água livres de toxinas e das análises de contaminantes no aço inoxidável feitas por terceiros.

➤ **Bromo:** esse retardante de chamas é muito encontrado em espuma de mobília, inclusive na espuma das caminhas dos cães. Em níveis tóxicos, o bromo causa distúrbios estomacais, vômito, constipação, perda de apetite, pancreatite, espasmos musculares e tremores.

RECICLE OS BRINQUEDOS QUE APITAM!

Os cães não sabem nada sobre a toxicidade dos materiais que envolvem aquele brinquedinho barulhento tão adorado. Na verdade, muitos deles só têm um objetivo: remover o apito assim que possível. Se o ato tão satisfatório de desmembrar o brinquedo numa alegre chuva de fibras de poliéster acabar deixando você com vários apitos, é possível reciclá-los e transformá-los em brinquedos caseiros bem menos tóxicos. Cubra os apitos usados com papel, coloque-os dentro de uma meia velha e dê um nó. Depois esconda a meia entre bolinhas amassadas de papel e veja a alegria e a agitação se repetirem (sem o adicional de ftalatos e PVC!).

Observações sobre os retardantes de chamas: os retardantes de chamas são comuns em muitos produtos usados no dia a dia. Por lei, nos Estados Unidos e em vários países, eles são adicionados a uma ampla variedade de itens domésticos, como mobília, tecidos, eletrônicos, eletrodomésticos, colchões, lençóis, enchimentos, almofadas, sofás e tapetes. O problema, contudo, é que essas substâncias não se mantêm confinadas aos produtos que as contêm; elas migram e podem contaminar a poeira doméstica que se acumula no chão onde os cães (e os bebês) brincam. Conforme ressaltamos na Parte I, um estudo de 2019, conduzido pela Universidade do Estado do Oregon, identificou os retardantes de chamas como possíveis culpados pela epidemia de hipertireoidismo entre gatos (o número de gatos diagnosticados com o distúrbio em 1980 era de 1 em 200; atualmente, é de 1 em 10). É quase impossível evitá-los completamente; ainda assim, há precauções simples que podem ser tomadas para minimizar a exposição, como acrescentar uma camada de proteção colocando um lençol ou um cobertor de fibras orgânicas entre o pet e a superfície tratada.

Observações sobre os tratamentos para pulgas e carrapatos: tecnicamente, estamos falando de *pesticidas*, correto? Eles evitam que pragas, como pulgas e carrapatos, incomodem ou infeccionem seus animais de estimação. Mas eles são tóxicos? Se envenenam as pulgas, não podem envenenar cães e gatos? Alertas em muitas embalagens recomendam procurar ajuda caso algum dos produtos entre em contato com a pele humana, mas asseguram que a aplicação sobre a pele do cão é totalmente segura. Nos últimos anos, alguns desses produtos têm sido inspecionados, assustando as associações de veterinários e as agências reguladoras. Em 2019, uma análise do inseticida e acaricida Bravecto e de outros produtos contendo isoxazolina revelou que *dois em cada três donos de cães (66,6%) haviam registrado efeitos colaterais anormais*. Às vezes essas drogas precisam ser usadas, mas existem formas seguras de minimizar o uso desses produtos químicos tão potentes, o que ajuda a reduzir a resistência química e a carga química em nossos cães (no Capítulo 10 você vai aprender a gerenciar os riscos de exposição de seu cão a esses produtos). Existe uma grande pressão por parte dos cientistas ambientais para usarmos de forma "racional" os parasiticidas em vez de utilizarmos exageradamente produtos capazes de prejudicar o corpo do animal e o meio ambiente. Afinal, se sua cachorrinha for encharcada de veneno que mata essas pragas, qualquer um que brinque com ela também estará vulnerável. Na Parte III, além de sugerirmos a adoção de um regime mais conservador de pesticidas, seja de uso tópico ou via oral, vamos falar sobre estratégias de desintoxicação.

Observações sobre PFAs: as substâncias per- e polifluoroalquil (PFAs) são usadas numa ampla variedade de produtos, de tapetes a embalagens de comida e panelas não aderentes. São resistentes à água, ao óleo e ao calor, e seu uso se expandiu rapidamente desde que foram desenvolvidas, em meados do século XX. Não nos surpreende o fato de essas substâncias serem onipresentes no ambiente e de terem sido detectadas em altos níveis em amostras de cocô de cachorro. Essas toxinas não só afetam o crescimento, o aprendizado e o comportamento como ainda podem interferir nos sistemas hormonal e imunitário e aumentar o risco de câncer – em especial, o de fígado. Na Parte III apresentamos estratégias de desintoxicação que ajudam a minimizar a exposição aos PFAs.

Observações sobre os aromatizadores de ambientes: mais de 80% dos norte-americanos usam algum tipo de aromatizador de ambiente – sprays, difusores elétricos, géis e velas. Mas você sabe o que esses produtos contêm? A maioria das pessoas pressupõe que testes de segurança são realizados antes que o produto vá para as lojas. Entretanto, por mais chocante que isso seja, nenhum teste é exigido e a indústria química não precisa de permissão para vender esses produtos aos consumidores para uso doméstico (menos de 10% dos ingredientes são revelados nos rótulos). Os aromas sintéticos são em grande medida feitos de VOCs, que flutuam pelo ar. Toda vez que partículas invisíveis entram em contato com a pele ou são inaladas, elas podem penetrar na corrente sanguínea, seja a sua ou a de seu cão. Pesquisas revelam que, mesmo que o produto seja usado semanalmente (por exemplo, borrifando o ar do banheiro), pode aumentar em até 71% as chances de uma pessoa desenvolver asma e outras doenças do pulmão.

Muitas das substâncias químicas utilizadas na formulação desses aromatizadores – benzeno, formaldeído, estireno e ftalatos – são carcinogênicas, desreguladoras hormonais e agentes nocivos conhecidos de longa data, capazes de desencadear reações neurológicas, respiratórias e alérgicas. A maioria dos difusores elétricos contém naftalina, que causa câncer de pulmão em animais. Além disso, estudos mostram que **o nível médio de produtos químicos é muitas vezes o dobro nos animais de estimação do**

que nos humanos – ressaltando mais uma vez a extrema vulnerabilidade de nossos companheiros de residência.

Justo quando pensamos que poderíamos voltar a usar as boas e velhas velinhas não perfumadas, descobrimos que a vasta maioria das velas é feita com cera de parafina, um subproduto do petróleo criado durante o processo de refino do óleo bruto para fabricação da gasolina. Quando aquecida, a cera de parafina libera no ar as substâncias acetaldeído, formaldeído, tolueno, benzeno e acroleína, toxinas que aumentam o risco de câncer. Queimar várias velas de cera de parafina ao mesmo tempo pode exceder a poluição de ambientes fechados considerada admissível pela Agência de Proteção Ambiental dos Estados Unidos. Além disso, até 30% dos pavios contêm metais pesados, como o chumbo. Portanto, queimar velas por várias horas libera metais pesados no ar em níveis muito mais elevados do que os aceitáveis. O número de substâncias tóxicas nas misturas com parafina liberadas durante a queima é vertiginoso (e impronunciável): acetona, triclorofluormetano, dissulfeto de carbono, 2-butanona, tricloroetano, tricloroetileno, tetracloreto de carbono, tetracloroetano, clorobenzeno, etilbenzeno, estireno, xileno, fenol, cresol, ciclopenteno. Não vamos nos preocupar em definir essas substâncias, deixaremos esse assunto para as aulas de química.

Solução: não compre produtos cujo rótulo inclua termos como "fragrância/aroma" ou que use "feito com" como estratégia de marketing. Substitua velas de parafina por outras sem aroma, feitas 100% de cera de abelha, de soja ou de cera vegetal. Examine o pavio de uma vela nova esfregando-o num pedaço de papel; se surgir uma marca cinzenta de lápis, significa que o pavio contém chumbo em sua composição. Você também pode usar óleos essenciais puros em difusores de água (óleos não nocivos aos cães, comprados em empresas bem-conceituadas) num dos ambientes da casa. Sempre deixe uma rota de fuga para uma área sem nenhuma adição de aroma de qualquer qualidade onde seus animais de estimação possam se recolher. Cozinhe em fogo baixo cascas de laranja e paus de canela. E (vamos lá, todos juntos) abra as janelas!

A qualidade do ar pode ser impactada por outros fatores, além dos VOCs presentes nos produtos perfumados e gasosos. Os incêndios florestais, a poluição urbana, o *smog* (mistura de neblina com fumaça), a fumaça que os fumantes passivos inalam e as micotoxinas presentes em casas com infiltração podem impactar a saúde respiratória e sistêmica de seu animal, assim como a sua. É importante identificar e remover o que está causando a baixa qualidade do ar; basta providenciar um purificador, caso você more numa cidade onde a qualidade do ar seja baixa, ou encomendar uma testagem para verificar a presença de micotoxinas, caso sua casa tenha algum problema de infiltração.

Como anda a qualidade da água que você consome?

Infelizmente, não é uma questão fácil de responder; a aparência e o odor não são os únicos indicadores de qualidade da sua água. Talvez você use água pura para consumo próprio graças aos serviços de uma companhia de abastecimento ou a um sistema de filtragem na cozinha ou na geladeira, mas o que o seu cão anda bebendo? Inúmeras toxinas podem estar presentes na água que vem da torneira. Se a água da sua casa vem de um sistema público de abastecimento, é possível pesquisar a qualidade acessando os relatórios anuais de sua comunidade. Nos Estados Unidos, verifique o relatório *What's On Tap?*, do NRDC (Natural Resources Defense Council), em www.nrdc.org e peça ao fornecedor uma cópia do relatório anual de qualidade. Já no Brasil, as companhias estaduais de água e saneamento disponibilizam os relatórios anuais de qualidade em seus respectivos sites. Esse relatório mostra os agentes contaminantes detectados, as possíveis fontes desses agentes e os níveis nos quais eles estavam presentes na rede de abastecimento.

Muitos comentários foram feitos acerca da terrível crise hídrica em Flint, no estado do Michigan, iniciada em 2014 e que envenenou a rede de água com chumbo. No entanto, a presença de contaminação não é tão evidente. Em 2020, pesquisadores da Universidade de Illinois em Urbana-Champaign publicaram um artigo destacando o problema dos "contaminantes antropogênicos"; trata-se de poluentes gerados pelo comportamento humano que acabam indo parar na rede de abastecimento – escoamento oriundo de atividades agrícolas e pecuárias, de técnicas de desinfecção e drogas terapêuticas descartadas no esgoto. O artigo ressaltava um aspecto particularmente preocupante: a facilidade com que EDCs são infiltrados na rede de abastecimento (EDCs são substâncias químicas consideradas desreguladoras endócrinas, ou "xenoestrógenos", presentes no ambiente;

quando se infiltram no corpo, atuam como hormônios), prejudicando os humanos e os não humanos (bom... nossos cães). Os microplásticos, os metais pesados e os contaminantes químicos devem ser removidos da água potável antes que qualquer um da família, incluindo os animais da casa, beba a água da torneira.

Recomendamos a utilização de um sistema de filtragem na sua casa. Alguns filtros devem ser abastecidos manualmente, como as jarras, enquanto os embutidos nas torneiras ou em sistemas instalados sob a pia são vinculados à rede de encanamento. Alguns têm o objetivo de fornecer água mais clara e com melhor sabor, enquanto outros atuam de forma proativa na remoção de contaminantes que podem afetar sua saúde. Muitos utilizam mais de um tipo de tecnologia de filtragem. Dependendo do modelo e do meio de filtragem da unidade, os filtros são capazes de reduzir muitos tipos de contaminante, incluindo o cloro, os subprodutos da cloração, o chumbo, vírus, bactérias e parasitas.

O rastro dos sapatos

Conforme vamos recomendar na Parte III, deixar os sapatos do lado de fora da casa pode ser uma das maneiras mais fáceis e baratas de evitar o contato com substâncias prejudiciais, desde produtos químicos usados no gramado da vizinhança aos carcinogênicos do asfalto, ou desde subprodutos do petróleo e do material fecal presente na calçada às bactérias patogênicas, vírus, poeira tóxica e outras substâncias químicas. Não é preciso muita imaginação para pensar em tudo que pisamos lá fora, no mundo real, e, depois, trazemos para dentro de casa na sola dos sapatos. Até mesmo sapatos chiques de marcas como Manolo, Tom Ford ou Nike Air trazem toxinas invisíveis para o ambiente. Na verdade, seus sapatos podem ser mais tóxicos até do que o banheiro! Portanto, sempre que flagrar seu cão bebendo a água da privada, pense no que mais ele anda lambendo do chão junto com os farelos de comida que você deixa cair enquanto prepara o jantar.

As substâncias do ambiente podem causar ganho de peso?

Em 2006, o Dr. Bruce Blumberg, da Universidade da Califórnia em Irvine, criou o termo "obesógenos" para descrever as substâncias químicas que podem engordar. Isso estimulou uma enxurrada de pesquisas científicas destinadas a estudar o fenômeno da obesidade induzida por substâncias químicas. A equipe do Dr. Blumberg percebeu que uma substância analisada por outras razões estava engordando os camundongos. Isso o fez se perguntar se havia uma explicação alternativa para nossa dificuldade persistente de perder peso. Algumas pesquisas confirmaram as suspeitas. Desde então, diversos estudos realizados em humanos e em animais identificaram um forte vínculo entre a exposição a certas substâncias químicas do ambiente e um maior índice de massa corporal (IMC).

Os obesógenos contribuem para a obesidade porque desregulam o desenvolvimento normal e o equilíbrio do metabolismo da gordura – o modo como o corpo cria e armazena gordura. Eles são capazes de reprogramar células-tronco, fazendo com que se convertam em células de gordura. A exposição a essas substâncias também altera a forma como o corpo reage às escolhas dietéticas e como lida com as calorias. E muitas dessas substâncias podem afetar o sistema hormonal. Uma das sequelas mais preocupantes dos obesógenos é o fato de que seus efeitos podem ser passados para as próximas gerações.

Isso mesmo: os efeitos da exposição a substâncias obesógenas podem ser *hereditários*, em grande medida por meio de forças epigenéticas. A bagunça causada no corpo pode ser transmitida para os filhos e netos biológicos, e assim por diante. A ciência dos obesógenos é complexa, mas já é um fato que eles fazem parte de nossa rotina e que muitas das substâncias químicas já mencionadas neste livro se qualificam como tal (por exemplo, pesticidas químicos, BPA, PFAs, ftalatos, PCBs, retardantes de chamas, parabenos e poluentes do ar).

Poluição sonora, luminosa e eletrostática

Um horizonte enevoado é um sinal óbvio de poluição do ar. No entanto, deixamos passar outras formas de poluição que habitam nossa vida: o excesso de barulho e de luz. Os males necessários da modernidade. Eles refletem as conquistas de nossa civilização, mas geram alguns inconvenientes – como perturbações dos ritmos naturais que preferem seguir o dia solar de 24 horas. Simplificando, o excesso de luz e de barulho, em especial nos momentos em que o corpo precisa de escuridão e de silêncio, está prejudicando nossa saúde. A poluição luminosa é um velho problema, já tendo sido citada em registros datados do fim do século XIX que descrevem aves migratórias invadindo faróis. Contudo, ela se intensificou no século passado. E o nível de barulho ao qual somos expostos todos os dias é muito maior que o das gerações anteriores. A poluição sonora não precisa ser absurdamente alta para debilitar a saúde. O zumbido das TVs (e de outras telas) e o barulho típico da vida urbana (sirenes, cortadores de grama e sopradores de folhas, caminhões de lixo, trovoadas e aviões) perturbam os ritmos naturais do corpo.

Nos últimos tempos, a poluição sonora tem recebido a atenção dos círculos acadêmicos. Estudos recentes mostram que pessoas que moram perto de aeroportos têm maiores chances de desenvolver problemas cardiovasculares – sem falar nos riscos causados pela poluição do ar. Um estudo publicado no conceituado periódico britânico de medicina *The BMJ* descobriu que pessoas que vivem em áreas mais barulhentas (por exemplo, nas proximidades de um aeroporto) têm riscos elevados de derrame e de doenças coronarianas e cardiovasculares, mesmo após ajustes feitos nos fatores de confusão (que, em estatística, são variáveis que distorcem uma associação real), como etnia, privação social, fumo, exposição ao barulho de trânsito intenso e poluição do ar. Além disso, a reação biológica do corpo ao barulho parece ser dose-dependente: os riscos são maiores nos 2% da população expostos aos níveis mais altos de barulho.

> O som é um tipo de radiação eletromagnética. Sua frequência, ou tom, é medida em hertz (Hz). Um Hz é definido como um ciclo completo de onda por segundo. Nós ouvimos frequências entre 20 e 20.000Hz, e os cães ouvem entre 40 e 45.000Hz. (Os gatos são capazes de ouvir frequências de até 64.000Hz.) Cães e gatos podem ouvir sons a distâncias muito maiores do que os humanos. A intensidade ou a altura de um som é medida em decibéis (dB). Danos à audição ocorrem instantaneamente a 100dB; a exposição prolongada a níveis acima de 85dB também pode ser danosa.

É possível achar que os problemas de saúde gerados pela exposição a níveis altos ou constantes de ruído resultam do sono interrompido pelo barulho, mas, na verdade, a conexão é muito mais direta. O ruído constante gera um estresse contínuo no corpo, o que, por sua vez, aumenta a pressão arterial e o ritmo cardíaco, causa disfunções endócrinas por meio do hormônio do estresse cortisol e aumenta os níveis de inflamação sistêmica. Agora os pesquisadores estão investigando se esses resultados podem ser aplicados à saúde canina. Entretanto, suspeitamos que nossos companheiros peludos também estão expostos a esses riscos mais elevados, em especial porque os cães são equipados para avaliar o ambiente por meio de pistas auditivas livres das interferências da acústica artificial e desmedida das batidas de caixas de som *subwoofers*, dos noticiários que ecoam em sistemas de *surround sound* e do falatório ininterrupto dos rádios. Sabemos, por exemplo, que os cães costumam desenvolver certa sensibilidade a ruídos altos, a diferentes tons ou a barulhos repentinos, e que essas sensibilidades podem levar à manifestação de problemas como medo exacerbado e ansiedade. A relação entre a sensibilidade ao barulho e o medo há muito é documentada em estudos de cães, seja qual for a raça, embora existam variações reais com base na raça, na idade e no sexo (cadelas mais velhas têm maior risco de desenvolver sensibilidade acentuada).

Em 2018, um grupo de cientistas do Reino Unido e do Brasil, adepto do comportamentalismo animal, revelou a existência de um vínculo entre o barulho e as dores físicas subjacentes. Os pesquisadores sugerem que uma dor, talvez ainda não diagnosticada, é intensificada quando um barulho tensiona o cão, causando pressão extra sobre os músculos ou sobre as articulações (que já podem estar inflamadas) e aumentando a dor. A dor é então associada ao ruído alto e assustador, gerando sensibilidade ao barulho e uma tendência a evitar situações traumáticas, como uma briga no parque ou um ruído muito alto dentro de casa. Esse estudo indica também que a sensibilidade ao barulho pode ser um pedido de ajuda para aliviar a dor.

A anatomia do ouvido externo (a pina) dos cães (assim como a dos gatos e a dos cavalos) permite que a recepção do som seja muito mais sensível do que nos humanos. Perda auditiva e estresse induzido pelo barulho têm sido documentados em muitas espécies, inclusive em animais de laboratório. Os hormônios do estresse, a pressão sanguínea elevada devido a ruídos intensos e a exposição crônica ao barulho podem fazer o aumento na pressão sanguínea persistir por semanas depois de o ambiente ter voltado à normalidade. Além disso, os cães demonstram outros efeitos negativos da exposição ao barulho. Num estudo sobre o tema, explosões de som aumentaram o ritmo cardíaco e os níveis do cortisol, e incitaram sinais posturais de ansiedade. Níveis constantes de 85dB no ambiente são vinculados ao desenvolvimento de ansiedade canina. Um exame excelente, chamado PEATE (Potencial Evocado Auditivo do Tronco Encefálico – também conhecido como exame BERA), foi usado para medir a perda auditiva em cães mantidos num canil onde o ruído de fundo costumava atingir 100dB. Todos os 14 cães do estudo apresentaram perda auditiva em seis meses. Podemos imaginar o que tamanha exposição ao ruído fez com os padrões de medo e de ansiedade desses animais.

Fobias de barulho em cães podem ter um componente genético, hormonal e de socialização no início da vida. Cães sensíveis aos ruídos podem levar até quatro vezes mais tempo para se acalmar após situações estressantes, provavelmente liberando quantidades impressionantes de hormônios do estresse o tempo todo. A pesquisa animal revela ainda alterações diante da exposição a campos eletromagnéticos de frequência extremamente baixa.

Recomendamos a criação de uma zona sem barulho, livre de campos eletromagnéticos, que também seja livre de "iluminação tóxica". Na Parte III vamos mostrar como fazer isso. (Dica: todas as noites, desligue as fontes de barulho contínuo e as fontes de campos eletromagnéticos, incluindo TV, computadores e o roteador.)

No quesito luminosidade, estudos com trabalhadores noturnos têm revelado como a exposição à luz em horários inadequados pode afetar o corpo. Pessoas que trabalham no turno da noite podem achar que são capazes de "treinar" o corpo para permanecer acordadas à noite e dormir durante o dia. Contudo, as pesquisas dizem outra coisa. O trabalho noturno tem sido vinculado à obesidade, a ataques cardíacos, a vários tipos de câncer (de mama, de próstata), a uma maior taxa de morte precoce e até a uma menor capacidade intelectual. E a conexão tem tudo a ver com a relação entre a luz e o nosso ritmo circadiano. O Dr. Satchin Panda, já mencionado aqui, tem trabalhos extensos sobre o relógio circadiano de humanos e de animais, em especial no que se refere aos genes, ao microbioma, aos padrões de sono e de alimentação, ao risco de ganho de peso e ao sistema imunitário.

Uma de suas mais importantes descobertas demonstrou como sensores de luz presentes nos olhos atuam para manter o resto do corpo no horário. O núcleo supraquiasmático do hipotálamo, a parte especial do cérebro ligada às emoções e ao estresse, é a sede do relógio biológico de todos os mamíferos. Ele recebe informações direto da retina dos olhos e atua para "reiniciar" o relógio circadiano. Por isso, a exposição à luz do início do dia ajuda a reiniciar esse relógio e o hábito de levantar cedo pode ajudar a recalibrá-lo.

O Dr. Panda acredita que animais de estimação que ficam presos em casa durante o dia inteiro, com cortinas fechadas, desenvolvem depressão porque seu cérebro não consegue criar e secretar os neuroquímicos apropriados a sinapses saudáveis. Essa pesquisa revela que a fisiologia dos animais é regulada, em parte, pelos sinais de luz que entram através dos olhos. Esses sinais de luz desencadeiam outra série de sinais químicos no interior do cérebro e, em seguida, no corpo. Quando os cães saem de casa pela manhã, a luz envia sinais para o cérebro liberar melanopsina – uma proteína fotossensível – e acordar. No fim do dia, caso os cães saiam no crepúsculo, a luz envia sinais para o cérebro liberar melatonina – o hormônio que promove o sono – e se preparar para dormir. Segundo o Dr. Panda: "Os olhos têm células especializadas – 'neurônios com melanopsina, fotossensíveis à luz azul' – que se conectam a partes do cérebro envolvidas na depressão, na sensação de felicidade e na produção de melatonina. Vários experimentos mostram que, quando os animais não têm esses sensores de luz azul ativados durante o dia, ficam deprimidos."

Da mesma forma, cães superexpostos a luzes brilhantes e sintéticas também sofrem. De acordo com o Dr. Panda: "Até camundongos saudáveis de laboratório, expostos a uma luz constante por três ou quatro dias, adoecem. Quando se examina o sangue deles, tudo está descontrolado – cortisol, níveis de inflamação, hormônios." O Dr. Panda observa, ainda, que esses animais se tornam mais intolerantes à glicose e os sinais de diabetes aparecem bem cedo. Portanto, não se trata apenas de humor e de comportamento; trata-se, também, de gerenciar o metabolismo e a função imunitária.

O Dr. Panda acredita que é nossa responsabilidade, enquanto cuidadores, permitir que nossos cães regulem o próprio relógio por meio de acesso direto ao ambiente externo pelo menos duas vezes ao dia. Sugerimos combinar essas importantes excursões circadianas fotossensíveis com os "farejafáris", a recomendação da Dra. Alexandra Horowitz de permitir que os cães farejem por aí o que bem entenderem ao menos uma vez ao dia. Nossa recomendação é **conduzir seu cão num farejafári regulador do relógio circadiano durante alguns minutos de manhã e novamente à noite, antes de dormir**. Essas caminhadas não são para o condicionamento cardíaco, mas para a saúde cerebral do seu cão, permitindo a regulação circadiana e neuroquímica, o estímulo olfativo e a melhoria do bem-estar cognitivo.

> Todas as células do corpo dos mamíferos são reguladas pelo relógio circadiano, levando de 5% a 20% dos genes a se manifestarem num ritmo de 24 horas, num padrão noite/dia, que depende – fisicamente – dos hábitos de sono. Consequentemente, esse ritmo determina o *timing* de muitos dos aspectos do comportamento e da fisiologia. Exemplos de ritmos diários na fisiologia incluem processos como o equilíbrio sangue-açúcar, a liberação de hormônios e as reações imunitárias. Ritmos comportamentais incluem os padrões sono-vigília, além dos horários das refeições, de fazer cocô e de se exercitar. A cronometragem diária desses comportamentos e da fisiologia evoluiu com o objetivo de ser capaz de antecipar e de preparar o animal para mudanças no ambiente, como a disponibilidade de comida e o ciclo claro-escuro. Perturbar esses ritmos biológicos aumenta o risco de desenvolver problemas de saúde, inclusive a diabetes, a obesidade e o câncer.

Os cães e os seres humanos têm ritmos circadianos e padrões de sono diferentes. No entanto, as regras são as mesmas: cada um de nós tem necessidade de uma determinada quantidade de sono noturno e de seguir padrões que mantenham nosso ritmo sob controle, o que, por sua vez, causa impacto em todo o resto – do fluxo dos hormônios, passando pelo metabolismo, até a função imunitária. Uma relação disfuncional com a exposição à luz e hábitos precários de sono podem ter imensas consequências biológicas que estamos começando a entender na ciência e na medicina.

Um cão sujo – que adora rolar na terra e correr em meio a pastos verdes tocados apenas pela natureza – é diferente de um cão poluído – carregado de resíduos da vida moderna. A seguir, vamos passar ao Como Fazer. Com base no conhecimento científico, fica fácil entender as soluções.

NOTAS PARA OS ENTUSIASTAS DA LONGEVIDADE

- ➤ Vivemos num mar de exposições constantes e nossos pets costumam carregar uma "carga corporal" maior do que a nossa porque estão mais perto do chão e não podem tomar os mesmos tipos de precaução que tomamos para reduzir ou mitigar o efeito dessas exposições.
- ➤ Estudos revelam vastas quantidades de resíduos químicos na urina de cães e de gatos, acima dos limites saudáveis. Reduza a exposição química por meio de "medidas verdes" dentro e fora de casa.
- ➤ Essas substâncias químicas são encontradas em lugares previsíveis, como produtos de limpeza e herbicidas usados em jardinagem. Contudo, também estão presentes em lugares inesperados, como velas perfumadas e aromatizadores de ar, em mobília tratada (inclusive nas caminhas de cães e gatos!), no sistema de abastecimento de água, em tratamentos contra infestações de pulgas e carrapatos e em todo tipo de plástico, inclusive naqueles usados em brinquedos para animais de estimação.
- ➤ Os cães são especialmente sensíveis ao excesso de ruído, de luz na hora errada do dia e de poluição eletrostática. A exposi-

ção excessiva a luzes artificiais influencia de forma negativa o metabolismo, a função imunitária, o humor e o comportamento do cão. Abra as cortinas de manhã e, à noite, desligue as luzes, o computador, o roteador e a TV.

➤ "Farejafáris" duas vezes ao dia – um de manhã cedo e outro no início da noite – são ótimas maneiras de reiniciar o relógio circadiano biológico do cão.

➤ Para resumir as partes I e II, e em preparação para a Parte III, é bom pensar nos 5 Rs todos os dias:
  1. **Reduzir** a comida processada
  2. **Revisar** os horários e a frequência das refeições
  3. **Reforçar** a atividade física
  4. **Recuperar** os déficits nutricionais com suplementos
  5. **Repensar** os impactos ambientais (estresse e exposição às toxinas)

Mãos à obra!

PARTE III

Parentalidade canina na criação de um Cão Eterno

7
Hábitos alimentares para uma vida longa e saudável

Um banquete bem elaborado

A comida e o remédio têm a mesma fonte.
— Provérbio chinês

A véspera do Natal de 2020 trouxe uma bênção maravilhosa e inesperada para a família Becker: Homer. Ficamos sabendo que um Terrier irlandês do Glen do Imaal, de 12 anos, não tinha para onde ir depois da morte de seu cuidador num abrigo das redondezas. Mas Homer não passou muito tempo sem um lar. Embora tenha recusado todos os petiscos de legumes crus que lhe ofereci na véspera de Natal, ele aceitou um pedaço de cenoura cozida e uma fatia de maçã no dia seguinte. A partir daí, passou a experimentar comidas diferentes todos os dias. E, com o tempo, aceitou de bom grado as mesmas comidas que tinha rejeitado com tanta convicção no início, expandindo o paladar, o microbioma e o consumo de nutrientes. Pouco a pouco, nós o afastamos da comida ultraprocessada "para estômagos sensíveis" e, hoje em dia, ele come uma variedade de refeições feitas com comida de verdade que impactam positivamente a saúde: o pelo opaco e seco foi substituído por uma pelagem brilhante e lustrosa, ele tem descamado muito menos, os problemas de gases e o abdômen rechonchudo desapareceram, o fôlego melhorou, assim como seus movimentos (Homer está menos rígido e mais resistente).

Essas histórias comoventes de restauração e de rejuvenescimento são comuns entre os Entusiastas da Longevidade, e por uma razão: o alimento natural transforma os cães de um jeito *impressionante*. Após 25 anos de prática, ainda fico feliz ao testemunhar essas metamorfoses transformadoras. É muito satisfatório me aninhar com Homer sabendo que sua vida preciosa está em melhores condições do que antes – e que, com certeza, será mais longa – por causa do simples, porém incrível, poder da *comida de verdade*. Esse é o melhor presente que podemos dar a nossos cães.

Qual das duas jornadas a seguir você gostaria de compartilhar com seu cão?

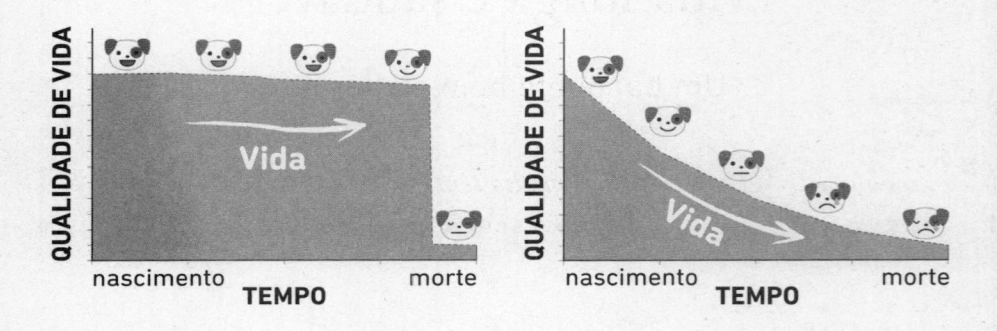

É quase certo que você escolha a opção da esquerda, o que significa passar a vida inteira feliz e, então, um dia, *puf*!, à noite, durante o sono – como um relógio que ficou sem corda, mas que trabalhou firme e forte até parar. Com certeza, haveria altos e baixos, algumas decepções e conquistas durante a vida, mas não haveria uma degeneração física exaustiva e devastadora ao longo do tempo, nenhuma perda cognitiva ou de mobilidade, nenhuma diminuição da qualidade de vida, apesar da passagem dos anos. Seria uma vida com vigor até o último suspiro. Não seria maravilhoso? E você não iria querer o mesmo para seu cachorro? Foi isso que nos motivou a escrever este livro.

Seja bem-vindo(a) à parte prática. Talvez seu pensamento, neste momento, seja: *Diga-me o que fazer!* Antes, permita-se um tapinha nas costas. Você assimilou uma quantidade tremenda de ciência e conhecimento até aqui, e a seção a seguir aplica toda essa informação. Não é importante se lembrar de todos os detalhes, mas, sim, compreender os motivos e as formas de adotar algumas mudanças que vão melhorar a saúde geral (e aumentar a felicidade!) de seu cão. Igualmente importante é o fato de que vamos orientar mudanças que funcionem de acordo com as circunstâncias, o tempo, o orçamento e as preferências específicas de cada um. É provável que você tenha aprendido mais sobre os hábitos de um corpo mamífero altamente eficiente do que alguns médicos e veterinários da atualidade. Caso ainda não tenha começado a mudar algumas coisas em sua vida, esta é a sua chance.

Se essas sugestões forem colocadas em prática, as chances de que você e seu amado cão desfrutem de uma alta qualidade de vida pelo tempo que for possível serão muito maiores. Vamos oferecer muitas e muitas dicas práticas, acompanhadas de lembretes científicos para justificá-las. E isso é importante, porque, quando não conhecemos os motivos por trás delas, torna-se difícil ancorar mudanças significativas de comportamento em nossos hábitos. Ao entender os *porquês* das mudanças, seguir os *comos* se torna esclarecedor, agradável e gratificante. **O objetivo é ambicioso, de fato, porém factível: garantir que seu Cão Eterno tenha uma vida feliz até o fim da linha**. E, ao fazê-lo, cuidadores e cuidadoras devotados também vão colher muitos frutos, desde melhorias puramente físicas, verificáveis por um médico, até benefícios intangíveis e valiosíssimos, como o aumento da confiança e da autoestima, a sensação de estar mais jovial e no controle da vida e do futuro. Em resumo: você vai ser mais saudável, mais feliz e mais produtivo(a). E seu sucesso vai trazer mais sucesso; ao começar a perceber e a usufruir dos benefícios que vão vir com mudanças simples, talvez você decida ir mais longe. Sabemos que você é capaz de fazer isso por si próprio(a) e pelo seu pet. As recompensas são imensas, para todo mundo. E o mais importante é que não é necessário implementar *todas* as sugestões de imediato. Comece com aquilo que pareça mais fácil e razoável.

Em nossas redes sociais, as postagens sobre superalimentos e suplementos estão entre as mais populares. Em uma postagem sobre o terrier escocês, por exemplo, compartilhamos dados indicando que o consumo de qualquer tipo de legume ou verdura ao menos três vezes por semana está associado a uma redução de 70% no risco de desenvolvimento do carcinoma de células de transição, também conhecido como CCT, um tipo de câncer muito comum encontrado na bexiga e na uretra de cães idosos de raças menores (como o terrier escocês). O consumo de legumes amarelo-alaranjados e de folhas verdes ao menos três vezes por semana está associado a uma redução aproximada de 70% e de 90%, respectivamente, no risco de desenvolver CCT. Pais e mães de animais de estimação anseiam por informações assim, e temos a honra de compartilhar preciosidades científicas para o bem-estar de nossa comunidade.

O mais importante é que a adição desses Alimentos da Longevidade (comida simples e fácil) à dieta tem um profundo impacto na saúde do cão. A melhor parte dos "ajustes no pote de comida" é que você pode adicionar esses alimentos a qualquer coisa que estiver oferecendo no momento. Não é necessário modificar toda a sua vida para atingir melhorias notáveis no bem-estar do animal. **Pequenas porções de Alimentos da Longevidade reforçam muito as refeições com poderosos nutrientes e cofatores (moléculas auxiliares das enzimas) antienvelhecimento.** Toda pequena mudança é um passo rumo à boa saúde e à longevidade.

Talvez este livro seja o pontapé inicial para você incluir seu cão em sua jornada pessoal de saúde e bem-estar. Muitos entusiastas da saúde que conhecemos ficam envergonhados ou constrangidos por nunca terem pensado na quantidade de "fast-food" que estavam servindo aos seus cães até assistirem a uma de nossas *lives* no Facebook. Então ficam frenéticos, tentando incorporar tudo que acham que deveriam ter feito antes e acabam ficando ansiosos acerca de coisas que, talvez, estejam deixando passar.

Muitos cuidadores 2.0 (além de cientistas e pesquisadores) familiarizados com os princípios da longevidade e com a ciência apresentada nas partes I e II estão em busca de orientação para reformular de maneira eficaz o estilo de vida de seus cães. Nosso objetivo é fornecer a cada dono e dona de cachorro uma caixa de ferramentas cheia de opções para que consigam fazer as mudanças *à la carte* – num ritmo que faça sentido para si (e para o cão). Fazemos isso por meio de nosso plano simplificado, a Fórmula do Cão Eterno:

- ➤ Dieta e nutrição
- ➤ Otimização dos exercícios
- ➤ Gerenciamento do estresse e do ambiente
- ➤ Saúde genética

Apresentaremos muitas listas e ideias (por exemplo, Alimentos da Longevidade que podem ser compartilhados com seu cão, alimentos que nunca devem ser oferecidos, remédios naturais seguros que atuam como pílulas antiansiedade), além de dar uma passeada pela seção de suplementos e ajudar a elaborar o planejamento para sua vida e a de seu melhor amigo. Pense nisso como um plano de vida personalizado para seu peludo! Vamos começar por aquela que consideramos a parte mais importante, sejam quais forem os objetivos de saúde para seu animal: dieta e nutrição com comida de verdade.

Dieta e nutrição

Já deixamos claro que, **para prolongar a vida, a mudança deve começar pela comida**. Para que a nossa experiência neste planeta e na hora de nossa morte seja saudável, é necessário manter uma boa dieta e nutrição, e o mesmo vale para nossos cães. Por meio da boa nutrição, mantemos o peso ideal; cuidamos do microbioma; ajudamos o metabolismo, a desintoxicação e a constituição biológica de maneira geral. Isso tem impacto em todos os aspectos relacionados à saúde; além disso, uma nutrição equilibrada aumenta nossa motivação para continuarmos mantendo hábitos saudáveis, como ter boas noites de sono, cuidar do condicionamento físico, gerenciar o estresse e a ansiedade e enfrentar os desafios inevitáveis da vida, incluindo a exposição indesejada àquilo que pode causar efeitos adversos.

A melhor dieta para seu cachorro vai depender de algumas variáveis, como a idade e as condições de saúde, incluindo qualquer problema preexistente. Somos grandes entusiastas de uma alimentação mais natural para os cãezinhos. O que isso significa?

Melhorando aos poucos o valor nutricional da refeição de seu cão

Quando se trata de alimentar os amigos peludos, as pessoas têm tempo e dinheiro limitados. Queremos o melhor, mas a realidade precisa ser levada em conta. Pesquisas mostram que 87% das pessoas já adicionam outros alimentos ao pote de comida dos cães. Adoramos saber disso, mesmo achando que somos capazes de explorar ao máximo essas boas intenções, assegurando que os Alimentos da Longevidade também entrem no pote.

No próximo capítulo vamos fornecer critérios para avaliar a comida canina, seja aquela servida no momento, sejam as marcas mais naturais que você possa querer comprar depois. Caso você tenha vontade de adotar marcas mais naturais e melhorar suas escolhas, não é necessário seguir uma abordagem radical. Existem infinitas formas de revitalizar o prato de comida de seu pet, mas, para facilitar as coisas, separamos as melhorias na nutrição de seu cão em duas etapas: (1) introdução a Alimentos da Longevidade e (2) avaliação e alteração da dieta diária, caso necessário, depois de ter completado o Dever de Casa da Alimentação Canina que sugerimos (não se preocupe, não contém álgebra).

Alimentos da Longevidade

O primeiro passo que recomendamos a todos, independentemente de como estiverem alimentando seus cães no momento ou de como pretendem alimentá-los no futuro, é lutar para que 10% das calorias ingeridas sejam oriundas dos Alimentos da Longevidade. Não escolhemos esse número de modo arbitrário: escolhemos 10% porque nenhum veterinário, veterinária ou nutricionista fará objeções a essa mudança pontual. Eles seguem a **regra dos 10%: 10% das calorias ingeridas pelo cão podem vir de alimentos nutricionalmente incompletos e "não fazer diferença"**. Muitas pessoas gastam seus 10% de calorias-brinde (complementos ou comidinhas extras) desperdiçando-as (às vezes, de um jeito lamentável), oferecendo petiscos de baixa qualidade à base de amido, cheios de carboidrato, verdadeiras "porcarias". Queremos convencer você, neste momento, a aumentar os benefícios desse lote calórico diário de 10% substituindo os petiscos de baixa qualidade e biologicamente estressantes (sem qualquer valor nutritivo e capazes de causar impactos negativos na saúde do cão) por Alimentos da Longevidade.

Não estamos dizendo que os petiscos não têm importância. Estamos afirmando que queremos que você reconsidere os tipos de guloseima que oferece, além de pensar nos horários e nos porquês. Voltaremos a falar do horário quando abordarmos o ritmo circadiano de seu cão. Por ora, queremos que reveja o conceito. Para começar, você deve parar de pensar nos petiscos como se fossem *lanchinhos*; em vez disso, encare-os como uma maneira de *tratar clinicamente* o corpo, de *nutrir* as células do cachorro. Imagine poder oferecer ao seu cão Alimentos da Longevidade tão excelentes que esses novos petiscos saudáveis passem a cultivar, de fato, uma função orgânica sadia, o microbioma, o cérebro e o epigenoma. Isso é possível por meio da substituição de lanches industrializados e ultraprocessados por pequenas porções de Alimentos da Longevidade. O mesmo acontece quando nós, humanos, fazemos nossos lanchinhos – paramos de mastigar doces no meio da tarde e, em vez disso, optamos por uma porção de castanhas ou por pedacinhos de legumes acompanhados de guacamole caseiro. Pequenas mudanças podem ter grandes efeitos.

Sabemos que é difícil; talvez seu cão o olhe como quem acha que esse papo de saúde está indo longe demais. Talvez você tema aquele olhar arrasa-coração de quem diz "Cadê meu petisco favorito?!", mas vale a pena ressaltar que 10% das calorias diárias usadas de forma "incorreta" podem de fato atrapalhar algumas das metas de longevidade. Descobrimos que muitas pessoas preocupadas com a saúde de seus pets não consideram esse assunto importante. Contudo, assim como é possível comprometer uma refeição saudável com uma fatia de bolo de chocolate no final, até a mais benéfica das dietas pode ser prejudicada por petiscos ruins, cheios de carboidrato. *Queremos incentivar você a usar, em parte ou na totalidade, os 10% de calorias-brinde diárias para o bem: para fortalecer e nutrir seu cão a partir do nível celular.*

Felizmente, a maioria dos Alimentos da Longevidade (em especial legumes e frutas frescas) tem valor calórico tão baixo que, na verdade, nem interfere na contagem de calorias. Contudo, até pequenas porções são vantajosas para a saúde, porque fornecem muitos nutrientes. Não é preciso grandes quantidades para perceber os inúmeros benefícios. O melhor de tudo é que eles podem ser servidos como petiscos ou adicionados ao pote de comida, por isso nós também nos referimos a eles como *toppers* (eles ficam *no topo* de qualquer comida que esteja no pote). Para quem não tem o hábito de dar petiscos, os Alimentos da Longevidade podem ser usados como *Toppers* Essenciais da Longevidade (TELs), misturados a qualquer comida oferecida ao cão.

Alguns Alimentos da Longevidade funcionam melhor como *toppers*, por serem duros demais para serem usados como reforço em treinamentos (como a couve-de-bruxelas – que é fibrosa, e a coisa pode ficar meio bagunçada caso ela seja colocada na bolsinha de petiscos). Preparamos listas de Alimentos da Longevidade que funcionam melhor como petiscos (veja página 257). Todos os alimentos sugeridos podem ser picados em pequenos pedacinhos do tamanho de uma ervilha e oferecidos como atrativos/recompensas ao longo do dia. Sim, é isso mesmo: seja o cão um pastor miniatura ou um cane corso, recomendamos pedacinhos do tamanho de uma ervilha (Alimentos da Longevidade convertidos em pequenas recompensas); os cães maiores comem mais pedacinhos. Se o seu cão for enjoado para comer ou estiver acostumado com lanches nada saudáveis, será mais difícil convencê-lo a aceitar um quarto de couve-de-bruxelas de uma hora para outra. Portanto, comece com micropedaços de vísceras levemente cozidos ou escaldados (de novo, do tamanho de uma ervilha; veja na lista da página 256 uma grande variedade de vísceras que os cães *adoram*, todas cheias de nutrientes). A maioria dos cães não rejeita fígado cozido ou corações de galinha. Da próxima vez que cozinhar vísceras, adicione cenouras, pois muitos cães *superenjoados* amam cenoura com sabor de frango. Com o passar do tempo, cozinhe os legumes cada vez menos, até seu peludo se acostumar a comer cenoura crua.

Quem passa o dia fora de casa e não encara a "pressão por petisco" pode adicionar os Alimentos da Longevidade bem no topo, como se fossem um *topper*. (Se seu pet for enjoado, misture os *toppers* com a comida, escondendo os "alimentos da saúde" no meio da dieta habitual.) O bom da regra dos 10% é que essas adições não precisam ser nutricionalmente balanceadas – elas são "extras" que fazem a mágica da longevidade. Se seu cão torcer o nariz para a novidade escolhida naquele dia, não se desespere. Use uma quantidade menor de um Alimento da Longevidade de sabor mais suave na próxima refeição e pique a comida *bem picadinha*. Acrescentar o Caldo Caseiro de Ossos para os Entusiastas da Longevidade (veja página 265) também ajuda a convencer o cachorro a experimentar novos sabores. Às vezes são necessários meses para que as papilas gustativas acordem, então seja persistente. E faça anotações no Diário do Cão Eterno, um diário que recomendamos que você use para registrar as experiências, preferências e questões relacionadas à saúde do animal. Pode ser um bom e velho caderninho ou um arquivo digital armazenado em seu computador. Também pode ser útil anotar alterações na rotina do cão, como o horário em que ele tomou uma pílula para dirofilariose, em que dia a diarreia começou, quando ele começou a comer uma nova comida ou um novo suplemento, e assim por diante.

Os Alimentos da Longevidade interferem profundamente na redução do estresse oxidativo e têm influência positiva no epigenoma. Isso, por sua vez, acaba influenciando o comportamento do DNA canino. Os TELs (adicionados à refeição) fazem pender a balança todos os dias, fornecendo ao corpo do cão um afluxo recorrente de antioxidantes exterminadores de radicais livres, de polifenóis prolongadores da vida, de fitoquímicos benéficos e de cofatores centrais prontos para atravessar a cadeia alimentar e sussurrar palavras sadias de incentivo ao epigenoma do seu cãozinho.

Sugestão: se seu cão é rechonchudo e precisa perder um pouco de peso, você pode *substituir* 10% das calorias por *Toppers* Essenciais da Longevidade (retire 10% das calorias e substitua-as por Alimentos da Longevidade). Se ele é magro, você pode *adicioná-los* ao topo das porções de comida.

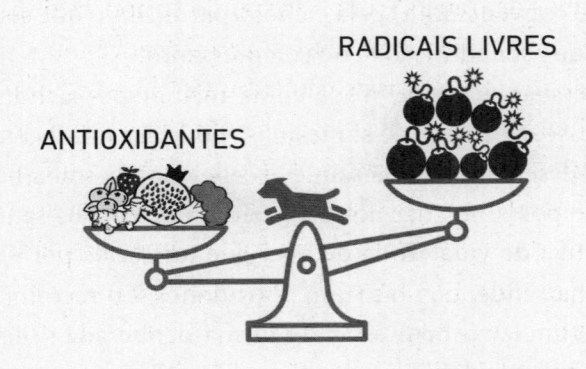

10% de *Toppers* Essenciais da Longevidade (TELs): os Alimentos da Longevidade são adicionados na forma de TELs a qualquer tipo de comida que esteja sendo usada no momento para alimentar seu cão (ou que venha a ser usada no futuro). Conforme explicamos, veterinários e veterinárias mundo afora concordam que 10% das calorias diárias podem vir de outras fontes, não da "comida canina" completa e balanceada (ou seja, por meio de petiscos e de outros alimentos). Retrabalhamos a "regra dos 10%", amplamente aceita, tornando-a vantajosa para a saúde de seu animal, substituindo petiscos ultraprocessados por TELs. Chamamos isso de Regra dos 10% de *Toppers* Essenciais: substitua os petiscos atuais ultraprocessados, que não oferecem qualquer benefício à saúde, por Alimentos da Longevidade superturbinados.

Há infinitas maneiras de personalizar refeições e potes de comida. Não se apegue tanto a percentuais exatos nem tente decidir tudo de uma vez. A nutrição não é uma ciência exata, e é sempre possível mudar de ideia, alterar proporções ou substituir o tipo de comida, dependendo da sua filosofia alimentar e daquilo que funciona melhor para vocês dois. Por enquanto, queremos apenas que comece a pensar em como seria o Plano Alimentar do Cão Eterno de seu amigo peludo. Isso não quer dizer que você vai trocar toda a comida do jantar de hoje à noite. Em vez disso, vai começar a diversificar a comida do seu pet com Alimentos da Longevidade. No próximo capítulo vamos mostrar como avaliar a dieta básica de seu cão e, se necessário, como melhorar a qualidade, a adequação biológica, o frescor e o valor nutritivo, escolhendo categorias ou marcas diferentes de comida. Por ora, depois do que aprendeu nas primeiras duas partes deste livro, queremos que pense sobre os objetivos nutricionais. Acreditamos que você já se sinta capacitado(a) e convencido(a) pela ciência, permitindo que seu bom senso reforce aquilo que sua intuição já o fazia pressentir.

Ouvir as pessoas dizerem "Você cuida melhor do cachorro do que a maioria das pessoas cuidam de si mesmas" pode ser um incentivo e tanto. É verdade que desenvolver uma saúde excepcional dá trabalho; não existe uma pílula que possamos dar aos cães para criar corpos saudáveis e dobrar a expectativa de vida. Toda decisão que tomamos por eles tem uma consequência na saúde, boa ou ruim, e os donos 2.0 reconhecem que há limites para estimular o bem-estar de forma deliberada. Reconhecemos, também, que a própria definição de saúde difere de uma pessoa para outra; queremos partir de onde você está e oferecer dicas práticas para melhorar o bem-estar de seu amigo.

Toppers Essenciais da Longevidade (TELs): superalimentos que podem ser compartilhados com seu cão todos os dias

Há uma longa lista de alimentos com benefícios impressionantes para a longevidade que podem ser misturados à comida atual do seu cão ou usados como petiscos, turbinando o status nutricional de muitas maneiras diferentes, todas benéficas para a saúde.

Legumes e verduras frescas e frutas com baixo teor de açúcar são extremamente importantes para os cães, embora devam compor apenas um pequeno percentual da dieta. Na natureza, lobos e coiotes consomem gramíneas, frutinhas silvestres, frutos e legumes selvagens como fontes de nutrientes cruciais que fornecem não apenas fibras dietéticas, mas também uma variedade de substâncias nutritivas não encontradas nas carnes, nos ossos ou nas vísceras. Pesquisas mostram que dietas caninas sem matéria vegetal adequada geram menos microbiomas saudáveis. Entre os compostos mais importantes fornecidos pelos vegetais estão os polifenóis, os flavonoides e outros fitonutrientes. Em vários estudos, a adição de polifenóis à dieta mostrou uma redução significativa nos marcadores de estresse oxidativo. Eles são encontrados numa abundância de fontes alimentícias.

Nós, humanos, temos acesso a uma boa dose de polifenóis no café e no vinho, mas é claro que não recomendamos compartilhar sua caneca matinal ou o vinho do jantar com seu cachorro. Para nós, café e vinho consumidos com moderação são microfontes dessas moléculas antienvelhecimento (para muitos, o café é a única fonte de antioxidantes na dieta). No entanto, os alimentos na tabela a seguir são todos bons para os cães e podem ser adicionados à comida de seu companheiro ou compartilhados com ele quando você os estiver consumindo.

TIPOS DE POLIFENÓIS

CLASSIFICAÇÃO		SUBCLASSES	FONTES ALIMENTARES
flavonoides	antocianinas	delfinidina, pelargonidina, cianidina, malvidina	pequenos frutos silvestres, cerejas, ameixas, romãs
	flavanas	epicatequina, epigalocatequina, EGCG, procianidinas	maçãs, peras, chá
	flavanonas	hesperidina, naringenina	frutas cítricas
	flavonas	apigenina, crisina, luteolina	salsinha, aipo, laranja, chá, mel, condimentos
	flavonóis	quercetina, kaempferol, miricetina, isorhamnetina, galangina	pequenos frutos silvestres, maçãs, brócolis, vagem, chá
ácidos fenólicos	ácido hidroxibenzoico	ácido elágico, ácido gálico	romãs, pequenos frutos silvestres, nozes, chá verde
lignanas		sesamina, secoisolariciresinol diglicosídeo	sementes de linhaça, gergelim
estilbenos		resveratrol, pterostilbeno, piceatannol	pequenos frutos silvestres

Embora o volume de fibras dietéticas (vegetais) em dietas saudáveis seja relativamente pequeno para os cães, a inclusão desses componentes tem um papel crucial na reparação e na manutenção da saúde digestiva e do microbioma. Os vegetais fornecem fibras prebióticas para a produção de ácidos graxos de cadeia curta (AGCC) no cólon. Eles fornecem, ainda, as fibras solúveis e insolúveis necessárias para manter a evacuação saudável, além de fitonutrientes que estimulam o sistema imunitário e geram antioxidantes.

A lista a seguir destaca apenas alguns exemplos de frutas, verduras e legumes que você pode incluir na sua geladeira neste momento e que podem adicionar valor nutritivo à dieta de seu animal de estimação, seja oferecendo-os nas refeições principais como TELs, seja como petiscos no adestramento ou nas brincadeiras ao longo do dia. **Os TELs são pedacinhos de comida natural que podem ser oferecidos crus ou levemente cozidos (caso decida cozinhar, o cozimento a vapor é uma boa opção para cães e pessoas).** Fique à vontade para reaproveitar alguns dos legumes cozidos do jantar de ontem na vasilha do cachorro (assegure-se, apenas, de que não há nenhum tempero que possa irritar o sistema gastrointestinal). Corte em pedacinhos qualquer um desses alimentos humanos bons para os cães e os adicione às refeições do seu amigo, ou use pedaços um pouco maiores como petiscos; seja como for, ele consumirá mais comida viva, completamente natural. Dê uma boa olhada nas partes dos legumes que são descartadas e jogadas fora: as pontas da cenoura, do aipo, das vagens e de outros legumes seguros para os cães podem ser picadas e adicionadas à vasilha de comida. Todos os alimentos naturais oferecidos (cozidos ou crus) devem ser picados em pedacinhos pequenos. Ofereça um pedacinho por vez e anote no Diário do Cão quais ele gosta de cara e quais entraram na categoria "tente outra vez".

À medida que avançarmos pela lista, informaremos qual o volume de guloseimas que costumamos usar na comida de Shubie, a norsk lundehund de Rodney, de 13,5kg e 9 anos de idade. Incentivamos oferecer pequenos pedacinhos de várias comidas de verdade em vez de gastar os 10% de calorias-brinde com uma porção maior de um único alimento natural. Lembre-se de que essas comidas são superalimentos, portanto não precisam ser oferecidas em grandes quantidades para se ter bons resultados. Na maioria dos casos, seria difícil causar uma overdose de aipo no cão (a não ser que estejamos falando de um labrador ou de um golden retriever insaciáveis). A maior parte dessas guloseimas com baixíssimo teor calórico pode ser oferecida mesmo que você não calcule as calorias – as exceções serão destacadas. Nosso objetivo é fornecer uma incrível diversidade de alimentos naturais para formar o microbioma e reforçar os nutrientes, os antioxidantes e os polifenóis intracelulares. Sempre que possível, procure comprar produtos orgânicos e livres de agrotóxicos.

Verduras e legumes da longevidade

Alguns vegetais da família *Apiaceae* (por exemplo, cenoura, coentro, cherovia (pastinaca), erva-doce, aipo, salsinha): essas maravilhas contêm poliacetilenos, uma classe incomum de compostos orgânicos com benefícios antibacterianos, antifúngicos e antimicobacterianos. Eles desempenham um papel central na desintoxicação de várias substâncias cancerígenas, em específico micotoxinas (incluindo a aflatoxina B1). A contaminação por micotoxinas contidas na alimentação industrializada apresenta riscos sérios à saúde e, depois que o cão as ingere, é difícil eliminá-las. A oferta desses legumes e verduras é um ótimo recurso para melhorar o metabolismo desses compostos tóxicos. Cruas ou cozidas, rodelas de cenoura e de cherovia orgânicas são ótimos petiscos para exercícios de treinamento, enquanto o coentro, a salsinha e a erva-doce podem ser triturados e misturados à comida. Pesquisas demonstram que o coentro atua em cooperação com a microalga *Chlorella* na desintoxicação de metais pesados (outro problema da indústria de comida canina comercial), absorvendo de forma natural uma média de *87% do chumbo, 91% do mercúrio e 74% do alumínio* em 45 dias!

Couve-de-bruxelas: pesquisas sobre câncer descobriram que as crucíferas, inclusive a couve-de-bruxelas, têm atuação positiva contra o câncer de bexiga, de mama, colorretal, gástrico, de pulmão, pancreático, de próstata e contra o carcinoma de células renais. A ação se deve, em parte, a um composto bioativo chamado "indol-3-carbinol". Além de fornecer fibras essenciais para o intestino, a couve-de-bruxelas também contém flavonoides, lignanas e clorofila e é uma boa fonte de vitaminas C e K, ácido fólico e selênio. A maioria dos cães a prefere levemente cozida.

Pepino: composto quase exclusivamente de água e sem calorias, esse lanche crocante é excelente para manter o cão hidratado, além de ser ótima fonte de vitaminas C e K. O pepino também contém um antioxidante chamado "cucurbitacina", que, conforme já comprovado em estudos de laboratório, inibe a atividade da cilooxigenase-2 (COX-2), uma enzima inflamatória muito bem estudada, e induz a apoptose celular (processo essencial de morte celular programada). Eles são ricos ainda em pectina, fibra solúvel natural que beneficia o microbioma.

Espinafre: essas folhas verdes têm propriedades anti-inflamatórias e contribuem para a saúde do coração (obrigada, vitamina K). Os fitoquímicos do espinafre reduzem a fome de açúcares e de gorduras. É a fonte vegetal mais rica em luteína e zeaxantina, que previnem degenerações oculares relacionadas ao envelhecimento em animais modelo, além de conter ácido alfa lipoico, um importante antioxidante antienvelhecimento, e ácido fólico, uma vitamina do complexo B essencial na produção de DNA. Sem o ácido fólico, o DNA novo e saudável não pode ser produzido. A Dra. Rhonda Patrick, pesquisadora de biologia celular e de longevidade, sustenta que "a deficiência de ácido fólico equivale à exposição à radiação ionizante, tamanho é o dano causado ao DNA". Pouco tempo atrás, descobriu-se que o ácido fólico também atua na proteção dos telômeros – aquelas estruturas localizadas na ponta dos cromossomos que são encurtadas pelos alimentos ultraprocessados e por outros fatores. Conforme já observamos, o comprimento dos telômeros diminui com a idade; telômeros mais curtos são associados a uma menor expectativa de vida e a uma maior incidência de doenças. Como é muito sensível ao calor, o ácido fólico é um dos primeiros nutrientes a serem inativados na comida processada. O espinafre é naturalmente rico em oxalatos, o que pode ser um problema para cães cuja genética os torna propensos a cristais de oxalato na urina. Conseguimos esconder uma colherada de espinafre triturado na comida de Shubie umas duas vezes por semana. Como é uma apreciadora da boa comida, ela prefere o espinafre cozido, ainda morno, com um toque de páprica e umas gotinhas de limão (um preparo também conhecido como "sobras da comida de Rodney").

Brotos de brócolis: a Dra. Patrick celebra os brotos de brócolis como um alimento "muito poderoso contra o envelhecimento" – e por boas razões! Em nossa sociedade, estamos quase o tempo todo expostos a toxinas que estressam o organismo, desde aquelas que respiramos (como os benzenos, substâncias comuns que os cães das cidades inalam dos escapamentos) àquelas que consumimos na comida (como os pesticidas). Esses fatores de estresse afetam nosso corpo no nível celular e danificam nossas mitocôndrias, causando inflamações generalizadas que contribuem para acelerar o

COMO CULTIVAR BROTOS PARA VOCÊ E SEU CÃO

Passo 1

Use um pote de vidro de boca larga com capacidade para 1 litro. Isso vai garantir bastante espaço para adicionar água e cultivar os brotos. Adicione de uma a sete colheres de sopa de sementes (cada colher rende cerca de uma xícara de brotos).

Cubra com um pedaço de pano de algodão leve e fino (como os usados na fabricação de queijos ou em fraldas de pano) e prenda-o em volta da boca do pote com um elástico. Nós gostamos das tampas teladas próprias para cultivo de brotos porque elas facilitam as coisas na hora de escorrer.

Higienize as sementes: encha o pote com água filtrada até 2,5cm acima das sementes. Adicione uma solução bactericida: usamos uma colher de sopa de vinagre de maçã mais uma gota de detergente. Deixe descansar por 10 minutos; em seguida, enxágue **muito bem** com água (costumamos enxaguar até sete vezes).

Passo 2

Com as sementes higienizadas, adicione água filtrada até cobri-las por completo, deixando ao menos cerca de 2,5cm de água acima delas. Deixe de molho por oito horas ou uma noite.

Passo 3

Depois de oito horas, escorra a água do pote (usamos a água escorrida para regar nossas plantas caseiras!). Adicione água filtrada através da tampa e balance o pote para enxaguar as sementes.

Escorra completamente e incline o pote de cabeça para baixo para que o restante da água possa escoar. Enxágue e escorra as sementes pelo menos duas vezes ao dia (ou seja, de manhã e à noite) por três a cinco dias.

Passo 4

No dia seguinte, as sementes vão começar a se abrir. Começou a brotação!

No terceiro ou quarto dia, seus brotos estarão grandes o suficiente para serem comidos. Coloque a jarra no parapeito de uma janela ensolarada por cerca de duas horas e os brotos vão adquirir um lindo tom de verde-clorofila. Retire a tampa e enxágue bem, removendo as casquinhas das sementes. Escorra bem, retirando o excesso de água. Guarde na geladeira e consuma dentro de cinco dias.

Último passo

Pique os brotos e os acrescente à comida do cachorro! (Comece com uma colher de chá para cada 9 quilos de peso corporal.) Eles também podem ser congelados e usados em saladas e vitaminas!

envelhecimento ao longo do tempo. Um dos caminhos de defesa do estresse no corpo, o Nrf2 (ou Fator Nuclear Eritroide 2 relacionado ao Fator 2) controla mais de 200 genes responsáveis pelos processos anti-inflamatórios e antioxidantes. Quando essa via é ativada, o corpo suprime a inflamação, ativa a desintoxicação e estimula os antioxidantes a exercerem seus efeitos.

E o que os brotos de brócolis têm a ver com isso? As crucíferas – brócolis, brotos de brócolis, couve-de-bruxelas, etc. – contêm um composto muito importante chamado "sulforafano", que (mais do que qualquer outro composto) ativa com eficiência o caminho Nrf2. Quando testado em estudos com animais e com humanos, os sulforafanos diminuíram as taxas de câncer e dos biomarcadores cardiovasculares (substâncias liberadas no sangue em caso de lesão cardíaca), reduziram os marcadores de inflamação e removeram significativamente as toxinas do organismo, inclusive metais pesados, micotoxinas e AGEs! **Os brotos são a melhor forma de remover AGEs do corpo do cão!** Essa é uma maneira barata e poderosa de expulsar os subprodutos tóxicos contidos na comida ultraprocessada que os cães consomem. Os brotos são biologicamente superiores ao vegetal "adulto" porque contêm de 50 a 100 vezes mais sulforafanos do que os brócolis ou outros vegetais crucíferos maduros. Você pode cultivá-los com facilidade caso seja difícil encontrá-los no mercado mais próximo (veja a página 245). Para cada 4,5kg de peso corporal, camufle uma pitada dessas pequenas joias nas refeições de seu cão.

Cogumelos: além de serem uma fonte natural de fibras prebióticas que nutrem o intestino, os cogumelos contêm uma variedade de substâncias que promovem a longevidade, incluindo polifenóis, glutationa (são a maior fonte alimentar desse antioxidante) e substâncias que promovem a produção de glutationa – selênio e ácido alfa lipoico. Os cogumelos também fornecem uma boa dose de poliaminas, inclusive da espermidina, um composto que aumenta a autofagia e é encontrado em altos níveis entre os centenários. Em animais modelo, a espermidina melhora a cognição e exerce efeito neuroprotetor, provavelmente devido às consequências do composto sobre a saúde mitocondrial. Os cogumelos medicinais, incluindo o shitake, o maitake, o shimeji-preto (cogumelo ostra), o reishi, o juba-de-leão, o cauda-de-peru, o cogumelo chinês *Cordyceps*, os champignons (cogumelos-de-paris) e os cogumelos-do-cardo são, na verdade, as melhores fontes de espermidina, uma turbinada molécula da longevidade. Animais que consomem espermidina são menos propensos a desenvolver fibrose hepática e tumores hepáticos cancerígenos, mesmo se predispostos a essas doenças. Surpreendentemente, a espermidina aumenta *muito* a expectativa de vida. "É um aumento dramático... quase na casa dos 25%", diz Leyuan Liu, professor-assistente no Instituto A&M de Ciências Biológicas, no Texas. "Em termos humanos, é como se, em vez de viver cerca de 81 anos, o norte--americano médio vivesse mais de 100."

Para a saúde imunitária, os cogumelos salvam a pátria com seus beta-glucanos, um composto imunomodulador especial que controla a inflamação e mantém a insulina baixa e estável. Estudos recentes em cães obesos resistentes à insulina revelaram o poder da suplementação de beta-glucanos: o apetite diminuiu, e os animais passaram a implorar menos por comida. Os beta-glucanos são encontrados em todos os cogumelos comestíveis. Além de ajudarem a equilibrar o sistema imunitário e reduzirem a inflamação, eles exercem um efeito positivo nos cães imunossuprimidos e melhoram a resposta imune humoral a vacinas. E quanto ao câncer? Indivíduos que comem 18 gramas de cogumelos (ou cerca de ⅛ a ¼ de xícara) por dia têm um risco 45% menor de desenvolver câncer em comparação àqueles que não comem cogumelos. Nos cães, o tempo médio de sobrevida para o hemangiossarcoma do baço é de 86 dias, mas alguns cães viveram *por mais de um ano* quando o cogumelo cauda-de-peru foi adicionado como único meio de tratamento. Os cogumelos medicinais são mesmo incríveis para nossa saúde. O Chaga é um dos cogumelos menos conhecidos, mas nós o usamos frequentemente, na forma de chá, para tudo nesta vida. O Chaga é um cogumelo esquisito porque sua textura se assemelha à de um tronco de árvore (portanto, não dá para comer essa maravilha salteada). A textura firme é ótima para chás e caldos poderosos. Acrescentamos pedacinhos de Chaga a tudo que demanda água pura: da água do banho (Dra. Becker) e bebedouros para beija-flores (Rodney descobriu que isso reduz a proliferação de bactérias) às garrafas de kombucha (chá fermentado) e à água usada nas sementes que estivermos cultivando. Passamos a manter chá de Chaga na geladeira desde que descobrimos essa bebida incrível, e seu discreto sabor de baunilha é delicioso gelado ou quente (para humanos). Ele pode ser usado para potencializar a comida canina liofilizada ou desidratada, substituindo a água normal na reconstituição desses alimentos. As propriedades medicinais do Chaga o tornam um relaxante enxaguante de patas para remover o sal no inverno (usado para derreter o gelo das ruas e estradas) e para refrescar as lesões de pele no verão (embeba uma bola de algodão com chá de Chaga frio e aplique diretamente sobre as feridas).

Uma coisa extraordinária sobre os cogumelos é que cada um deles traz benefícios medicinais específicos, então é possível escolher quais oferecer a partir do tipo de benefício que você pretende proporcionar ao cão. Para a saúde e o bem-estar geral, experimente porcini, champignon branco, shitake, cauda-de-peru, maitake, reishi, shimeji ou shimeji-preto (cogumelo ostra). O cauda-de-peru e o Chaga são poderosos contra o câncer, e o juba-de-leão é um cogumelo nootrópico, o que significa que ele nutre o sistema nervoso central. Além da glutationa, os cogumelos contêm ainda outro antioxidante difícil de ser encontrado em outras fontes: a ergotioneína, conhecida como ergo. A ergo já foi chamada de "vitamina da longevidade", porque, em alguns estudos, essa molécula aumentou os hormônios anti-inflamatórios e diminuiu os fatores oxidativos de estresse nos humanos. A ergo é encontrada em apenas um grupo de alimentos: os cogumelos. **Cogumelos medicinais picados são excelentes *toppers* para as refeições.** Você pode preparar um Caldo Medicinal de Cogumelos e adicioná-lo às refeições (use-o para reconstituir comida liofilizada ou desidratada. Ele pode ser usado ainda como um ótimo "molho" sobre a ração seca). Cubos congelados de caldo de cogumelos são um petisco refrescante nos meses de verão. Cogumelos desidratados também podem ser usados.

CALDO MEDICINAL DE COGUMELOS PARA OS ENTUSIASTAS DA LONGEVIDADE

Em uma panela, coloque uma xícara de cogumelos frescos picados (ou ½ xícara de cogumelos desidratados) e 12 xícaras de água (ou de Caldo Caseiro de Ossos dos Entusiastas da Longevidade). Se desejar, acrescente ½ colher de chá de gengibre ralado e ½ colher de chá de cúrcuma. Cozinhe em fogo baixo por 20 minutos e deixe esfriar. Amasse até conseguir uma mistura macia, transfira-a para uma bandeja de cubos de gelo e congele. Retire uma porção (cerca de 30g) para cada 4,5kg de peso corporal, espere descongelar e a misture na comida para proporcionar um aumento instantâneo de ergotioneína.

Todos os cogumelos seguros para o consumo humano são seguros para os cães. Da mesma forma, todos os venenosos para os humanos são venenosos para os cães. Os cogumelos crus ou cozidos podem ser compartilhados com seu cachorro na forma de lanches ou de *toppers*. Percebemos que a maioria dos cães não se importa com os cogumelos misturados à comida, mas, se o seu não quiser comê-los, eles são encontrados em forma de suplementos (veja no Capítulo 8). Encontre uma maneira de introduzir esses operários milagrosos no organismo de seu amigo.

Quantidade de ergotioneína e de glutationa nos cogumelos

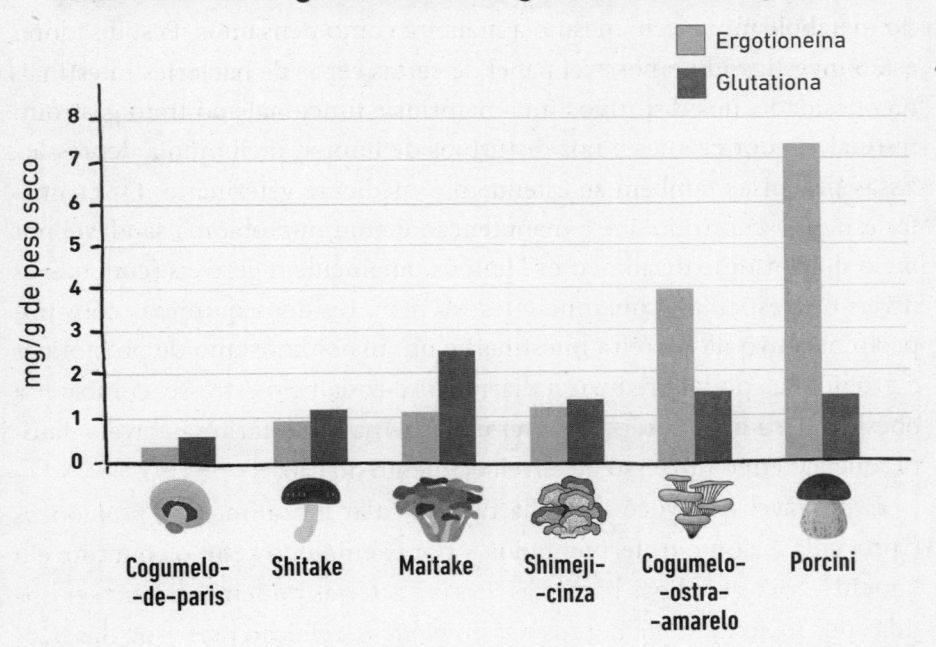

Adaptado de Michael D. Kalaras et al., "Mushrooms: A Rich Source of Antioxidants Ergothioneine and Glutathione". *Food Chemistry* (out. 2017): pp. 429-33.

Cuidados com o microbioma

Conforme descrito na Parte I, as tribos microbianas que vivem dentro do e sobre nosso corpo, especialmente as bactérias que sobrevivem nos intestinos das pessoas e dos cães, são peças-chave para a saúde – tanto que o intestino tem sido chamado de "segundo cérebro". Por meio de uma fascinante conexão que opera nos dois sentidos entre o intestino e o cérebro, o cérebro recebe informações sobre o que está acontecendo no intestino, enquanto o sistema nervoso central envia informações de volta ao intestino para garantir um funcionamento otimizado. Esse vaivém possibilita o controle do comportamento alimentar e da digestão, além de um sono restaurador. O intestino envia sinais hormonais que transmitem ao cérebro as sensações de saciedade, de fome e de dores causadas pela inflamação intestinal.

O intestino tem mesmo grande influência sobre o bem-estar geral: afeta o modo como nos sentimos, a qualidade do sono, os níveis de energia, a força do sistema imunitário, a intensidade da dor e a eficácia da digestão e do metabolismo – e até mesmo a maneira como pensamos. Pesquisadores estão investigando o possível papel de certas cepas de bactérias intestinais na obesidade, nos distúrbios inflamatórios e funcionais do trato gastrointestinal, na dor crônica e nos distúrbios de humor, incluindo a depressão. Essas pesquisas também se estendem à medicina veterinária. Os cientistas estão descobrindo que a manutenção de um microbioma saudável por meio do consumo de alimentos "limpos" altamente digeríveis (com baixos níveis de pesticidas, contaminantes, AGEs e resíduos químicos com impacto negativo na barreira intestinal) e um maior consumo de prebióticos e probióticos podem reduzir a diarreia induzida pelo estresse, combater a obesidade e a inflamação e manter um sistema imunitário saudável – fatores que afetam o processo de envelhecimento do cão.

É provável que você já tenha ouvido falar em alimentos *probióticos* ("pró-vida"), como os fermentados – por exemplo, o kefir, o chucrute e o kimchi –, ricos em boas bactérias. Essas bactérias podem também ser obtidas por meio de suplementos. Os *prebióticos*, refeição preferida das bactérias do intestino, são os alimentos que garantem seu crescimento e sua atividade, e são compostos por fibras não digeríveis. Assim como ocorre com os probióticos, os prebióticos também podem ser encontrados na comida. À medida que metabolizam esses alimentos ricos em fibras não digeríveis, as bactérias do intestino produzem ácidos graxos de cadeia curta – biomoléculas benéficas que ajudam a atender às necessidades de energia do corpo.

É claro que queremos cooperar com essa comunidade microbiana e com essa rede biológica interna por meio do simples consumo dos colaboradores mais importantes do intestino – as boas bactérias. Uma das estrelas probióticas que chamam a atenção no mundo canino é a *Akkermansia muciniphila* (é um palavrão, então a gente abrevia para *A. muciniphila*). Essa espécie bacteriana promove o envelhecimento saudável porque protege a mucosa intestinal e ajuda na saúde gastrointestinal, mantendo as coisas em movimento e prevenindo distúrbios, como a diarreia e a síndrome do intestino irritável (SII). Ela também vem sendo estudada como agente de combate à obesidade em animais de estimação. Os alimentos preferidos da *A. muciniphila* são os vegetais ricos em inulina (como os aspargos e o dente-de-leão) e a banana. A ciência diz que quanto mais bactérias *A. muciniphila* os cães têm, mais jovens eles são. Mais fontes de inulina significam mais *A. muciniphila*, o que é bom. Recomendamos que as fibras prebióticas (como a inulina) sejam incluídas na dieta na forma de alimento em vez de suplemento: a soma dos constituintes da comida oferece um benefício maior do que um único suplemento. Muitos cães têm problemas intestinais, então oferecer comida que nutra o microbioma pode curar e melhorar tratos intestinais inflamados e disbióticos. Além de promoverem um intestino saudável, esses alimentos formadores do microbioma proporcionam *muitos outros* benefícios epigenéticos.

TOPPERS ESSENCIAIS BENÉFICOS AO MICROBIOMA QUE PODEM SER COMPARTILHADOS COM SEU CÃO

- **Endívia, escarola e radiche (almeirão):** todos os membros da família da chicória são bons *toppers* para qualquer comida. Essas verduras são carregadas de fibras prebióticas que alimentam as bactérias benéficas do intestino do cão.
- **Dente-de-leão:** você e seu cãozinho podem comer todas as partes da planta – as flores, os caules, as folhas e as raízes. O dente-de-leão é cheio de fibras prebióticas e tem um efeito purificante no fígado e na corrente sanguínea. Ele é mais nutritivo do que a couve e é abarrotado de vitaminas (C, betacaroteno e K) e de potássio. Você pode criar uma farmacinha completa no seu quintal! (Certifique-se de que o dente-de-leão que você vai consumir não tenha sido tratado com pesticidas.) É possível encontrar folhas frescas da planta em alguns mercados.

- **Quiabo e aspargo:** são ótimas fontes não apenas de prebióticos e de vitaminas. O aspargo é uma das poucas fontes naturais de glutationa, uma substância química fundamental para o cérebro e atuante como potente antioxidante interno e desintoxicante. O quiabo e o aspargo podem ser fatiados crus e usados como petiscos perfeitos na hora do treinamento ou cozidos no vapor e adicionados à vasilha de comida.
- **Crucíferas, como brócolis e rúcula:** além de serem ricos em fibras que fazem bem ao intestino, os vegetais crucíferos também contêm vitaminas, antioxidantes e substâncias com efeitos anti-inflamatórios. Os brócolis, em particular, contêm duas supermoléculas: o 3,3'-Di-indolil-metano (DIM) e o sulforafano, que naturalmente estimulam os níveis de glutationa. O DIM ajuda o corpo a gerenciar o equilíbrio saudável de hormônios e a limpar os xenoestrogênios (substâncias químicas ambientais que imitam o estrogênio) capazes de bagunçar o organismo. Pesquisas em cães também mostram que o DIM pode ter atuação antitumoral/anticâncer. E o sulforafano tem sido avaliado em estudos sobre câncer de ossos e de bexiga em cães, com resultados impressionantes. Um ponto crucial: a magia do sulforafano acontece apenas com a ingestão de brócolis; cães e pessoas não se beneficiam do sulforafano em forma de suplemento porque ele se degrada com muita rapidez. Essa molécula mágica estimula a apoptose (a morte celular sadia, programada) no corpo do cão, processo vital quando células cancerosas precisam ser eliminadas. Pedacinhos de brócolis e talinhos picados são ótimos petiscos; como alternativa, inclua os brócolis cozidos do jantar (sem temperos) na vasilha do cão. Se ele nunca comeu brócolis ou couve-de-bruxelas, um leve cozimento a vapor pode reduzir a produção de gases até que o corpo do cão se ajuste aos novos alimentos.

Os vegetais crucíferos causam hipotireoidismo? Talvez você tenha ouvido falar que o alto consumo de crucíferas (muito mais do que um cão comeria normalmente) estimula o desenvolvimento do hipotireoidismo (diminuição nos hormônios da tireoide). Em roedores de laboratório, verificou-se que isso resultava da competição na absorção, pela glândula tireoide, de um metabólito dessas verduras – o tiocianato – com a do iodo (um mineral necessário para a produção hormonal da tireoide). Por fim, pesquisas adicionais com animais concluíram que o crescimento do consumo de crucíferas *não* parece aumentar o risco de hipotireoidismo, *a não ser que* seja acompanhado de uma deficiência de iodo. Desde que seja oferecida ao cão uma dieta nutricionalmente completa, não há razão para temer essa família de verduras!

- **Jícama (nabo-mexicano):** esse legume crocante parece uma mistura de maçã e batata e pode ser um ótimo petisco. A jícama tem teores muitíssimo altos da fibra prebiótica inulina e de vitamina C.
- **Alcachofra-de-jerusalém (tupinambo, alcachofra-girassol ou girassol-batateiro):** esse tubérculo nodoso, que não é parente da alcachofra, vem da família do girassol e é carregado de inulina. Alguns nutricionistas acreditam que a alcachofra-girassol é a heroína esquecida da família dos tubérculos, porque é muito versátil e fornece um punhado de prebióticos.
- **Vegetais fermentados:** sejam comprados ou feitos em casa, são uma rica fonte de probióticos para os cães. O difícil é convencê-los a comer essas combinações de sabor forte e ácido. Se o seu cão aceitar, certifique-se de que não contenham cebola e ofereça ¼ de colher de chá por 4,5kg de peso corporal uma vez ao dia, misturados à comida.
- **Abacate:** esse fruto verde corpulento por fora e cremoso por dentro fornece quantidades significativas de vitamina C e E, além de potássio, muito ácido fólico e fibras. Os abacates são lotados da mesma gordura saudável monoinsaturada presente no azeite de oliva – ácido oleico –, que mantém a função cerebral e é importante para a manutenção da saúde em qualquer idade. Pesquisas recentes mostram que os abacates também beneficiam a saúde da pele, dos olhos e até das articulações. São também fontes de fitosteróis benéficos ao coração, como o beta-sitosterol.
- **Banana verde:** as bananas fornecem potássio, mas também são ricas em açúcar quando estão muito maduras (uma banana média contém 14g de açúcar – o equivalente a 3,5 colheres de chá!). Essa fruta tropical verde, por outro lado, tem baixo teor de frutose e é feita de carboidratos resistentes que alimentam o microbioma. Além disso, as bananas fornecem taninos antioxidantes, anticâncer e anti-inflamatórios, além de carotenoides que ajudam a prevenir o estresse

oxidativo. Portanto, escolha as bananas mais verdes e pique-as em pedaços do tamanho de ervilhas para fazer petiscos de treinamento.

➤ **Framboesa, amora-preta ou silvestre, amora-branca, mirtilo:** as frutinhas silvestres são uma fonte fantástica de fibras prebióticas e são abarrotadas de polifenóis, inclusive ácido elágico. A Dra. Kriya Dunlap e seus colegas da Universidade do Alasca em Fairbanks descobriram que dietas suplementadas com frutas ricas em compostos antioxidantes podem manter os níveis de antioxidantes do corpo e prevenir danos oxidativos induzidos por exercícios. Sua pesquisa se concentrou em cães de trenó, constantemente vulneráveis a danos musculares associados ao rigor da rotina de atividade física. Ela demonstrou que cães alimentados com mirtilos exibiam maior quantidade total de antioxidantes no plasma sanguíneo logo após os exercícios, o que fornecia mais proteção contra os efeitos deletérios do estresse oxidativo. Fora da estação, oferecemos muitos mirtilos congelados como petisco. Contudo, fica o aviso: mais de um mirtilo por quilo de peso corporal por dia (ou seja, cinco mirtilos para um cão de 5kg) pode gerar um cocô azul, porém completamente benigno. Portanto, ofereça alguns e, depois, recorra a outro Alimento da Longevidade como petisco saudável do dia.

➤ **Morango:** essa joia vermelha merece uma atenção especial porque contém um segredinho antienvelhecimento pouco conhecido chamado "fisetina", um composto vegetal que os pesquisadores há muito estudam por causa de suas propriedades antioxidantes e anti-inflamatórias. Pouco tempo atrás, cientistas descobriram que a fisetina também mata células senescentes – aquelas células zumbis que são um marco do envelhecimento precoce. Um estudo celular publicado no periódico *Aging* mostrou que a fisetina eliminava **70%** das células senescentes – sem causar qualquer dano às células saudáveis. Vale lembrar que uma célula senescente é a que perdeu a habilidade de se dividir, mas não morreu, levando ao acúmulo e à inflamação das células vizinhas. Em um estudo muito interessante, ratos expostos a fisetina viveram 10% mais e enfrentaram menos problemas relacionados ao envelhecimento do que o grupo de controle, mesmo entre animais de idade mais avançada. Essas descobertas levaram a Clínica Mayo a financiar um experimento clínico que examina os efeitos diretos da suplementação de fisetina em disfunções relacionadas ao envelhecimento em humanos. A fisetina imita os efeitos positivos do jejum (inclusive reduzindo a proteína mTOR e estimulando a AMPK e a autofagia), além de proteger o coração e o sistema nervoso. Talvez você leia que é melhor evitar oferecer morango aos cães; isso se deve à rara possibilidade de os cães consumirem muitos *cabinhos com folhas verdes*, o que pode irritar o estômago. Remova os cabinhos verdes e elimine o risco de prejudicar o trato gastrointestinal. Prefira morangos orgânicos ou sem agrotóxicos.

➤ **Romã:** já sabemos que a romã protege as células e, principalmente, o coração. Problemas cardíacos são considerados a segunda maior causa de morte entre os cães. A endocardiose valvar e a cardiomiopatia dilatada são os males mais comuns, principalmente em cães mais velhos. O dano oxidativo que acarreta morte celular pode constituir um dos fatores centrais na cadeia de eventos que leva à insuficiência cardíaca. Num estudo publicado no periódico *Journal of Applied Research in Veterinary Medicine*, os cientistas descobriram que a ingestão de extrato de romã tem incríveis efeitos protetivos para o coração e para a saúde do cão. Romãs também são fontes de moléculas chamadas *elligantans*, que os micróbios do nosso intestino convertem em urolitina A. A urolitina A regenera a mitocôndria nas minhocas, aumentando em mais de 45% a expectativa de vida. Esses resultados animadores levaram cientistas a testar a descoberta em roedores, e os efeitos foram semelhantes. Camundongos mais velhos mostraram sinais de mitofagia aumentada (autodestruição da mitocôndria danificada) e demonstraram maior resistência nos exercícios do que o grupo de controle. É surpreendente a quantidade de cães que comem essas pequenas joias ácidas e crocantes misturadas à comida; use cerca de uma colher de chá para cada 4,5kg de peso. Se seu cão não for um deles, continue a leitura; você vai descobrir alguma coisa que ele adora.

PODEROSAS PROTEÍNAS

➤ **Sardinha:** Você sabia que as sardinhas foram batizadas em homenagem à ilha italiana de Sardenha, onde imensos cardumes desses peixes foram encontrados – e onde as pessoas costumam ter uma vida longa e saudável? Trata-se de uma Zona Azul, onde, em comparação ao resto do mundo, um número desproporcional de pessoas passa dos 100 anos de idade. As sardinhas podem ser peixes pequenos, mas são grandes em nutrientes, ricas em ácidos graxos ômega-3, em vitaminas D e B12 – fatores essenciais no jogo da longevidade. Compre sardinhas em água (ou frescas, se conseguir). Uma sardinha para cada 10kg de peso corporal duas ou três vezes por semana dá conta do recado.

➤ **Ovo:** seja de galinha, de codorna ou de pata, o ovo é uma bomba natural de nutrientes, lotado de vitaminas, minerais, proteínas e gorduras saudáveis. Os ovos são ricos em colina, um nutriente crucial para a produção do neurotransmissor acetilcolina no cérebro, que auxilia a função cerebral e a memória. Os ovos podem ser oferecidos ao cão de várias formas, porque o perfil de aminoácido da proteína do ovo combina com as necessidades biológicas do animal. Cru, *poché*, cozido, mexido – não importa, os cães gostam de qualquer jeito. Para obter mais nutrientes, prefira ovos de aves caipiras, criadas soltas. Um ovo tem cerca de 70 calorias. Shubie, com seus 13,5kg, ganha um ovo na refeição várias vezes por semana.

➤ **Vísceras:** fígado, rim, tripa, língua, baço, pâncreas, coração... muitos não conseguem ver a graça, mas os cães adoram todas. Vísceras de animais criados soltos são iguarias ricas em ácido alfa lipoico e funcionam como ótimos petiscos, sejam cruas, liofilizadas, desidratadas, cozidas ou em cubinhos. Seu cão vai pedir mais e mais petiscos de vísceras, mas elas são muito gordurosas. Portanto, use o "princípio da pata" para medir a quantidade diária: uma porção do tamanho de *uma* das patas do cão, largura mais comprimento (considerando a profundidade até onde a almofadinha vira pelo), é uma quantidade diária razoável de vísceras para a maioria dos cães saudáveis ativos. Quanto menores forem os pedacinhos, mais ele recebe!

Outras proteínas saudáveis que podem ser compartilhadas com ele são o bacalhau, o linguado, o arenque, peixes de água doce, galinha, peru, ema-australiana, faisão, codorna, carne de carneiro, de boi, de bisão, de alce, de veado, de coelho, de bode, de canguru, de jacaré (caso seu animal de estimação seja alérgico às outras opções), além de salmão selvagem cozido. Qualquer carne magra, limpa e não defumada é um ótimo petisco. Carnes que *não* devem ser compartilhadas com seu amigo canino: carnes curadas, presunto, bacon, arenque defumado, carnes defumadas, salsichas e salmão *cru*.

Petiscos prontos e práticos:
o dicionário canino da farmácia natural

RICOS EM ANTIOXIDANTES	
fonte de vitamina C	pimentão
fonte de capsantina	pimentão vermelho
ricos em antocianina	mirtilo, amora silvestre e framboesa
rico em betacaroteno	melão
fonte de naringenina	tomate cereja
carregada de punicalagina	semente de romã
carregada de poliacetilenos	cenoura
carregada de apigenina	ervilha
rico em sulforafano	brócolis

ANTI-INFLAMATÓRIOS	
fonte de bromelina	abacaxi
com alta densidade de ômega-3	sardinha (exceto para cães que necessitem de uma dieta com baixo teor de purinas)
rico em quercetina	airela ou oxicoco (não para cães seletivos)
rico em cucurbitacina	pepino

SUPERALIMENTOS TURBINADOS	
fonte de colina	ovo cozido
fonte de glutationa	cogumelo-de-paris
rico em manganês	polpa de coco (ou *chips* de coco seco, não adoçado)
rico em vitamina E	semente de girassol crua (faça brotos dela e de outros verdinhos para uma salada rica em clorofila!)
fonte de magnésio	semente de abóbora crua (ofereça uma semente por vez para usufruir de petiscos no tamanho perfeito. Até ¼ de colher de chá para cada 4,5kg de peso corporal ao longo do dia)
fonte de selênio	castanha-do-pará (pique uma por dia para você e uma para seu cão grandão, ou divida uma entre você e seu cãozinho)
fonte de ácido fólico	vagem
fonte de fisetina	morango
rica em índol-3-carbinol	couve (ou *chips* caseiros de couve)
carregada de isotiocianato	couve-flor

DELÍCIAS DETOX	
carregado de apigenina	aipo
fonte de anetola	erva-doce
rica em fucoidina	nori (e outras algas marinhas)
fonte de betaína	beterraba (exceto para cães com problemas relacionados ao oxalato)

PARA A GLÓRIA DO INTESTINO	
ricos em prebióticos	nabo-mexicano, banana verde, alcachofra-girassol, aspargo, abóbora (ótimo recheio para brinquedos)
rico em actinidina	kiwi
rica em pectina	maçã
rico em papaína	mamão papaia

Ervas para uma maior expectativa de saúde

As ervas e os temperos têm uma longa e rica história em muitas culturas ao redor do mundo, sendo há muito tempo usados não apenas para adicionar sabor aos alimentos, mas para curar o corpo e prevenir doenças. Algumas plantas desenvolveram um espectro mais rico e mais diverso de fitoquímicos bioativos que, mesmo quando consumidas em quantidades muito pequenas, exercem um efeito profundamente positivo numa gama de sistemas do organismo e nas rotas bioquímicas. O uso de ervas medicinais (muitas delas encontradas na prateleira de temperos da cozinha ou no jardim) é um jeito fácil e barato de incluir componentes vegetais poderosos direto no prato de seu cão.

Se já faz tempo que você verificou a data de validade dos temperos da cozinha, recomendamos começar com os vidrinhos novos, de preferência com os temperos orgânicos. **Uma pitada de ervas secas para cada 4,5kg do cão** é uma boa regra na hora de "dar uma temperada" na comida. Caso exagere na dose de ervas saudáveis, o pior que pode acontecer é descobrir que você gosta mais de coentro do que seu cachorro; então comece com uma leve pitada de ervas culinárias até descobrir as preferências de seu amigo. Adicione as ervas antes de oferecer a comida. Ervas frescas podem ser adicionadas, bem picadinhas, na proporção de ¼ de colher de chá por 9kg de peso corporal por dia. Ervas secas são mais concentradas do que as frescas, mas percebemos que os cães costumam aceitar bem as duas formas.

Salsinha: essa erva (uma verdura da família *Apiaceae*) pode ser muito mais do que um enfeite que você joga fora; ela tem muito do que se orgulhar. Um de seus compostos bioativos neutraliza carcinógenos e previne contra o dano oxidativo por meio da ativação de glutationa S-transferase (GST), que estimula a produção de glutationa (necessária para limpar os AGEs do corpo). Em animais modelo, os óleos voláteis da salsinha são capazes de aumentar a capacidade do sangue de eliminar radicais livres e de ajudar a neutralizar carcinógenos, incluindo os benzopirenos produzidos nos alimentos processados a altas temperaturas.

Cúrcuma: a literatura médica continua explorando a eficácia da curcumina, o polifenol mais ativo no tempero indiano cúrcuma, e publicando milhares de estudos. Verificou-se que o ingrediente ativo na cúrcuma, a curcumina, ajuda a aumentar os níveis do fator neurotrófico derivado do cérebro (o BDNF) e a melhorar a cognição. Em 2015, um estudo revelou seus efeitos neuroprotetores nos cães por meio de uma ação direcionada às rotas bioquímicas associadas a distúrbios neurodegenerativos, incluindo debilidades cognitivas, sensação de energia/fadiga, transtornos do humor e ansiedade.

A cúrcuma é mesmo um coringa; seu uso poderia preencher todo um manual de referências. Em 2020, por exemplo, pesquisadores da Universidade A&M, no Texas, demonstraram seu potencial na diminuição da uveíte em cães, uma inflamação do olho que causa dor e reduz a capacidade visual. Nós dois temos usado essa incrível raiz para gerenciar inflamações de causas variadas, da cabeça à cauda; é uma de nossas adições favoritas à comida. O etnobotânico James Duke publicou um metaestudo de mais de setecentas pesquisas sobre esse tempero e concluiu: "A cúrcuma parece superar muitos fármacos nos efeitos contra várias doenças crônicas debilitantes e o faz praticamente sem efeitos colaterais." Combinada ao alecrim, a cúrcuma tem um efeito sinérgico nas linhas celulares do carcinoma mamário canino (câncer de mama), do mastocitoma e do osteossarcoma, e essa combinação já apresentou efeito adicional em agentes quimioterápicos.

Alecrim: essa erva está sendo investigada como o "tempero da vida" porque contém 1,8-cineol (eucaliptol), um composto que estimula a produção de acetilcolina no cérebro e reduz o declínio cognitivo. Ele ainda estimula os níveis do BDNF de seu cão. As propriedades antioxidantes e anti-inflamatórias do alecrim são em grande medida atribuídas aos seus compostos fenólicos, incluindo o ácido rosmarínico e o ácido carnósico, ambos com efeitos anticâncer. Além disso, o ácido carnósico pode ajudar a promover a saúde ocular porque previne contra a catarata, comum nos cães e nos humanos.

Coentro: a semente do coentro é uma joia poderosa que contém uma quantidade generosa de antioxidantes na forma de fitonutrientes. Contém, também, compostos fenólicos ativos, manganês e magnésio. Não nos surpreende o fato de o coentro ser usado como um agente auxiliar da digestão, anti-inflamatório e antibacteriano; e, ainda, como uma arma na luta para controlar os níveis de açúcar no sangue, o colesterol e a produção de radicais livres. A ciência já vem mostrando como o coentro pode eliminar naturalmente o chumbo e o mercúrio do corpo através da urina, uma das razões pelas quais recomendamos usá-lo com regularidade para fins desintoxicantes.

Cominho: o *Cuminum cyminum* tem muitos efeitos benéficos à saúde: melhora a digestão e é antifúngico, antibacteriano e, possivelmente, anticâncer.

Canela: retirada do tronco roliço de uma árvore do sul da Ásia e uma das superespeciarias mais amadas, a canela é mais famosa por seus ativos promotores de colágeno. O colágeno é uma das proteínas mais abundantes (e importantes) do corpo e é ainda mais importante para o envelhecimento das articulações do cão. A canela está ganhando mais fama por conta da sua influência no equilíbrio do açúcar no sangue e pelos seus antioxidantes que ajudam a proteger o sistema cardiovascular por meio do gerenciamento do estresse oxidativo, reduzindo reações inflamatórias e gorduras circulantes. O cinamaldeído, um ingrediente ativo na canela, está sendo estudado em animais por sua capacidade de prevenir doenças neurodegenerativas, inclusive o mal de Alzheimer. Num estudo clínico, a canela melhorou todos os parâmetros cardíacos testados em cães após apenas duas semanas. Se adicionar uma pitada de canela à comida de seu amigo peludo, certifique-se de misturá-la bem para evitar que ele inale o pó fino.

Alho: além de ser uma fonte rica em manganês (um mineral importante e pouco abundante, necessário para manter em ordem os tendões e os ligamentos do cão), o alho contém o antioxidante eugenol, que previne danos oxidativos causados pelos radicais livres e é cinco vezes mais eficiente do que a vitamina E. O eugenol pode, na verdade, ser especialmente benéfico para o fígado. Um estudo com animais alimentou ratos portadores de esteatose hepática (gordura no fígado) com misturas que continham óleo de alho ou eugenol. Ambas as misturas melhoraram a função hepática, reduziram a inflamação e diminuíram o estresse oxidativo. O alho tem propriedades eliminadoras de radicais livres e contém antioxidantes que diminuem os sinais do envelhecimento e reduzem a inflamação. Outros estudos investigaram as propriedades anticâncer e antibacteriana do alho, com resultados promissores. Dentes de alho inteiros podem oferecer risco de engasgo, portanto triture-os antes de servir e adicione uma pequena pitada para cada 9 quilos de peso corporal.

> **OUTRAS ERVAS DA PRATELEIRA DE TEMPEROS OU DO JARDIM QUE AUMENTAM A EXPECTATIVA DE SAÚDE**
>
> ➤ **Manjericão:** além de contribuir para a saúde do coração, o manjericão ajuda a gerenciar a carga de estresse corporal porque reduz os níveis de cortisol.
> ➤ **Orégano:** exerce grande ação antibacteriana, antifúngica e antioxidante, e tem muita vitamina K!
> ➤ **Tomilho:** contém timol e carvacrol, que têm fortes propriedades antimicrobianas.
> ➤ **Gengibre:** famoso como erva capaz de aliviar a náusea, contém o gingerol, que também retarda o envelhecimento porque reduz o estresse oxidativo nos animais e atua como neuroprotetor.
>
> **Alerta de perigo:** que ervas culinárias devem ficar longe dos cães? Não ofereça a nenhum cachorro cebolinha (da família das cebolas) ou a noz-moscada (uma fonte rica de miristicina, que, caso ingerida em quantidades moderadas, pode causar sintomas neurológicos e gastrointestinais).

Fluidos da longevidade

Durante milhares de anos, os seres humanos têm aumentado a ingestão de nutrientes por meio do consumo de extratos de plantas, sucos ou infusões de plantas e ervas. Ainda que muitos de nós façamos sucos ou vitaminas, a maioria das pessoas não pensa em usar infusões medicinais concentradas na comida. Porém, no mundo canino, os chás medicinais funcionam como *toppers* baratos ricos em polifenol que introduzem promotores da longevidade em cada refeição. Chás frios são uma forma econômica e poderosa de oferecer as melhores propriedades medicinais de uma planta direto ao seu cachorro. Chás de ervas são naturalmente livres de cafeína. Use chás verdes e pretos que tenham sido descafeinados. Se possível, compre chás orgânicos.

Todos os chás podem ser preparados como de costume (recomendamos começar com um saquinho para três xícaras de água potável bem quente), depois resfriados antes de serem acrescentados à comida do cão. Como alternativa, acrescente chá morno à ração seca e deixe a infusão terapêutica marinar a ração, criando um molho suculento e favorecendo a hidratação (os cães não são naturalmente projetados para passar a vida consumindo ração seca ou pouco hidratada; o chá ajuda!). Se usar comida canina desidratada ou liofilizada, reconstitua-a antes de servir com chá ou com nosso Caldo Caseiro de Ossos para os Entusiastas da Longevidade (veja na página 265). É bom misturar chás diferentes ou usar um chá específico para determinado propósito. A seguir, alguns destaques baseados na ciência:

Chá verde descafeinado: qualquer pessoa que se preocupa com a saúde já sabe que o chá verde faz bem. Por causa de seus compostos bioativos saudáveis com poderosos efeitos anti-inflamatórios, antioxidantes e pró-imunidade, o chá verde tem sido objeto de muitos estudos, tanto na literatura médica quanto na leiga. Há muito tempo registra-se que ele melhora a função cerebral, protege contra o câncer, diminui o risco de doenças cardíacas e auxilia na perda de gordura. Diversas pesquisas chegaram à mesma conclusão: pessoas que bebem chá verde podem viver mais do que as que não bebem. Portanto, não deveria ser surpresa o fato de que o extrato de chá verde tem sido usado na comida para animais de estimação como agente terapêutico em casos de obesidade e de inflamação hepática, como auxiliar antioxidante e até para tratar a exposição à radiação.

Chá preto descafeinado: assim como o chá verde, o preto é rico em polifenóis, as substâncias químicas naturais que atuam como potentes antioxidantes e que ajudam a remover os radicais livres das células e dos tecidos. Em parte, são os polifenóis que tornam esses chás anticâncer e anti-inflamatórios. A diferença entre o chá preto e o verde é que o preto é oxidado; o verde, não. Para fazer o chá preto, as folhas da *Camellia sinensis* são primeiro enroladas e, em seguida, expostas ao ar para desencadear o processo de oxidação. Essa reação escurece as folhas, além de acentuar e intensificar os sabores. O tipo e a quantidade de polifenóis nos chás preto e verde são diferentes. Por exemplo, o chá verde contém uma quantidade muito maior de epigalocatequina-3-galato (EGCG). Tecnicamente, trata-se de uma catequina que ajuda a limitar os danos causados pelos radicais livres e protege contra danos celulares. O chá preto é uma rica fonte de teaflavinas, um grupo de moléculas antioxidantes criadas a partir da catequina. Ambos os chás têm efeitos semelhantes na proteção do coração e no estímulo da função cerebral. E ambos contêm o aminoácido tranquilizante L-teanina, que alivia o estresse e acalma o corpo.

Chás de cogumelos: todos são saudáveis para os cães. Os preferidos entre eles são:

- **Chá de Chaga:** conforme já observado, o Chaga é um tipo de cogumelo medicinal do qual se pode extrair o chá. Repleto de antioxidantes, o extrato do cogumelo Chaga é capaz de atuar contra o câncer e de melhorar a imunidade, a inflamação crônica, o nível de açúcar no sangue e os níveis de colesterol. Outros estudos estão em andamento, examinando em especial as implicações do Chaga no aprendizado e na memória.
- **Chá de Reishi:** esse chá (usado por séculos na medicina oriental) deve seus efeitos benéficos a várias moléculas, inclusive triterpenoides, polissacarídeos e peptidoglicanos, capazes de estimular o sistema imunitário, atuar contra o câncer e melhorar o humor.

Chás calmantes: quando o assunto é estresse, alguns dos comportamentos caninos mais comuns são o medo, a ansiedade e a agitação. Muitos chás de ervas podem auxiliar no tratamento: camomila, valeriana, lavanda e manjericão sagrado (tulsi). Todas podem ser transformadas em chás e, após serem resfriados, acrescentados à comida do cão.

Chás desintoxicantes: no departamento de chás "detox", temos o dente-de-leão, a bardana e a folha de orégano. Não vamos entrar em detalhes sobre os benefícios abundantes desses chás pró-saúde, a não ser para dizer que um chazinho da tarde com seu amigo peludo não tem como dar errado. E não é preciso ir muito longe. Na verdade, há muitos outros tipos de plantas comuns, talvez cultivadas no seu jardim ou no seu quintal, que podem se transformar em chás maravilhosos para seu cão, inclusive rosa-mosqueta, hortelã, verbena-limão, erva-cidreira, capim-limão, tília, calêndula, manjericão e erva-doce.

> **Dica:** acrescente saquinhos de chás de ervas ao caldo de ossos para criar uma solução sinérgica de micronutrientes ultrapoderosos. Preencha bandejinhas de cubos de gelo e congele. Depois, use um cubinho para cada 4,5kg de peso corporal por dia.

CALDO CASEIRO DE OSSOS PARA OS ENTUSIASTAS DA LONGEVIDADE

Essa receita de caldo de ossos é diferente das tradicionais, às vezes ricas em histaminas que trazem efeitos negativos para alguns cães.

Cubra os ossos de um frango caipira e orgânico (ou os restos da carcaça, ou ossos crus de sua preferência) com água filtrada e adicione:

½ xícara de coentro fresco picado (eficiente na remoção de metais pesados)
½ xícara de salsinha fresca picada (um desintoxicante sanguíneo natural)
½ xícara de cogumelos medicinais frescos picados (para fornecer glutationa, espermidina, ergo e beta-glucanos)
½ xícara de crucíferas, como brócolis, repolho ou couve-de-bruxelas (esses alimentos contêm os altos níveis de enxofre necessários à desintoxicação do fígado)
4 dentes de alho picados (o alto teor de enxofre estimula a produção de glutationa para a desintoxicação do fígado)
1 colher de sopa de vinagre de maçã cru não filtrado
1 colher de chá de sal do Himalaia

Tampe e cozinhe em fogo baixo por quatro horas. Desligue o fogão. Adicione quatro saquinhos de chá, caso deseje: mergulhe os chás no caldo por 10 minutos e depois descarte os saquinhos. Separe quaisquer restos de carne dos ossos e descarte os ossos. Amasse as carnes, verduras e outros vegetais restantes dentro do caldo até tudo atingir uma consistência homogênea. Congele em porções individuais (bandejas de cubos de gelo funcionam bem). Remova uma porção (a maioria das bandejas contém cerca de 30 gramas por porção, ou duas colheres de sopa; use um cubo para cada 4,5kg de peso corporal), deixe descongelar à temperatura ambiente ou reaqueça antes de adicionar à comida do cachorro.

Mitos em torno das herbáceas: por que temos medo de tantos alimentos?

Ficamos perplexos com a desinformação encontrada na internet sobre qual comida pode e qual não pode ser oferecida ao seu cão. O que é realmente tóxico para ele? A European Pet Food Industry Federation (fediaf.org) publica as informações mais precisas, baseadas na ciência, a respeito da toxicidade na comida dos animais. É importante observar que ela classifica como tóxicos apenas *três* alimentos para cães e gatos: uvas (e uvas-passas), cacau (chocolate) e os membros da família da cebola (incluindo cebolas, cebolinha e doses altas de extrato de alho, ou seja, suplementos de alho; não há problemas quanto ao alho fresco).

Compare a breve lista de proibições da Europa (três alimentos e um suplemento) às longas listas oferecidas pela ASPCA (American Society for the Prevention of Cruelty to Animals), pelo AKC (American Kennel Club) e por dezenas de outras fontes on-line que dizem apontar "alimentos tóxicos para os animais de estimação". A comparação dá o que pensar. A vasta maioria das listas proibitivas inclui alimentos *realmente tóxicos para os cães* (a lista de três itens e um suplemento da FEDIAF), outros que devem ser evitados por animais com problemas específicos de saúde e, ainda, outros que podem causar engasgamento. Por exemplo, cães com pancreatite (inflamação do pâncreas) devem evitar todas as gorduras cozidas e os alimentos ricos em gordura enquanto se recuperam do problema de saúde. Muitos sites listam ovos, sementes e castanhas como "tóxicos" porque são ricos em gorduras saudáveis e podem piorar a pancreatite. No entanto, ovos, sementes e castanhas (com exceção das macadâmias, que não contêm nenhuma toxina identificável, mas, de fato, causam náuseas por causa do alto teor de gordura) não são tóxicos para os cães; são alimentos saudáveis e nutritivos que podem e devem ser oferecidos a cães sadios. Do mesmo modo, muitos alimentos nutritivos, incluindo amêndoas cruas, pêssegos, tomates, cerejas e uma porção de outras frutas, legumes e verduras muito saudáveis são listados como "tóxicos" porque podem causar engasgamento se as sementes não forem removidas ou se o animal comer toda a planta, não apenas o fruto.

Infelizmente, **os alimentos verdadeira e sistematicamente tóxicos (todos os quatro) têm sido agrupados ao lado de outros "não recomendados no caso de problemas de saúde" e a outros que podem causar en-**

gasgamento, criando uma gigantesca lista de proibições das quais donos e donas de cães morrem de medo**, sem qualquer razão. O bom senso (como retirar o caroço antes de dar um pedaço de damasco ao cachorro) e as pesquisas citadas (ou seja, os estudos sobre toxicidade) embasam uma abordagem muito diferente acerca da nutrição canina. Faça uma pesquisa, e é provável que você chegue aonde chegamos (depois de uma extensa revisão da literatura especializada): **jamais ofereça uvas (ou passas), cebolas, chocolate ou macadâmia a nenhum cachorro. Só isso. No mais, use o bom senso**. O europeu, de preferência.

A seguir, alguns **mitos urbanos sobre comida canina** de que podemos nos livrar de uma vez por todas:

- "Abacate e alho são tóxicos." FALSO. Não ofereça ou consuma a casca ou o caroço do abacate porque ele contém uma substância chamada "persina" que pode irritar o trato gastrointestinal, mas a polpa é segura e saudável para você e para seu amigo. Colocamos uma porção do tamanho de um gomo de laranja (cerca de 40 calorias) no *Kong* de Shubie uma vez ao dia. Veja nota sobre o alho mais adiante.
- "Nunca ofereça cogumelos aos cães." FALSO. Os cogumelos seguros para os humanos são seguros para os cães. Eles têm grandes propriedades medicinais para as duas espécies (o mesmo serve para a toxicidade). Uma colher de sopa por cada 10kg de peso corporal, aproximadamente, é um bom ponto de partida!
- "Alecrim causa crises convulsivas." ALGUÉM ESTÁ CONFUSO. Os *óleos essenciais* do alecrim e do eucalipto (os óleos aromáticos voláteis e poderosos que podem ser adquiridos em lojas de comida saudável) contêm uma quantidade concentrada de cânfora, um composto que, *se consumido por epiléticos*, pode aumentar a chance de crises. (Nós concordamos: não ofereça a seu cão epilético grandes quantidades de óleo essencial de alecrim.) Uma pitada de alecrim fresco ou desidratado e outras ervas adicionadas ao pote de comida são quantidades *minúsculas*, suficientes para estimular um efeito benéfico, mas incapazes de afetar de forma negativa até o mais sensível dos cães.
- "Nozes são tóxicas." PSEUDOCIÊNCIA. Nozes inglesas cruas, sem sal (assim como amêndoas e castanhas-do-pará), com certeza podem apresentar riscos de engasgamento para os cães, por isso quebre-as

em pequenos pedaços antes de dar ao seu pet. A metade de uma noz pode ser cortada em quatro petiscos perfeitos para um cão de cerca de 20kg e oferecida ao longo do dia. De novo, as únicas nozes arriscadas para os cães são as macadâmias, que podem causar náusea. Amendoins podem conter algumas micotoxinas, mas não são essencialmente tóxicos para os cães. Se houver uma nogueira preta no quintal, não deixe que seu pet coma o tronco (isso pode causar sintomas neurológicos) ou a casca grossa que encapsula a noz dura, uma vez que as micotoxinas que às vezes se desenvolvem na camada externa podem provocar vômito.

Nota sobre o alho: o alho é alvo de preconceitos na medicina veterinária porque pertence à família das cebolas. As cebolas contêm uma concentração de tiossulfato cerca de 15 vezes maior do que a do alho. O tiossulfato é o composto responsável por causar anemia hemolítica em cães que comem cebola. Um estudo de 2004 demonstrou que a alicina, o composto medicinal do alho, é benéfica à saúde cardiovascular animal. Apesar das altas concentrações do alimento ministradas durante o estudo, não houve qualquer registro de anemia (essa é a razão para o alho estar presente em muitos comerciais de comida para animais de estimação e para os veterinários aprovarem a ideia). A seguir, as doses recomendadas de alho *fresco* por dia, com base no peso corporal, caso você decida oferecer esse tempero medicinal (não recomendamos pílulas de alho):

- De 4,5kg a 9kg (aproximadamente) – ½ dente
- De 10kg a 19kg (aproximadamente) – 1 dente
- De 20kg a 29kg (aproximadamente) – 1½ dente
- De 30kg a 40kg (aproximadamente) – 2 dentes
- Acima de 40kg – 2½ dentes

NOTAS PARA OS ENTUSIASTAS DA LONGEVIDADE

➤ A regra dos 10%: 10% das calorias diárias de um cachorro podem vir de alimentos humanos na forma de "petiscos" saudáveis sem "bagunçar o equilíbrio" da dieta.

➤ Não é preciso fazer uma mudança drástica na comida do cão de um dia para outro. Comece com pequenas medidas simples, trocando os lanches cheios de carboidrato e ultraprocessados por Alimentos da Longevidade naturais e comprovadamente saudáveis para os cães, como frutas, legumes e verduras. Ou acrescente uma colherada deles à vasilha de comida, misturados a qualquer que seja a comida de costume. Recicle os pedaços de legumes amassados e feiosos que seriam jogados fora, colocando-os na comida de seu cão.

➤ Exemplos de Petiscos da Longevidade fáceis e convenientes: cenoura crua picada; pedacinhos de maçã; brócolis; pepino; frutinhas silvestres; damasco; pera; ervilha; abacaxi; ameixa; pêssego; cherovia; tomate cereja; aipo; coco; sementes de romã; sementes cruas de abóbora; cogumelos; ovo cozido; abobrinha; couve-de-bruxelas; além de pedacinhos de carne ou de vísceras.

➤ Uma ótima maneira de ajudar o microbioma do seu amigo é oferecer alimentos vegetais ricos em prebióticos, como o aspargo, a banana verde, o quiabo, brócolis, a alcachofra-de-jerusalém (alcachofra-girassol) e folhas de dente-de-leão.

➤ Chás, temperos e ervas são excelentes fontes de medicina da longevidade para seu cão.

➤ Duas receitas caseiras para você experimentar são o Caldo Medicinal de Cogumelos para os Entusiastas da Longevidade (página 248) e o Caldo Caseiro de Ossos para os Entusiastas da Longevidade (página 265).

➤ Ao contrário do que dizem os mitos urbanos, não há muitos alimentos que de fato sejam tóxicos para os cães. As uvas (e as passas), as cebolas (e a cebolinha), o chocolate e as macadâmias são definitivamente proibidos. Evite, também, a noz-moscada.

8
Hábitos suplementares para uma vida longa e saudável

O essencial sobre suplementos seguros e eficazes

*A saúde é como o dinheiro, nunca sabemos
seu real valor até que a perdemos.*
— Josh Billings

Em 2011, Pusuke, um shiba inu que no ano anterior havia entrado para o *Guinness* como o cão mais velho do planeta, morreu em casa, no Japão, aos 26 anos. Sua dona atribuiu a longevidade de Pusuke a duas doses diárias de vitaminas, além de muito amor e exercício. Talvez a gente nunca saiba em que medida as vitaminas (ou quais misturas exatas de "vitaminas") contribuíram para a longa e boa vida de Pusuke, mas muitos outros relatos compartilham a mesma experiência. A boa notícia é que a ciência vem reunindo todas essas evidências de que, se usados da forma adequada, os suplementos são ferramentas poderosas. Na última década, inúmeros estudos inundaram a biblioteca coletiva de dados caninos, registrando o valor de certos suplementos na prevenção e no tratamento de doenças ou de lesões e no prolongamento da vida. Nós nos propusemos a separar o joio do trigo para você. Hoje em dia há excelentes opções desses produtos preparadas por pessoas que amam cães tanto quanto nós e que se dedicam a fazer o possível para compartilhar essas pérolas de longevidade. É bom acrescentar que muitos desses estudos envolvendo cães também têm contribuído para a saúde humana.

Para quem não sabe o que procurar, vasculhar qualquer ala de suplementos pode ser uma experiência confusa. É possível que sejamos atropelados pelo número absurdo de fórmulas, marcas e propaganda gritando em nossos ouvidos. É comum nos depararmos com nomes impronunciáveis de coisas das quais ninguém nunca ouviu falar (ashwagandha? fosfatidilserina?). Ao mesmo tempo, há declarações tentadoras por toda parte, como "Acrescente X e perceba o vigor de seu cão" ou "Efeitos X, Y e Z clinicamente ou 'cientificamente' comprovados"; ou a maior de todas as iscas: "Prolongue a vida de seu cão em 30% ou mais com X!"

A indústria de suplementos é gigante – e imensamente confusa. Contudo, com o conhecimento adequado e uma lista de recomendações confiáveis, ela pode ser mágica. As empresas de suplementação animal explodiram e estão prestes a construir uma indústria de 1 bilhão de dólares – estamos falando apenas dos *suplementos*, pois a indústria de alimentação para animais de estimação está se aproximando dos 135 bilhões de dólares. Em 2019, o valor do mercado global de suplementos foi avaliado em 637,6 milhões de dólares, e o esperado é que, entre 2020 e 2027, ele tenha uma taxa de crescimento anual composta de 6,4%.

A força por trás desse setor? Os mesmos consumidores que incitaram o movimento pelo bem-estar geral e pela cultura do autocuidado na última década: os chamados *boomers* e *millennials*. Na verdade, os *millennials*, que substituíram as crianças pelos animais de estimação, superaram rapidamente os mais velhos como carro-chefe na demanda por suplementos de alta qualidade. As estimativas atuais do número de animais de estimação variam entre 57% e mais de 65% das residências dos Estados Unidos. O número mais alto vem do grupo comercial American Pet Products Association e estabelece um recorde. Os *millennials* são a maioria dos donos e donas de animais de estimação e talvez estejam cuidando deles da mesma maneira que cuidariam dos filhos que decidiram não ter – a taxa de natalidade de 2018 foi a mais baixa em 32 anos.

Em 2018, 70% dos 1.139 *millennials* donos e donas de animais de estimação consultados pela TD Ameritrade afirmaram que tirariam licença do trabalho para cuidar de um novo animal de estimação caso pudessem. Quase 80% das mulheres e quase 60% dos homens entrevistados consideravam o animal de estimação seu "bebê peludo". O número de pets com plano de saúde saltou 18%, de 1,8 milhão em 2017 para mais de 2 milhões em

2018. Tudo isso tem abastecido a demanda por veterinários e veterinárias. O Bureau of Labor Statistics dos Estados Unidos prevê que, até 2028, as vagas de emprego para profissionais e técnicos da área terão um aumento de quase 20%.

Para os *millennials*, produtos que gerações anteriores consideravam um luxo são agora vistos como essenciais. Investidores de risco e compradores corporativos não estão de fora da corrida pelo ouro e organizam cúpulas para atrair *startups* comprometidas com o desenvolvimento de produtos e suplementos vinculados à longevidade. (Donos e donas entre 25 e 34 anos tendem a investir mais em suplementação alimentar para os pets. Em geral, pessoas que cuidam de cães gastam quatro vezes mais com seus amigos peludos do que as que têm gatos e respondem por cerca de 78% de todas as vendas do setor.)

Embora o propósito geral desses produtos seja ajudar a preencher as lacunas que as dietas não conseguem suprir adequadamente, às vezes as pessoas levam a situação ao extremo, o que pode atuar contra o corpo. De fato, até algo bom pode fazer mal em excesso. Os antioxidantes são um bom exemplo. Mesmo sendo cruciais para o controle dos radicais livres, o excesso de antioxidantes sintéticos consumidos por meio de suplementos pode impedir o mecanismo antioxidante e de desintoxicação natural do próprio corpo. Na presença de sinais específicos, nosso DNA ativa a produção interna (endógena) dos antioxidantes protetores, e esse sistema naturalmente estimulado é muito mais potente do que qualquer suplementação nutricional.

A natureza desenvolveu sua própria bioquímica para criar mais antioxidantes protetores durante momentos de alto estresse oxidativo nos animais, sejam cães ou humanos. Longe de serem inteiramente dependentes de fontes alimentares externas, as células têm capacidade própria de gerar enzimas antioxidantes conforme a demanda.

Muitos compostos naturais que ativam os caminhos antioxidantes e desintoxicantes já foram identificados. Conforme discutimos no Capítulo 7, esses caminhos costumam envolver uma proteína especial chamada "Nrf2". Alguns cientistas consideram essa proteína uma "reguladora mestra" do envelhecimento porque ela ativa muitos genes relacionados à longevidade e reprime o estresse oxidativo. Entre os compostos naturais estimulantes da Nrf2 estão a curcumina da cúrcuma, o extrato de chá verde, a silimarina (cardo-mariano ou cardo-leiteiro), o extrato de bacopa, o ácido docosa-hexaenoico (DHA), o sulforafano (presente nos brócolis, não o suplemento) e a ashwagandha. Cada uma dessas substâncias é eficaz na ativação da produção natural de antioxidantes cruciais pelo corpo, incluindo a glutationa, um dos mais importantes agentes desintoxicantes. Na medicina veterinária, os estudos mostram que os cães que não envelhecem bem ou que naturalmente desenvolvem doença hepática também têm baixos níveis de glutationa. A glutationa é um fator poderoso na química desintoxicante, unindo-se a várias toxinas para torná-las menos nocivas. Ela é um dos suplementos que recomendamos, além de outros já listados que estimulam a produção de glutationa do próprio corpo.

SINERGIA ALIMENTAR
O total é maior do que a soma das partes

Os suplementos não são balas de prata ou apólices de seguro contra uma dieta ruim; apesar do que dizem as propagandas, tampouco são o segredo da imortalidade. Na verdade, só recomendamos adicioná-los depois que a dieta do cão tiver sido corrigida. Esses produtos não são atalhos para uma boa saúde. No entanto, às vezes são a única forma de se obter a quantidade de substâncias ativas no volume necessário para alterações na saúde. Por exemplo, não é muito prático um cão comer uma grande quantidade de maçãs ou de couve para obter os benefícios da quercetina, quando um suplemento pode suprir esse flavonoide em quantidades concentradas e terapêuticas. Ainda assim, antes de suplementar, tente obter o máximo possível a partir dos alimentos. Os labradores costumam comer *qualquer coisa*; os chihuahuas, não. Se precisar de um suplemento, utilize-o. Nem todo cão precisa de suplementação o tempo todo.

Seria possível escrever uma enciclopédia sobre cada suplemento capaz de ajudar na manutenção de raças específicas, no tratamento de certas doenças e para cada fase da vida. Entretanto, muitos já fizeram isso e há muita informação incrível disponível na internet. O que ainda não está disponível é uma lista concreta de suplementos sinérgicos promotores do envelhecimento saudável e da longevidade. Portanto, fizemos o trabalho para você. Preparamos uma lista de alguns de que realmente gostamos em cada categoria. Mesmo assim, é claro, há dezenas de outros que podem ser excepcionais; confira em www.foreverdog.com uma discussão, em inglês, mais aprofundada sobre o assunto.

Nossa lista está dividida em pontos essenciais que todo tutor ou tutora deve considerar e em adicionais opcionais para necessidades específicas com base na situação particular de cada animal (ou seja, idade, raça, quadro de saúde, exposição ambiental). Recomendamos avaliar como todos os pontos essenciais se relacionam com o estilo de vida de seu cachorro e, a partir daí, acrescentar os suplementos que considerar adequados, levando em conta as necessidades físicas específicas do animal (veja, ainda, o Capítulo 9). Seu orçamento também pode ajudar a definir o caminho; para algumas pessoas, comprar muitos produtos extras (ou se lembrar de administrá-los) está fora de cogitação, e tudo bem. Vamos oferecer as informações necessárias para que você consiga navegar por esses mares traiçoeiros; você decide que protocolo seguir com seu cão.

Além disso, em www.foreverdog.com mantemos uma lista em contínua evolução. Como nos Estados Unidos essa indústria não é regulada (ao contrário dos medicamentos, aprovados pela FDA), há disparidades de qualidade entre as marcas e nem todo suplemento para animal de estimação tem uma composição confiável. As empresas trocam de mãos e os produtos podem ser descontinuados. Trata-se de uma área dinâmica, na qual, todos os dias, um grande estudo altera a imagem de determinado produto ou outro digno de atenção chega ao mercado. Contudo, é pouco provável que os conceitos básicos que apresentamos a seguir sofram alterações a curto prazo. Caso seu cachorro tenha sido diagnosticado com qualquer problema de saúde, use medicação ou tenha alguma cirurgia marcada, vá ao consultório veterinário antes de iniciar uma nova rotina de suplementação.

O PODER DA PULSOTERAPIA

Por que recomendamos a "pulsoterapia" para a maioria dos suplementos

A pulsoterapia é uma forma de tratamento no qual se administram altas doses de medicamentos de modo intermitente ou num curto espaço de tempo. Oferecer os mesmos suplementos todos os dias faz com que o corpo tenha tempo suficiente para se adaptar e se acostumar à entrada das mesmas moléculas dia após dia. Trocar as marcas e a frequência das doses otimiza a reação do organismo. Por essa razão, recomendamos produtos diferentes várias vezes por semana. Não há problema se você esquecer ou pular um dia, portanto não entre em pânico. As únicas pílulas que seu cão precisa tomar com pontualidade todos os dias são aquelas prescritas na clínica veterinária para tratar de algum problema de saúde. Os suplementos não precisam seguir uma rotina rígida. Você vai enviar pequenas mensagens com instruções de longevidade ao epigenoma – a segunda camada de compostos químicos que cercam o DNA do animal –, fornecendo-lhe algo parecido a uma cola de prova, modificando a expressão genética por meio da ativação ou do desligamento de genes.

Conceitos básicos

No Capítulo 3 falamos muito sobre a enzima AMPK, sobre a mTOR e sobre a autofagia, uma vez que elas têm relação com determinadas atividades de limpeza celular e com a longevidade. Sempre que possível, mostraremos os caminhos que diminuem a ação da mTOR para que a autofagia possa operar sua magia no organismo. Num lembrete rápido, a mTOR é, em termos básicos, o *dimmer* biológico do corpo, ligando e desligando a autofagia, que é a maneira como as células organizam a casa e reciclam o que for possível. Queremos, também, provocar aqueles genes antienvelhecimento, as sirtuínas, e as ações da AMPK, a molécula antienvelhecimento do corpo que gerencia a faxina celular vital e costuma ser chamada de "guardiã do metabolismo." Ao combinar nossas estratégias, é exatamente isso que você faz.

> **MAXIMIZANDO AÇÕES ANTIENVELHECIMENTO E PRÓ-LONGEVIDADE NO CORPO**
>
> - Alimentação de tempo restrito
> - Exercícios
> - Resveratrol
> - Ômega-3
> - Curcumina
> - DIM
> - Romã (ácido elágico)
> - Extrato de cardo-mariano
> - Carnosina
> - Fisetina (nos morangos)
> - Cogumelos Reishi

Resveratrol

O resveratrol é uma das cartas escondidas na manga. Jake Perry, um encanador aposentado de Austin, no Texas, entrou para a história dos felinos ao quebrar o recorde de criação do gato doméstico mais velho do mundo – duas vezes. O primeiro recorde, datado de 1998, foi para um misto de sphynx com devon rex chamado Grandpa Rex Allen, que viveu até os 34 anos; o segundo, em 2005, foi para um gato malhado sem raça definida chamado Creme Puff, que viveu até os 38 (isso é mais do que o dobro da expectativa média de vida de um gato!). O segredo de Jake? Além da dieta composta de comida felina industrializada e extras feitos em casa, como ovos, bacon de peru e brócolis, ele fazia uma coisinha a mais bastante incomum: a cada dois dias, administrava um conta-gotas cheio de vinho tinto para "clarear as artérias". Teria a pequena dose de resveratrol no vinho surtido grandes efeitos na longevidade dos gatos? Jake acredita que sim, e, ainda que não sejamos a favor de incluir álcool na dieta de *nenhum* animal de estimação, há algo a ser dito acerca desse ingrediente tão estudado. (É provável que você tenha ouvido falar do resveratrol; é o mesmo polifenol naturalmente presente nas uvas, nas frutinhas silvestres, nos amendoins e em alguns legumes e verduras; é o que confere ao vinho tinto sua aura de saúde.) É claro que não damos uvas aos cães. Porém há uma fonte segura de resveratrol à espera de nossos camaradas caninos.

Nos suplementos para animais de estimação, o resveratrol é derivado da raiz da *Fallopia japonica* (*Polygonum cuspidatum*), uma fonte rica no antioxidante usada em abundância nas tradicionais medicinas japonesa e chinesa.

O resveratrol passou a fazer barulho no mundo dos cães após descobrirem seus efeitos anti-inflamatórios e antioxidantes, seus benefícios anticâncer e cardiovasculares, além de sua capacidade de estimular a função neurológica, auxiliar na melhoria do estado de alerta em cães e reduzir o risco de todo tipo de enfermidade relacionado à mente, da depressão ao declínio cognitivo e à demência.

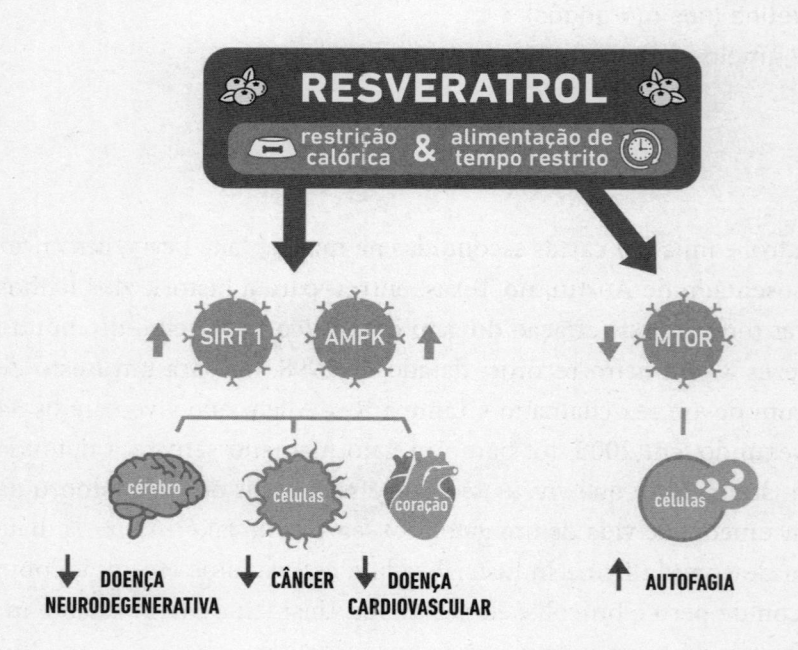

RESVERATROL
restrição calórica & alimentação de tempo restrito

↑ SIRT 1 ↔ AMPK ↑   ↓ MTOR

cérebro — células — coração   células

↓ DOENÇA NEURODEGENERATIVA   ↓ CÂNCER   ↓ DOENÇA CARDIOVASCULAR   ↑ AUTOFAGIA

Dosagem: a dose diária da *Fallopia japonica* para os cães varia de 5 a 300mg/kg, estando a dosagem maior sob análise quanto aos benefícios no tratamento do hemangiossarcoma. Produtos caninos na boca do caixa têm concentrações muito baixas. Uma dose média benéfica verificada em animais é de 100mg/kg/dia, divididos entre as refeições.

Curcumina

Procurando pelo canivete suíço dos suplementos? Conforme explicado no capítulo anterior, a curcumina é um agente terapêutico usado para tratar vários problemas de saúde e um anti-inflamatório natural. O composto atua nos caminhos bioquímicos associados aos distúrbios neurodegenerativos que incluem debilidades cognitivas, sensação de energia/fadiga, transtornos do humor e ansiedade. É também um antioxidante poderoso, modulador hormonal e neuroquímico, auxiliar do metabolismo da gordura, guerreiro contra o câncer e um amigo do genoma em geral. Além disso, tem alto teor de fibras e é rico em vitaminas e minerais. Ralar cúrcuma (açafrão-da-terra) fresca sobre as refeições do seu cão é uma ótima ideia. Entretanto, a maioria das pessoas considera a adição do suplemento superconcentrado muito mais benéfica.

Dosagem: de 50 a 250mg duas vezes ao dia (cerca de 2mg para cada 0,5kg de peso corporal duas vezes ao dia).

Probióticos

Há diversas fórmulas probióticas para cães disponíveis no mercado. Procure uma que contenha uma mistura de diferentes espécies probióticas com um grande número de unidades formadoras de colônia (UFC) e que seja certificada por terceiros no que se refere à viabilidade e ao potencial. Recomendamos revezar entre marcas e tipos diferentes de probióticos: os *soil-based* (ou formadores de esporos, com bactérias naturalmente encontradas na terra) e as cepas bacterianas têm atributos diferentes que ajudam a diversificar os microrganismos do intestino. Outra boa ideia é adicionar alguns alimentos prebióticos encontrados na página 258 e assim alcançar o resultado ideal: os "pós-bióticos". Os pós-bióticos vêm de ricas fontes de polifenóis que devem ser supridos na dieta e que são sensíveis ao calor, mais uma razão pela qual os alimentos ultraprocessados deixam a desejar. Vegetais fermentados e kefir são excelentes fontes alimentares de probióticos, mas muitos cães não se acostumam com a acidez no sabor. Se seu cachorro aceitar, use fontes alimentares de probióticos. Caso contrário, reveze entre uma variedade de fórmulas probióticas para cães (diferentes tipos e marcas) para nutrir o microbioma. Siga as instruções específicas contidas nas embalagens de cada produto. Misturas de probióticos e de enzimas digestivas também podem ser bastante benéficas para muitos cães.

> Alimentos prebióticos + probióticos (alimentos fermentados ou suplementos) = pós-bióticos. Nos últimos tempos, os pós-bióticos passaram a ser reconhecidos como benéficos para a saúde e o bem-estar caninos.

Ácidos graxos essenciais

Todos os ácidos graxos são essenciais para a estrutura e o funcionamento das membranas celulares, em especial as do cérebro. (Estudos mostram que pessoas com níveis mais altos no sangue de gordura ômega-3 – um tipo de ácido graxo poli-insaturado – têm uma memória melhor e um cérebro maior do que aquelas com níveis mais baixos.) No caso dos cães, a ciência *não deixa dúvidas*: óleo de peixe melhora a saúde da pele, o comportamento, a saúde do cérebro e do coração; deixa os filhotes mais inteligentes; e reduz a inflamação e a epilepsia. Sem os ácidos graxos, as células simplesmente se desmontariam. As membranas celulares são envelopes de lipídios que encapsulam e protegem o trabalho interno das células. A membrana é essencial para a produção de energia na mitocôndria, porque, sem sua estrutura dupla, não há espaço de armazenamento para a separação da carga elétrica – ou seja, não há como conduzir as reações químicas que produzem energia.

O volume de membrana celular no corpo é incalculável. E as necessidades de ácidos graxos essenciais do cachorro são imensas. O desafio é que a única maneira de obtê-los é por meio da dieta; caso não tenham uma boa alimentação, os cães não são capazes de produzi-los. Se você oferece comida processada a altas temperaturas, a quantidade de ácidos graxos essenciais ingeridos está comprometida, por isso recomendamos o suplemento.

Adicione suplementos que forneçam mais do *superstar* ômega-3: ácido eicosapentaenoico (EPA) e ácido docosa-hexaenoico (DHA). Esses ácidos graxos, as formas preferidas dos ômega-3 para cães, costumam ser derivados de peixes ou de algum óleo marinho (de salmão, krill, lula, mexilhão, etc.) e reduzem a inflamação e estimulam a regeneração cerebral (inclusive aumentando o BDNF canino). Os verdadeiros super-heróis são as resolvinas, substâncias contidas nos óleos marinhos. Esses compostos evitam novas inflamações e tratam as existentes. Outros tipos de óleos e de gorduras saudáveis (incluindo cânhamo, chia e óleo de linhaça) não contêm resolvinas, DHA ou EPA. O problema é que esses delicados compostos são inativados pelo calor.

Devido à renderização e ao processamento a altas temperaturas, a maioria dos ácidos graxos essenciais dos alimentos processados é destruída. Você pode até achar que o saco de ração tem uma boa proporção de ômega-3 e de ômega-6, mas quaisquer ômegas remanescentes podem facilmente se danificar depois que a embalagem é aberta. Mais uma razão para acrescentar um suplemento estável e de boa qualidade a essa loucura e de estarmos sempre sugerindo que se adicionem ômegas-3 extras à dieta costumeira. (Observação: mantenha a comida de seu cão no freezer para desacelerar a degradação.) Porém obtenha o EPA e o DHA do oceano, não de fontes vegetais, que não contêm quantidades adequadas para os cães. Os ômegas oriundos do oceano são os mais biodisponíveis e podem ser obtidos de modo sustentável e certificados por terceiros quanto aos contaminantes.

A confusão (e a pressão negativa) em torno da suplementação de óleo de peixe tem a ver com a forma do óleo. Esses suplementos têm sido criticados por muitos estudos que demonstram que a forma mais refinada, a etil ester (mais barata de produzir do que o triglicerídeo ou o fosfolipídio naturais), pode oxidar com rapidez e exaurir o corpo de antioxidantes (não é esse o objetivo). Ao comprar óleo de peixe, certifique-se de que se trata de triglicerídeo ou de fosfolipídio. Utilizamos uma variedade de óleos obtidos a partir de salmão, krill, anchova, mexilhão e lula. Caso o cachorro seja alérgico a óleos oriundos do oceano, o que é raro, fontes vegetais de óleo de microalga rico em DHA podem ser uma alternativa – menos o pó de microalga, que não chega nem perto de suprir as necessidades de DHA e de EPA.

Se seu cachorro consome comida natural que não passou por processamento a altas temperaturas e não passa o ano inteiro sentado, é possível suplementar com menos ômega-3. Se ele ingere peixes gordurosos na dieta, como sardinhas ou salmão cozido, na forma de *Toppers* Essenciais da Longevidade (TELs) três vezes por semana, não há qualquer necessidade de suplementação!

Dosagem: de acordo com a nutricionista veterinária Donna Raditic, os efeitos anti-inflamatórios do EPA e do DHA foram avaliados em cães com males diversos – incluindo doença renal, distúrbios cardiovasculares, osteoartrite, atopia (problemas de pele) e doença do intestino inflamado –, e a dose varia de 50 a 220mg/kg de peso corporal. A dose mais alta é recomendada para osteoartrite em cães que não estejam recebendo outra suplementação (que não estejam obtendo ômegas oriundos de comida industrializada). Caso seu cão não esteja ingerindo nenhuma outra fonte de ômega-3 (como sardinhas), considere a dose de manutenção de 75mg/kg de peso corporal para animais saudáveis. Essas doses se baseiam na adição de miligramas de EPA e de DHA por cápsula de suplemento ou mililitros de líquido. Recomendamos guardar os ômega-3 na geladeira depois de abertos; procure usar o conteúdo em até trinta dias ou compre cápsulas e as camufle em bolinhas de carne. Outra opção é furar as cápsulas e misturar o conteúdo à comida.

Observação: óleo de fígado de bacalhau é óleo de fígado (não óleo corporal) e pode ser rico em vitaminas A e D, mas não em ômega-3. Algumas receitas pedem óleo de fígado de bacalhau como fonte de vitaminas solúveis em gordura. Não recomendamos adicionar óleo de fígado de bacalhau à dieta, a não ser que se trate de um ingrediente numa receita ou se os exames de sangue do peludo mostrarem carência de vitaminas A e D.

> Muitos americanos e habitantes do hemisfério Norte têm baixos níveis de vitamina D, assim como algumas raças de cães, apesar das dietas reforçadas. Nos cães, a suplementação com vitaminas extras solúveis em gordura (em particular, as vitaminas A e D) pode rapidamente gerar toxicidade. Portanto, nunca administre vitamina D sem antes consultar um veterinário ou veterinária para medir os níveis do cão. Pesquisas revelam que raças do norte ("cães da neve") precisam de mais vitaminas E e D, de ômega-3 e de zinco para evitar dermatose nutricional (problemas de pele). É fácil descobrir isso e começar a inserir suplementos na dieta do seu cão, mas essa é uma receita para desastres. Caso você desconfie que seu cão tem carência de um mineral específico, consulte um veterinário antes de recorrer à suplementação.

Quercetina

Essa joia abalou a internet quando falamos dela pela primeira vez no *Planet Paws*. Bastou uma chamada direcionada aos donos e donas de cães com problemas de alergia – problemas no ouvido, olhos lacrimejantes/grudentos/avermelhados, coceira/descamação da pele e espirros, entre outros sintomas causados por alérgenos ambientais sempre à espreita. Os veterinários consideram a quercetina um anti-histamínico natural, uma vez que é conhecida por auxiliar os cães alérgicos. A quercetina é um polifenol alimentar importante, presente em vários alimentos e consumido quase todos os dias. É um flavonoide polifenol natural, comum em diversas frutas e vegetais, como maçãs, frutinhas silvestres e verduras de folhas verdes. Pesquisas relacionadas à bioatividade da quercetina e de sua forte atuação antioxidante, anti-inflamatória, antipatogênica e reguladora da imunidade reconheceram inúmeros caminhos que indicam como essa usina fitoquímica pode prevenir ou desacelerar o desenvolvimento de doenças degenerativas, para além de suas qualidades anti-histamínicas naturais.

Além das propriedades antioxidantes e anti-inflamatórias, sabe-se que a quercetina ajuda a controlar os processos mitocondriais capazes de afetar, de maneira geral, células e tecidos. A ciência mostra que a suplementação de quercetina pode ter efeitos benéficos sobre distúrbios neurodegenerativos em particular: em camundongos modelo que simulam o mal de Alzheimer, ela reduz o acúmulo adverso das placas de proteína associado à doença e inibe a formação de AGEs no corpo. Além disso, sua molécula pode reduzir o número de células zumbis.

Dosagem: multiplique o peso do cão por 18 (por exemplo, um cão de 22kg deve tomar cerca de 400mg por dia, um cão de 55kg tomaria quase 1.000mg por dia – o equivalente a consumir 124 maçãs vermelhas ou 217 xícaras de mirtilos). Dica: seja qual for a dosagem, sempre a separe em duas porções iguais ao longo do dia; para melhores resultados, camufle as cápsulas ou o pó nas refeições ou nos petiscos. Caso seja mesmo necessário, é possível dobrar a dose desse suplemento.

DICA: A MANTEIGA DE AMÊNDOA É UM BOM "ESCONDERIJO DE PÍLULA"

Um pouquinho de manteiga de amêndoa crua orgânica (33 calorias por colher de chá) é um substituto simples para petiscos ultraprocessados e umedecidos usados com o intuito de camuflar as pílulas. Produzimos a nossa manteiga triturando rapidamente amêndoas orgânicas no processador de alimentos. Além de reduzir o estresse oxidativo, as amêndoas são capazes de diminuir significativamente o nível da proteína C-reativa (PCR) nas pessoas e ainda contêm lignanas e flavonoides. Sementes cruas e orgânicas de girassol também podem ser moídas para fazer um recheio rico em vitamina E e esconder pílulas e pós dos cães mais seletivos. É possível, ainda, usar bolinhas de carne, queijo fresco (bom para o microbioma do cachorro) ou uma colherada de purê de abóbora (congele o restante em bandejinhas de gelo para usar depois). A manteiga de amendoim pode ser contaminada por micotoxinas, e algumas marcas contêm xilitol, tóxico para os cães.

Nicotinamida Ribosídeo (NR)

Pergunte a qualquer um do mundo biotecnológico do antienvelhecimento sobre as moléculas mais promissoras para prolongar a longevidade e essa belezinha com certeza será mencionada. A nicotinamida ribosídeo (NR) é uma forma alternativa de vitamina B3 e uma precursora da nicotinamida adenina dinucleotídeo (NAD+), uma molécula estelar que atua como coenzima em muitos processos cruciais no corpo dos mamíferos, inclusive na produção de energia celular, na reparação do DNA e na atividade das sirtuínas (as enzimas envolvidas no envelhecimento). Sem a NAD+ atuando como coenzima, esses processos simplesmente não podem ocorrer e a vida não existiria. Ela é tão importante que está presente em todas as células do corpo. No entanto, evidências cada vez maiores sugerem que os níveis de NAD+ diminuem com a idade – uma alteração que os cientistas passaram a considerar um marcador do envelhecimento. Níveis mais baixos de NAD+ também são responsáveis por muitos problemas relacionados à idade, como doenças cardiovasculares, degenerativas e câncer.

Um estudo sobre o envelhecimento em camundongos, por exemplo, demonstrou que a suplementação oral com mononucleotídeo de nicotinamida (NMN), uma molécula maior, precursora da NAD+, atuou na prevenção contra alterações genéticas associadas ao envelhecimento e melhorou o metabolismo energético, a atividade física e a sensibilidade à insulina. Não é fácil elevar os níveis de NAD+ porque, na forma de suplemento, ela tem péssima biodisponibilidade. Contudo, a NR é uma ótima opção para elevar esses níveis naturais. Estudos com animais mostram que a suplementação feita com precursores da NAD+ (NMN ou NR) restaura os níveis de NAD+ e desacelera o declínio físico relacionado ao envelhecimento. A maioria dos especialistas antienvelhecimento que consultamos admite que toma NR ou NMN todos os dias. Curiosamente, quando a NMN foi ministrada a beagles, de modo experimental (e nós também começamos a tomá-la), verificamos redução nos níveis de lipídios e de insulina.

Dosagem: existe uma ampla variação na dosagem, com muitos produtos sugerindo 300mg/dia para os humanos (para os cães, cerca de 2mg por 0,5kg do peso corporal). Estudos com animais indicam que doses muito mais altas (32mg/kg/dia) oferecem benefícios maiores; no entanto, como esse suplemento é muito caro, ofereça-o quando for possível, começando com 2mg/0,5kg/dia.

> **Nootrópicos:** também chamados de "suplementos inteligentes", os nootrópicos são compostos que melhoram a função cerebral, auxiliando a prevenir o declínio cognitivo lento. Estudos revelam que pessoas com debilidade cognitiva têm deficiência de vitaminas e nutrientes essenciais que protegem contra o declínio cognitivo, e o mesmo se aplica a animais modelo. Os cientistas descobriram que nutrientes específicos têm um papel importante na atividade celular necessária à manutenção da função cognitiva otimizada. As pesquisas demonstram que o estresse crônico pode acelerar o declínio cognitivo e prejudicar o funcionamento da memória. Alguns nootrópicos contêm ingredientes considerados adaptógenos, ou seja, que ajudam o corpo a lidar com o estresse e, assim, melhoram a função cognitiva.

Cogumelos juba-de-leão

Esse cogumelo nootrópico tem uma ampla variedade de efeitos benéficos para a cognição, sendo, inclusive, um potente adaptógeno (substância que auxilia o corpo na adaptação sadia ao estresse). Pesquisas mostram, ainda, que ele ajuda significativamente na melhora de comportamentos depressivos e ansiosos em animais modelo. Ele contém um polissacarídeo benéfico, útil no tratamento e na prevenção de problemas gastrointestinais (inclusive úlceras), e reduz os danos ao sistema nervoso e a degeneração em animais. Gostamos muito desse cogumelo, sobretudo por ele proteger a mielina nas raças com maior risco de mielopatia degenerativa. Trata-se de um protetor muito rico do trato gastrointestinal, capaz de melhorar o sistema imunitário no intestino, permitindo que ele se livre de patógenos que tenham sido ingeridos. Caso seja possível encontrá-los, os cogumelos juba-de-leão frescos são fantásticos TELs. Caso não consiga, ou se seu cão não gostar deles, considere a suplementação, em especial no caso de cães acima dos 7 anos de idade.

Dosagem: num estudo japonês sobre cognição, os pacientes receberam um total de 3.000mg por dia e tiveram resultados positivos; isso se converte em 1.000mg para cada 22,5kg de peso corporal do cachorro, aproximadamente.

Glutationa

Já tratamos desse aminoácido vital, produzido pelo corpo e crucial no combate a carcinógenos. A glutationa ajuda a remover os AGEs nocivos gerados pelos alimentos ultraprocessados, a neutralizar radicais livres e a eliminar toxinas industriais e veterinárias. Pode também ajudar a proteger seu amigo peludo dos danos causados pelos metais pesados. No fígado do cão, as atividades nas vias de desintoxicação que envolvem a glutationa respondem por até 60% das toxinas na bile (a bile é o principal veículo do fígado para se livrar das substâncias excedentes). Por isso, a glutationa é considerada a mestra dos antioxidantes. Ela ainda recarrega outros antioxidantes, fortalecendo sua capacidade de combater as inflamações, e atua como um cofator para dezenas de enzimas que neutralizam os radicais livres prejudiciais. Em alguns estudos, verificou-se que cães clinicamente doentes têm menos glutationa. O uso de uma mistura de cogumelos medicinais na forma de TELs é o ideal, mas, se o seu cão não come cogumelos, um suplemento de glutationa é uma boa pedida, em especial em idades mais avançadas.

Dosagem: há uma enorme variação na dosagem de glutationa, mas a maioria dos médicos recomenda entre 250 e 500mg/dia para pessoas saudáveis, ou de 2 a 4mg por 0,5kg de peso corporal do cão, camuflados numa bolinha de carne ou como petisco entre as refeições.

> Os remédios para demência canina são eficazes? Sim, eles funcionam. A baixa dosagem de deprenil (selegilina) é o único tratamento aprovado pela FDA para a disfunção cognitiva canina. Essa substância é mais conhecida por estimular a produção de dopamina, um importante neurotransmissor envolvido nas emoções, na sensação de prazer e nos mecanismos cerebrais de recompensa e motivação. Além disso, a dopamina ajuda a controlar os movi-

mentos. O deprenil é usado na medicina veterinária para inibir a atividade enzimática de uma substância que atua na degradação da dopamina neuroquímica. A selegilina aumenta os fatores neurotróficos, compostos que fortalecem os neurônios existentes e ajudam no crescimento de novos. Ela aumenta, também, um antioxidante poderoso que combate substâncias danosas. Isso ajuda a prevenir danos aos tecidos capazes de causar o enrijecimento das artérias, ataque cardíaco, derrame, coma e algumas condições inflamatórias. Se quiser experimentar esse medicamento, converse com um veterinário de confiança; recomendamos seu uso em conjunto com uma mudança completa no estilo de vida assim que o distúrbio cognitivo do cão for diagnosticado. Os médicos conhecem os benefícios da selegilina para a longevidade desde os anos 1980. Já naquela época, alguns estudos com animais mostravam que ela aumenta significativamente a expectativa de vida.

Suporte personalizado

Se você usa muitos produtos químicos em casa ou no quintal, adicione SAMe à dieta do cão. Se usa remédios contra pulgas, carrapatos ou outros parasitas, adicione cardo-mariano.

SAMe: A S-adenosilmetionina (SAMe) é uma molécula natural produzida no fígado dos cães que atua como doadora de grupos metil para uma variedade de compostos necessários à desintoxicação. A SAMe é necessária na reparação do DNA por meio da metilação e é, ainda, precursora de muitas biomoléculas essenciais, incluindo a creatina, a fosfatidilcolina, a coenzima Q10 (CoQ10) e a carnitina. Todas essas substâncias químicas do corpo têm relação com a dor, a depressão, a doença hepática e outros problemas. A SAMe ainda participa da produção de diversas proteínas e neurotransmissores e foi aprovada como um nutracêutico já nos anos 1990 (como a SAMe não está presente nos alimentos, a suplementação pode ser aconselhável). Inúmeros estudos duplo-cego têm comprovado sua eficácia no alívio da depressão e da ansiedade. Além disso, experimentos clínicos com humanos demonstram que a SAMe é tão eficaz quanto os anti-inflamatórios não esteroides (AINES), tornando-a uma boa candidata à diminuição da dor e à redução do inchaço. No mundo canino, veterinários e veterinárias usam a SAMe como auxiliar no tratamento do câncer, de problemas hepáticos e da síndrome da disfunção cognitiva canina.

Uma marca popular de SAMe para cães registrou uma redução de 44% em problemas comportamentais, diminuindo inclusive as ocorrências de xixi e cocô fora do lugar adequado, seja depois de quatro ou oito semanas (em comparação aos 24% do grupo placebo). Outros benefícios documentados incluem uma melhoria marcante na disposição para atividades e brincadeiras; aumento significativo dos níveis de atenção; redução dos problemas relacionados ao sono; e diminuição da desorientação e da confusão. Outro estudo não relacionado, com cães em laboratório, mostrou melhoria nos processos cognitivos, incluindo a atenção e a resolução de problemas. Há várias marcas de SAMe prescritas por médicos veterinários. Mas você também pode comprar sem indicação, por conta própria. Dê entre 15 e 20mg/kg uma vez ao dia. Esse suplemento é mais bem absorvido quando não ministrado numa grande refeição. Portanto, esconda-o numa bolinha de carne e administre a dose entre as refeições.

Cardo-mariano (silimarina): é a erva desintoxicante do fígado por excelência. Quer se livrar de produtos químicos usados no jardim, da poluição que vem pelo ar e dos resíduos de medicamentos, incluindo os antiparasitários e os esteroides? Essa eliminadora de toxinas vem de uma erva florífera especialmente famosa por lidar com problemas do fígado como se fosse uma faxineira, por isso é essencial incluí-la na dieta de seu cão. A desintoxicação é um processo muito importante, não só para nós, mas para os animais também. Um cão que não consegue uma desintoxicação adequada corre risco de complicações imunitárias sérias com o passar do tempo. O cardo-mariano é o chefe dos desintoxicantes. De acordo com o Centro Médico da Universidade de Maryland, "estudos laboratoriais anteriores mostram que a silimarina e outras substâncias ativas no cardo-mariano podem ter efeitos anticâncer. Essas substâncias parecem interromper a divisão, a reprodução e o tempo de vida das células cancerígenas, além de reduzir o suprimento de sangue para os tumores".

Dosagem: ⅛ de colher de chá da erva por 4,5kg de peso corporal, aproximadamente. Para máxima eficácia, essa erva deve ser pulsada (ministrada de modo intermitente). Ofereça todos os dias por uma semana após ministrar medicamentos para controle de parasitas (ou para ajudar a eliminar resíduos de outros remédios do organismo) ou durante a semana posterior à aplicação de produtos químicos no jardim. O cardo-mariano é largamente disponibilizado em muitos produtos específicos para animais de estimação. Caso compre um produto humano, a dose desintoxicante comum varia entre 10 e 50mg/kg/dia. Examine o rótulo em busca de um mínimo de 70% de silimarina.

Para fortalecer as juntas em todas as idades – de cachorros jovens com trauma nas articulações a cães mais velhos com doenças degenerativas das juntas –, o mexilhão de lábios verdes é um Alimento da Longevidade disponível em forma de suplemento para o sistema musculoesquelético.

Para os cães, o **mexilhão de lábios verdes** (GLM, na sigla em inglês) é uma alternativa natural aos medicamentos anti-inflamatórios não esteroides (AINES) e cumpre sua missão no corpo por meio de ações semelhantes. O mexilhão de lábios verdes (*Perna canaliculus*) é nativo do litoral da Nova Zelândia. Ele tem uma faixa verde-clara ao redor da concha e um lábio verde característico em seu interior. Os GLMs há muito são usados pelo povo maori, e os cientistas registraram que indivíduos maoris habitantes da costa apresentam taxas muito menores de artrite se comparados aos que vivem no interior. Já se mostrou clinicamente que o extrato de GLM alivia os sintomas da osteoartrite nos cães. Em 2006, por exemplo, um estudo duplo-cego e controlado com placebo envolvendo 81 cães com doença degenerativa das articulações, de leve a moderada, descobriu benefícios significativos da suplementação prolongada (por oito semanas ou mais) com um comprimido de 125mg de extrato de GLM. Um estudo de 2013 publicado no *Canadian Journal of Veterinary Research* registrou que uma dieta enriquecida com extrato de GLM melhora de maneira significativa os movimentos de cães afetados por osteoartrite em comparação a uma dieta de controle. Os cães que receberam uma alimentação enriquecida com GLM também absorveram maiores níveis de ácidos graxos ômega-3 EPA e DHA no sangue. Os pesquisadores concluíram que o extrato de GLM mostrou uma forte capacidade de beneficiar os cães com osteoartrite. Mexilhões liofilizados são disponibilizados como petiscos, e suplementos em pó são encontrados com facilidade.

Dosagem: 150mg para cada 4,5kg de peso corporal por dia, divididos entre as refeições.

Para os cães que necessitam de uma ajuda a mais para lidar com o estresse e com a ansiedade (sempre em conjunto com modificações no comportamento e com a terapia do movimento diário):

L-teanina é um aminoácido tranquilizante encontrado principalmente no chá. Promove a produção de ondas alfa no cérebro, o que reduz a ansiedade e as fobias de barulho, além de promover comportamento tranquilo, porém atento. Existem produtos prescritos por profissionais, mas a L-teanina também pode ser encontrada com facilidade em lojas de alimentos saudáveis. A dose mais eficaz para reduzir a ansiedade nos cães é 1mg a cada 2,2kg de peso corporal duas vezes ao dia.

Ashwagandha, um pequeno arbusto perene comum na Índia, no Oriente Médio e em partes da África, é considerado um "adaptógeno" por ajudar o corpo a lidar com o estresse, pois auxilia a função cerebral, diminui o açúcar no sangue e os níveis de cortisol, além de combater os sintomas da ansiedade e da depressão. Sabe-se também que ele melhora a função hepática em cães mais velhos. Dosagem: entre 50 e 100mg/kg, divididos em duas doses na comida.

Bacopa monnieri é uma planta básica na medicina ayurvédica. Inúmeros estudos clínicos descobriram que ela melhora a retenção da memória – os cães aprendem mais rápido e se lembram por mais tempo – e reduz o estresse, a ansiedade e a depressão. Alguns estudos com animais chegaram a mostrar que sua eficácia antiansiedade ("ansiolítica") é comparável à da benzodiazepina (por exemplo, no Xanax), sem deixar o cão sonolento. Médicos mundo afora estão adicionando bacopa monnieri aos protocolos de suplementação para pacientes com degeneração cognitiva por conta de seus comprovados benefícios à memória.

Dosagem: de 25 a 100mg/kg por dia na comida, divididos entre as refeições. Use a dosagem mais baixa para o bem-estar cognitivo; a mais alta, para tratar ansiedade.

Raiz-de-ouro (*Rhodiola rosea*) é outra erva adaptógena que ajuda o corpo a lidar melhor com o estresse. Diversos estudos descobriram que suplementos de raiz-de-ouro melhoram o humor e diminuem a sensação de ansiedade.

Dosagem: de 2 a 4mg/kg/dia, divididos entre as refeições, devem ser o suficiente.

Para cães que foram esterilizados ou castrados muito cedo (antes da puberdade), as lignanas podem ajudar a equilibrar os hormônios remanescentes. Elas são fitoestrogênios, ou seja, compostos vegetais que imitam o estrogênio no corpo, enviando sinal às glândulas adrenais para interromper a produção de quantidades inadequadas desse hormônio (o que nunca foi função delas, para início de conversa!). Podem ser encontradas em uma miríade de fontes, incluindo casca de linhaça (não confundir com a semente de linhaça, que não contém lignanas suficientes), crucíferas e galhos de abetos (lignanas HMR – hidroximataitresinol). As lignanas costumam ser prescritas na medicina veterinária como reforço adjunto para cães com síndrome de Cushing (produção excessiva de hormônios adrenais). Nos exames de sangue, a fosfatase alcalina muito elevada é um sinal comum de que o cortisol pode estar alto e deve ser verificado. As lignanas são muitas vezes usadas em combinação com a melatonina e com o di-indolilmetano em vários produtos para "equilíbrio hormonal canino" com o objetivo de reduzir o cortisol e ajudar no alívio do estresse nas glândulas adrenais, que trabalham em excesso depois de uma cirurgia de castração. Use de 2,2 a 4,4mg/kg/dia.

Para cães cuja dieta contém mais de 50% de comida ultraprocessada: de acordo com pesquisas, é seguro presumir que o animal tem níveis elevados de AGEs. Caso ele não esteja ingerindo alimentos orgânicos, pode abrigar também níveis detectáveis de resíduos de pesticidas e, talvez, metais pesados e outros contaminantes (como PBDEs – éteres difenílicos polibromados – e ftalatos). Portanto, é preciso providenciar uma maneira de ajudar o corpo dele a se livrar desses contaminantes. Eis algumas joias de que gostamos:

Carnosina é um elemento integrante das proteínas, naturalmente produzida em pequenas quantidades no corpo. Ela ajuda a evitar que o organismo absorva e metabolize AGEs e ALEs (produtos finais da lipoxidação avançada – outro subproduto dos ultraprocessados que ninguém quer acumular). A carnosina proporciona proteção antioxidante natural e quelação de metais pesados, e tem a capacidade de desintoxicar moléculas reativas geradas pelos ALEs e AGEs, além de *inibir a formação dessas moléculas*.

Dosagem: recomendamos 125mg/dia para cães com menos de 11kg, 250mg/dia para cães com até 22,5kg e 500mg/dia para cães que pesem mais de 22,5kg. Esse suplemento humano está disponível on-line e na loja de alimentos saudáveis mais próxima.

A **Chlorella**, uma alga unicelular medicinal de água doce, elimina metais pesados e contaminantes alimentícios e ambientais. Dá para turbinar os superpoderes da *Chlorella* servindo-a com coentro, o que remove os resíduos de glifosato encontrados na comida canina ultraprocessada e em produtos agrícolas cultivados de maneira convencional. A *Chlorella* é um suplemento humano que funciona bem nos cães porque vem em comprimidos minúsculos camufláveis numa bolinha de carne, ou em pó, que pode ser misturado à comida.

Dosagem: 250mg/dia para cães com menos de 11kg, 500mg/dia para cães de até 22,5kg e entre 750 e 1.000mg/dia para cães maiores.

SUPLEMENTOS DESINTOXICANTES

Eliminação de pesticidas veterinários e ambientais:
➤ cardo-mariano, SAMe, glutationa

Eliminação de micotoxinas, glifosato e metais pesados:
➤ quercetina, *Chlorella*

Para cães com infecções crônicas

Extrato de folha de oliveira: o extrato das folhas da oliveira – não da fruta – é tão ou mais potente do que o azeite, pois contém um ingrediente ativo chamado "oleuropeína", que, acredita-se, contribui com suas propriedades anti-inflamatórias e antioxidantes. A oleuropeína tem efeitos benéficos na manutenção dos níveis de açúcar no sangue dos cães, contém polifenóis que atuam na longevidade das células do cérebro de animais e induz a autofagia por meio da via de sinalização AMPK/mTOR, além de proteger contra vários patógenos e parasitas comuns. A oleuropeína também possui fortes propriedades antimicrobianas e antiparasitárias, previne e trata doenças hepáticas e toxicidade em vários animais modelo e está sendo estudada por seus efeitos contra males degenerativos; por fim, mata células senescentes e estimula o Nrf2. Esse polifenol potente induz a poderosa apoptose e tem sido testado em muitos cânceres agressivos devido à sua capacidade de inibir o crescimento anormal de células.

Dosagem: quando for escolher o produto fitoterápico humano, procure um mínimo de 12% de oleuropeína: 125mg (duas vezes ao dia) para cães com menos de 11kg, 250mg (duas vezes ao dia) para cães com até 22,5kg, e de 500 a 750mg (duas vezes ao dia) para cães maiores. Use o suplemento de seis a 12 semanas para ajudar a controlar infecções ativas (em particular, infecções recorrentes de pele, trato urinário e ouvido) e para estimular a autofagia. Depois interrompa por três a quatro semanas antes de reinstituí-lo.

Nosso suplemento favorito para cães mais velhos

O **ubiquinol** é a forma ativa da coenzima Q10 (CoQ10), um antioxidante solúvel em gordura semelhante a uma vitamina de que o corpo precisa para auxiliar e manter a produção natural de energia dentro da mitocôndria das células, ajudando-a a funcionar em níveis otimizados. Nenhuma surpresa: o coração e o fígado possuem mais mitocôndrias por célula do que outras partes do corpo e, assim, contêm a maior parte da CoQ10. Nenhuma surpresa outra vez: a CoQ10 é um dos suplementos para consumo humano mais populares dos Estados Unidos e é recomendada para pacientes cardiopatas, seja como tratamento, seja para prevenção de problemas cardíacos relacionados à idade. No mundo veterinário, pacientes caninos cardíacos recebem prescrição desse suplemento com o intuito de desacelerar a progressão da insuficiência cardíaca congestiva. Num dos primeiros estudos feitos para avaliar o sofrimento de cães com doença da válvula mitral, o problema cardíaco mais comum em cães de raça pequena, a CoQ10 melhorou significativamente a função cardíaca. Também a recomendamos de maneira preventiva, para nutrir as mitocôndrias envelhecidas e reduzir a probabilidade de distúrbios cardiovasculares. É impossível obter CoQ10 suficiente apenas por meio da dieta. O ubiquinol (a forma mais biodisponível da CoQ10) é um suplemento muito mais caro, mas assimilado com muito mais facilidade.

Dosagem: as doses de ubiquinol variam de 1 a 10mg por 0,5kg uma ou duas vezes ao dia, dependendo do objetivo. Uma dose diária é suficiente para manter o bem-estar mitocondrial e a saúde cardíaca. Para animais com distúrbios cardiovasculares, dê duas doses diárias. Observação: preparações de ubiquinol à base de óleo são consideradas mais eficientes e assimiladas com mais facilidade do que fontes de CoQ10 tradicionais em pó. O ubiquinol à base de óleo é vendido em cápsulas gelatinosas ou em bombinhas contendo a forma líquida do produto, enquanto a CoQ10 cristalina é vendida em cápsulas, em comprimidos ou em pó. Dica: se comprar CoQ10, use a dose máxima sugerida para manter a saúde e ofereça o produto com uma colher de chá de óleo de coco para obter máxima absorção.

Eu (Dra. Becker) conheci a Ada quando ela era um filhote, em 2004. Meu primeiro objetivo para garantir seu bem-estar foi criar propositalmente um intestino de aço, porque um intestino sadio significa um sistema imunitário sadio. Geneticamente, seu DNA de pit bull estaria propenso a desenvolver dermatite atópica (com sintomas alérgicos semelhantes ao eczema), o que tentei evitar. Eu passava os dias no hospital veterinário lidando com donos e donas no limite, desesperados para evitar a eutanásia. Como muitos médicos funcionais, sei que minha consulta é o último recurso para animais com males incuráveis: alergia, câncer, problemas musculoesqueléticos e falência de órgãos. A última coisa que eu queria era voltar para casa no fim do dia e encontrar um cão morrendo de se coçar. Contudo, sabia que a situação demandaria um plano intencional de alteração epigenética, como gosto de chamar (um bom tópico para outro livro).

Conforme explicamos nas primeiras duas partes deste livro, nossos cães carregam um DNA que pode ou não se manifestar, dependendo de fatores epigenéticos influenciados pelo ambiente em que vivem. Eu tinha plena consciência, enquanto guardiã da Ada, de que poderia manter seus genes irritantes sob controle ou permitir que "a natureza seguisse seu curso" por meio de uma predisposição atópica hereditária (e cheia de coceira). Minha intenção era diminuir a probabilidade de manifestação daquele DNA inclinado à atopia. Comecei criando e protegendo um microbioma saudável. Não ministrei vermífugos "para garantir"; em vez disso, examinei amostras das fezes ao longo de três meses para confirmar que ela estava livre de parasitas. Ela chegou aos meus cuidados se alimentando exclusivamente de comida canina ultraprocessada. De imediato, ministrei marcas distintas de probióticos caninos com diferentes cepas de bactérias benéficas, adicionando uma pitada de um ou de outro a cada refeição. Eu estava muito ocupada para preparar refeições caseiras para ela, mas logo a "desmamei" e ofereci uma variedade de marcas de comida crua nutricionalmente completa, revezando entre diferentes fontes de proteína (e de marca) a cada refeição. Eu tinha dois freezers gigantescos, portanto armazenar vários saquinhos de comida canina não foi problema. Revezando refeições de carne bovina, frango, peru, codorna, pato, veado, bisão, coelho, bode, emu, avestruz, alce, salmão e cordeiro (com legumes e verduras variados em cada combinação), criei desde o princípio uma diversidade nutricional e microbiana.

Ada tinha acesso diário a um solo saudável (eu morava na floresta) e passava muito tempo do lado de fora. Tenho um estilo de vida bastante "verde", então sua exposição aos produtos químicos caseiros e ambientais era mínima. Eu estava convencida a não ministrar antibióticos a não ser que sua vida estivesse em risco (e já sabia que demora meses até que o intestino de um cão se restabeleça, mesmo depois de um curto tratamento à base de antibióticos). Ada teve a inevitável "piodermite do filhote", a acne que muitos filhotes apresentam na barriga e em outras partes do corpo à medida que os anticorpos maternos diminuem e seu sistema imunitário começa a engrenar. Essa é uma fase em que muitos filhotes recebem a primeira rodada desnecessária de antibióticos. Tratei seus episódios passando iodopovidona nas espinhas e nas pústulas duas vezes ao dia. Nesse período, durante um mês, usei também folha de oliveira como suplemento. Ela teve vários episódios de diarreia por ter comido o que não devia, como acontece com a maioria dos filhotes. Tratei a diarreia sem o uso de antibióticos para o trato gastrointestinal. (*Flagyl*, ou o metronidazol, o antibiótico mais indicado para problemas gastrointestinais, de fato trata os sintomas da diarreia, mas, com a mesma eficiência, cria disbiose, o primeiro elemento na equação da atopia.) Ao ministrar carvão ativado três vezes ao dia com o estômago vazio, além de algumas refeições de peru cozido sem gordura com purê de abóbora em lata (acrescido de olmo escorregadio – *Ulmus rubra*), sua "indiscrição alimentar" sempre se resolvia rapidamente.

Ada entrou em minha vida vacinada duas vezes. Em vez de automaticamente dar as outras doses, eu quis verificar se ela já estava imunizada o suficiente para se proteger de vírus fatais a longo prazo. Um simples exame de sangue, chamado "titulação de anticorpos", revelou que ela estava de fato protegida; ministrar mais "doses de reforço" não traria benefícios nem "reforçaria" coisa alguma. Ao longo dos anos, sua titulação de anticorpos continuou a demonstrar a imunidade protetiva das vacinas iniciais de filhote, mesmo 16 anos depois.

Ajustei os suplementos às necessidades específicas de seu corpo ao longo dos vários períodos da vida. Quando ela era uma jovem cadela, eu quis proteger seus tendões e ligamentos (outro ponto fraco da raça). Na meia-idade, quis que seu sistema imunitário fosse resiliente. Depois que ela virou uma senhorinha, eu quis proteger e preservar as funções orgânicas; e hoje em dia ela é uma cadela geriátrica e meu foco é diminuir o declínio cognitivo e gerenciar qualquer desconforto em seu corpo. Aos 17 anos, ela precisa de reforço para a visão. Para mim, a medicina é tanto arte quanto ciência. A arte é personalizar o protocolo de bem-estar de um paciente, um protocolo que se altera de modo dinâmico ao longo do tempo, levando em conta a genética e ditado pelas necessidades específicas da saúde do paciente em vez de prescrever um protocolo padrão. Conforme o corpo de seu cão muda, o regime de suplementação também vai mudar.

O QUE É UM MÉDICO FUNCIONAL?

A medicina funcional considera que o alimento e o estilo de vida são os principais modos de cura e remédios não devem ser tratados como primeira e única opção para gerenciar doenças crônicas. A medicina veterinária funcional se esforça para identificar e remover obstáculos da rotina e do ambiente antes que a disfunção se instale. Criamos protocolos customizados e dinâmicos de bem-estar para os animais com o objetivo de promover um quadro maior de saúde contínua, além de qualidade e expectativa de vida acima da média. Isso difere da abordagem médica tradicional, que trata enfermidades e doenças depois que os sintomas nos alertam de que o corpo está doente ou se degenerando. Na página 442 há uma lista de organizações profissionais que abraçam a medicina veterinária funcional.

Seria possível escrever uma enciclopédia à parte sobre os suplementos para cães, pois existe uma grande variedade de marcas, nutracêuticos e ervas benéficos à saúde, clinicamente testados. Outros já tentaram essa empreitada, mas o que mais importa (para não abarrotar a refeição de pílulas e ter a certeza do que e por que está sendo ministrado, sem que isso custe uma fortuna) é a avaliação sensata de quais suplementos são mais adequados para um dado indivíduo. Assim como os humanos, animais diferentes precisam de auxílio variado em épocas diferentes e por razões distintas. A parceria com veterinários e veterinárias funcionais ou voltados ao bem-

-estar ou uma consulta com um profissional que mantenha o foco na prevenção proativa podem ajudar muito. **Também incentivamos os tutores e tutoras a se manterem bem informados para que consigam defender melhor seus animais.**

Além disso, essa é uma indústria com mudanças frequentes. Nos últimos anos, por exemplo, os produtos com CBD (canabidiol) para cães inundaram o mercado. O CBD é um composto encontrado na maconha e no cânhamo. A maioria dos produtos com CBD, em especial aqueles elaborados para cães na forma de óleos e infusões, é derivada do cânhamo e não da maconha, a qual também contém tetra-hidrocanabinol (THC), o componente que fornece as propriedades psicoativas. Na qualidade de suplemento do bem-estar, o CBD é divulgado como uma panaceia com múltiplos efeitos sobre o corpo: ele atua como anti-inflamatório, acalma o sistema nervoso, trata dores e ansiedade e até tem potencial de prevenir e auxiliar na cura do câncer. E, ainda que tenhamos experimentado os benefícios do uso dessa erva para gerenciar distúrbios específicos com nossos cães, o maior problema dos produtos caninos à base de CBD no mercado (além do controle de qualidade e das questões ligadas à potência do produto) é a presunção equivocada de que eles são eficientes para o tratamento de todos os tipos de dor física e distúrbio de comportamento. Não são. O CBD e muitos outros produtos à base de ervas podem ser terapeuticamente benéficos em determinadas circunstâncias. Os suplementos listados aqui entram na categoria "bem-estar" – produtos que podem ser usados todos os dias, se você quiser, para melhorar de maneira gradual a saúde e retardar o envelhecimento. Caso o cachorro tenha um problema de saúde específico, muitos protocolos nutracêuticos podem ser extremamente benéficos quando customizados em torno das questões médicas especiais e da fisiologia do animal. As empresas voltadas ao bem-estar estão começando a oferecer protocolos customizados de suplementos em torno das predisposições particulares de cada animal, dos testes de DNA e de questões exclusivas de cada caso.

Se seu cão não está bem ou toma medicamentos, converse com o veterinário ou a veterinária sobre a suplementação que gostaria de adotar. Antes de uma cirurgia ou de começar a tomar algum remédio, sempre informe quais suplementos o animal usa. Eles podem ser misturados à comida, camuflados em bolinhas de carne, num pouquinho de manteiga de amêndoa ou de queijo fresco (sabia que algumas pesquisas mostram que o queijo fresco contendo probióticos pode beneficiar o microbioma do cachorro?). Nunca force seu amigo a engolir substâncias em pó; isso quebra a confiança, oferece risco de engasgamento e não causa uma sensação muito boa.

NOTAS PARA OS ENTUSIASTAS DA LONGEVIDADE

A combinação correta de suplementos na hora certa – sem exageros – pode auxiliar a constituição biológica natural de seu cão no preenchimento de quaisquer lacunas da dieta e em outros fatores do estilo de vida, da idade ou da genética. No entanto, nem todo cão precisa de suplementação o tempo todo.

Substâncias essenciais a serem consideradas (veja este capítulo para detalhes de dosagem e administração):
- Resveratrol (*Fallopia japonica*)
- Curcumina (especialmente se o cachorro não come cúrcuma)
- Probióticos (especialmente se o cachorro não come vegetais fermentados)
- Ácidos graxos essenciais (EPA + DHA, se o cachorro não consome peixes gordurosos de duas a três vezes por semana)
- Quercetina
- Nicotinamida Ribosídeo (NR) ou mononucleotídeo de nicotinamida (NMN)
- Cogumelo juba-de-leão (para cães com mais de 7 anos)
- Glutationa (se o cachorro não come cogumelos)

Suporte personalizado:
- Para cães expostos a muitos produtos químicos (por exemplo, produtos de jardinagem, produtos de limpeza doméstica), adicione SAMe (veja também destaque na página 288).
- Para cães que usaram medicamentos antiparasitários, adicione cardo-mariano.
- Para cães que precisam fortalecer as articulações, adicione mexilhão de lábios verdes.

- Para cães que precisam de auxílio extra para tratar estresse e ansiedade, adicione L-teanina, ashwagandha, *bacopa monnieri* e *Rhodiola rosea*.
- Para cães castrados ou esterilizados antes da puberdade, adicione lignanas.
- Para cães cuja dieta é composta por mais de 50% de ultraprocessados, adicione carnosina e *Chlorella*.
- Para cães com infecções crônicas, adicione extrato da folha de oliveira quando as infecções irromperem.
- Para cães idosos, adicione ubiquinol.

9
Medicina em forma de refeições personalizadas

Dever de casa sobre alimentação canina e melhores porcentagens para um cão longevo

O alimento que consumimos pode ser o mais seguro e poderoso medicamento ou o mais lento veneno.
— Ann Wigmore

Para que seu cão tenha uma vida saudável, é necessário considerar três fatores: acreditar que o estilo de vida importa (em especial, seu compromisso com o processo – ou seja, esforço), genética e orçamento. Ainda que não seja possível alterar o DNA que compõe a constituição genética do seu amigo, muitas vezes é possível influenciar epigeneticamente as vias enzimáticas por meio de mudanças ambientais, inclusive na dieta. No fim das contas, todos os cães precisam se alimentar, e eles podem muito bem ingerir alimentos que contribuam de modo positivo para a manifestação sadia do genoma.

É importante conversar com o veterinário ou a veterinária antes de alterar a dieta ou o estilo de vida de seu cão, para garantir que as mudanças não causarão qualquer problema que precise ser supervisionado durante o processo de transição para uma vida mais saudável.

Prelúdio a uma mudança poderosa

Pequenas interferências na rotina se tornam hábitos espontâneos. Para começar, pense em reformular velhos padrões de comportamento não sadios e em adotar novos hábitos saudáveis. Avalie a dieta atual de seu cachorro e decida se quer fazer alguma alteração significativa. Recomendamos mudar refeições e petiscos gradualmente para evitar irritações no trato gastrointestinal; é importante se organizar para isso.

Lembre-se de que os objetivos desse programa são reduzir o estresse metabólico e a inflamação, ativar a AMPK e as vias da longevidade, ajudar o corpo a se livrar de toxinas acumuladas que podem estar armazenadas nos órgãos e tecidos e reequilibrar o microbioma.

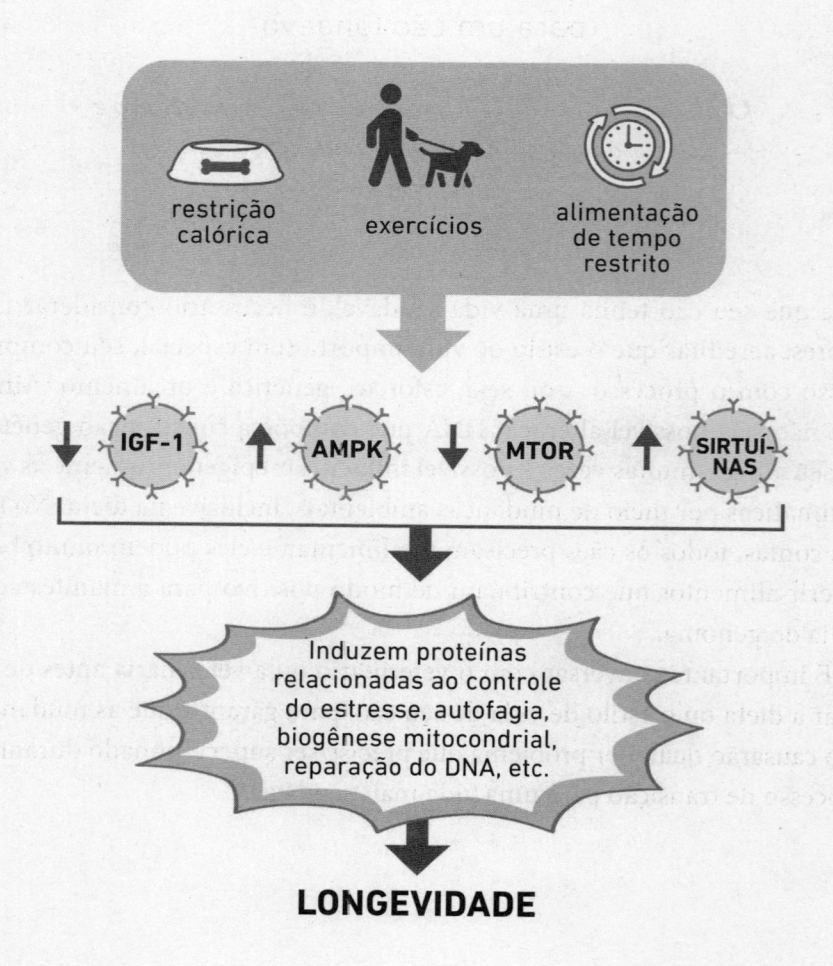

restrição calórica • exercícios • alimentação de tempo restrito

↓ IGF-1   ↑ AMPK   ↓ MTOR   ↑ SIRTUÍNAS

Induzem proteínas relacionadas ao controle do estresse, autofagia, biogênese mitocondrial, reparação do DNA, etc.

LONGEVIDADE

Partimos do pressuposto de que, no momento, você provavelmente alimenta seu cão com comida processada ou ultraprocessada; mesmo se esse não for o caso, continue a leitura para conferir a avaliação das receitas ou das marcas segundo os critérios do Cão Eterno. Esses critérios vão ajudar você a avaliar a comida que está servindo no momento (assim você vai poder decidir se quer continuar ou melhorar a dieta base), além de oferecerem um modelo para a seleção de opções mais naturais que possam ser adotadas em qualquer quantidade, agora ou a qualquer momento no futuro.

Alterações iniciais na comida

Para simplificar, dividimos nossa abordagem de introdução a alimentos mais saudáveis em duas etapas. A primeira é usar Alimentos da Longevidade como petiscos e como *Toppers* Essenciais da Longevidade (TELs). A segunda é melhorar a dieta diária de seu cão – caso seja necessário e você esteja disposto ou disposta a isso e em condições de fazê-lo. Realizar alterações em duas etapas é um método menos atribulado para o dono ou a dona, e também para o cão. Transições alimentares lentas são menos estressantes para o animal e dão aos tutores tempo para pesquisar, completar o Dever de Casa da Alimentação Canina e iniciar o prazeroso processo de descobrir as preferências gastronômicas de cada cão.

Até o momento, você pode ter deduzido que, uma vez que seu pet come o que lhe é servido, ele *gosta* da comida. Prepare-se para descobrir que seu cão tem preferências alimentícias apuradas, coisas de que gosta e de que não gosta, assim como acontece conosco. Ele nunca teve a chance de descobrir e de apreciar uma variedade de comidas nutritivas e deliciosas. Por meio de tentativa e erro e de muitas oportunidades para experimentar pequenas porções de novos alimentos, você vai perceber como é gratificante (e, em geral, divertido) descobrir a complexidade das papilas gustativas e do incrível olfato de seu amigo. O mundo está repleto de alimentos que literalmente salvam vidas para donos e cães descobrirem juntos!

Etapa 1:
introduza Toppers *Essenciais da Longevidade (TELs)*

Regra dos 10% de *Toppers*: adições de alimentos naturais podem ser feitas na forma de TELs a qualquer tipo de comida que esteja sendo servida no momento. O bom da regra dos 10% é que essas adições não precisam ser nutricionalmente equilibradas – elas são consideradas "extras", o que, de acordo com nutricionistas veterinários, significa que 10% da ingestão calórica diária total do cachorro pode ser usada como "brindes" para ativar a magia da longevidade. Lembre-se de que, se o cão estiver um pouco gorducho (e podendo perder uns quilinhos), é possível *substituir* 10% das calorias totais por TELs; caso ele seja magro e esteja dentro do peso considerado normal, você pode *adicionar* esses 10% à dieta. Sua tarefa é incluir até 10% de Alimentos da Longevidade na forma de TELs seja qual for a comida base oferecida.

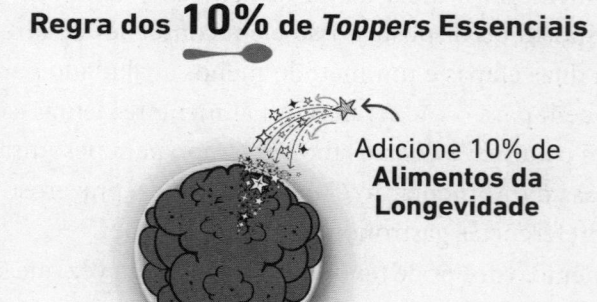

Regra dos 10% de *Toppers* Essenciais

Adicione 10% de **Alimentos da Longevidade**

Etapa 2: avalie a dieta base de seu cão e deixe
o potinho de comida mais natural

De onde seu cão obtém o sustento diário? Por meio de três exercícios, queremos que você seja capaz de avaliar com total transparência a comida que serve no momento ou qualquer marca/tipo de comida canina que considere servir no futuro:

1. **Dever de Casa da Alimentação Canina.** A resolução dessas tarefas simples vai fornecer critérios para a seleção de marcas e de dietas no

início do seu Plano Alimentar do Cão Eterno ou vai reforçar a confiança de que você está servindo exatamente o que pretendia servir.
2. **Seleção da categoria de alimentos naturais.** Há muitas escolhas, mesmo dentro da categoria dos menos processados. Você revisará todas as opções e decidirá qual é a mais adequada às necessidades e ao estilo de vida de seu cão (e não é necessário escolher apenas uma!).
3. **Estabelecimento da proporção de alimentos naturais.** Estabeleça um objetivo de consumo de alimentos naturais escolhendo o percentual que eles ocuparão na dieta – a quantidade de comida natural, não processada ou pouco processada que gostaria de incluir em cada refeição. Dito de outra forma, a quantidade de comida canina ultraprocessada que será reduzida ou eliminada da vida de sua cachorrinha.

O processo de tornar a vasilha de comida mais saudável começa na escolha da base do sustento diário, considerando os objetivos de nutrição e de saúde traçados para o cão. Talvez você esteja muito animado ou animada por ter chegado a este ponto do livro, já que enfim vai pôr em prática tudo que aprendeu nas partes I e II. Você pode começar com as seguintes perguntas: a comida do meu cão é nutritiva e saudável? Que critérios estou usando para chegar a essa conclusão? Talvez não seja necessário alterar a dieta de seu animal de estimação; mesmo assim, sugerimos o Dever de Casa da Alimentação Canina para você ter certeza de que ele está ingerindo a melhor comida possível. Milhares de clientes e seguidores nossos, depois de completar essa tarefa, reconhecem que o que eles *achavam* que estavam oferecendo aos seus pets não era o que estavam oferecendo *de fato*; muitas vezes existe espaço de sobra para melhorias consideráveis.

A Matemática da Alimentação Canina faz maravilhas ao revelar áreas que você pode aprimorar para maximizar a ingestão de nutrientes e minimizar o consumo de agregados indesejados. Seja qual for o caso, recomendamos fazer o possível, no seu tempo e com confiança, sentindo-se realmente bem quanto ao que você *é capaz de fazer*. Toda mudança positiva, não importa quão pequena seja, resulta em mais saúde, então não se compare aos outros nem dê espaço para culpa ou frustração. Ninguém precisa fazer tudo de uma só vez. Portanto, relaxe e aprecie uma habilidade que lhe será muito útil: aprenda a avaliar as marcas de comida canina.

Exercício 1:
Faça o Dever de Casa da Alimentação Canina: boa, muito boa e ótima

O Dever de Casa da Alimentação Canina oferece a oportunidade de avaliar a comida servida no momento ou quaisquer outras marcas de comida canina que alguém considere comprar. Caso não pretenda mudar a dieta de seu animal de estimação, ainda assim recomendamos que siga lendo e aplique essas ferramentas de avaliação à comida que seu cão está ingerindo; nunca é demais saber o que está entrando no corpo de seu cachorro todos os dias. Ao final deste exercício, você conseguirá aplicar critérios objetivos para classificar as marcas de comida como boas, muito boas e ótimas. Muitas pessoas em nossa comunidade completaram o exercício e se deram conta de que aquela marca preferida não passa no teste – é reprovada de maneira retumbante. Nossa resposta? Agora você sabe (ainda bem!) e está mais bem informado(a) para fazer escolhas melhores! (Não se culpe por coisas que desconhecia antes.) E mesmo que sua marca favorita fique entre as "boas" marcas (bem longe das "muito boas" ou das "ótimas"), ela pode, ainda assim, ser a sua escolha porque se adéqua à sua filosofia alimentar individual.

O objetivo desta tarefa é adquirir um bom entendimento acerca da *adequação biológica*, da *quantidade de processamento* e da *origem dos nutrientes* de uma marca. No fim, suas crenças pessoais indicam a importância de cada um desses tópicos; uma nota muito baixa em determinada área pode ser perfeitamente aceitável para você, e isso é o que importa.

É lamentável que os dados necessários para se criar um site com relatórios imparciais das marcas de comida canina, aberto a consultas pelo consumidor, não estejam disponíveis ao público. As empresas de comida canina raramente divulgam suas pesquisas internas ou revelam as fontes de seus materiais crus, e, nos Estados Unidos, não há institutos nacionais de saúde animal. A melhor fonte disponível é *The List* [A Lista], um compilado imparcial anual revisado por terceiros montado pela organização Truth About Pet Food. Contudo, trata-se de uma lista muito pequena em comparação às centenas de marcas disponíveis no mercado, porque ela precisa que as empresas forneçam documentação verificada por terceiros e que sejam transparentes em relação às fontes. É aqui que sua filosofia alimentar pessoal entra em jogo. Além do Dever de Casa da Alimentação

Canina, você estará com toda a informação de que precisa para fazer sua avaliação. A maioria das pessoas diz "Basta me dizer que marca devo usar" ou pergunta "A marca X é boa?". Mas tudo depende do que cada pessoa considera bom, correto?

A ironia é que nossos pais recitavam o mesmo ditado quando éramos crianças: "Dê um peixe a um homem e ele estará alimentado por um dia. Ensine-o a pescar e ele se alimentará a vida inteira." Por mais encantador ou irritante que seja ouvir isso (de novo), o princípio com certeza se aplica à escolha de marcas de comida animal. Vamos ensinar donos e donas a avaliar todos os tipos de comida canina. Assim, em vez de perguntar "Essa marca é boa?", a pessoa poderá dizer "Eu confio na minha escolha". Para chegar lá, é necessário conhecimento suficiente para tomar boas decisões e, na próxima seção, vamos compartilhar esse conhecimento.

Não recomendamos que, de uma hora para outra, você adote a filosofia de outra pessoa como se fosse sua. Reflita um pouco e identifique suas principais crenças em relação a comida. O que é importante na hora de comprar a sua comida? O que é importante na hora de comprar a comida de seu cão? A seguir, algumas considerações que têm ajudado a justificar e a moldar as filosofias alimentares pessoais de milhares de cuidadores de animais de estimação ao redor do mundo. Use as questões da lista como ponto de partida para consolidar as suas crenças acerca de cada assunto. Tais opiniões constituem a filosofia alimentar pessoal sobre a comida de seu cachorro:

- **Transparência da empresa:** é possível obter respostas claras sobre a origem e a qualidade dos ingredientes, bem como sobre a adequação à espécie?
- **Custo:** essa comida cabe no meu orçamento?
- **Sabor/palatabilidade:** meu cão vai aceitá-la?
- **Espaço no freezer e tempo de preparo:** eu consigo armazenar a quantidade de comida necessária e tenho tempo de preparar a refeição conforme os planos?
- **Organismos geneticamente modificados (OGMs):** qual a importância de meu cachorro não consumir ingredientes que tenham sofrido manipulação genética intencional?
- **Exames de digestão/absorção:** é importante saber quanto do alimento meu cachorro é capaz de assimilar?

- **Orgânicos:** é importante que meu cão não consuma glifosato ou outros pesticidas e herbicidas na comida?
- **Gado criado solto/Aves caipiras:** é importante evitar carnes oriundas de animais criados em confinamento (e os resíduos de medicamentos) ou submetidos a operações de alimentação animal concentrada (CAFOs)?
- **Testagem de contaminação:** é importante que os ingredientes crus da comida tenham o grau de contaminação avaliado por terceiros (para que se verifique, por exemplo, a presença de solução usada em procedimentos de eutanásia, metais pesados, resíduos de glifosato, etc.)?
- **Criação e abate humanizados:** é importante que animais que viram "comida" não tenham sido abusados e não tenham tido uma morte horrenda?
- **Sustentabilidade:** é importante que a comida seja produzida de maneira que não prejudique os ecossistemas e que tenha impacto mínimo sobre o meio ambiente?
- **Teste nutricional:** é importante que o lote de comida (ou apenas a receita inicial) tenha sido analisado num laboratório ou numa testagem de alimentos para comprovar a adequação nutricional?
- **Sem sintéticos:** faz diferença se meu cão obtiver a maior parte dos nutrientes da comida ou de vitaminas e minerais produzidos em laboratório?
- **Origem dos ingredientes:** faz diferença se a comida contiver ingredientes importados de outros países com diferentes padrões de controle de qualidade?
- **Qualidade da matéria crua (própria para consumo):** é importante que a matéria-prima da comida do meu cão seja própria para consumo humano? (Em outras palavras: faz diferença se os ingredientes da comida do meu cão tiverem sido rejeitados pela inspeção de comida para humanos?)
- **Níveis de nutrientes:** é importante que a comida de meu cão atenda a requisitos mínimos para evitar deficiências nutricionais ou excesso de nutrientes que poderiam prejudicar sua saúde? Faz diferença que o fabricante compartilhe ou não os resultados dos testes nutricionais?

- **Formulação:** qual a importância de a comida do meu cão atender a padrões nutricionais (de associações, federações e conselhos especializados)? Faz diferença quem tenha formulado a comida?
- **Controle de qualidade:** qual a importância da segurança e do controle de qualidade alimentar?
- **Técnicas de processamento:** qual a importância de evitar a inclusão de produtos da reação de Maillard (MRPs) na comida canina (incluindo AGEs, ALEs, aminas heterocíclicas e acrilamidas)?

Há muitas outras "questões alimentícias" não listadas aqui que podem moldar sua filosofia pessoal em relação à comida. Antes de escolher uma categoria ou marca de comida, pense com carinho sobre cada uma delas.

Existe uma empresa e um tipo de comida para quase toda filosofia alimentar particular, e sempre há as receitas caseiras. (Visite www.foreverdog.com para dar uma olhada em receitas disponíveis em inglês que podem ser inspiradoras.) Muitas pessoas nos disseram que nem sabiam que *tinham* uma filosofia alimentar até refletirem sobre essas questões. Muitas ficaram surpresas e decepcionadas ao descobrir que as marcas nas quais confiaram durante anos não correspondem a sua filosofia pessoal. Dentro de cada categoria de comida canina há escolhas ruins, boas, muito boas e as melhores opções. Conforme seu orçamento, sua vida e sua filosofia evoluem com o tempo (e isso costuma acontecer), você vai reavaliar e revisar seu Plano Alimentar Canino. As empresas são vendidas, trocam de mãos e reformulam seus produtos; sugerimos que você revise as marcas que costuma usar a cada ano. E nunca é demais repetir: **um planejamento alimentar híbrido, ou o revezamento entre uma variedade de produtos de diferentes marcas ao longo do ano, é uma das melhores formas de se proteger contra as desvantagens de uma dieta monótona.**

Quem opta por comida caseira tem todo o controle sobre a qualidade e a origem dos ingredientes que utiliza. Porém, se for comprar comida canina, temos uma recomendação crucial que se aplica a todos os cães, seja qual for a idade, o estilo de vida ou a localização geográfica: se possível, evite os Doze Odiados.

Os Doze Odiados: evite comprar comida canina cujo rótulo inclua qualquer um dos ingredientes listados a seguir (em qualquer ordem):

➤ Qualquer tipo de farinha (por exemplo, "farinha de carne", "farinha de vísceras de aves" ou "farinha de glúten de milho")
➤ Menadiona (forma sintética da vitamina K)
➤ Casca de amendoim (uma fonte importante de micotoxinas)
➤ Pigmentos e corantes artificiais (por exemplo, o Vermelho 40), inclusive o caramelo
➤ Proteína hidrolisada de frango ou de outro animal
➤ Gordura animal
➤ Propilenoglicol
➤ Óleo de soja, farinha de soja, sementes moídas de soja, farinha de semente de soja, casca de soja, soja triturada
➤ Minerais nas formas "óxido" e "sulfato" (por exemplo, óxido de zinco, dióxido de titânio, sulfato de cobre)
➤ Subprodutos de gado ou de aves
➤ Butilidroxianisol (BHA) – ou hidroxianisol butilado –, butilidroxitolueno (BHT) – ou hidroxitolueno butilado – e etoxiquina (conservantes sintéticos)
➤ Selenito de sódio (forma sintética do selênio)

Avaliação do produto e do processo

Ao avaliar marcas, o produto e o processo são importantes. **"Leia antes de servir"** é nossa sugestão para cada produto que entrar na boca de seu cão. As marcas variam de acordo com a região e com o país, mas a forma de avaliar é a mesma, partindo sempre de sua filosofia alimentar pessoal. Toda a informação necessária acerca de determinada comida deve estar no site do fabricante. Se a comida for orgânica, feita com ingredientes aprovados para consumo humano ou livre de OGMs, o site informará. Se a informação de que precisa não estiver lá, é muito provável que não faça parte do produto. As empresas de comida para animais de estimação usam seus sites para destacar os benefícios mais atrativos de seus produtos – não é necessário procurar muito. Caso tenha perguntas, envie um e-mail ou ligue para a empresa. Depois de usar nossa lista para desenvolver sua filosofia alimentar, passe para o Dever de Casa da Alimentação Canina.

Cada ingrediente num saco de ração tem uma história para contar – uma história importante. A qualidade e a quantidade de ingredientes crus na comida canina e o modo como cada ingrediente é alterado ou adulterado acabam ditando quão biologicamente adequado, íntegro e saudável é o produto alimentar. Sabemos que é cansativo fazer pesquisas on-line para saber o que há na comida que o seu cachorro está consumindo, mas esse é o único jeito de descobrir – e a saúde dele depende disso.

Três cálculos esclarecedores para avaliar a comida canina

A boa notícia é que todos os produtos alimentícios caninos podem ser avaliados por meio de três análises simples que nivelam o jogo, eliminando a confusão da propaganda. É possível fazer alguns cálculos fáceis – Cálculo de Carboidratos, Matemática da Adulteração e Adição de Nutrientes Sintéticos – para comparar marcas de comida canina, lado a lado. Cada cálculo leva a um valor que pode ser acumulado e comparado ao de outras marcas; cada valor situa o alimento em uma categoria (boa, muito boa, ótima) em comparação ao concorrente. Enquanto você estiver lendo as informações, poderá priorizar os resultados de acordo com o que mais importa na sua filosofia alimentar individual. É exatamente o que queremos que você faça: concentre-se naquilo que lhe parece fazer mais sentido no momento.

Cálculo de carboidratos

Teste rápido: de quantos carboidratos o cão precisa? Esperamos que você tenha gritado "Zero!". A necessidade de carboidrato de um cão é zero. No entanto, eles – assim como nós – adoram os carboidratos e podem se tornar grandes viciados. A obtenção de energia a partir de produtos com 30% a 60% de amido (o que corresponde à maioria das rações) gera resultados semelhantes ao que vemos nas crianças no mundo do fast-food. Essa quantidade de amido gera muita energia (e essas calorias podem levar à obesidade), problemas na química cerebral, inflamação e deficiências nutricionais

Alimento Biologicamente Adequado   **Ração Seca**

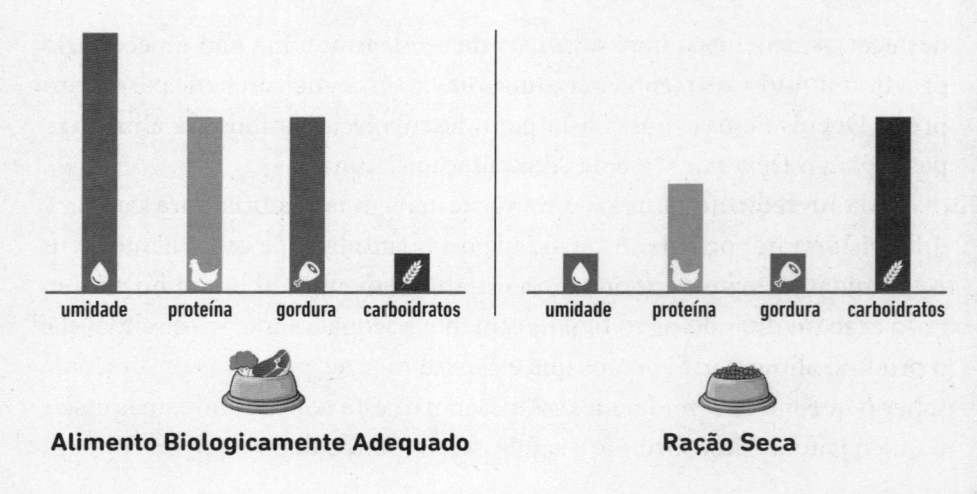

umidade — proteína — gordura — carboidratos

(superalimentados e subnutridos), pois as calorias do carboidrato substituem as tão necessárias calorias oriundas da carne cheia de nutrientes.

Calcular a quantidade de carboidratos (amido) nos produtos é uma ferramenta poderosa para determinar se a comida é biologicamente adequada. A dieta evolutiva de um cão era úmida, rica em proteína e gordura e com muito pouco açúcar/amido – o exato oposto da ração.

Os carboidratos da comida para animais de estimação (painço, quinoa, batatas, lentilhas, tapioca, milho, trigo, arroz, soja, grão-de-bico, sorgo, aveia, "grãos ancestrais", etc.) são muito mais baratos do que qualquer carne e do que os subprodutos da carne ou das farinhas de carne, e sua viscosidade ajuda a manter o alimento unificado durante o processo de fabricação. Portanto, o cálculo de carboidratos também informa se você está pagando por amido barato e desnecessário ou por carnes mais caras.

Lembre-se de que, quando falamos em carboidratos, não estamos nos referindo às fibras saudáveis, que são livres de açúcar. Estamos falando dos "carboidratos ruins" – do amido que se transforma em açúcar e cria o caos metabólico e os danosos AGEs. São esses os carboidratos que precisamos diminuir na vasilha de nossos cães. E são eles que constituem o grosso de muitas (ousamos dizer: da maioria) das comidas caninas ultraprocessadas. O Dr. Richard Patton, nutricionista veterinário e formulador de comida animal, nos disse que cães selvagens quase não tinham acesso a alimentos que contivessem mais do que 10% de amido. Como sabemos que os cães não têm necessidade de amido, quanto menos, melhor.

Lembre-se de que, caso tenham escolha, os cães preferem as proteí-

nas e as gorduras saudáveis, não os carboidratos. Ninguém precisa ficar obcecado em eliminar *todo* o amido da comida do cãozinho. Assim como nós, os cães podem consumir alguns alimentos metabolicamente estressantes (conhecidos como fast-food). No entanto, o objetivo é priorizar calorias que sejam oriundas de fontes que combinam com o mecanismo metabólico inato do animal – carnes magras e gorduras saudáveis.

A esta altura, você sabe que os consumidores querem muito mais do que apenas ver a carne no topo da lista de ingredientes do rótulo. Por que a carne não passou na inspeção, mas se tornou um "ingrediente de ração"? Eram "restos" saudáveis de carne ou tecidos adoecidos? Qual a origem da carne? Consumidores conscientes conhecem os truques do ramo: um mesmo ingrediente espalhado em vários itens do rótulo e o marco divisório do sal. O que não fica muito claro é a quantidade de energia, ou de calorias, oriunda dos carboidratos mais baratos e cheios de amido, porque, até o momento em que este livro estava sendo preparado, não existiam rótulos com informação nutricional nas comidas caninas.

Oferecer uma dieta com menos de 20% de carboidratos proporciona a alimentação mais nutritiva e menos estressante do ponto de vista metabólico para o *Canis lupus familiaris*. Minimizar a ingestão de amido também minimiza o consumo de "cidas" tóxicos, incluindo herbicidas, pesticidas, glifosato e resíduos de micotoxinas que atravessam a cadeia alimentar nessas plantações, muitas das quais foram geneticamente modificadas. Um número cada vez maior de fabricantes de comida para animais de estimação fornece informações sobre a quantidade de carboidratos, seja no produto ou no site da empresa. Caso essa informação não esteja disponível, ligue para a empresa e pergunte, mas é mais rápido simplesmente fazer o cálculo por conta própria. Comidas úmidas e secas demandam equações um pouco diferentes para levar em conta a presença de água (a equação para comida enlatada/úmida pode ser encontrada em www.foreverdog.com).

Para calcular os carboidratos em uma ração seca, encontre os Níveis de Garantia na embalagem da ração ou no site do fabricante. Os Níveis de Garantia listam a quantidade de proteína bruta, de fibra, de umidade, de gordura e de matéria mineral na dieta. A matéria mineral é uma estimativa da quantidade de minerais no alimento. Às vezes os fabricantes não incluem esse indicador nos Níveis de Garantia. Se não encontrar essa informação, considere 6% (na maioria das comidas caninas, o índice varia de 4% a 8%).

Níveis de Garantia:
Proteína bruta (mín)...............26%
Gordura bruta (mín) 14%
Fibra bruta (mín)...................... 4%
Umidade (máx).........................10%
Matéria mineral (máx)............ 6%

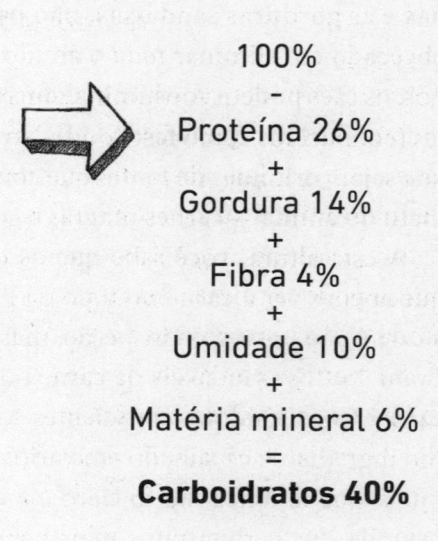

Ingredientes:

Declaração de conformidade: esta comida foi formulada de acordo com níveis nutricionais estabelecidos pelos Perfis Nutricionais de Comida Canina para todas as idades da AAFCO.

➡ 100%
−
Proteína 26%
+
Gordura 14%
+
Fibra 4%
+
Umidade 10%
+
Matéria mineral 6%
=
Carboidratos 40%

Para calcular a quantidade de amido, basta adicionar a proteína, a gordura, a fibra, a umidade e a matéria mineral (6%, se não estiver na lista) e subtrair de 100%. O número alcançado é o percentual de amido (ou seja, de açúcar) na comida de seu cão. Recomendamos que você se sente na hora de fazer esse cálculo, pois muitas pessoas ficam chocadas ao descobrir que o saco de ração "superpremium" de 120 dólares contém 35% de amido (açúcar).

- **Boas:** comidas caninas com menos de 20% de carboidratos do amido
- **Muito boas:** comidas caninas com menos de 15% de carboidratos do amido
- **Ótimas:** comidas caninas com menos de 10% de carboidratos do amido

Pode acontecer de nutricionistas ou veterinários, por razões médicas, aumentarem a quantidade de carboidrato na dieta de um cão (durante a gravidez, por exemplo), mas, de maneira geral, ao contrário das cabras e dos coelhos, cães saudáveis não precisam que a maior parte de suas calorias venha do carboidrato. Portanto, não recomendamos sobrecarregar o cachorro com esse nutriente, a não ser que isso seja necessário por motivos médicos.

Matemática da Adulteração

A segunda tarefa na Matemática da Alimentação Canina ajuda a determinar o nível e a intensidade do processamento. Quanto mais refinada e alterada for a comida, menos nutritiva ela se torna e com maior presença de subprodutos tóxicos resultantes do processamento. Determinar o status natural / minimamente processado / processado / ultraprocessado das comidas pode ser difícil, mas vamos simplificar o máximo possível. Recapitulando o que aprendemos na Parte II:

Alimentos não processados (crus) ou "naturais, com processamento tipo *flash*": ingredientes naturais, crus, que são levemente alterados para fins de preservação, com perda nutricional mínima. Os exemplos incluem moagem, refrigeração, fermentação, congelamento, desidratação, embalagem a vácuo e pasteurização. A comida minimamente processada sofre apenas uma adulteração.

Alimentos processados: alimentos da categoria anterior (minimamente processados) que são modificados mais uma vez por meio de um processo adicional envolvendo calor. Portanto, dois processamentos.

Alimentos ultraprocessados: produtos industrializados que contêm ingredientes não encontrados na cozinha de casa; demandam várias etapas de processamento com o uso de diversos ingredientes que já foram processados, com aditivos para melhorar a palatabilidade, a textura, a cor e o sabor; e que são produzidas por meio de fornos, defumação, acondicionamento em latas ou extrusão. Os ultraprocessados sofrem diversas adulterações por meio do calor. O saco-padrão de ração contém ingredientes que passaram por uma média de quatro processamentos a altas temperaturas.

Os alimentos naturais, minimamente processados, foram manipulados (adulterados) menos vezes e sem o uso do calor. Por que isso é tão importante? Os inimigos da nutrição são o tempo, o calor e o oxigênio (que causa oxidação, levando à rancidez). No caso da comida canina, o calor é o maior agressor. O calor impacta negativamente o nível de nutrientes da comida; cada vez que os ingredientes são aquecidos, mais nutrientes se perdem. Não existe uma pesquisa disponível ao público sobre a extensão da perda nutricional por meio do ultraprocessamento, analisando marca a marca. Entretanto, *muitas* vitaminas e *muitos* minerais sintéticos são reinseridos para compensar a imensa perda nutricional ocorrida durante o processamento, o que dá uma boa ideia de como os produtos finais são desprovidos de nutrientes. Retiramos da literatura nutricional humana um exemplo de perda nutricional para demonstrar o que ocorre a alguns nutrientes após *um* único processamento térmico. Dê uma olhada nos valores de "reaquecimento" para ter uma ideia do que acontece após três reaquecimentos adicionais num saco-padrão de ração canina seca.

PERDAS NUTRICIONAIS MÁXIMAS COMUNS
(em comparação à comida crua)

VITAMINAS	CONGELAR	DESIDRATAR	COZINHAR	COZINHAR+ESCORRER	REAQUECER
Vitamina A	5%	50%	25%	35%	10%
Vitamina C	30%	80%	50%	75%	50%
Tiamina	5%	30%	55%	70%	40%
Vitamina B12	0%	0%	45%	50%	45%
Ácido fólico	5%	50%	70%	75%	30%
Zinco	0%	0%	25%	25%	0%
Cobre	10%	0%	40%	45%	0%

As más notícias não param por aí. Cada vez que os ingredientes são aquecidos perdemos um pouco mais das armas mais poderosas contra o envelhecimento e as doenças. Polifenóis potentes e cofatores de enzimas que influenciam positivamente o epigenoma de nossos cães são eliminados no cozimento, ácidos graxos essenciais que criam membranas celulares resistentes são desativados e proteínas e aminoácidos são adulterados. Aquecimentos repetitivos também obliteram o "efeito *entourage*" das comidas cruas e integrais – a comunidade microbiana diversa em cada alimento natural, que trabalha em harmonia com vitaminas, minerais e antioxidantes naturais para fornecer exatamente aquilo de que nossos cães precisam para manter o corpo em desenvolvimento. Tudo isso se perde.

As dietas ultraprocessadas causam danos paralelos: o aquecimento repetido *elimina* nutrientes e compostos bioativos que previnem doenças e degenerações e *cria* biotoxinas que aceleram o envelhecimento e o processo de morte celular. **Os produtos finais de glicação avançada (AGEs) criados por meio do processamento térmico aceleram o envelhecimento dos cães e levam ao adoecimento – e nossos cães ingerem quantidades imensas dessas substâncias tóxicas todos os dias nas comidas**

ultraprocessadas. Aquecer os ingredientes repetidas vezes cria monstros microscópicos que a indústria da alimentação animal quer desesperadamente ignorar. Reações de Maillard repetidas criam AGEs nos produtos alimentícios finais que causam todo tipo imaginável de impacto negativo na saúde dos cães. Quanto mais forte for o calor, quanto mais longo for o aquecimento, e quanto mais vezes a comida for aquecida, mais AGEs são produzidos. O aquecimento repetido diminui a composição nutricional e aumenta a quantidade de AGEs.

Quanto melhor a qualidade – e maior o espectro – dos ingredientes crus, mais nutrientes iniciais oriundos de comida de verdade, natural, estão presentes no produto (isso é muito importante no caso de marcas de comida crua). É óbvio que quanto menos o ingrediente for tratado com calor, maior o valor nutritivo do produto final.

Como calcular o grau de processamento térmico: a adição do número de vezes que os ingredientes da comida de seu cão foram adulterados pelo

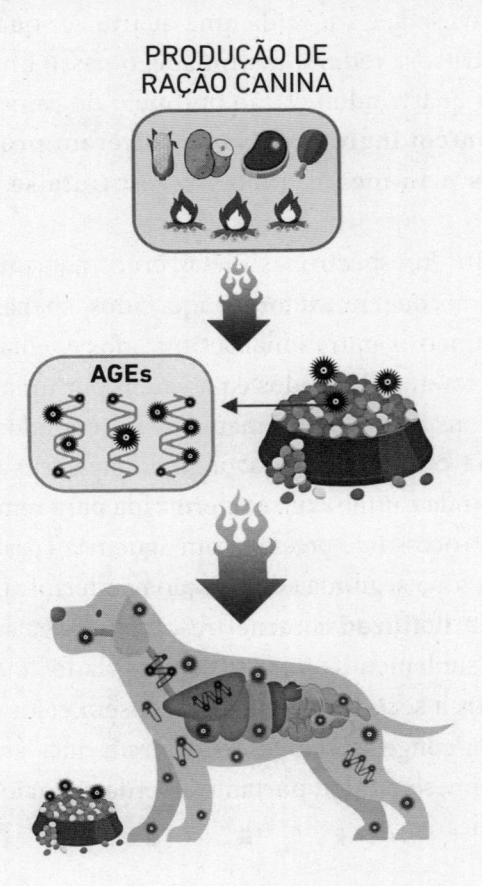

PRODUÇÃO DE
RAÇÃO CANINA

AGEs

calor é matemática básica, mas determinar como cada tipo de comida é produzida pode ser um pouco mais difícil. Vamos analisar alguns exemplos para descobrir a diferença.

Rações secas: as carcaças dos animais são moídas e fervidas para separar a gordura animal dos ossos e dos tecidos, um processo chamado "renderização" (primeira adulteração por calor). Os ossos e os tecidos são prensados e comprimidos para remover a umidade, aquecidos para secagem (segunda adulteração por calor) e pulverizados para fazer farinhas de carne. É muito provável que a ervilha, o milho e os outros vegetais listados no rótulo já tenham chegado à fábrica de ração seca (por meio de aquecimento) ou na forma de pó (como a proteína de ervilha e a farinha de glúten de milho). Esses ingredientes secos, já processados com calor, são então misturados a outros ingredientes (que também já foram cozidos e secos) para fazer uma pasta que é cozida em alta pressão numa máquina extrusora, assada e submetida à "secagem ao ar" a altas temperaturas. A ração extrusada é aquecida uma quarta vez quando chega a hora de a máquina extrusora reduzir a umidade, o passo final do processo (e, pelo menos, uma quarta adulteração por meio do calor). **O saco-padrão de ração seca contém ingredientes que sofreram processamento a altas temperaturas pelo menos quatro vezes; trata-se, literalmente, de comida morta.**

No lado oposto do espectro, as dietas cruas não processadas contêm ingredientes naturais que nunca foram aquecidos, apenas misturados para se adequar a parâmetros nutricionais otimizados e, então, servidos. Se os ingredientes crus forem misturados e passarem por uma adulteração rápida (*flash*), serão considerados minimamente processados. Isso inclui:

Comida canina crua congelada: ingredientes crus são misturados e congelados. A comida canina crua é esterilizada para remoção de bactérias por meio de um processo de pressão com água fria (pasteurização de alta pressão, ou HPP), uma segunda adulteração não térmica.

Comida canina liofilizada: carne fresca ou congelada é misturada a vegetais, frutas e suplementos frescos ou congelados e então liofilizados, ou seja, congelados a seco (uma adulteração, sem calor envolvido). Se os ingredientes forem congelados antes, ocorreram duas etapas de processamento – ainda assim, sem calor, portanto a perda nutricional e a geração de AGEs são insignificantes.

Comida canina levemente cozida: esse é um dos segmentos que mais crescem na indústria de alimentação para animais de estimação, e por uma boa razão. Uma onda de empresas muito bem-sucedidas e muito transparentes passou a fabricar comida canina compatível com a qualidade de consumo humano, semicustomizável e bastante conveniente. A maioria dessas empresas criou uma interface direta com o consumidor: seus sites permitem que cuidadores antenados insiram a idade, o peso, a raça e a rotina de exercícios do cão, além de alergias e preferências alimentares; dessa forma, o consumidor recebe refeições elaboradas ou planos de refeições (congeladas) customizados, inclusive com o agendamento de remessas posteriores. Quer apenas ingredientes orgânicos? Tudo bem. Tem um cão com alergia a diversas proteínas? Tudo bem. Não surpreende o fato de que essas empresas representem competição significativa para outras categorias de comida do ramo. As dietas cozidas mais saudáveis conseguem manter um longo prazo de validade por meio do congelamento. Portanto, elas podem ser encontradas perto das dietas cruas pasteurizadas (HPP) na seção de congelados da sua pet shop.

No entanto, até mesmo as marcas de comida canina cozida e refrigerada mais populares falham no quesito transparência da origem dos ingredientes e da adição de nutrientes sintéticos. Perguntas como "De onde vem a carne que vocês usam? Como pode uma carne durar *seis meses* no congelador? Qual o processo de preservação dessa carne?" podem levar a longas e desconfortáveis pausas quando alguém liga para o serviço ao consumidor. Uma grande lista de vitaminas e minerais sintéticos levanta questões acerca da densidade nutricional dos materiais crus e das técnicas de processamento térmico adotadas pela empresa. Isso pode fazer pouca ou muita diferença, dependendo de sua filosofia alimentar; contudo, são perguntas razoáveis que incentivamos os cuidadores de animais de estimação a fazer a qualquer marca com cujos produtos estejam alimentando seus pets.

Comida canina desidratada: muitas marcas passam com louvor. Elas contêm um mínimo de amido, utilizam ingredientes crus desidratados a baixas temperaturas e por curtos períodos. No entanto, várias outras marcas de comida canina desidratada não tiram *nenhuma* nota "boa". Moral da história: examine o rótulo do produto para saber mais. Conte os carboidratos para ver se as calorias vêm de carne de verdade, de gorduras saudáveis ou do amido. Fabricantes de comida canina que usam ingredientes naturais crus vão listá-los no rótulo (por exemplo, frango, vagem). Se os ingredientes listados forem "frango desidratado, vagem desidratada", os ingredientes foram estabilizados (não frescos) antes de se tornarem comida de cachorro, portanto passaram por uma etapa de calor adicional no fornecedor. Por fim, a Adição de Nutrientes Sintéticos (a próxima equação que vamos lhe ensinar) ajudará a decidir se a marca de comida desidratada que você está considerando comprar combina com sua filosofia alimentar.

Leia o rótulo dos ingredientes para ter uma ideia de quantas vezes eles foram processados com o uso do calor. A necessidade de manter a comida congelada (por ela não ter sido estabilizada para conservação) é um bom indicador de frescor. Se a comida estiver estabilizada para conservação (o congelamento não é necessário), algum processo foi utilizado na estabilização. A liofilização é o menos danoso aos nutrientes, seguida da desidratação a baixas temperaturas. Se quiser saber se os ingredientes são naturais

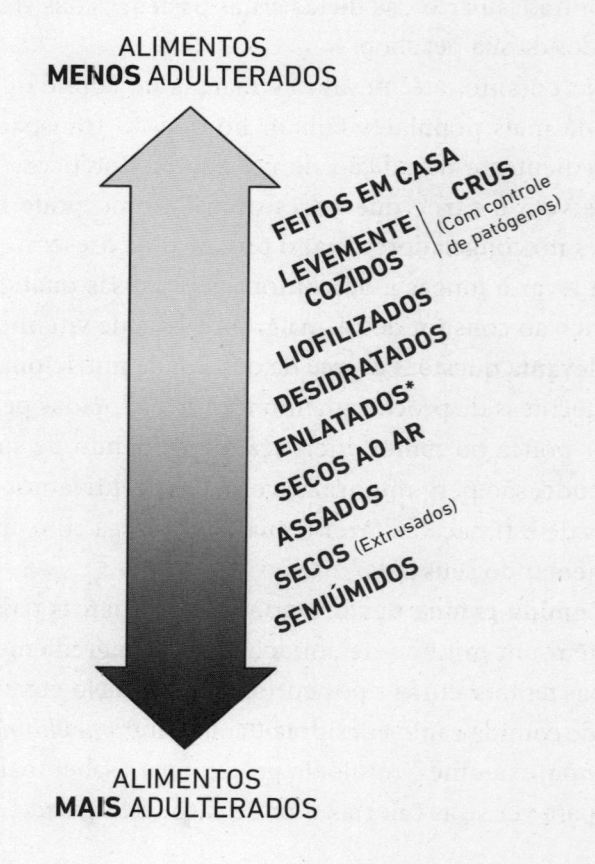

ALIMENTOS
MENOS ADULTERADOS

FEITOS EM CASA
CRUS (Com controle de patógenos)
LEVEMENTE COZIDOS
LIOFILIZADOS
DESIDRATADOS
ENLATADOS*
SECOS AO AR
ASSADOS
SECOS (Extrusados)
SEMIÚMIDOS

ALIMENTOS
MAIS ADULTERADOS

ou pré-processados (secos), ligue para a empresa e pergunte. Quanto menor o índice de adulteração, mais saudável é a comida.

Entrevistamos o Dr. David Turner, Ph.D., especialista em AGE, da Universidade Médica da Carolina do Sul. Ele explicou que as últimas pesquisas comparando técnicas de processamento de comida canina e a produção de AGE mostraram que as comidas enlatadas (cozidas a 125°C) tinham os maiores níveis de AGEs. Isso acontece provavelmente por causa da quantidade de açúcar/amido na comida, dos efeitos cumulativos de AGEs nos ingredientes utilizados e do longo período durante o qual as comidas enlatadas são aquecidas. Contudo, outros estudos perceberam que comidas mais úmidas (como os produtos enlatados) podem diminuir a produção de AGE. Assim, dependendo da quantidade de amido, da temperatura e do tempo durante o qual a comida enlatada é aquecida, pode haver uma grande variação nos níveis de AGE, por isso nosso asterisco ao lado dos enlatados na figura anterior. Comidas semiúmidas são reprovadas em todas as tarefas do Dever de Casa da Alimentação Canina porque não existe classificação boa/muito boa/ótima para essa categoria. Simplesmente não recomendamos servir comida semiúmida nunca.

Em alguns casos, é difícil saber que técnica de processamento foi usada na comida. Hoje em dia, os fabricantes se esforçam bastante para evitar chamar seus produtos de qualquer coisa que remeta à ração tradicional, inclusive adotando novas descrições, como "porções", "bocados", "bocadinhos" de comida. A nova categoria de ração seca ultraconfusa inclui as rações "com cobertura crua": bolotas carregadas de AGEs com uma camada de comida crua liofilizada por fora para parecerem saudáveis. É como acrescentar um pedacinho de brócolis ao Big Mac com fritas; o bom não compensa o ruim nesses fast-foods nem um pouco baratos.

O termo "minimamente processado" é o novo clichê da indústria, e os fabricantes em todas as categorias de comida canina usam o termo em suas propagandas, seja qual for a técnica de processamento utilizada. Apesar das sugestões para que a indústria de comida para animais de estimação adote diretrizes para definir o termo "minimamente processado", nenhum regulamento foi concebido ainda. E, assim, de modo desonesto, o termo engloba todas as técnicas de processamento, com exceção da extrusão. Por isso, para obter um processo avaliativo mais imparcial e atento, recomendamos confiar mais nos resultados do Dever de Casa da Alimentação Canina e não nas alegações marqueteiras dos fabricantes. Se, depois de acessar o site do fabricante, você não for capaz de dizer como a comida foi processada, envie um e-mail ou telefone para perguntar quantas vezes os ingredientes na comida foram aquecidos, a que temperatura e por quanto tempo.

Achamos relevante aprender que até a carne de frango crua pode conter baixos níveis de AGEs, caso as galinhas tenham sido confinadas e consumido ração processada em altas temperaturas (cheias de glifosato e de AGEs) antes do abate. Os AGEs atravessam a cadeia alimentar. Nas pesquisas sobre AGE na ração canina, a comida extrusada (cozida a 130°C) é o segundo pior agressor, em termos de níveis de AGEs prejudiciais. É claro que a comida crua apresenta índices muito menores. Assim como as comidas enlatadas, as comidas com "secagem ao ar" oscilam muito devido à quantidade de amido e às amplas variações de temperatura. Portanto, vale mesmo a pena entrar em contato com o fabricante e bater um papo (a não ser que a pessoa consiga todas as informações de que precisa no site da empresa).

Resultados da Matemática da Adulteração

- **Bom:** ingredientes *previamente processados* misturados e *processados uma vez por meio do calor* (muitos alimentos desidratados).
- **Muito bom:** ingredientes *naturais crus* misturados e liofilizados ou pasteurizados com alta pressão (HPP), e ingredientes naturais crus misturados e processados uma vez, *sem calor, ou processados em temperaturas não muito altas* (muitos alimentos à base de carnes cruas desidratadas e os levemente cozidos).
- **Ótimo:** *ingredientes naturais crus* misturados e servidos ou congelados (*sem qualquer processamento por meio do calor*) para serem consumidos em até três meses (comida feita em casa, comida comercializada crua e congelada).

Adição de Nutrientes Sintéticos

A última tarefa do seu Dever de Casa da Alimentação Canina permite que você escolha a *fonte* da nutrição na comida. Recapitulando, o número de vitaminas e de minerais acrescentados ao produto reflete as deficiências desses elementos nos ingredientes crus ou adicionados como forma de compensar a perda dos nutrientes eliminados pela queima durante o intenso processo de aquecimento que desativa os nutrientes outrora presentes. Os nutrientes necessários vêm de uma destas duas fontes: de ingredientes ricos em nutrientes ou de sintéticos (vitaminas, minerais, aminoácidos e ácidos graxos fabricados em laboratório e adicionados à comida). Quanto menos rica em nutrientes for a comida canina ou quanto mais calor for utilizado em sua produção, mais sintéticos devem ser adicionados.

Dependendo de sua filosofia pessoal, a classificação boa/muito boa/ótima nessa avaliação é a mais subjetiva das três tarefas que propomos. Em nossa experiência, os donos e donas de cães costumam ter opiniões fortes sobre o assunto, de ambos os lados. Aqueles que não têm opinião a respeito do tema alegam que todos nós ingerimos vitaminas e minerais sintéticos em muitos dos alimentos enriquecidos que consumimos; outros cuidadores consomem eles mesmos diversos suplementos sintéticos de vitaminas e minerais. Para essas pessoas, é mais aceitável que os seus cães obtenham o grosso dos micronutrientes da mesma maneira. A beleza da Matemática da Alimentação Canina é que ela lhe permite decidir o que é adequado para você e para seu cãozinho levando em consideração sua filosofia. A matemática é apenas uma ferramenta que ajuda você a tomar decisões bem embasadas acerca da dieta e da saúde de seu cão.

A Matemática da Adulteração trata do número de nutrientes sintéticos que devem ser adicionados de volta ao produto para torná-lo nutricionalmente adequado. Ingredientes de qualidade mais baixa (em geral reprovados para consumo humano, mas utilizados em rações) e alguns ingredientes com menos nutrientes (sempre um problema de custo) significam mais sintéticos. Além de contar o número de vitaminas e minerais sintéticos adicionados, examine o rótulo em busca dos Doze Odiados: etoxiquina, menadiona, pigmentos e corantes (inclusive o caramelo), proteína hidrolisada de frango, gordura animal, propilenoglicol, óleo de soja, subprodutos, farinha de glúten de milho, BHA/BHT, farinhas de carne e selenito de sódio.

Como fazer: conte o número de nutrientes sintéticos no rótulo da comida (é possível encontrar a lista de ingredientes no site do fabricante ou no verso da embalagem). Quando estiver no site da empresa, tenha em mente os pontos mais relevantes de sua filosofia alimentar. Vitaminas e minerais adicionados podem ser encontrados na tabela de ingredientes logo depois dos ingredientes alimentares (veja o diagrama abaixo). Cada nutriente é separado por uma vírgula; assim, mesmo que não consiga pronunciá-los, é possível contar quantos foram incluídos.

- ➤ **Boa:** comida canina que não contenha nenhum dos Doze Odiados no rótulo (listados na página 310) e *menos de 12* nutrientes sintéticos.
- ➤ **Muito boa:** comida canina que não contenha nenhum dos Doze Odiados no rótulo e menos de oito nutrientes sintéticos, com alguns benefícios saudáveis a mais: ingredientes orgânicos, alguns ingredientes livres de OGMs, etc.
- ➤ **Ótima:** comida canina que não contenha nenhum dos Doze Odiados no rótulo e menos de quatro nutrientes sintéticos, com muitos benefícios saudáveis a mais: ingredientes aprovados por critérios de consumo humano, orgânicos, sem OGMs, com carnes de animais criados soltos, pastando, caipiras, etc. Esses produtos são os mais caros de cada categoria alimentar porque os nutrientes vêm de ingredientes caros, de comidas de verdade e não de uma pré-mistura de vitaminas e minerais.

Este exercício tem o objetivo de ajudar a determinar o que é certo para você e para seu cão com base nos seus valores, crenças, prioridades e orçamento; e há muitas variáveis a serem consideradas. Por exemplo, dietas

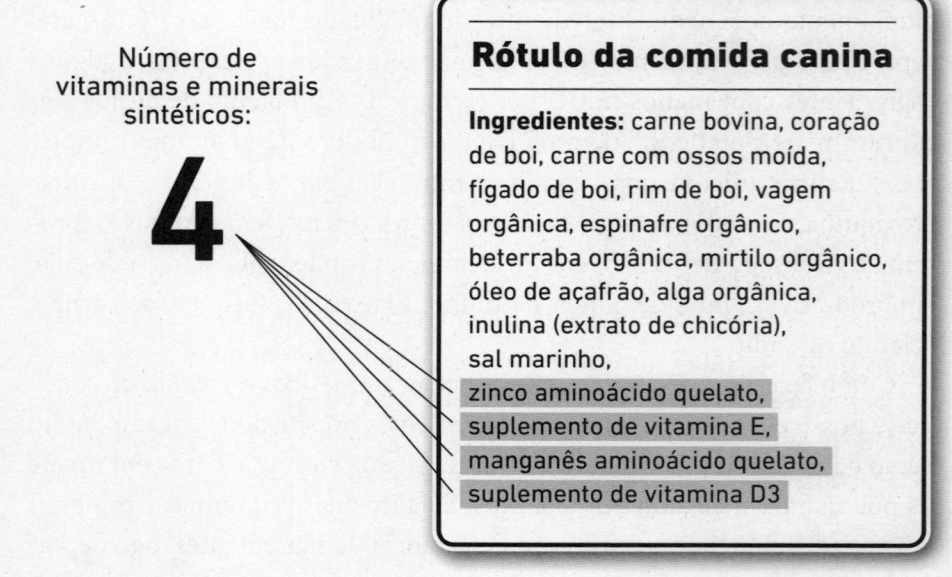

Número de vitaminas e minerais sintéticos:

4

Rótulo da comida canina

Ingredientes: carne bovina, coração de boi, carne com ossos moída, fígado de boi, rim de boi, vagem orgânica, espinafre orgânico, beterraba orgânica, mirtilo orgânico, óleo de açafrão, alga orgânica, inulina (extrato de chicória), sal marinho, zinco aminoácido quelato, suplemento de vitamina E, manganês aminoácido quelato, suplemento de vitamina D3

cruas não foram processadas por meio do calor (portanto, não há perda de nutrientes por causa do aquecimento nem geração de AGEs). Uma pilha de nutrientes sintéticos no rótulo de uma comida crua nutricionalmente completa e balanceada significa que a empresa está reforçando a carga de adicionais sintéticos capazes de fornecer os nutrientes mínimos de que seu cão precisa (nesse caso, o que vemos é um rótulo com menor diversidade de ingredientes, talvez apenas carne e vísceras, além da lista de sintéticos adicionados). Essa comida é mais barata porque a empresa não está comprando ingredientes naturais caros e exóticos para atingir quantidades específicas de nutrientes ausentes. Compare isso a uma comida crua que tenha dois adicionais sintéticos (normalmente, vitaminas E e D). Esses rótulos contêm uma longa lista de ingredientes caros, porque está aí a fonte da nutrição.

Para aqueles que optarem por continuar servindo ração (mais 10% de TELs), como avaliar as marcas de ração?

A ração deve ser avaliada da mesma maneira que avaliamos as marcas de comidas mais naturais. O Dever de Casa da Alimentação Canina (cálculo de carboidratos, matemática da adulteração e contagem do número de sintéticos) e a classificação dos resultados de acordo com o sistema boa/muito boa/ótima podem ser usados para qualquer tipo de alimentação canina. É particularmente importante ficar de olho nos Doze Odiados. Há uma vasta margem de qualidade e várias técnicas de processamento dentro da categoria ração: "extrusão a frio", "levemente assada" e "secagem ao ar" são novos processos térmicos finalizados a diferentes temperaturas de forno; a quantidade de amido nesses produtos também varia muito. Sua filosofia alimentar pessoal entra em jogo a cada produto adquirido para seu cachorro, portanto, quando for escolher qual ração comprar, faça as mesmas perguntas que você faria a respeito de qualquer outra comida. Quanto ao custo, compare as categorias com sabedoria, em especial as marcas mais caras de ração seca. Se o valor importa para você, tenha em mente que uma ração orgânica "superpremium" pode ser mais cara do que comida natural congelada entregue na sua porta. Vale a pena fazer uma boa pesquisa.

Dica profissional: a ração é mais propensa à rancidez (deterioração devido a alterações sofridas pelas gorduras) do que outros tipos de comida canina, portanto é essencial armazená-la em locais secos e arejados (o ideal é mantê-la no freezer) e comprar embalagens pequenas que possam ser usadas em até três meses ou, ainda melhor, até trinta dias.

A POPULARIDADE CRESCENTE DAS DIETAS CRUAS

Os pais e mães 2.0 de animais de estimação estão correndo atrás das comidas cruas; a diminuição do amido, de AGEs e de sintéticos corresponde a notas exemplares no Dever de Casa da Alimentação Canina para as marcas desse tipo de comida. Enzimas alimentícias delicadas e sensíveis ao calor, ácidos graxos essenciais e fitonutrientes permanecem intactos e prontos para atravessar a cadeia alimentar e entrar no corpo de seu amigo. Cerca de 40% das comidas caninas cruas comerciais nos Estados Unidos passam por pasteurização de alta pressão não térmica, um dos vários processos aceitos pela FDA que as empresas utilizam para aderir à política de tolerância zero em relação à salmonela nas comidas para animais de estimação. Certifique-se de que as dietas cruas que você selecionar sejam rotuladas de maneira clara, com declaração de adequação nutricional, porque esse é o maior problema dessa categoria.

Seu Dever de Casa da Alimentação Canina fornece um referencial para avaliar as dietas. Acima de tudo, é uma ferramenta que ajuda você a entender melhor as marcas que pretende comprar (ou evitar). Não há respostas certas ou erradas; trata-se do poder do conhecimento proporcionando decisões bem embasadas que afetam você, de acordo com seu estilo de vida e com suas crenças, e tendo em vista as necessidades de seu animal. Quando se trata do Plano de Refeições do Cão Eterno, é importante distinguir entre o que é ideal e o que é realista. É raro qualquer um de nós ser capaz de fazer tudo certo de uma só vez; a ideia é partir de algum lugar e se sentir bem com as mudanças progressivas que fazemos e que influenciam positivamente a saúde de nosso cão. Às vezes, adquirir conhecimento resulta em culpa, e quanto mais aprendemos, mais inadequados nos sentimos. Deixar a frustração para trás e se sentir capaz é um bom primeiro passo.

É claro que há todo tipo de ressalva dentro do sistema boa/muito boa/ótima, então um pouco de discernimento pode vir a calhar. A Matemática da Alimentação Canina se aplica melhor a marcas que alegam ser nutricionalmente completas. Por exemplo, caso a pessoa decida experimentar uma comida canina rotulada como "alimentação suplementar ou intermitente" (uma dieta escassa que precisará ser equilibrada), ela pode deduzir que marcas nutricionalmente inadequadas se enquadram na categoria "ótima", uma vez que não há adição de vitaminas e minerais sintéticos a essa comida. Isso com certeza não as torna "ótimas" (a não ser que as deficiências sejam compensadas). Pouco tempo atrás, num mercadinho rural local, vimos uma comida canina com um rótulo que dizia, mais ou menos: "Carne de pato criado solto, coração de pato, fígado de pato, espinafre orgânico, mirtilo orgânico, cúrcuma orgânica." Esse é um início maravilhoso, uma boa base, mas não há fonte de iodo no rótulo para um funcionamento saudável da tireoide, entre muitas outras fontes de vitaminas e minerais. Talvez, no momento, você não tenha muito conhecimento em nutrição para examinar um rótulo e saber se aquela dieta é deficiente em iodo – talvez nunca venha a ter –, mas sempre é possível aprender a fazer boas perguntas.

A boa notícia sobre a crescente indústria de comida para animais de estimação é que há muitas opções e novas marcas entram no mercado quase toda semana. Recomendamos procurar as empresas que lhe agradem e revezar entre diferentes marcas e fontes de proteína. Revezar as marcas é uma das melhores maneiras de fornecer diversidade nutricional para quem usa comida canina industrializada. No início, isso pode parecer confuso, mas com o tempo você apreciará todos os estilos e opções disponíveis, uma vez que sempre há alguma coisa para agradar a todo mundo (e a todos os cães), dependendo da sua filosofia alimentar, do seu tempo disponível e do seu orçamento. É possível misturar e combinar comidas com diferentes resultados boa/muito boa/ótima; revezar marcas, proteínas e categorias de comida; e usufruir de uma infinidade de receitas e de estilos de alimentação, criando o pote perfeito de comida da longevidade para seu amigo. E o próximo saco de ração que você comprar ou a próxima porção de comida que preparar podem ser completamente diferentes. No entanto, antes de ir às compras, faça o dever de casa para saber o que está comprando.

Exercício 2:
Como selecionar uma alimentação mais natural, minimamente processada

Não há regras inflexíveis que se apliquem a todas as comidas caninas, pois são muitas as variáveis que precisam ser levadas em conta. Apenas você é capaz de avaliar o lugar que essas variáveis ocupam no seu estilo de vida e nas necessidades exclusivas de seu cão. Para quem acabou de chegar à comunidade da alimentação natural, decidir que tipo de comida servir pode ser o aspecto mais confuso e desanimador dessa nova fase.

Dentro da categoria de comida canina natural, há muitos tipos diferentes de dieta, incluindo as refeições caseiras e as comerciais cruas, cozidas, liofilizadas e desidratadas, que podem estar disponíveis na sua região (lojas de comida canina independentes são um ótimo lugar para começar). Também é possível comprar todo tipo de comida mais natural pela internet, de lugares inacreditavelmente remotos, com muito sucesso. Essas dietas naturais muito variadas criam a necessidade de fazer mais escolhas. Muitos aspectos devem ser considerados, todos relacionados às circunstâncias do momento e à filosofia alimentar individual. Destacamos alguns benefícios e desvantagens de cada tipo de comida e explicamos alguns tópicos confusos com os quais qualquer pessoa pode se deparar durante a pesquisa. Nosso objetivo é fornecer uma visão geral sobre todas as opções de alimentação natural para que você possa, então, decidir que receita ou empresa melhor se adéqua às suas necessidades. A seguir, cobrimos todas as opções de comida natural disponíveis. Leia sobre as categorias e considere quais delas se encaixam melhor em seu estilo de vida, em seu orçamento e na vida de seu animal de estimação.

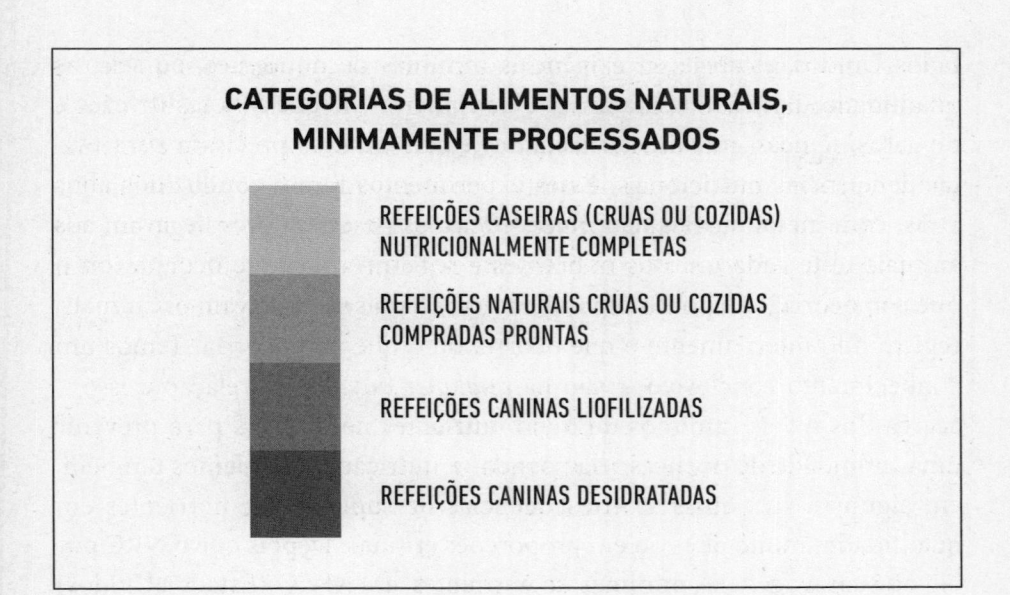

CATEGORIAS DE ALIMENTOS NATURAIS, MINIMAMENTE PROCESSADOS

REFEIÇÕES CASEIRAS (CRUAS OU COZIDAS) NUTRICIONALMENTE COMPLETAS

REFEIÇÕES NATURAIS CRUAS OU COZIDAS COMPRADAS PRONTAS

REFEIÇÕES CANINAS LIOFILIZADAS

REFEIÇÕES CANINAS DESIDRATADAS

Planejamento alimentar: comida caseira, comprada pronta ou híbrida

Caseira

Uma refeição feita em casa com certeza lhe permite um maior controle dos ingredientes presentes na comida. No entanto, preparar refeições caseiras para seu cão pode ser caro e tomar muito tempo. Além disso, é necessário ter espaço disponível no freezer, a não ser que se prepare a comida todos os dias, o que é maravilhoso, mas pode ser muito cansativo. Muitas pessoas fazem comida canina caseira uma vez por semana, uma vez por mês ou mesmo a cada três meses, congelando as refeições em pequenas porções para facilitar o descongelamento. Veterinários e veterinárias sempre fazem advertências em relação às refeições caseiras, porque as pessoas as preparam de maneira incorreta – ou seja, tentando *adivinhar* as necessidades mínimas de nutrientes do cachorro. A seguir, uma versão bastante abreviada da história das "dietas balanceadas" (um termo que realmente não quer dizer muita coisa, porque todo mundo tem uma definição diferente).

Conforme já explicamos, o National Research Council (NRC), nos Estados Unidos, estabeleceu exigências mínimas de nutrientes, ou seja, as quantidades básicas de vitaminas e de minerais de que filhotes de cães e de gatos, fêmeas grávidas ou lactantes e cães adultos precisam para evitar deficiências nutricionais. Esses experimentos foram conduzidos anos atrás, com metodologias não muito éticas: os pesquisadores negavam aos animais-teste cada um dos nutrientes e registravam o que ocorria (ou o que não ocorria) do ponto de vista clínico. Depois sacrificavam os animais, registrando internamente o que ocorria ou o que não ocorria. Temos um conhecimento conclusivo – não há *qualquer dúvida* em relação a isso – acerca dos níveis mínimos de micronutrientes necessários para prevenir uma infinidade de doenças relacionadas à nutrição; aprendemos também, em alguns casos, quais as consequências de suplementar nutrientes em quantidades muito altas ou em proporções erradas. Depois que o NRC publicou suas exigências mínimas de nutrientes, a AAFCO (Estados Unidos) e a FEDIAF (Europa) usaram os dados do NRC como base para criar os próprios padrões. Muitos críticos argumentam que todos os padrões de nutrição são falhos, e nós concordamos. Contudo, é razoável supor que ninguém quer inadvertidamente conduzir experimentos de deficiências nutricionais na própria cozinha, com o próprio animal de estimação. As pesquisas forneceram instruções claras quanto aos miligramas de cada vitamina, mineral e ácido graxo de que um cão precisa para seu sustento, por mil calorias de energia consumida. Temos dois problemas: nosso objetivo não é apenas garantir o sustento, nós somos *Entusiastas da Longevidade*! Além disso, deduzir como garantir os nutrientes básicos exigidos (e em que quantidade) é difícil, e a maioria das pessoas faz suposições incorretas (daí as ressalvas dos profissionais da medicina veterinária em relação às dietas caseiras). Escrevemos este livro para ajudar os apaixonados por cães como nós a entender por que servir uma alimentação *rica em nutrientes* importa e a como fazer isso do jeito certo.

Alguns defensores da comida canina crua argumentam que o NRC estabeleceu suas exigências mínimas de nutrientes usando pesquisa desenvolvida com animais alimentados com comida ultraprocessada, não com as carnes sem adulteração que cães e gatos consumiam à medida que evoluíam. É verdade; isso de fato pode alterar os resultados. Mas, até que os pesquisadores coletem dados suficientes de animais alimentados com comida crua e minimamente processada, temos apenas os padrões atuais para avaliar se nos aproximamos das necessidades nutricionais básicas. No entanto, temos boas notícias: pesquisas mostram que os alimentos mais naturais são mais digeríveis e assimiláveis. Ao avaliarmos dietas cruas e minimamente processadas utilizando os padrões atuais de nutrientes mínimos (um parâmetro muito baixo), ganhamos de lavada: os alimentos naturais fornecem níveis *ótimos* de nutrientes integrais. Em outras palavras: se sua receita de comida canina crua ou minimamente processada atinge os níveis atuais, abaixo do que consideramos ideal, ela fornece *nutrição superior* caso seja comparada a outros tipos de dieta ultraprocessada.

O problema: muitos tutores bem-intencionados partem do princípio de que alternar uma variedade de carnes, vísceras, legumes e verduras naturais ao longo do tempo fornecerá ao cão tudo de que ele precisa do ponto de vista nutricional. Mas o resultado pode ser devastador. Já vimos muitos clientes arrasados, sofrendo. Já ouvimos veterinários e associações do ramo afirmando (em alto e bom som): "Não sirvam comida caseira, é muito arriscado!" Eles já viram dor e sofrimento demais em donos e donas de cães bem-intencionados e em seus cães para justificar a preocupação com a comida caseira. Em resumo, não os culpamos pelo ceticismo: dietas caseiras podem ser a melhor ou a pior comida.

Temos uma solução que vai simplificar seu processo de decisão e lhe dar a confiança necessária para as mudanças capazes de revolucionar a saúde de seu cão. A solução: mostre ao seu veterinário ou à sua veterinária que você pode fazer a coisa certa seguindo uma receita ou um plano que tenha sido formulado para atender às conhecidas demandas nutricionais dos cães. Explique que você está aprendendo mais sobre nutrição e que pretende seguir diretrizes que previnem a ocorrência de deficiências nutricionais. Com toda a franqueza, isso diminuirá a ansiedade no consultório.

Caso opte por fazer a comida canina em casa, parabéns! Sugerimos parar por um instante e apreciar essa maravilha em sua vida – você *tem* essa opção; muitos não a têm. Admiramos sua dedicação a otimizar a saúde e a longevidade de seu amigo. Esse é um compromisso que gera benefícios gigantescos!

Também imploramos que você siga uma variedade de receitas ou use ferramentas de avaliação nutricional para garantir que suas refeições atendam às demandas nutricionais mínimas de vitaminas, minerais, aminoácidos e ácidos graxos essenciais (veja em nosso site um exemplo do que procurar quando avaliar receitas caseiras). É possível servir comida caseira não cozida (crua) ou cozida (recomendamos o cozimento rápido em água, o que cria uma quantidade mínima de AGEs, mas cozinhe do jeito que preferir). A maioria das pessoas que dedica tempo, energia e recursos ao preparo de comida caseira reconhece que as dietas *nutricionalmente otimizadas* são muito diferentes das *minimamente adequadas*. Esses Entusiastas da Longevidade entendem o poder nutricional da verdadeira comida e querem maximizar essa poderosa ferramenta em benefício de seus cães.

> O que são nutrientes sintéticos? As vitaminas e minerais produzidos em laboratório são os nutrientes sintéticos – são fabricados pelo homem e usados em produtos alimentícios humanos e animais para reforçar as dietas. Há uma grande diversidade de nutrientes sintéticos, com formas e tipos variados (o que define a digestibilidade, a capacidade de absorção e a segurança) e com diferentes graus de qualidade e pureza. Quanto mais vitaminas e minerais você e seu cão obtêm da comida de verdade, menos nutrientes sintéticos são necessários.

Há duas categorias de comida canina feita em casa: (1) receitas feitas exclusivamente com comidas (sem sintéticos) e (2) receitas com nutrientes sintéticos.

Comida caseira sem sintéticos

Na categoria receitas caseiras feitas exclusivamente com comida (sem adição de nutrientes sintéticos), todos os nutrientes são fornecidos pelos alimentos. Nenhum suplemento adicional de vitaminas ou de minerais é necessário para atender às necessidades nutricionais do cão. Às vezes ingredientes difíceis de encontrar e mais caros são necessários, como castanha-do-pará, por causa do selênio, ou ostra ou mexilhão enlatado, por causa do zinco. Quando determinados alimentos fornecem vitaminas e minerais ao organismo de seu cachorro, o corpo do animal sabe exatamente o que fazer com eles, porque *eles vêm de comida de verdade*. Contudo, é preciso seguir a receita à risca para que as demandas nutricionais mínimas sejam atendidas. Na natureza, os cães comem uma variedade de presas de diferentes espécies e uma gama mais ampla de partes corporais (incluindo olhos, cérebro e glândulas) para obter todos os minerais e vitaminas necessários. Pense no zinco: não conhecemos muita gente que oferece testículos, dentes e pelo de roedores (grandes fontes de zinco) a seus cães. Logo, o zinco pode ser um nutriente escasso; o simples revezamento de cortes tradicionais de carne do mercado e uma variedade de legumes e verduras não vai suprir a quantidade mínima de zinco que o cachorro precisa consumir. A deficiência desse mineral prejudica a saúde da pele, a cicatrização, o trato gastrointestinal, o coração e a visão. Isso também serve para outros nutrientes difíceis de ser encontrados, como as vitaminas D e E, o iodo, o manganês e o selênio, para citar alguns.

Infelizmente, suplementos multivitamínicos "completos" não bastam para equilibrar as refeições caseiras. Lacunas dietéticas também ocorrem quando as pessoas começam a trocar ingredientes e então a receita se torna desequilibrada. Alterações casuais abrem espaço para problemas nutricionais, assim como alternar uma variedade de receitas nutricionalmente incompletas. Isso também preocupa, com razão, veterinários e veterinárias.

Receitas feitas em casa podem ser servidas cruas ou levemente cozidas (por meio de cozimento lento em fogo brando). Ao preparar ou servir carnes cruas, é preciso seguir técnicas seguras de manuseio no preparo e no armazenamento, assim como você faria com sua comida. Os mesmos riscos se aplicam a todas as carnes, sejam elas destinadas ao seu churrasco e à sua barriga ou à vasilha de seu cão, ainda que cães saudáveis sejam evolutivamente adaptados para lidar com uma carga mais pesada de bactérias e seu estômago superácido gerencie com sabedoria microrganismos visitantes. As bactérias *E. coli*, *Salmonella* e *Clostridium* são todas encontradas no trato gastrointestinal de cães saudáveis, até no daqueles que comem ração; são "habitantes costumeiros".

COMO COZINHAR OS ALIMENTOS

O cozimento em fogo brando cozinha e preserva os nutrientes e a umidade. Os alimentos não douram quando são cozidos dessa forma, portanto, menos MRPs são produzidos. Coloque a carne numa panela e adicione água filtrada (ou Caldo Caseiro de Ossos para os Entusiastas da Longevidade, página 265, ou Caldo Medicinal de Cogumelos, página 248) até cobrir o alimento. Especialistas em culinária dizem que a adição de um jato de vinagre cru de maçã "estabiliza" as proteínas; não temos nenhuma evidência científica sustentando essa etapa – nós a adotamos porque os profissionais do ramo dizem que é uma boa ideia. Aqueça a 70°C, o que mata as bactérias mas não gera muitos AGEs. O tempo de cozimento varia, dependendo da quantidade de carne (em geral, de cinco a oito minutos para pequenas porções). Guarde o restante do líquido rico em nutrientes para pôr sobre as refeições na hora de servir. Você também pode acrescentar ervas e temperos (veja a página 248 para criar mais caldos saborosos e ricos em polifenóis).

Dietas caseiras preparadas exclusivamente com comida são as receitas mais caras (em especial se a pessoa optar por ingredientes orgânicos, oriundos de animais criados livres), mas são também as mais nutritivas e naturais que podemos dar ao cão. Hortifrutigranjeiros convencionais e carnes oriundas de animais confinados podem reduzir os custos. Dito isso, pescados e carnes de animais criados soltos podem ser mais ricos em nutrientes e ter menores cargas de substâncias químicas. Recomendamos consumir ingredientes cultivados por produtores locais. Nas grandes cidades, tente encontrar os mercados desses produtores ou uma cooperativa de produtores rurais que ofereçam hortifrutigranjeiros e carnes produzidos na região. Lojas independentes de comida saudável costumam ter boas opções de carnes e hortifrútis produzidos localmente. É possível optar por carnes raras, caso seu cão tenha alergias, e adicionar alimentos incríveis com benefícios específicos à saúde, de acordo com necessidades médicas e nutricionais. E mais importante: você sabe com exatidão o que o cão está comendo, pois selecionou tudo pessoalmente. Muitos dos profissionais listados no diretório www.freshfoodconsultants.org oferecem receitas caseiras de comida canina nutricionalmente completas prontas para download (conteúdo em inglês).

Caso seu cachorro necessite de uma dieta "terapêutica" específica por razões médicas, há nutricionistas veterinários qualificados ao redor do mundo que podem formular receitas caseiras personalizadas para ele. Encontre um em www.acvn.org. Os nutricionistas em www.petdiets.com preparam receitas cruas ou cozidas feitas especialmente para cães com problemas médicos ou com objetivos específicos de saúde.

> Se pesquisarmos no Google "receitas caseiras de comida de cachorro", encontraremos inúmeros sites oferecendo potes muito bem montados que se parecem com aqueles para consumo humano encontrados no *Food Network*. De novo: tome bastante cuidado. Receitas caseiras (estejam elas na internet ou num livro) devem conter informações claras, com declaração de adequação nutricional: "Esta receita foi formulada para atender às necessidades nutricionais mínimas de acordo com o padrão X" (AAFCO, NRC, FEDIAF). A receita deve ainda vir com uma lista de ingredientes por peso ou volume, especificar o grau necessário de gordura da carne, listar as calorias e especificar as quantidades de vitaminas, minerais, aminoácidos e gorduras na receita (veja exemplos nas páginas 425 e 431). Não adote receitas que não forneçam essas informações, exceto como petiscos ou *toppers* (até 10% das calorias ingeridas pelo animal) ou numa eventual refeição. Confiar em receitas não formuladas como base da dieta pode resultar em deficiências nutricionais que prejudicam a expectativa de saúde. Apresentamos outros exemplos de receitas nutricionalmente completas em www.foreverdog.com (conteúdo em inglês); a seguir, um desses exemplos. A maioria das pessoas que estão começando acha muito mais fácil e mais conveniente tornar as vasilhas de comida dos cães mais naturais com dietas congeladas e bem formuladas disponíveis no mercado, fornecidas por empresas que seguem diretrizes nutricionais das associações, conselhos e federações do ramo. No entanto, se você adora cozinhar ou preparar a comida, vai deixar seu companheiro muito feliz!

Este é um exemplo de uma refeição nutricionalmente completa para cães adultos *usando apenas comida* (filhotes precisam de mais minerais do que essa receita fornece; receitas para filhotes são bem mais complexas). Observe que é preciso usar carne bovina supermagra moída (no máximo, 10% de gordura) e alimentos-chave específicos para obter determinados nutrientes. Por exemplo, as sementes de girassol cruas moídas fornecem a vitamina E, as sementes de cânhamo fornecem o ácido alfa-linolênico (ALA) e o magnésio necessários, o óleo de fígado de bacalhau fornece a vitamina A e as 1.300 UI (unidades internacionais) de vitamina D necessárias, o gengibre da sua prateleira de temperos fornece o manganês, e a alga rica em iodo fornece o mineral necessário para o funcionamento adequado da tireoide.

**JANTAR CASEIRO DE CARNE
PARA CÃES ADULTOS**

2,27kg	carne bovina magra, cozida ou crua
900g	fígado de boi, cozido ou cru
454g	aspargos, bem picados
114g	espinafre, bem picado
57g	sementes de girassol cruas e moídas
57g	sementes de cânhamo cruas e descascadas
25g	carbonato de cálcio (da sua loja de produtos saudáveis)
15g	óleo de fígado de bacalhau
5g	gengibre ralado
5g	alga kelp em pó

Caso qualquer um desses ingredientes não esteja presente na receita nas quantidades especificadas, ela se torna desbalanceada – boa para petiscos ou uma refeição aleatória, mas inadequada para servir como alimento base. É muito importante que a aparência de receita bem elaborada seja validada por uma análise nutricional para confirmar se ela atende às demandas nutricionais diárias do cachorro, caso você a utilize de modo contínuo.

Quando alguém analisa os nutrientes dessa receita (veja a página 425 dos Apêndices), ela parece muito diferente – os números e o formato podem ser intimidadores e complexos. É importante seguir as diretrizes que garantem adequação nutricional mínima, caso se ofereçam refeições caseiras como fonte primária da alimentação.

Comida caseira com adição de sintéticos

As receitas caseiras com sintéticos usam vitaminas, minerais e outros suplementos nutricionais produzidos em laboratório para suprir as necessidades de nutrientes de seu cão. Por exemplo, em vez de usar castanhas-do-pará para obter selênio, adiciona-se o selênio em pó, comprado na loja de produtos saudáveis para humanos. Como todos os suplementos, há uma imensa variedade na qualidade e formas diferentes de nutrientes disponíveis, o que pode ser estimulante ou assustador, dependendo do seu conhecimento sobre o tema e da sua filosofia alimentar.

Os sintéticos podem ser subdivididos em duas categorias: misturas de vitaminas e minerais feitas por você e produtos comerciais elaborados especificamente para tornar as receitas caseiras nutricionalmente completas (esses produtos não são iguais aos multivitamínicos comuns).

Feitas por você: muitas receitas de comida canina feita em casa exigem a aquisição de vitaminas e minerais específicos (por exemplo, zinco, cálcio, vitaminas E e D, selênio, manganês, etc.) para que sejam adicionados ao alimento em quantidades determinadas. O número de suplementos e a quantidade adicionada dependem dos alimentos da receita, que são as fontes dos nutrientes; tudo que *não* estiver na comida deve vir dos sintéticos. As desvantagens das misturas feitas por você: comprar mais de uma dezena de vitaminas e minerais pode ser um transtorno. Transformar as pílulas em pozinhos ou abrir as cápsulas para obter as quantidades corretas, às vezes minúsculas, é desafiador e requer precisão, sem falar que os nutrientes devem ser muito bem misturados à porção de comida. O erro humano é uma possibilidade real. A seguir, um exemplo de uma dieta elaborada em casa usando misturas de suplementos feitas por quem prepara a comida (veja os Apêndices para verificar as informações nutricionais). Observe que a inclusão de fígado bovino evita a necessidade de suplementar o cobre e o ferro da receita.

> **JANTAR: PERU CASEIRO PARA CÃES ADULTOS COM MISTURA DE SUPLEMENTOS FEITA EM CASA**
>
> 2,27kg carne de peru magra (85% de gordura) moída, crua ou cozida
> 908g   fígado de boi, cru ou cozido
> 454g   couve-de-bruxelas, bem picada
> 454g   vagem, bem picada
> 227g   escarola, bem picada
>
> Suplementos adquiridos na loja de produtos saudáveis:
> 50g   óleo de salmão
> 25g   carbonato de cálcio
> 1.200UI suplemento de vitamina D
> 200UI suplemento de vitamina E
> 2.500mg suplemento de potássio
> 600mg suplemento de citrato de magnésio
> 10mg   suplemento de manganês
> 120mg suplemento de zinco
> 2.520mcg suplemento de iodo

Benefícios das misturas feitas em casa: é possível escolher receitas que usam as suas formas favoritas de suplementação. Digamos que seu cão tenha tendência a desenvolver cristais de oxalato na urina e que você tenha aprendido em sua pesquisa que o citrato de cálcio é a forma preferida de cálcio dietético para esse problema. É possível usar receitas caseiras que incorporem as melhores formas de nutrientes para atender às necessidades específicas do animal. Os minerais quelados são uma opção, caso isso seja importante para você. Essa possibilidade anima algumas pessoas e assusta outras. Caso pretenda criar por conta própria receitas feitas em casa que sejam nutricionalmente completas, nas quais toda a matemática dos suplementos tenha sido feita por você numa planilha, uma inscrição no www.animaldietformulator.com permite a formulação de receitas caseiras de acordo com os padrões nutricionais da AAFCO (americana) ou da FEDIAF (europeia).

Compostos completos de vitaminas e minerais em pó que alegam equilibrar as dietas feitas em casa também apresentam diversas vantagens e desvantagens. A maior desvantagem: a maioria deles não é formulada da maneira correta para de fato balancear as dietas caseiras. A maioria dos multivitamínicos e produtos minerais não foi submetida a uma análise nutricional que garanta a adequação nutricional para uma grande quantidade de receitas distintas; com o passar do tempo, eles podem resultar em deficiências ou em excessos de nutrientes. Produtos "completos" que não atendam às necessidades nutricionais mínimas ou que excedam os limites de segurança levam a problemas sérios de nutrição (por exemplo: pedras na bexiga; doenças do coração, do fígado ou dos rins; hipotireoidismo; e problemas no crescimento e no desenvolvimento do animal).

Sempre desconfiamos das inúmeras propagandas de suplementos divulgados com slogans do tipo "Adicione uma colher de chá às suas receitas caseiras para garantir que seu cão obtenha tudo de que precisa".

Médicos e veterinários nem sempre vinculam os problemas médicos que vemos nos exames às deficiências ou aos excessos de nutrientes, apesar da possível correlação direta. A vantagem de um produto completo *bem formulado* para complementar as refeições feitas em casa: apenas um frasco e zero matemática! Adicione a quantidade indicada na receita para completar a refeição caseira, misture bem e sirva. Compostos completos de vitaminas e minerais são mais fáceis do que misturar os nutrientes e diminuem o risco de erro humano.

Resumindo: **as dietas feitas em casa com os níveis adequados de vitaminas e de minerais sintéticos são a forma mais barata de oferecer uma alimentação natural caseira e a que recebe menos objeções de veterinários e veterinárias**. Não precisar comprar uma variedade de ingredientes de verdade para atender às demandas por micronutrientes significa que as vitaminas e os minerais estão vindo de compostos em pó em vez de virem dos alimentos; isso pode ser uma vantagem ou uma desvantagem, dependendo da sua filosofia alimentar. Caso sejam utilizados os compostos completos em pó, recomendamos revezar receitas caseiras com frequência e assim maximizar a diversidade de nutrientes vindos dos alimentos naturais oferecidos. Duas opções bem avaliadas entre os cozinheiros caseiros dos Estados Unidos: o site www.mealmixfordogs.com oferece um composto completo em pó para refeições caseiras cruas ou cozidas para cães adultos; e o www.balanceit.com tem compostos completos em pó elaborados para todas as fases da vida (inclusive para filhotes), além de oferecer uma mistura de vitaminas e minerais elaborada especialmente para cães com problemas renais. O site www.cachorroverde.com.br oferece informações sobre suplementos desse tipo disponíveis no Brasil.

SUPORTE PARA DIETAS CASEIRAS

Escolha receitas nutricionalmente completas prontas para download (conteúdo em inglês):
- www.foreverdog.com (gratuitas!)
- www.planetpaws.ca
- www.animaldietformulator.com (o aplicativo ajuda a montar suas refeições com facilidade)
- www.freshfoodconsultants.org (links para vários profissionais de todo o mundo e sites que oferecem refeições nutricionalmente completas prontas para imprimir)

Elabore suas receitas (escolha os ingredientes) com um suplemento completo em pó:
- www.balanceit.com
- www.mealmixfordogs.com

Converse com nutricionistas veterinários para elaborar dietas cozidas customizadas com base em problemas médicos ou condições de saúde específicas:
- www.acvn.org
- www.petdiets.com

Converse com consultores de comida natural para criar receitas nutricionalmente completas cruas ou cozidas para seus animais de estimação:
- www.freshfoodconsultants.org

Compre o software de elaboração de refeições e faça tudo por conta própria:
- www.animaldietformulator.com (diretrizes nutricionais da AAFCO e da FEDIAF)
- www.petdietdesigner.com (diretrizes nutricionais do NCR)

Refeições naturais comercializadas

Caso você não tenha tempo ou não deseje preparar sua comida canina, considere as dietas naturais comercializadas que possam ser adquiridas de um fornecedor local independente (inclusive recebendo as refeições prontas em casa). Há muitas opções, todas com vantagens e desvantagens. Vale a pena repetir que toda refeição crua disponível para compra deve trazer no rótulo uma declaração de adequação nutricional; isso é relevante principalmente no caso de produtos comercializados crus, uma vez que muitos alimentos crus para animais de estimação vendidos em outros países não fornecem os nutrientes mínimos necessários. Nos Estados Unidos, toda comida comercial para animais de estimação deve informar se é nutricionalmente completa ou incompleta. Dietas com deficiência de nutrientes devem ter um rótulo do tipo "apenas para alimentação intermitente ou suplementar", o que significa que elas podem ser usadas como petisco, como *topper* ou como comida ocasional (uma vez por semana).

Caso você seja um tutor ou uma tutora 3.0 (alguém disposto a investir tempo e atenção numa abordagem avançada), a alternativa é fazer as contas e adicionar os nutrientes que faltam para tornar essa refeição completa e balanceada. Esses produtos são muito mais baratos do que os nutricionalmente completos, então muitas pessoas em nossa comunidade escolhem essa opção. Há diversos sites dedicados a ajudar as pessoas a balancear em casa misturas de carnes, ossos e vísceras, além de carnes moídas. Quem seguir nessa direção precisará fazer muitas contas (ou planilhas).

Muitas empresas comerciais de comida crua que vendem "dietas semelhantes às caças dos cães", com deficiência de nutrientes, adotam de maneira ardilosa um jargão nutricional equivocado que induz a interpretações erradas, como "atendem às necessidades evolutivas do cão com todas as vitaminas e minerais". Se a embalagem não disser nada sobre a adequação nutricional do produto às diretrizes dos conselhos, associações e federações do ramo, use essas comidas apenas como petiscos ou *toppers*; não as utilize como fonte principal de alimentação (a não ser que você corrija as deficiências por conta própria). Há muitas dietas cruas bem formuladas, basta ler os rótulos com atenção.

Comida canina nutricionalmente completa crua ou levemente cozida (com ou sem adição de sintéticos)

Essas refeições congeladas nutricionalmente completas, cruas ou cozidas, são fáceis de servir; basta descongelar e colocar no potinho. O espaço no freezer pode ser um problema, e é necessário lembrar de descongelar a comida do dia seguinte. É preciso confiar na empresa e fazer sua pesquisa. Muitas empresas de comida crua recém-fundadas, em especial fora dos Estados Unidos, produzem alimentos que não cobrem os requisitos nutricionais mínimos, e algumas usam ingredientes de baixa qualidade. Um dos maiores problemas da maravilhosa tendência mundial a servir comida crua para os cães é a quantidade de pessoas oferecendo dietas *nutricionalmente incompletas* (ou empresas que não seguem qualquer diretriz nutricional). Veja na página 443 dos Apêndices mais informações e considerações sobre dietas sem qualquer declaração de adequação nutricional nos rótulos das comidas "apenas para alimentação intermitente e suplementar".

Um lembrete: nos Estados Unidos, a FDA tem uma política de tolerância zero contra bactérias com potencial patogênico em todas as comidas comercializadas para animais de estimação. O site do fabricante fornece as informações de segurança relativas aos seus produtos.

Dietas caninas levemente cozidas também variam de qualidade, indo de maravilhosas a horrendas. Resumindo, alimentos comercializados, sejam crus ou levemente cozidos, podem ser a melhor ou a pior comida que você pode comprar baseando-se na adequação nutricional, na qualidade dos ingredientes crus e no controle de qualidade da empresa. Alguns produtos alimentícios refrigerados disponíveis no supermercado local ou em grandes lojas têm validade de *seis meses*, o que simplesmente não entra em nossa cabeça. O bom senso nos diz que carnes refrigeradas devem ser consumidas em uma semana, no máximo. Os produtos com menos conservantes e de melhor qualidade que encontramos estão na seção dos freezers. Nessa categoria, a Matemática da Alimentação Canina é uma ferramenta importante para discernir o bom do ruim.

Comida canina liofilizada

Talvez essa seja a comida mais cara do mercado, no preço por grama, por causa da tecnologia utilizada e do alto custo da liofilização. No entanto, é uma ótima escolha, caso a pessoa esteja em busca de comida minimamente processada e duradoura. Numa explicação simples, trata-se de comida crua que passou por um rápido congelamento seguido da sublimação da água num ambiente com vácuo. Na liofilização, o produto é congelado, a pressão é diminuída e o gelo é removido por um processo chamado sublimação (no qual uma substância como o gelo passa do estado sólido para o gasoso, pulando a fase líquida), o que remove quase toda a umidade.

Conforme já mencionamos, a comida canina liofilizada deve ser reidratada com água, caldo ou chá frio (veja sugestões na página 262) antes de ser servida (não é grande coisa, mas é uma etapa a mais além da retirada da embalagem). Comida liofilizada é muito duradoura, o que a torna excelente para pessoas (e cães) em deslocamento. Não é necessário espaço no freezer nem descongelar a comida um dia antes. Alguns produtos liofilizados são comercializados como *toppers* e não são nutricionalmente completos. Procure a declaração de adequação nutricional, caso use esses produtos como refeições regulares.

Comida canina desidratada

Recomendamos o Dever de Casa da Alimentação Canina antes de escolher qualquer marca de comida, mas fazê-lo com a comida canina desidratada é especialmente importante – essa categoria é a que demanda mais pesquisa (e por isso a colocamos no final da lista). Há duas maneiras de fazer comida canina desidratada. Primeiro, as empresas que fazem comida canina crua apenas desidratam os produtos crus que utilizam; essas variedades são excelentes, porque partem de ingredientes todos crus e não contêm grãos nem muito amido. Na nossa opinião, essas comidas são fantásticas, tão boas quanto as liofilizadas.

A confusão começa na segunda forma de fazer comida canina desidratada: as empresas compram materiais crus já desidratados, incluindo muitos carboidratos cheios de amido, e então reprocessam esses ingredientes fazendo uma fórmula de comida canina. Muitas das opções desidratadas disponíveis estão cheias de amido, e como os fornecedores dos ingredientes os desidratam a temperaturas muito diversas (o que causa impacto na carga de nutrientes e de AGEs), alguns alimentos desidratados no mercado não se encaixam na categoria ótima (minimamente processados). A boa notícia é que muitas marcas se encaixam, mas é preciso verificar o rótulo com atenção.

Nas dietas desidratadas, a umidade é removida devagar por meio de um aquecimento leve e a temperaturas não muito altas. Alguns fabricantes que produzem comida canina com "secagem ao ar" insistem que a desidratação e a secagem são a mesma técnica de processamento. Ainda que a princípio isso seja verdade (ambas as técnicas utilizam o ar para remover a umidade), a secagem ao ar costuma usar temperaturas mais altas, e é nessas condições que os MRPs são produzidos. Um e-mail breve para o fabricante perguntando sobre as temperaturas do processamento resolve qualquer confusão. Prefira marcas com resultados aceitáveis na Matemática da Alimentação Canina, que desidratam a comida a temperaturas mais baixas. Reidrate os alimentos também: nenhum mamífero evoluiu para passar a vida inteira ingerindo comida sem umidade.

Exercício 3:
Escolha a proporção de comida natural – vasilhas 25%, 50% ou 100% melhores

É hora de começar a pensar em estabelecer seu primeiro objetivo alimentar: qual quantidade de comida canina mais natural ou minimamente processada você pretende servir a cada refeição ou, pelo menos, várias vezes na semana? Se, a esta altura, você ainda não faz ideia, então pense na quantidade de comida canina ultraprocessada que gostaria de reduzir ou de eliminar da dieta de seu cão. Para simplificar as coisas, nós pré-selecionamos algumas combinações básicas: substituição de um quarto da comida, de metade da comida e uma mudança total para opções mais naturais. Para elevar a saúde a outro patamar, é possível trocar 25%, 50% ou 100% da dieta ultraprocessada por alimentos mais naturais, minimamente processados. Seja qual for o alimento base escolhido, os 10% de TELs permanecem. E por fim, mas não menos importante, caso a opção seja não mudar a base da comida neste momento, tudo bem. Siga a leitura.

Dê um trato na comida ultraprocessada: 25% de comida mais natural fazem diferença. Trocar 25% da ingestão diária de calorias por marcas ou dietas da categoria mais natural, minimamente processada, traz grandes benefícios à saúde. Quando paramos para pensar, vemos que o acréscimo de 10% de *Toppers* Essenciais da Longevidade combinado a uma melhoria

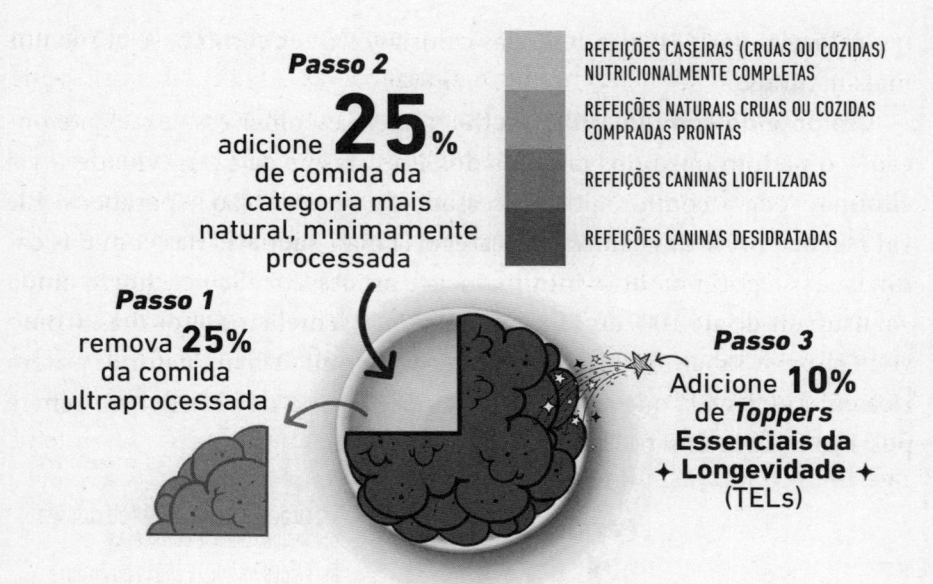

Passo 2

adicione **25%** de comida da categoria mais natural, minimamente processada

REFEIÇÕES CASEIRAS (CRUAS OU COZIDAS) NUTRICIONALMENTE COMPLETAS
REFEIÇÕES NATURAIS CRUAS OU COZIDAS COMPRADAS PRONTAS
REFEIÇÕES CANINAS LIOFILIZADAS
REFEIÇÕES CANINAS DESIDRATADAS

Passo 1

remova **25%** da comida ultraprocessada

Passo 3

Adicione **10%** de *Toppers* **Essenciais da ✦ Longevidade ✦** (TELs)

de 25% na comida eleva o quociente de comida natural em até ⅓ das calorias diárias. Isso significa que houve a substituição de cerca de ⅓ de comida ultraprocessada por calorias oriundas de fontes mais naturais – o suficiente para fazer uma diferença perceptível!

50% melhor: a substituição de 50% das calorias diárias torna *quase ⅔ da ingestão calórica muito mais saudáveis*! Com o plano de 50%, a inges-

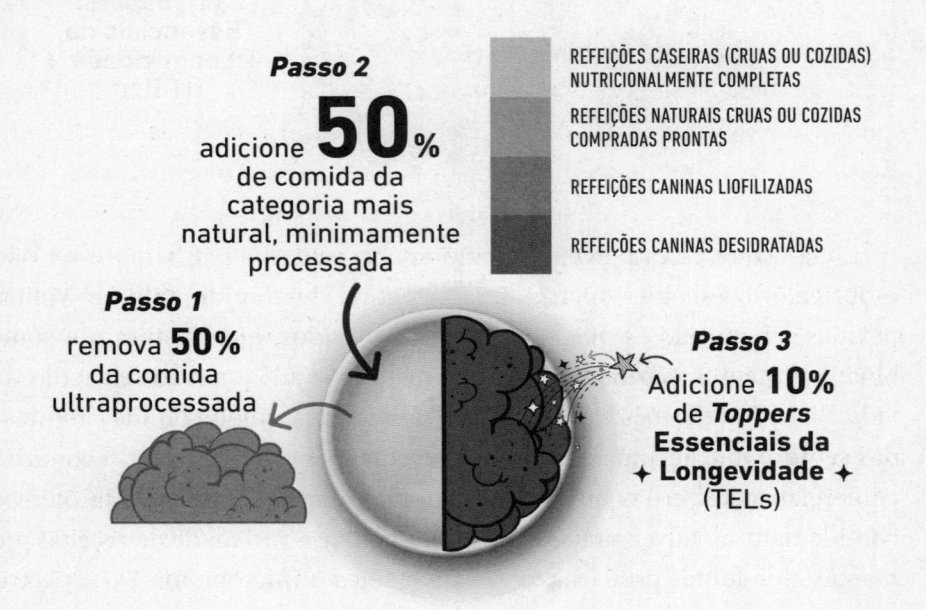

Passo 2

adicione **50%** de comida da categoria mais natural, minimamente processada

REFEIÇÕES CASEIRAS (CRUAS OU COZIDAS) NUTRICIONALMENTE COMPLETAS
REFEIÇÕES NATURAIS CRUAS OU COZIDAS COMPRADAS PRONTAS
REFEIÇÕES CANINAS LIOFILIZADAS
REFEIÇÕES CANINAS DESIDRATADAS

Passo 1

remova **50%** da comida ultraprocessada

Passo 3

Adicione **10%** de *Toppers* **Essenciais da ✦ Longevidade ✦** (TELs) tão calórica diária (cerca de ⅔ das calorias) vai ter como base alimentos mais naturais.

Um pote de comida 100% melhor: quem escolher essa excelente opção – o padrão ouro nos círculos dos Entusiastas da Longevidade – vai eliminar *toda* a comida ultraprocessada do pote do cão – parabéns! Ele vai receber 100% das calorias da categoria mais saudável das comidas caninas: a categoria natural, minimamente processada. Seu cachorro ainda vai usufruir de até 10% de TELs para turbinar a dieta todos os dias. Como você já deve saber, o objetivo é oferecer a comida mais natural, porém rica em nutrientes, que seu orçamento e seu estilo de vida permitirem; é possível ir além dos 100%!

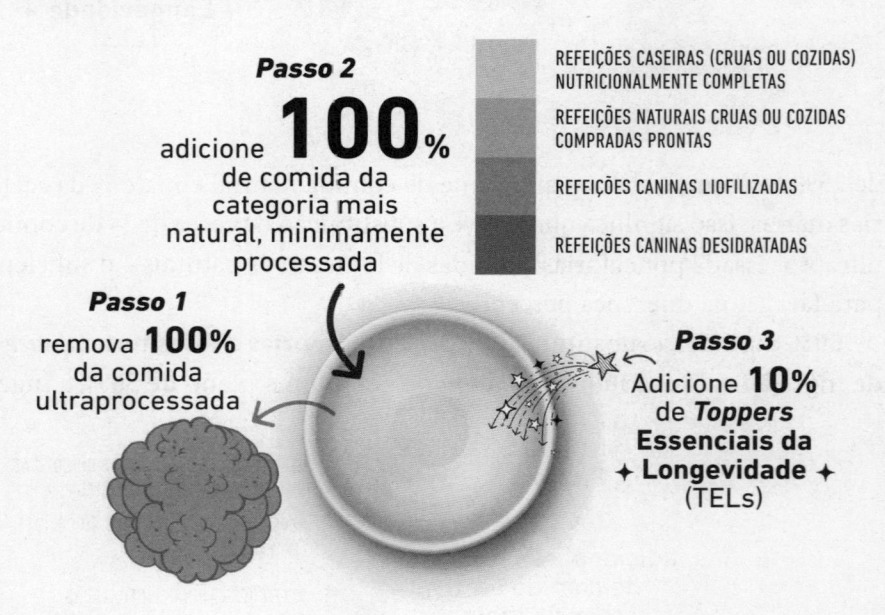

Passo 2
adicione **100%**
de comida da categoria mais natural, minimamente processada

REFEIÇÕES CASEIRAS (CRUAS OU COZIDAS) NUTRICIONALMENTE COMPLETAS

REFEIÇÕES NATURAIS CRUAS OU COZIDAS COMPRADAS PRONTAS

REFEIÇÕES CANINAS LIOFILIZADAS

REFEIÇÕES CANINAS DESIDRATADAS

Passo 1
remova **100%** da comida ultraprocessada

Passo 3
Adicione **10%** de *Toppers* **Essenciais da ✦ Longevidade ✦** (TELs)

É claro que esses percentuais são apenas sugestões. E lembre-se: não é obrigatório escolher apenas uma categoria de comida natural. Muitas pessoas acham que os planos de comida híbridos, que misturam e combinam alimentos naturais, são os que melhor se adéquam ao seu estilo de vida, fazendo refeições caseiras quando possível, usando comidas liofilizadas sempre que acampam nos fins de semana e providenciando comidas comercializadas, cruas ou cozidas, durante a semana. Se você já oferece comida natural, talvez precise apenas aumentar a variedade de receitas, de marcas e de fontes proteicas, o que diversifica o microbioma e o espectro de nutrientes. Caso seu cão não esteja acostumado com uma dieta variada, apresente novos alimentos e marcas aos poucos, de modo que o corpo e o microbioma do animal tenham bastante tempo para se ajustar. Uma vez que ele esteja acostumado a uma variedade de novas comidas, você vai poder misturar e combinar diferentes tipos de alimento, dependendo da sua rotina, do seu orçamento e do espaço no freezer.

O primeiro exemplo de um Plano de Refeições do Cão Eterno é a troca de 100% da comida industrializada por comida natural três vezes por semana (refeições assinaladas), talvez por refeições feitas em casa nos dias de menos trabalho. O restante das refeições tem até 10% de TELs misturados à comida para o suprimento de combustível superalimentar.

EXEMPLO 1
PLANO DE REFEIÇÕES CANINAS

SEG	TER	QUA	QUI	SEX	SÁB	DOM
refeição 1	refeição 1	refeição 1	refeição 1	refeição 1 ✓	refeição 1	refeição 1
refeição 2	refeição 2 ✓	refeição 2	refeição 2	refeição 2	refeição 2	refeição 2 ✓

O segundo exemplo é uma troca por 50% de comida natural em seis das 14 refeições semanais. Algumas dessas vasilhas híbridas podem conter 50% de comida crua, liofilizada ou levemente cozida e 50% de ração. Como dá para imaginar, as possibilidades para misturar e combinar são infinitas. Todas as refeições são finalizadas com TELs.

EXEMPLO 2
PLANO DE REFEIÇÕES CANINAS

SEG	TER	QUA	QUI	SEX	SÁB	DOM
refeição 1	refeição 1 ✓	refeição 1	refeição 1 ✓	refeição 1	refeição 1	refeição 1 ✓
refeição 2	refeição 2	refeição 2 ✓	refeição 2	refeição 2 ✓	refeição 2	refeição 2 ✓

O processo de melhoria do prato de comida do seu cachorro não demanda uma abordagem do tipo "tudo ou nada". **Comece alterando algumas refeições por semana.** E vá devagar. Tudo bem começar só melhorando a qualidade dos petiscos? Pode apostar que sim. Petiscos liofilizados ou desidratados feitos só de carne são muito superiores aos lanches ultraprocessados e carregados de amido do mercado. Com o uso de um desidratador, é possível desidratar qualquer um dos Alimentos da Longevidade e fazer por conta própria petiscos baratos e duráveis. Tudo bem levar três meses para melhorar 25% da comida do potinho do seu cão? Com certeza. Tudo bem se meu primeiro passo for uma ração de qualidade melhor? Claro. Comece de algum lugar, com aquilo que deixar você confortável.

Introduzindo novos alimentos

Acrescente as novidades *gradualmente*. Mantenha a dieta de sempre enquanto passa a oferecer TELs, dando um tempo para o microbioma se ajustar às novidades na forma dos 10% "extras". Isso é ainda mais importante nos casos em que a dieta atual for composta majoritariamente por comida ultraprocessada ou se o cão sofrer de distúrbios digestivos. Há chances de o microbioma não se diversificar, e grandes mudanças podem causar grandes problemas gastrointestinais; *na corrida da diversidade na comida, vence o devagar e sempre*. No caso de animais sensíveis, recomendamos introduzir um TEL de cada vez, como recompensa (petisco) ou como pequenos *toppers* de comida. E tenha paciência com seu cãozinho: se ele rejeitar um pedaço de nabo-mexicano do tamanho de uma moedinha hoje, não desista; tente outra vez amanhã. Trata-se de uma maratona do bem-estar, não de uma corrida desenfreada.

Dica profissional: uma colherada de purê de abóbora enlatado (ou de abóbora cozida, se possível) na comida ajuda a tornar as fezes mais firmes e, para muitos cães, facilita a transição dietética (cerca de 1 colher de chá para cada 4,5kg de peso corporal). Caso ache que está fazendo a transição rápido demais ou se o lanche de seu cão estiver soltando muito o intestino, o pó de olmo escorregadio, comprado na loja de alimentos naturais, é uma alternativa que faz maravilhas nos casos de fezes moles. Nós o chamamos de Pepto-Bismol natural (o Pepto-Bismol é um medicamento de ação antiácida). Em caso de diarreia, o carvão ativado (também encontrado na loja de produtos naturais) pode vir a calhar! Uma cápsula para cada 11kg de peso corporal costuma resolver. Espere até as fezes estarem 100% normais antes de introduzir novos alimentos.

AJUDA EXTRA PARA ESTÔMAGOS SENSÍVEIS

A adição de probióticos e de enzimas digestivas à dieta atual (antes de diversificar a comida propriamente dita) ajuda a preparar o terreno e o trato gastrointestinal para uma transição menos abrupta aos novos alimentos e nutrientes. Esses suplementos diminuem o estresse digestivo nos cães propensos a gases e a um trato gastrointestinal irritado. Os probióticos (conforme discutimos no Capítulo 8) são bactérias benéficas que mantêm o trato gastrointestinal equilibrado, enquanto as enzimas digestivas auxiliam na digestão e na assimilação da comida. Nos revendedores independentes (ou virtuais) você encontra muitas marcas de enzimas digestivas para cães. Elas fornecem fontes adicionais de amilase (para digerir carboidratos), lipase (para digerir gordura) e protease (para digerir proteínas). Reveze entre diferentes marcas e produtos para obter uma suplementação mais diversificada ao longo do tempo.

A variedade é o tempero da vida

Diversificar a dieta significa, basicamente, aumentar o espectro de nutrientes e o microbioma, o que faz maravilhas pelo sistema imunitário como um todo. Quer você esteja acrescentando ervas frescas e temperos, explorando uma nova fonte de proteína nos petiscos ou experimentando um novo tipo de comida canina, as papilas gustativas e o corpo do cachorro estão prontos para uma nova aventura. A frequência com que as refeições, as proteínas e as receitas são trocadas depende do animal e do estilo de vida do dono ou da dona. Algumas pessoas alimentam o cão com refeições diferentes todos os dias, de maneira muito semelhante a como elas mesmas se alimentam. Outras trocam as proteínas e as marcas a cada dois sacos/caixas de ração, todo mês, a cada estação ou a cada quinze dias. Não existe uma frequência certa ou errada, então faça o que funciona para você, para a fisiologia de seu cão e para sua rotina.

No caso de animais exigentes ou com estômago sensível, será necessário mais tempo para introduzir novos alimentos e marcas. Caso o cão tenha um problema específico de saúde – por exemplo, alergia alimentar ou síndrome do intestino irritado (SII) –, é possível encontrar lanchinhos, *toppers*, proteínas, marcas e receitas que ajudam a melhorar os problemas do seu animal; reveze entre as opções que você sabe que funcionam. Anote no Diário as comidas de que seu amigo gosta e aquelas que ele rejeitou no início – das primeiras vezes que oferecer os alimentos, vale a pena tentar novamente, ou mudar a apresentação (começando com petiscos levemente cozidos em vez de crus, por exemplo). Divirta-se fazendo experimentos com a comida, com os horários das refeições e com os Planos de Refeições do Cão Eterno; personalize a abordagem em torno de seu estilo e do seu cachorro e, por favor, não se compare (ou compare seu cão) com os outros – vocês são únicos, e a filosofia alimentar e a abordagem que você adotou são exclusivamente suas.

CRIE UM CARROSSEL DE OPÇÕES

Seu cachorro não vai gostar de todas as comidas sugeridas aqui, mas essa é a graça – temos certeza de que vocês dois vão apreciar a aventura da descoberta dos alimentos favoritos. À medida que vocês trabalham juntos para identificar as preferências individuais, essa jornada alimentar conjunta vai se tornar uma encantadora missão de exploração. Cada oferta de pedacinhos de novas opções naturais estimula os sentidos e aciona o cérebro do cão. Mesmo que o animal decida que aquele petisco não é o favorito, siga oferecendo opções seguras disponíveis na geladeira. Essa jornada conjunta de experimentos gastronômicos durará pelo resto da vida do seu amigo!

Foco nas fezes

O cocô é um indicativo maravilhoso de como o trato gastrointestinal está reagindo aos novos alimentos (e como anda a saúde do intestino). Recomendamos o monitoramento diário das fezes do cão para avaliar e calibrar a velocidade com que se implementam os novos TELs ou uma transição alimentar. Se as fezes ficarem mais moles, diminua o ritmo e a quantidade das ofertas. Cada cão é diferente, e é importante entender e respeitar a fisiologia de cada um. Caso você nunca tenha incluído nenhum alimento natural na dieta do seu cão, é possível que ele nem sequer se interesse por muitos dos TELs. Não desanime; em vez disso, experimente outras opções naturais da lista até encontrar uma ou duas de que ele goste. Depois, aos poucos, diversifique as ofertas, num ritmo que o cérebro e o corpo do seu amigo consigam gerenciar. À medida que for expandindo o paladar, o cão vai descobrir as próprias preferências e até mudá-las ao longo do tempo.

Se as fezes se mantiverem estáveis e você estiver pronto para melhorar o prato de comida e alterar a dieta, a qualidade do cocô ajudará a determinar a velocidade com que se pode aumentar a proporção da nova comida e diminuir a da velha. Como regra geral para cães saudáveis: durante a transição para uma dieta novinha em folha, substitua 10% da atual por 10% da nova comida. Se o cocô estiver normal no dia seguinte, aumente de forma gradativa a quantidade da nova comida, num ritmo de 5% a 10% por dia, substituindo cada vez mais a velha comida pela nova, até a antiga sumir. Caso você se depare com fezes amolecidas, não aumente o volume do novo alimento até que elas voltem a ficar firmes e, então, siga com a transição. Se tiver feito o Dever de Casa da Alimentação Canina e decidir substituir a marca atual de comida por uma opção mais saudável, compre ou prepare o novo alimento antes de a comida velha acabar. Assim não haverá problemas digestórios devido a uma transição precipitada. Nunca é uma boa ideia ficar sem a comida com a qual o cão está acostumado e então partir para a novíssima dieta; o corpo vai se sair melhor se o período de transição permitir a adaptação do microbioma do intestino.

Uma vez que o cachorro esteja se alimentando com a nova dieta e as fezes estejam boas, você pode começar o divertido processo de descobrir a próxima marca, receita ou proteína a ser apresentada. Com o tempo, conforme o microbioma do cão se diversifica e se torna mais resistente, a maioria das pessoas percebe que está apta a pular de uma proteína para outra e a variar marcas e tipos de alimentos naturais, sem qualquer repercussão no trato gastrointestinal dos animais, da mesma forma como seres humanos com intestinos saudáveis são capazes de comer uma imensa variedade de comida todos os dias sem qualquer problema gastrointestinal. A variedade é o tempero da vida, não apenas para nós, mas para o microbioma e para o benefício nutricional de todo o reino animal.

Acima de tudo, desenvolva um Plano de Refeições do Cão Eterno compatível com seu estilo de vida. Muitos Entusiastas da Longevidade encontram grande prazer e gratificação em fornecer uma variedade de receitas – sejam elas feitas em casa ou comercializadas – várias vezes por semana. Outras pessoas não dispõem de tempo ou de condições emocionais ou financeiras para planejar além da simples compra de uma marca diferente (de uma outra proteína) quando chegam à metade do estoque atual de comida. Então voltam à pet shop e compram uma marca diferente, preparada com outro tipo de carne. Em seguida, misturam a velha com a nova, 50% de cada, até que a velha comida acabe; chegando à metade do saco, repetem o processo. Em essência, elas estão diversificando o microbioma do cão ao alternar marcas e sabores a cada saco, além de adicionar TELs e o que mais houver na geladeira que seja apropriado para o cão. Essa conduta é um jeito perfeitamente aceitável de diversificar a ingestão de nutrientes. Faça aquilo que funciona para você.

> **ADIÇÕES VALIOSAS À RAÇÃO SECA**
>
> ➤ O **morango** e a **amora** protegem contra danos oxidativos causados por micotoxinas.
> ➤ **Cenoura, salsinha, aipo, brócolis, couve-flor** e **couve-de-bruxelas** reduzem os efeitos carcinogênicos das micotoxinas.
> ➤ A **couve-de-bruxelas** inibe a inflamação induzida pelos AGEs.
> ➤ **Cúrcuma** e **gengibre** mitigam os danos causados pelas micotoxinas.
> ➤ O **alho** reduz a incidência de tumores causados pelas micotoxinas.
> ➤ O **chá verde** reduz os danos ao DNA causados pelas micotoxinas.
> ➤ O **chá preto** protege o fígado dos danos causados pelas micotoxinas e inibe a formação de AGEs no corpo.

Se seu ex-parceiro ou parceira fica com os cães nos fins de semana e só os alimenta com ração, não hesite em oferecer comida mais natural durante a semana, quando os animais estiverem sob os seus cuidados. Nunca é demais repetir: a comida pode curar ou prejudicar, e você tem as ferramentas para fazer boas escolhas. No entanto, não permita que esse conhecimento seja fonte de estresse. O objetivo é nutrir seu cão da melhor forma, com informação e dentro das suas possibilidades, permitindo uma variedade saudável e eliminando qualquer preocupação restante. E, assim como nós, os cães podem comer um pouco de fast-food e ficar bem; o segredo é não deixar que os ultraprocessados sejam a fonte primária de nutrição.

Controle de porções e de volume

Supondo que você não vá trocar a dieta base no momento e que seu amigo esteja com o peso corporal ideal, não é necessário alterar o número de calorias oferecidas; ainda assim, é preciso ficar de olho na janela de alimentação (oito horas, de preferência). Se optar por melhorar a comida e mudar para

25%, 50%, 100% (ou qualquer proporção intermediária) de comida mais natural, minimamente processada, é necessário calcular a quantidade de novos alimentos que o animal vai ingerir com base nas calorias (não no volume ou na porção de comida).

Como saber a quantidade de novos alimentos a oferecer? É provável que você já saiba o *volume* de comida que está servindo (por exemplo, um pote medidor duas vezes ao dia), mas é possível que não saiba quantas *calorias* seu cão costuma consumir. A informação calórica pode ser encontrada na embalagem da comida. Como toda comida é diferente, é impossível apenas mudar de uma para outra – todas são diferentes em relação ao número de calorias; às vezes, *muito* diferentes. Sabendo quantas calorias o cachorro consome todos os dias, é possível calcular o volume necessário da nova comida para manter o peso atual. Em resumo, o cão precisa do mesmo número de calorias que tem consumido para manter o peso. Como os alimentos não têm igual valor calórico, os cálculos são importantes.

COMO CALCULAR AS CALORIAS NA TROCA DA DIETA CANINA

A informação calórica pode ser encontrada na embalagem da comida. Por exemplo, caso a comida atual tenha 300 calorias por copo medidor e lhe sejam oferecidas duas porções ao dia, o cachorro está consumindo 600 calorias diárias. Se você decidir oferecer 50% de comida natural, então 50% das calorias vão vir da nova comida. Ou seja, 300 calorias da comida antiga + 300 calorias da nova comida = 600 calorias por dia. Se a nova comida contiver 200 calorias por copo medidor, ele vai precisar de 1,5 copo da nova comida por dia (300 calorias) + 1 copo da comida antiga (300 calorias). Para calcular as necessidades calóricas básicas diárias, multiplique o peso em quilos por 30; depois adicione 70. Para um cão de 22,7kg: 22,7x30+70 = 751 calorias necessárias por dia. Essa equação não leva em conta as calorias exigidas para exercícios rigorosos, então aumente ou diminua a quantidade dependendo do nível de atividade do animal.

Mitos das misturas e combinações

Há muitas lendas urbanas sobre a capacidade de os mamíferos (sejam cães, sejam humanos) digerirem alimentos crus e cozidos juntos na mesma refeição. Já ouvimos tantos mitos malucos ao longo da última década que estamos dedicando um parágrafo inteiro a acabar com esses rumores infundados. Nas palavras da Dra. Lea Stogdale, veterinária clínica especialista: "Os cães são fisiologicamente adaptados para comer *de tudo*: comida crua, cozida, carne, grãos e vegetais... às vezes, até depois de rolar sobre eles." Pesquisas concluíram que não há nenhuma consequência negativa (para humanos ou para cães) atribuída ao consumo de proteína (crua ou cozida), gordura e carboidratos numa mesma refeição. Uma pessoa sadia pode comer uma salada (verduras cruas) com *croûtons* (carboidratos assados) e um peito de frango (proteína grelhada) ou um sushi (proteína crua com carboidratos cozidos) acompanhado de salada de algas (vegetais crus) sem qualquer confusão digestiva (também conhecida como vômito e diarreia). De maneira semelhante, cães saudáveis podem consumir alimentos crus e cozidos na mesma refeição (e vêm fazendo isso ao longo de milhares de anos). Estudos sobre digestão confirmam que eles absorvem gorduras, proteínas e carboidratos com eficiência numa mesma refeição – assim como nós. Se você separa ou compartimenta o consumo de sua comida (ingerindo numa determinada ordem carboidratos crus e cozidos, gorduras e proteínas) e se sente inclinado ou inclinada a fazer a mesma coisa por seu cão, tudo bem, mas não há necessidade; os cães comem cocô, lambem o traseiro e têm um trato gastrointestinal muito mais resistente do que o nosso. Caso seu amigo tenha histórico de pancreatite ou um "estômago sensível", adicione enzimas digestivas e probióticos para ajudá-lo a processar os alimentos recentemente incluídos na dieta.

Respeite o poder do horário

Lembre-se: a ciência diz que *o horário* em que comemos é tão importante quanto *o que* comemos. **Esses são os dois fatores mais importantes na determinação das expectativas de vida e de saúde.** Se mudar a dieta de seu cão parece algo muito difícil ou inviável no momento, comece pelos intervalos entre as refeições. Em nossas conversas com o Dr. Satchin Panda e com o Dr. David Sinclair, eles garantiram que a rotina de restrição calórica (a oferta de determinado número de calorias por dia) e o estabelecimento dos horários das refeições são uma ótima maneira de manter a harmonia com o ritmo circadiano inerente ao corpo do animal e de maximizar o metabolismo. O Dr. Panda nos lembra de que "cada hormônio, cada fluido digestivo, cada substância química do cérebro, cada gene (até em nosso genoma) tem altos e baixos em momentos diferentes do dia". Ele ressalta também que o microbioma do intestino segue o ritmo circadiano do corpo. Se ficamos várias horas sem comer, por exemplo, isso produz um ambiente diferente no intestino. Assim, um grupo diferente de bactérias floresce, o que é útil para limpar o intestino. A adoção de ritmos de alimentação e de jejum firmes e consistentes favorece um tipo diferente de bactérias intestinais. A composição do nosso microbioma passa por uma mudança diária, para melhor ou para pior, dependendo do que e de quando comemos em relação a outros indicativos, como a luz do sol e o fluxo/refluxo dos hormônios.

O Dr. Panda é um grande entusiasta da alimentação de tempo restrito e utiliza uma analogia comum para passar sua mensagem: com exceção dos animais noturnos, os animais não se alimentam no escuro – os cães não caçam à noite, o que significa que, depois que o sol se põe, é hora de parar de comer. O problema é que alguns cães vivem em casas onde as cortinas permanecem fechadas o dia inteiro e não conseguem diferenciar quando o sol nasce ou se põe. O Dr. Panda prefere a alimentação de tempo restrito (a criação de uma janela de alimentação) ao jejum intermitente, porque a rotina de jejum pode incentivar a trapaça – considere, por exemplo, jejuar pela manhã e esperar até o almoço para fazer a primeira refeição, mas se empanturrar de comida à noite, antes de ir dormir. Comer antes de ir para a cama não é o ideal para o ritmo circadiano.

Depois que compreendemos e, então, respeitamos o ritmo circadiano do cachorro, a lista de benefícios é imensa: mais resistência, melhor saúde reprodutiva, melhor digestão, melhor saúde cardíaca, melhor equilíbrio hormonal, menos depressão, melhores níveis de energia, riscos reduzidos de câncer, menos inflamação, menos gordura corporal, redução da hipertensão, melhor coordenação motora, menos distúrbios intestinais, melhores níveis de glicose no sangue, melhor função muscular, aumento da longevidade, redução na severidade das infecções, melhor saúde cerebral, melhor qualidade do sono, redução do risco de demência, redução da ansiedade e maior estado de alerta. A lista continua, mas você já entendeu!

O laboratório do Dr. Mattson, no National Institute on Aging, vem confirmando essas descobertas: camundongos que comem dentro de uma janela de alimentação, que varia de 8 a 12 horas, vivem mais do que camundongos com acesso ilimitado a comida, *apesar de consumirem o mesmo número de calorias*. Uma forma simples de relembrar os fatos: quando o relógio circadiano diz que o corpo está pronto para comer, a comida é saudável; se ele diz não, o mesmo alimento pode, na verdade, prejudicar o organismo. Respeitar o ritmo circadiano de nossos cães contribui muito para a manutenção de animais sadios e para a prevenção de doenças nas idades mais avançadas.

O Dr. Sinclair corrobora essas recomendações. Quando lhe perguntamos "De tudo que o senhor aprendeu, que lições aplica aos seus cães?", a resposta simples, porém poderosa, foi: mantenha o animal o mais magro possível, não o alimente demais e permita que ele faça muitos exercícios. "Tudo bem sentir fome", diz ele com frequência. Pense nisso: nem nossos ancestrais nem os ancestrais de nossos cães tinham o luxo de várias refeições e lanches ao longo do dia, e eles com certeza não acordavam com um banquete toda manhã, no mesmíssimo horário. Os cães consumiam a presa que caçavam e, então, jejuavam até o próximo êxito. Nossas práticas alimentares modernas são mais um produto cultural e um hábito da terra da fartura do que qualquer outra coisa. **Ao se respeitar o ritmo circadiano natural do cão, otimiza-se a saúde do animal.** Simples assim.

É possível escolher entre uma variedade de estratégias de alimentação de tempo restrito (TRF). Comece criando uma "janela de alimentação". Se você é um dos raros tutores que deixam uma vasilha de comida disponível o tempo todo, o primeiro passo é recolher essa vasilha. Os dias de bufê infinito chegaram ao fim. Acreditamos que essa, na verdade, seja a definição de paraíso, portanto, enquanto estivermos na Terra, é preciso seguir as leis terrenas e os princípios fisiológicos, o que inclui respeitar a fisiologia do cão. Ele é um canino, não um bode! Os ruminantes e outros animais veganos (vacas, cavalos, etc.) precisam lanchar sem parar; eles são animais imensos que comem pasto para obter energia e sustento e precisam comer *muito* para manter os cerca de 400kg de peso corporal. A fisiologia desses animais, desde os molares largos e chatos (para mastigar, mastigar, mastigar) até o longo trato gastrointestinal necessário para fermentar a energia de todo aquele pasto, exige que eles belisquem quase o tempo inteiro para abastecer o gigantesco mecanismo metabólico. Os cães são o exato oposto disso.

Alguns veterinários costumam recomendar o jejum como parte do tratamento de certas doenças caninas, inclusive como um meio de reduzir os efeitos colaterais tóxicos e melhorar os benefícios da quimioterapia, além de usá-lo no tratamento de vômitos e diarreias agudas. Entretanto, apenas os profissionais do bem-estar entendem os benefícios da TRF para cães saudáveis e a instituem na prática. Vamos deixar os protocolos de jejum por sua conta e do seu veterinário ou veterinária. Porém alimentação de tempo restrito não é jejum. É o *consumo das mesmas calorias que seu cão costuma ingerir, restrito a certas horas do dia.*

Pratique aquilo que chamamos de consumo programado de calorias dentro de uma determinada janela de tempo – de preferência, de *oito horas* para a maioria dos cães de peso normal – e interrompa qualquer consumo de calorias pelo menos duas horas antes da hora de dormir. O consumo programado de calorias dentro de uma janela de oito horas é nossa maneira de dizer "alimentação de tempo restrito", mas soa mais suave, e ninguém está "restringindo" nada, na verdade. Estamos apenas sendo estratégicos e agindo com consciência em relação às calorias.

Recomendamos a TRF para centenas de Entusiastas da Longevidade e o retorno tem sido incrível: sim, todo mundo na casa está dormindo melhor; os cães estão menos ansiosos durante o dia; a digestão melhorou; e o

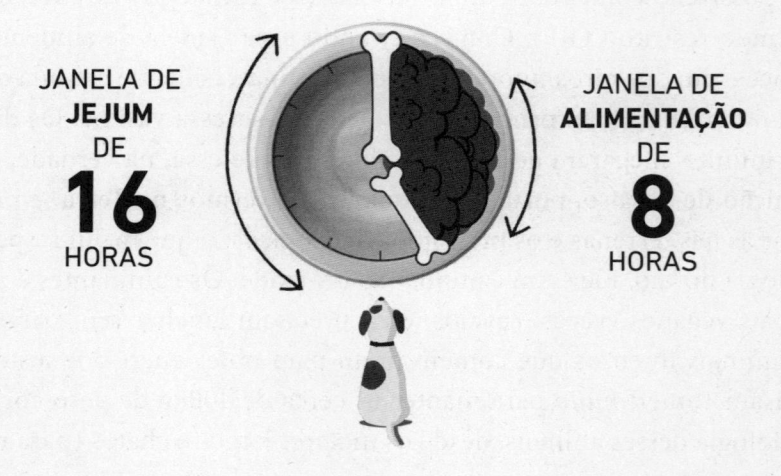

JANELA DE **JEJUM** DE **16** HORAS

JANELA DE **ALIMENTAÇÃO** DE **8** HORAS

sono está mais profundo no período noturno. Mas, acima de tudo, a TRF também produz todo tipo de benefícios à saúde, que costumam ser percebidos assim que ela é implementada, sem qualquer alteração na comida propriamente dita. **A simples oferta de todas as calorias diárias dentro de um período definido pode afetar positivamente o metabolismo e o bem-estar geral de seu cão!**

Sabemos que abandonar os petiscos depois do jantar, ainda mais se o cachorro tem o hábito de beliscar nesse período, pode ser um desafio. Essa é uma oportunidade fantástica de trocar os lanches pós-jantar por um passeio. Caso esse seja um momento em que o cão esteja acostumado a um ritual específico relacionado a comida, substitua os lanches de costume por cubos gelados de Caldo de Ossos (veja a receita na página 265). E, no dia em que você chegar muito tarde para o jantar, simplesmente deixe o cão pular uma refeição. Como já dito, se seu cachorro saudável algum dia sinalizar que não quer comer uma das refeições, deixe-o em paz. **Não há nada de errado em pular uma refeição; trata-se de um minijejum terapêutico.** Shubie, a cadela de Rodney, costuma decidir, por conta própria, jejuar por mais de 24 horas, avisando-o 36 ou até 48 horas depois que está com fome e pronta para a próxima refeição. Se, por conta própria, seu cão não quiser tomar café da manhã, por exemplo, permita que ele jejue até avisar que quer comer. Sirva a primeira refeição quando ele der sinais de que está com fome: esse será o início da janela de alimentação.

Caso seu cachorro saudável não se importe nem preste muita atenção na quantidade de refeições que faz diariamente, alimente-o uma vez ao dia, no horário que lhe for mais conveniente (porém, *de preferência, ao menos duas horas antes da hora de dormir*). Se você costuma servir três refeições por dia, divida a porção da refeição do meio entre a primeira e a última e comece a servir duas refeições diárias. Se seu cão está acostumado a "almoçar", faça uma rodada de brincadeiras de correr e de buscar objetos no horário em que seria servido o "almoço"; é provável que ele se sinta tão feliz em brincar que se esqueça da comida. Em momentos assim, use um tapete de petiscos ou ofereça Alimentos da Longevidade e TELs como recompensas em brincadeiras estimulantes. Talvez ele implore por comida ou manifeste claramente o que pensa desse novo regime. Não ceda à pressão, não importa quão adorável (ou irritante) ele se torne: os cães são evolutivamente adaptados ao jejum e seu "amor firme" resultará num cãozinho mais saudável. Lembre-se de duas coisas: eles não são vacas e *vão* se acostumar. Duas refeições com baixo teor glicêmico por dia permitem um breve (*porém muito benéfico*) período de repouso digestivo entre os períodos de digestão.

Dentro da janela de alimentação, a maioria dos especialistas que entrevistamos também sugeriu mexer regularmente *no horário* das principais refeições. Mudar os horários melhora a flexibilidade metabólica. Caso você costume ser rigoroso ou rigorosa em relação aos horários de comer, comece antecipando uma refeição em meia hora e atrasando a próxima por 15 minutos. Essa estratégia funciona bem com cães que produzem ácido estomacal num horário fixo, como um relógio, e vomitam bile caso não sejam alimentados na hora exata. Mudando gradualmente o horário das refeições, usando TELs como petiscos ao longo da janela de alimentação e ignorando os apelos, você condiciona o cão a ter um metabolismo mais flexível e ativa todos os benefícios vinculados à longevidade da alimentação em tempo restrito, tudo sem mexer na ingestão calórica.

A avaliação corporal estabelece a janela de alimentação

Cães abaixo do peso ideal: determine (com o auxílio do veterinário ou da veterinária, caso prefira) o peso corporal *ideal* de seu cão e as calorias necessárias à manutenção desse peso. Ofereça todas as calorias divididas em três refeições dentro de uma janela de alimentação de 10 horas. Uma vez que o peso tiver sido alcançado, divida as calorias em uma ou duas refeições diárias para manter o peso.

Animais magros, na média (com peso corporal ideal): sirva todas as calorias em uma ou duas refeições dentro de uma janela de alimentação de oito horas para manter o peso.

Cães saudáveis obesos ou acima do peso (não diabéticos): caso o cachorro precise perder muito peso, peça ajuda profissional para estabelecer os parâmetros de uma perda de peso progressiva e segura. Tenha como meta a perda de 1% do peso por semana. Por exemplo, um cão com cerca de 22,5kg que precise perder 4,5kg deve perder cerca de 200g por semana, ou 800g por mês. Pese seu cão toda semana para confirmar se está no rumo certo. Durante as primeiras duas semanas, ofereça todas as calorias numa janela de alimentação de dez horas (essa é a melhor janela de alimentação, com ótimos resultados entre humanos com síndrome metabólica, e tem sido utilizada com sucesso em animais modelo). Depois reduza a janela de alimentação para oito horas. Divida as calorias em quantas refeições desejar (a maioria dos tutores opta por três, para que seus cães comam porções menores de comida com mais frequência). Depois que o cão atingir o peso ideal, continue servindo todas as calorias dentro da janela de oito horas, dispostas em uma ou duas refeições.

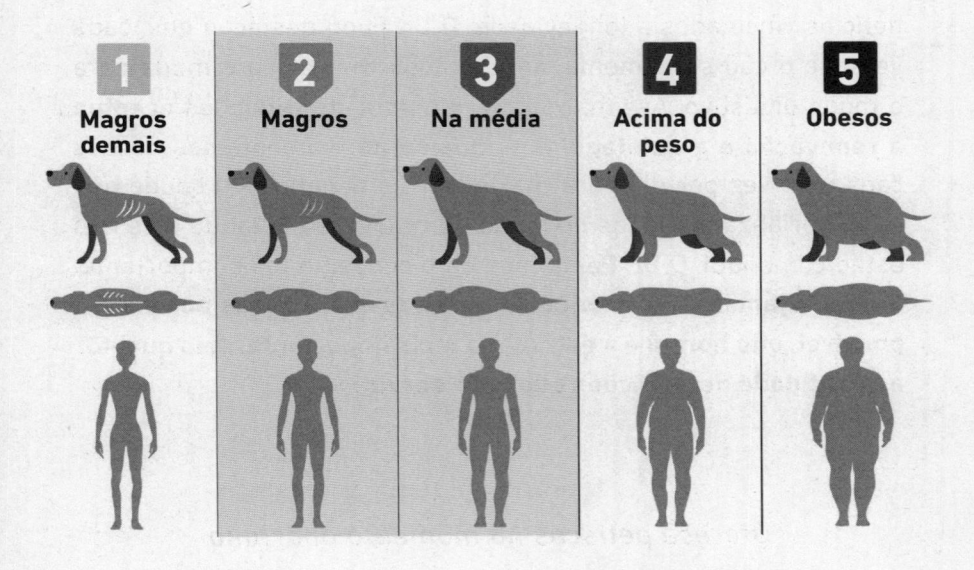

1	2	3	4	5
Magros demais	Magros	Na média	Acima do peso	Obesos

Se você tem um cão obeso, ao calcular os custos da passagem para uma alimentação mais natural, lembre-se de calcular a quantidade de comida necessária para manter o peso *ideal* do animal, não o preço inflacionado que seria preciso pagar para manter a obesidade. Temos visto muitas pessoas melhorando de forma drástica a qualidade da dieta de seus cães sem gastar muito mais ao optarem por oferecer um volume menor de comida de qualidade superior. Boa escolha.

> ## ARGUMENTOS EM PROL DA REFEIÇÃO ÚNICA DIÁRIA
>
> Os cientistas e pesquisadores que entrevistamos concordaram que uma refeição por dia para cães saudáveis é o ideal para maximizar a autofagia e minimizar o estresse metabólico. O Dr. Panda ressaltou que consumir todas as calorias dentro de uma janela de alimentação de oito horas, seja em uma grande refeição ou em 6 menores, é a ferramenta mais importante para maximizar os benefícios vinculados à longevidade. O Dr. Fung destacou que, cada vez que o cão se alimenta, sai do modo renovação e muda para o modo digestivo. Assim, **o número menor de refeições acentua a renovação e a autofagia em andamento.** Alimentamos nossos cães uma vez por dia para maximizar os benefícios à saúde que se materializam apenas no modo de renovação (quando eles não estão comendo). O Dr. Panda nos dá o conselho mais importante: **limitar a janela de alimentação a menos de 10 horas por dia (se possível, oito horas) é a estratégia mais importante, seja qual for a quantidade de refeições que você servir.**

Ofereça petiscos no momento oportuno

Pense nos petiscos como se fossem os lanches dos humanos: o que decidimos comer no lanche, a quantidade e a frequência, tudo influencia – e muito – a nossa saúde e o nosso bem-estar geral. Se você e seu cão nunca lancham, sinta-se à vontade para ignorar essa informação (mas suspeitamos que esta seção se aplica à maioria de nós).

O ideal seria usar os petiscos como recompensas – para se comunicar de um jeito estratégico com seu amigo peludo, como quando dizemos "Muito bem!". Caso você ofereça petiscos porque ele é um fofo e você o ama, nós entendemos (eles *são* fofos e nós os amamos *de verdade*). Nós, no entanto, incentivamos a redução no tamanho e na frequência desses petiscos, substituindo essas calorias por abraços, beijos, brincadeiras e caminhadas. Petiscos servidos como lanches (ou "porque sim"), caso sejam oferecidos com muita frequência, em porções muito grandes e na hora errada, podem interromper a autofagia. Quando o assunto é petisco, uma de nossas sugestões é usar pedacinhos do total diário de comida do cão como recompensas: é chato, a gente sabe, porém funcional.

> **Torne-se o rico alimento emocional de seu cão:** às vezes usamos a comida como um substituto para a presença emocional. A presença – a atenção – é muito importante para a saúde e para o bem-estar do ser humano. Conforme você substitui os petiscos ultraprocessados por porções menores e menos frequentes, substitui também aquelas calorias vazias por um envolvimento intencional e atencioso. Deixe o celular de lado. Olhe para seu cachorro. Converse com ele. Faça-se presente. Reserve alguns minutos para fazer carinho no seu cachorro – *vocês dois* vão ganhar bastante oxitocina. A atenção é um elixir poderoso *para as pessoas e para os cães*.

Como bem sabem os adestradores e comportamentalistas, há muitas razões importantes e práticas pelas quais recompensar o cachorro com pedacinhos de comida, ainda mais com propósitos de treinamento e para reforçar comportamentos que desejamos (como fazer xixi do lado de fora ou dominar as regras de uma nova brincadeira). Em relação aos petiscos/recompensas, nosso objetivo é oferecer pequeninas porções, se possível do tamanho de uma ervilha (ou ainda menores), para evitar a criação de picos de insulina. Para petiscos mais saudáveis, pique qualquer um dos Alimentos da Longevidade listados no Capítulo 7 e os ofereça como recompensa. Você pode usar seus 10% de TELs como petiscos de treinamento (em vez de botar essas guloseimas direto no pote de comida). Mirtilos são petiscos de tamanho ideal para cães grandes. Uma minicenoura orgânica bem fatiada rende de quatro a seis petiscos de treinamento. Duas minicenouras, fatiadas em finas moedinhas, podem suprir um dia inteiro de recompensas quando você estiver treinando seu cão e precisar dizer "Muito bem!". Nenhum dos Alimentos da Longevidade alterou a glicose no sangue de nossos cães. Nós os utilizamos como recompensas em treinamentos ao longo do dia e verificamos os níveis de glicose com um glicosímetro.

Pense em todas as outras coisas além da comida canina que entram na boca de seu cachorro. Você tem o hábito de dar a ele a pontinha do sanduíche ou o último pedacinho da borda crocante da pizza? Pare de fazer isso. Compartilhar comida humana com seu cão é uma coisa boa, mas é preciso oferecer aquilo que seja biologicamente apropriado, o que significa negar carboidratos. Compartilhe pedacinhos de carne magra, hortifrutigranjeiros frescos, sementes e castanhas. Deixe os petiscos ultraprocessados dentro do armário. A boa notícia é que a indústria de alimentos para animais de estimação está cheia de petiscos liofilizados e desidratados, feitos de carne, adequados à constituição biológica dos cães. Caso, além dos Alimentos da Longevidade, você decida usar petiscos comprados prontos, certifique-se de ler o rótulo. Recomendamos os que contêm um único ingrediente, seja carne ou vegetal, por causa do baixo teor glicêmico e por não terem recheios ou conservantes. Há boas opções orgânicas e oriundas de animais criados soltos. Os rótulos dos petiscos devem ser simples e claros, como "carne desidratada de coelho criado solto", "pulmão de cordeiro liofilizado", "fígado de boi, mirtilos e cúrcuma". Petiscos naturais com poucos ingredientes são uma boa escolha. É preciso picar os petiscos em pedaços do tamanho de uma ervilha. Lembre-se: qualquer coisa que seu cão come além das refeições são "extras", e essas calorias de brinde (10%) devem fazer bem! O uso de petiscos feitos de pedacinhos de comida natural saudável não perturba o ritmo circadiano nem cria estresse metabólico.

Assim que identificar os petiscos naturais que seu pet adora, incorpore-os à rotina, mas continue oferecendo novos alimentos – observar a expansão do paladar será divertido e estimulante para todos os envolvidos no processo. Caso sua cachorra nunca tenha experimentado comida natural e não demonstre interesse ou pareça confusa, não entre em pânico. Muitos cães nunca tiveram a chance de provar algo diferente da ração e, no início, não entendem do que se trata. À medida que as papilas gustativas reagem aos alimentos novos e diferentes, eles se tornam mais propensos a experimentar novidades que talvez tenham recusado antes. Não desista.

Não sabe por onde começar? Se seu orçamento anda apertado ou se você é uma pessoa mais apreensiva, continue servindo a mesma comida que sempre serviu por enquanto, mas tente melhorar o intervalo entre as refeições. Crie uma janela de alimentação e se certifique de que seu cão esteja consumindo o número ideal de calorias para manter um peso baixo e saudável. Resolva a situação dos petiscos. Acrescente TELs. Comece ou diversifique a rotina de exercícios diários. Planeje farejafáris diários e outras oportunidades de enriquecimento ambiental (também conhecidas como "*happy hour* canina"). Otimize o ambiente caseiro. Limpe o ar. Livre-se de produtos de limpeza químicos. E diminua o estresse por meio de exercícios e de uma vida social mais rica.

Se você se sente pronto(a) para dar o primeiro passo, mas não preparado(a) para ir muito longe, é possível fazer uma melhoria gradual na dieta incluindo mais qualidade: vá dos alimentos menos processados e naturais "bons" para os "muito bons" (se servia 25% de comida natural, avance para os 50%). Considere um melhor intervalo entre as refeições e adicione o maior número possível de Alimentos da Longevidade.

Ao Entusiasta da Longevidade pronto para mergulhar de cabeça no território do Cão Eterno: interrompa a oferta dos processados, sirva somente comida de verdade, mantenha o foco num melhor intervalo entre as refeições e adicione o maior número possível de Alimentos da Longevidade ao mesmo tempo que otimiza o ambiente caseiro e diminui o estresse por meio de exercícios e de uma vida social mais rica.

NOTAS PARA OS ENTUSIASTAS DA LONGEVIDADE

➤ O começo (Passo 1): introduza *Toppers* Essenciais da Longevidade (TELs).
  - Além dos TELs, decida que petiscos vai experimentar. A seguir, um rápido resumo de alguns de nossos favoritos, passíveis de serem transformados em cubinhos ou num tamanho já perfeito: mirtilo, ervilha, cenoura, cherovia, tomate cereja, aipo, abobrinha, couve-de-bruxelas, maçã, alcachofra-girassol, aspargo, brócolis, pepino, cogumelo, banana verde, frutinhas silvestres (amora, framboesa, etc.), coco, pedaços minúsculos de vísceras e semente de girassol e de abóbora crua.

➤ Continuação (Passo 2): avalie a dieta base e a torne mais natural.
  - Complete o Dever de Casa da Alimentação Canina (boa/muito boa/ótima): conte os carboidratos, faça o cálculo de adulteração, calcule a adição nutricional sintética.

- Escolha sua categoria de alimentos mais naturais: feitos em casa (crus ou cozidos); comida comercializada (crua ou cozida, liofilizada ou desidratada); uma combinação dessas opções.
- Estabeleça sua proporção de comida natural: 25%, 50% ou 100%.

➤ Anote em seu Diário o que deu certo, o que não deu e as novas ideias.
➤ Ofereça os alimentos naturais e os TELs um pedacinho de cada vez e faça uma transição lenta e gradual rumo à nova dieta, num ritmo que não cause diarreias.
➤ Faça a análise corporal e se certifique de que está oferecendo o número adequado de calorias para atingir ou manter o peso ideal.
➤ Escolha uma janela de alimentação para seu cão (se possível, de oito horas) e o número de refeições – sabendo que, se ele estiver saudável, não há nada de errado em pular uma refeição. Pare de oferecer comida ao menos duas horas antes da hora de dormir.

10
O "OGS" em D.O.G.S.

Diretrizes de condicionamento físico e controle
de impactos genéticos e ambientais

*Quem disse que o diamante é o melhor amigo
da mulher nunca teve um cachorro.*
— Anônimo

Darcy, um vira-lata minúsculo de 21 anos (tivemos o prazer de lhe desejar feliz aniversário numa videochamada), comia uma refeição balanceada por dia. Exatamente o que o Dr. Panda nos diz para fazer. Os pais de Darcy fizeram outras boas escolhas que também contribuíram para seu sucesso na vida. Eles atribuem a longa jornada de Darcy ao consumo de refeições cozidas em casa desde os 7 anos. Durante ⅔ da vida ele se alimentou de comida adequada ao consumo humano, com baixo teor de carboidratos, levemente cozida, com adições de salmão e mexilhões de lábios verdes frescos, cúrcuma e vinagre de maçã. Às vezes Darcy decidia jejuar e seus pais deixavam que ele fizesse isso pelo tempo que quisesse, pulando até mais de uma refeição.

Quando era mais novo, Darcy passava a maior parte dos dias no quintal com seu irmão, um vira-lata spaniel. Os dois tinham acesso a sujeira saudável, ar puro, um gramado livre de pesticidas onde se enroscar e a diversos tipos de estímulos e enriquecimentos ambientais. Seus pais nos disseram que ele não ficava exposto a uma rotina de substâncias químicas caseiras ou veterinárias. Ele foi imunizado quando ainda era filhote, mas não tomou as vacinas anuais enquanto crescia (você vai aprender a usar a titulação de anticorpos para verificar se seu cão realmente precisa de mais vacinas a partir da fase adulta). Mais tarde, depois que suas articulações começaram a enrijecer e ele passou a ficar mais lento, Darcy iniciou sessões de hidroterapia sem exercícios de alto impacto para manter o bom movimento dos músculos e das articulações. Os tutores de Darcy seguiram os princípios do Cão Eterno e ele teve uma vida longa e feliz.

Depois de apresentarmos regras e sugestões alimentares, chegou a hora de encerrar a Fórmula do Cão Eterno com os três aspectos finais da configuração de um cão de vida longa.

- **O**timização dos exercícios
- **G**erenciamento do estresse e do ambiente
- **S**aúde genética

Vamos lá.

Prática otimizada de exercícios

Enquanto escrevemos este livro, a Alemanha está rascunhando uma lei que especifica que os cães devem sair do confinamento (caminhar) duas horas por dia. Uma coisa que todos os Cães Eternos que conhecemos tinham em comum era *muita atividade física diária*. Todos os cães são atletas inatos (menos os que não conseguem mais respirar ou se mexer normalmente). A maioria dos fisioterapeutas e veterinários que trabalham com reabilitação acredita que os cães se beneficiam de corridas – fora da guia – pelo menos uma vez ao dia, *além* do condicionamento aeróbico (exercícios). A natação, ainda melhor, permite que os cães mexam o corpo de maneira espontânea e natural, fazendo todas as articulações se movimentarem bastante, o que, caso estejam presos a uma guia, não é possível.

A Dra. Enikő Kubinyi, pesquisadora líder do estudo dos *cães Matusalém*, nos contou que a cadela Buksi, de 27 anos, e Kedves, de 22 anos, tiveram uma "vida livre": podiam fazer escolhas de acordo com suas preferências, não tinham seus movimentos constantemente restringidos e passavam muito tempo ao ar livre. Ela percebeu que os cães mais velhos da Austrália, Bluey e Maggie, tinham estilos de vida semelhantes, com muito tempo ao ar livre todos os dias. Outras semelhanças interessantes: esses cães consumiam algum tipo de comida crua, não processada, além de porções de gramíneas e plantas do ambiente ao redor, e tinham esquemas modificados de vacinação e pesticidas.

Os cães da cidade podem achar que têm sorte na vida com seus donos urbanos, mas os estudos revelam que eles são mais propensos ao sedentarismo, enfrentam mais estresse, com níveis elevados de cortisol e distúrbios comportamentais, têm habilidades sociais mais precárias e usufruem de pouco contato com a sujeira e com os micróbios que, entre outros efeitos, melhoram o sistema imunitário. Vamos falar a verdade: viver numa grande cidade (e, às vezes, em seu entorno) costuma ser sinônimo de uma vida acelerada e estressante para as pessoas (bom... para os donos e donas dos cães), que trabalham longas horas e são mais propensas a passar a maior parte do dia dentro de casa, sob luzes artificiais. Seus animais de estimação são incapazes de escolher o que farejar e por quanto tempo podem se mexer, porque são levados para caminhar (com sorte) em passeios delimitados, pelas calçadas, por quantidades limitadas de tempo.

A vida urbana demanda protocolos de exercícios criativos

Como escreve Ingrid Fetell Lee: durante 80 mil gerações, a natureza não era um lugar para onde íamos, era o lugar onde vivíamos (com os animais). Só se passaram 600 gerações desde que a primeira revolução agrícola gerou as comunidades permanentes, e apenas 12 gerações se seguiram desde o surgimento da grande cidade moderna, com todo o seu concreto e escassez de espaços verdes. Em sua história evolutiva, os cães vivem nas cidades há muito pouco tempo, então precisam de uma forcinha. Até numa selva de concreto há muitas formas criativas de atender às necessidades diárias de exercício físico de seu cão, quer você o treine na esteira, leve-o a uma creche canina, contrate alguém para passear com ele, faça-o subir correndo as escadas do seu prédio, inscreva-o num programa de exercícios na hidroesteira ou encontre um campo aberto onde possa brincar de frisbee no fim do dia. Não deixe que a falta de imaginação prive seu cachorro dos movimentos diários de que ele necessita para se manter física e mentalmente equilibrado!

A realidade mostra que a maioria dos cães não se exercita o suficiente e não tem oportunidade de se mexer tanto quanto gostaria. Isso gera energia reprimida, o que desencadeia hiperatividade, ansiedade exacerbada e comportamento destrutivo – algumas das principais razões que levam cães a abrigos. Há muita ciência por trás da noção de que um cachorro cansado é uma coisa boa (assim como acontece com as crianças, como os pais já sabem). Às vezes nossos clientes nos perguntam por quanto tempo deveriam exercitar seus cães todos os dias, ao que respondemos, simplesmente: "O necessário para deixá-los exaustos na hora de dormir." Embora haja algumas diretrizes básicas em relação aos exercícios, da mesma maneira que existem para os humanos, de modo geral, os cães precisam de *muito* exercício aeróbico diário para se manterem mental e fisicamente condicionados, muito mais do que nós – e isso é parte do problema.

Entrevistamos os tutores de alguns dos cães mais velhos do mundo. O pai de Augie informou que ela nadava uma hora por dia, mesmo aos 15 anos, e chegou aos 20 anos. Perto de morrer, na primavera de 2021, seu principal exercício era a caminhada. De acordo com Brian McLaren, a cadela Maggie, de 30 anos, acompanhava seu trator e corria 5km, indo e voltando de uma ponta a outra da fazenda, duas vezes ao dia, sete dias por semana, durante duas décadas. Isso significa que ela cobria uma média de *20km de exercícios por dia*. Esta é a condição constante entre todos os cães mais velhos do mundo: rigorosos exercícios diários, sob chuva, neve ou sol. Ann Heritage escreve que Bramble, seu cão de 25 anos, caminhava várias horas por dia. Na Mongólia, os cães bankhar, que acompanham nômades, são conhecidos por desempenhar tarefas pesadas de proteção dos rebanhos mesmo quando têm cerca de 18 anos. Esses cães singulares são grandes, atléticos, protetores e necessitam de pouca comida em relação ao seu tamanho (mais um indício dos benefícios da dieta leve).

Todos nós sabemos que se exercitar é um bom hábito. Nem precisamos nos aprofundar nos estudos humanos sobre o valor da atividade física, a não ser para dizer que donos e donas de cães se sentem melhor e mais felizes quando caminham com eles. É impressionante o volume de pesquisa e de evidências acerca dos benefícios do exercício físico para a saúde e a vida dos cães (além de suas atitudes e de seu comportamento). Na Parte I falamos muito das vantagens de uma vida ativa. Ainda assim, confira uma lista de conclusões baseadas na ciência em relação à prática de exercícios físicos pelos cães:

- Reduz o medo e a ansiedade.
- Diminui a reatividade e reforça o bom comportamento (por exemplo, reduz ou elimina problemas comportamentais comuns relacionados ao tédio).
- Aumenta a tolerância à poluição sonora e à ansiedade da separação.
- Atua como um meio de desintoxicação linfática (o sistema linfático é uma parte importante da função imunitária; portanto, mantê-lo limpo é fundamental para a saúde).
- Diminui o risco de todas as formas de disfunção, desde o sobrepeso e a obesidade (ajudando a manter esses quadros sob controle) às doenças das articulações e do coração, além dos distúrbios neurodegenerativos.
- Mantém o vigor do sistema musculoesquelético, condição fundamental para conduzir bem os cães aos anos geriátricos.
- Ajuda a normalizar e a regular o sistema digestório.
- Intensifica a produção do antioxidante *superstar* glutationa, além de aumentar significativamente a AMPK, a molécula antienvelhecimento.
- Ajuda a gerenciar o açúcar no sangue e reduz o risco de resistência à insulina e de diabetes (dica: até uma pequena caminhada de 10 minutos após cada refeição pode reduzir os picos de açúcar no sangue).
- Estimula a confiança, melhorando a capacidade de o animal se manter calmo.

Quanto mais hiperativo e agitado o cão, mais ele precisa se movimentar. Com atividade cardiovascular rigorosa, cães estressados e ansiosos são capazes de manter parâmetros mais saudáveis dos hormônios do estresse. Todo cachorro precisa de exercício, seja qual for o porte atlético, o tamanho, a idade ou a raça. No entanto, a maioria deles não se exercita o suficiente, razão pela qual há tanto sobrepeso, articulações doloridas e tédio. E muitos animais de estimação mais velhos recebem pouca atenção; cães geriátricos precisam de mais tempo para farejar, porque seu corpo e seus sentidos não são mais o que eram antes. Proporcionar a esses cães idosos tempo para farejar ao ar livre todos os dias é fundamental não apenas pelo exercício em si, mas pelo bem-estar geral e pela conexão do animal com o mundo.

Além dos cães, a maioria das pessoas poderia usufruir de mais atividade física diária. **Os cães precisam de um mínimo de 20 minutos de** exercícios contínuos de condicionamento cardíaco ao menos três vezes por semana para prevenir atrofia; a maioria dos cães pode se beneficiar de sessões mais longas e mais frequentes. Sessões de 30 minutos ou de uma hora são melhores do que as de 20 minutos, e uma frequência de seis ou sete dias por semana é melhor do que uma de três dias. Os ancestrais e os primos selvagens de seu cão passavam os dias caçando a refeição seguinte, defendendo o território, brincando, acasalando e tomando conta dos filhotes. Seus dias eram vividos ao ar livre, de um modo extremamente ativo e socializado, com desafios físicos e mentais. Cães que convivem com outros cães passam menos tempo descansando – cerca de 60% menos. Assim como nós, os cães precisam de motivação para se empenharem em atividades físicas. Mesmo o maior e mais verde dos quintais e um segundo (ou terceiro) melhor amigo canino na casa não bastam para motivar o cachorro a se exercitar o necessário e assim se manter em boas condições físicas e mentais (comportamentais). Você deve providenciar a companhia e a motivação necessárias para que seu querido amigo se mantenha ativo. Caso sua cachorrinha não tenha oportunidade de correr, brincar e fazer exercícios aeróbicos regularmente, ainda que não tenha sobrepeso, pode desenvolver artrite e outros problemas debilitantes que afetam os ossos, as articulações, os músculos e os órgãos. Sem estímulos físicos e mentais regulares, o comportamento e a cognição também sofrem. Comportamentos indesejados comuns em cães que fazem pouco exercício e que são pouco estimulados incluem destruição de objetos, alvoroço e o hábito de pular sobre as pessoas, coceira e escavações destrutivas, brincadeiras predatórias inadequadas, exploração de latas de lixo, latidos excessivos e brincadeiras bruscas, reatividade acentuada, hiperatividade e comportamentos para chamar a atenção.

Os cães se desenvolvem bem quando têm acesso à "terapia do movimento" todos os dias, incorporando uma ampla variedade de atividades e de exercícios que põem todas as articulações em seu estado normal de movimento, permitindo a tonificação muscular e fortalecendo tendões e ligamentos. Exercícios diários consistentes trazem prolongados benefícios à saúde, pré-requisitos para uma expectativa de saúde otimizada. Um dos maiores problemas entre os cães mais velhos é a perda de tônus muscular, que abre caminho para a fraqueza, a doença articular degenerativa progressiva e a redução da capacidade motora (sem falar nas lesões e no aumento da dor, fatores subnotificados como causas de agressão e de mudanças de comportamento).

E atenção: guerreiros de fim de semana não vencerão. Alguns cuidadores têm a esperança de que, caso façam muitas atividades com o cão nos fins de semana, podem compensar a falta de exercício nos outros dias. O problema com essa abordagem é que você pode, na verdade, induzir lesões e machucados ao proporcionar atividades atléticas restritas a poucos dias. Quando o corpo do cão não é condicionado diariamente, impulsos repentinos de atividade podem causar danos que geram prejuízo de longo prazo às articulações (isso também serve para os humanos!).

Há grandes chances de seu cão passar o dia deitado esperando você voltar do trabalho. Os tendões, músculos e ligamentos também ficam deitados. Se, depois do trabalho, o dono ou a dona passa 20 minutos jogando uma bolinha, uma consequência possível é a ruptura do ligamento cruzado (a lesão de joelho mais comum na medicina veterinária). E alguns minutos de brincadeiras intensas não proporcionam os mesmos benefícios à saúde que 30 minutos de exercícios controlados de condicionamento cardíaco e de fortalecimento dos músculos. Os cães são capazes de "se ligar" em segundos – estão sempre à espera do nosso engajamento – e é comum não terem o botão de "desligar". Cabe a nós aquecer o corpo de nosso cão antes de uma brincadeira intensa e saber o momento de parar (lendo a linguagem corporal do animal). Acima de tudo, os cães se desenvolvem melhor quando têm oportunidades diárias de mexer o corpo e de condicionar o sistema musculoesquelético de uma forma que seja agradável para eles. *Todos* os cães são equipados para movimentos ao ar livre (até os minúsculos); eles são projetados para mexer *muito* o corpo.

A única maneira de prevenir a atrofia musculoesquelética na idade avançada é fazer o cachorro se mexer todos os dias; o tônus muscular não vem em pílulas, e, à medida que envelhecem, os cães precisam cada vez mais do tônus. Isso se torna ainda mais importante durante a fase adulta do cão, quando é preciso um foco mais intenso no estímulo à resistência e a excelentes tônus e massa muscular que sejam capazes de conduzi-los com saúde aos anos geriátricos. O foco no desenvolvimento de um sistema musculoesquelético resistente na vida adulta nada mais é do que um "seguro de vida" para os anos que vão vir; essa estratégia funciona excepcionalmente bem para cães de raça grande. O objetivo é criar corpos fisicamente resistentes.

Considerando que a tentativa de passar tempo de qualidade com os melhores amigos caninos é um grande desafio para muitos donos e donas de cães, uma rotina diária de exercícios que inclua você e seu companheiro é a melhor solução. Talvez não tenhamos ânimo para a prática todas as vezes, mas a maioria dos cães está sempre pronta para se levantar e começar. É importante perceber que uma simples caminhada não proporciona ao cão um condicionamento adequado. Se seu negócio é caminhar, seu amigo precisa de uma caminhada turbinada – avance num ritmo de 6 a 7km por hora (cubra cerca de 1,5km em 15 minutos) para atingir uma boa intensidade cardiovascular e queimar calorias.

Essas caminhadas mais intensas podem gerar benefícios importantes à saúde, não apenas para seu cão, mas também para você, incluindo a diminuição do risco de obesidade, diabetes, doenças cardíacas e das articulações. Primeiro, contudo, caso seu parceiro peludo de caminhada esteja habituado a caminhadas preguiçosas apenas para farejar e fazer xixi por aí, é preciso reprogramá-lo. Nós *adoramos* esse tipo de caminhada (também conhecido como farejafári) como ginástica mental, mas ele não trabalha o condicionamento cardíaco. Não espere fazer a transição dos passeios preguiçosos à caminhada turbinada em um dia. Serão necessárias várias sessões para que ele pegue o ritmo e várias semanas para melhorar o desempenho. Usar coleiras e peitorais distintos é uma ótima maneira de ajudar os cães a perceberem que tipo de atividade esperar; usamos peitoral e guias curtas para saídas longas e rigorosas de condicionamento cardíaco, deixando as coleiras básicas para os farejafáris de lazer.

Caso você não consiga caminhar num ritmo mais intenso, considere apresentar ao seu cachorro outros tipos de exercício cardiovascular, como a natação. O principal motivo para eu (Dra. Becker) ter aberto, anos atrás, um centro de reabilitação e de terapia física para animais foi proporcionar aos cães um lugar seguro para se exercitarem durante o inverno. As hidroesteiras permitem excelente condicionamento e são fantásticas para cães mais velhos, fora de forma ou com limitações de movimento. Seguindo orientações adequadas, cães pequenos podem nadar em casa, na banheira. Muitas creches caninas hoje em dia oferecem serviços de esteira para cães maiores, e profissionais de reabilitação mundo afora são treinados e aptos a ajudar você a desenvolver um protocolo personalizado de exercícios que atendam às necessidades específicas de cada animal. (Na página 441 dos Apêndices você vai encontrar uma lista de diretórios de profissionais de reabilitação.) Há, ainda, muitos centros "esportivos" que vocês dois podem aproveitar juntos; o site dogplay.com é uma ótima fonte em inglês de exercícios planejados e de possíveis brincadeiras estruturadas para seu cão. **A variedade é importante; mas a diversão também é. Escolha atividades segundo a perspectiva do animal**, cuidando para que as escolhas sejam adequadas à personalidade e às habilidades físicas dele. Conforme os cães envelhecem, as rotinas de exercício se modificam. Cães mais velhos se beneficiam de exercícios destinados ao fortalecimento muscular, como sessões de treinamento senta-levanta (muitos profissionais da área de reabilitação oferecem conferências voltadas à orientação de exercícios que se ajustam às necessidades de cada cão). Sessões caseiras regulares de massagem e de alongamento leve são um excelente meio de ajudar seu amigo a se sentir bem, além de permitirem um escaneamento frequente do corpo em busca de caroços, protuberâncias ou quaisquer alterações físicas. O site www.foreverdog.com tem outras informações em inglês sobre exames caseiros e sinais nos quais prestar atenção.

Jogos cerebrais: os cães precisam ativar habilidades físicas *e* mentais. Atividade física é fundamental; no entanto, os exercícios mentais mantêm os cães afiados (e previnem o tédio) e mais bem preparados para a velhice. À medida que envelhecem, os cães que usufruem de uma vida de farejamento (explorando cheiros), de treinos de agilidade (ou outras atividades esportivas) ou de desafios para o cérebro enfrentam menor declínio cognitivo. A designer sueca Nina Ottosson (nina-ottosson.com) e a empresa My Intelligent Pets elaboram ótimos desafios cerebrais, mas você pode desenvolver os seus; compartilhamos algumas ideias sobre o tema no site do Cão Eterno.

É importante combinar o tipo de movimento ou de exercício com o corpo e a habilidade do cachorro (por exemplo, raças braquicefálicas têm questões respiratórias específicas), o temperamento (cães agressivos) e a idade (cães mais velhos ou com limitações físicas permanentes). O tipo, a duração e a intensidade do exercício escolhido devem ser ajustados com o passar do tempo, porém o cão nunca deve parar de se mover.

Algumas raças são predispostas a doenças neurodegenerativas e há os cães com traumas musculoesqueléticos resultantes de acidentes ou lesões. É muito importante criar um protocolo de exercícios personalizado que atenda às necessidades individuais desses cães com limitações físicas, às vezes com a ajuda de peitorais adequados e recursos auxiliares.

> ### FAREJAFÁRIS CIRCADIANOS
>
> Sempre abra as cortinas e persianas antes de sair de casa pela manhã. Não deixe sua cachorrinha no escuro! De acordo com o Dr. Panda, animais que vivem em ambientes mal iluminados e com cortinas e persianas fechadas durante o dia se tornam deprimidos, sem falar na completa confusão entre noite e dia. Ele sugere uma caminhada matinal de 10 minutos e outra ao entardecer para que o corpo do cão produza os neuroquímicos apropriados para acordar ou desacelerar. Essa ótima recomendação se ajusta com perfeição à sugestão da Dra. Horowitz de permitir que os cães farejem o que lhes der na telha ao menos uma vez ao dia: fazer um farejafári. Assim, recomendamos **um farejafári circadiano duas vezes ao dia, pela manhã e à noite**. Durante essa atividade, o cão escolhe o que quer farejar e por quanto tempo quer fazê-lo: esse é um exercício *mental* para o seu cãozinho. Portanto, nada de puxar a guia! Dar oportunidades para o cão farejar é muito importante para a saúde mental e emocional. (Além disso, pesquisas mostram que pessoas que fazem caminhadas de lazer por 15 minutos após as refeições limitam os arriscados picos de açúcar no sangue ao longo de todo o dia!)

Além de incluir mais movimento e vigor na vida compartilhada com seu cão, esperamos que você se comprometa a estabelecer uma parceria de bem-estar. Você fará isso seguindo os princípios da fórmula D.O.G.S. deste livro. Antes, porém, assuma a responsabilidade.

Termo de responsabilidade

Enquanto tutores, a sóbria vigilância física e emocional é responsabilidade nossa. Você é o protetor do seu animal. A seguir, o voto de compromisso que minha amiga Beth e eu (Dra. Becker) criamos há muito tempo para relembrar aos cuidadores de cães sua maravilhosa – e incrivelmente gratificante – responsabilidade. Incentivamos você a se tornar um aliado do bem-estar de seu cão.

Sou responsável por minha saúde e meu bem-estar, assim como pela saúde e o bem-estar dos cães sob minha guarda. Vou me tornar um cuidador consciente, em meu nome e no de meus cães, em todos os aspectos da vida. Entendo que a vida, a cura e a saúde sempre mudam, exigindo que eu aprenda e evolua para me tornar um cuidador eficiente. Não vou transmitir essa responsabilidade a ninguém ou a nenhum médico. A saúde emocional e física de meu cão está em minhas mãos.

Mantenha seus registros caseiros de bem-estar no Diário do Cão Eterno. Registre o peso a intervalos de poucos meses, além do tamanho e da localização de qualquer caroço, protuberância ou sinal que encontrar durante os exames feitos em casa. Peça cópias dos resultados de exames de sangue e de testes de laboratório para que você possa rastrear as alterações em qualquer função orgânica. Registre o surgimento de qualquer novo sintoma; observe alterações no comportamento e anote os suplementos que cada cão está tomando. Esse diário de saúde atualizado se torna muito valioso quando tentamos nos lembrar do dia em que a dieta foi alterada, que dia o vermífugo preventivo foi ministrado ou em que mês o animal começou a tomar mais água. Deixe esse diário num lugar conveniente que facilite o acréscimo rápido de novas anotações. Para nosso controle, usamos o aplicativo *Day One* no celular, porque nele é possível incluir fotos e fazer registros de voz com facilidade.

Uma boa pergunta: qual a melhor forma de saber como anda a saúde do cachorro? Exames de laboratório são um ótimo indicador. Há padrões de exames de sangue para cães novos e idosos, assim como diagnósticos especializados para Entusiastas da Longevidade que anseiam por mais informações. Só porque um cão parece saudável, come bem e aparenta normalidade não significa que exames de sangue e testes de laboratório não sejam necessários. Na verdade, quase todo problema metabólico e orgânico que afeta o cão tem início com alterações bioquímicas que podem ser detectadas em exames de sangue *meses ou anos* antes do surgimento dos sintomas. Não saberíamos dizer quantas vezes ouvimos "Se ao menos eu tivesse descoberto mais cedo" depois que o diagnóstico de doença renal, hepática ou cardíaca é definido. Graças à tecnologia atual, *é possível* descobrir mais cedo, e você certamente deve providenciar diagnósticos simples, não invasivos, capazes de identificar anormalidades bioquímicas *antes* da manifestação dos sintomas – quando ainda é possível fazer alguma coisa.

Caso espere até a manifestação dos sinais do adoecimento, pode ser tarde demais para revertê-lo e assim restabelecer a boa saúde do animal. Donos e veterinários proativos se empenham em identificar o início das mudanças nos diagnósticos de rotina que indicam o começo da disfunção celular antes que a doença se instale.

Exames de sangue anuais proporcionam a paz de espírito diante da certeza de que os órgãos do seu cão estão funcionando bem. Em algum momento do processo de envelhecimento, é inevitável que os valores normais mudem. Resultados anormais devem ser observados e reavaliados por um profissional. Nesse momento, é comum as pessoas procurarem suporte adicional ou segundas opiniões. Na busca da resolução dos problemas, é normal e muitas vezes aconselhável contar com a ajuda de terceiros no preparo da dieta saudável ou recorrer à orientação de prestadores de serviços de bem-estar com o intuito de lidar com os problemas de saúde do animal. Jamais esperaríamos que um único profissional médico (humano ou veterinário) seja capaz de gerenciar adequadamente as necessidades progressivas dos membros mais velhos da família. Buscar uma variedade de perspectivas e de serviços veterinários para seu cão que está ficando velhinho é normal. (Na página 421 dos Apêndices há recomendações de exames de sangue anuais; em www.foreverdog.com você encontra informações em inglês sobre diagnósticos.)

Genética e estresse ambiental

Fornecemos muitas informações sobre o impacto do estilo de vida na expectativa de saúde. Entretanto, seria negligente deixar de lado o poder da genética. Quando se trata de cruzamento canino, ela é especialmente relevante. Hoje em dia, o melhor que podemos fazer para proteger e promover genomas saudáveis é reconsiderar o modo como cruzamos os animais. Melhorar as práticas de reprodução é a única forma de *garantir* a composição de um genoma saudável. Já mencionamos que a análise do DNA está se tornando mais e mais comum, acessível e útil para descobrir predisposições genéticas e os possíveis riscos de desenvolvimento de certas enfermidades. Os testes de DNA para cães também estão em alta e vão se tornar mais abrangentes nos próximos anos. Contudo, muitos cruzamentos caninos ainda priorizam a estética do cão em vez da saúde.

Embora existam ótimos criadores que priorizam a saúde em detrimento da vaidade, a demanda por filhotes abastece uma indústria facilmente corrompível por pessoas inescrupulosas, ignorantes das questões de saúde de cada raça (e sem qualquer compromisso com essas questões), dispostas a atender aos pedidos equivocados dos consumidores. A troca de corpo e de cérebro equilibrados por beleza tem sido devastadora para muitos cães. Criadores comprometidos com a preservação perderam a batalha para criadores de fundo de quintal e para fábricas de filhotes que produziram dezenas de milhares de filhotes nas décadas passadas com o objetivo de suprir o mercado faminto de animais de estimação. A seleção cuidadosa de genes e de temperamentos perdeu espaço para a produção em massa de ninhadas adoecidas.

Devido ao aumento da demanda, a pandemia também intensificou a ação dos criadores inescrupulosos. Pessoas isoladas que ansiavam pela companhia incomparável de um cão acabaram influenciando uma onda de fraudes on-line envolvendo filhotes. Em vez de procurar criadores responsáveis, muitos simplesmente se dirigem a vendedores de filhotes. Vários desses vendedores (se não todos) adquirem seu suprimento de animais de fontes que não priorizam a saúde genética. A mesma coisa se aplica a milhares de sites que oferecem lindos animaizinhos caríssimos, frutos de um cruzamento precário. A única maneira de não cair em um golpe e sentir a dor inevitável de ter um cãozinho fruto de um cruzamento irresponsável é buscar conhecimento.

Noções básicas de oferta e procura nos ensinam que essa epidemia de animais precários só acabará quando as pessoas pararem de apoiar essas fábricas de filhotes, lugares de produção em massa registrados pelos órgãos responsáveis (fábricas de cães confinados), e os criadores de fundo de quintal que não se preocupam em produzir cães geneticamente saudáveis. Isso significa *nunca* comprar um filhote por impulso; em vez disso, encarar o procedimento como algo semelhante à adoção de uma criança: um processo que demanda tempo, planejamento e pesquisa. (Na página 435 dos Apêndices há uma lista de perguntas que um criador de qualidade deve ser capaz de responder antes que você decida fazer negócio com ele.) O questionário é muito valioso porque fornece informações sobre fatores epigenéticos que podem causar um impacto poderoso na saúde do seu cão a longo prazo. Por exemplo, novas pesquisas demonstram uma probabilidade reduzida de distúrbios intestinais e de atopias (alergias) quando a fêmea grávida e, posteriormente, os filhotes são alimentados com comida crua. Diferentemente dos fatores de risco ambientais, sobre os quais temos controle, nosso poder sobre a genética consiste em lidar com criadores e organizações bem-conceituadas que se esforçam para melhorar o pool genético do cão. Criadores preservacionistas praticam o cruzamento de "conformação reparadora", o que significa que realizam todos os testes relevantes de DNA e as avaliações de saúde (e terão prazer em lhe mostrar tudo) e fazem um esforço consciente para excluir de seus animais as falhas genéticas da raça. Criadores funcionais também atuam com o objetivo de diversificar o pool genético, com foco na saúde, no temperamento e no propósito (na função). Esses criadores entendem que há mais a ser feito além de detectar doenças já identificadas e evitar o cruzamento de cães com problemas conhecidos.

A Dra. Carol Beuchat, do Institute of Canine Biology, explica por que apenas o teste genético e o cruzamento seletivo não vão resolver os problemas da raça pura. Em resumo, quando um pool genético fechado de cães (cães de raça pura descendentes de uma mesma família de ancestrais) gera ninhadas de filhotes de raça pura sem qualquer supervisão genética estratégica (com acasalamento consanguíneo não intencional e, às vezes, intencional), várias consequências negativas se tornam mais prováveis: aumento da similaridade genética, crescimento da expressão de mutações recessivas, redução da diversidade e, por fim, uma diminuição no tamanho do pool genético.

À medida que mais e mais cães de raça pura cruzam uns com os outros, mais falhas com consequências mais sérias ocorrem, incluindo expectativas de vida menores. Os geneticistas chamam esse fenômeno de "depressão do acasalamento consanguíneo". No entanto, há ainda mais motivos para depressão: o risco de distúrbios multigênicos, como o câncer, a epilepsia, os distúrbios do sistema imunitário, além de distúrbios renais, hepáticos e cardíacos, também dispara nessas ninhadas. Mas e se cruzassem apenas "os melhores entre os melhores", os 25% de campeões das exposições? A Dra. Beuchat explica que, ao cruzar apenas um seleto círculo de cães de raça pura, podemos comprometer muito nossas chances (na ordem de 75%) de um dia sequer encontrarmos material genético específico e diverso capaz de salvar nossas raças mais amadas. Estamos basicamente castrando nosso potencial de identificar esses complexos "diamantes brutos" genéticos. A longo prazo, assim que as contas da clínica veterinária começam a se acumular, a maioria das pessoas com filhotes de raça pura acaba se importando menos com a popularidade e com a fama dos pais e passa a se importar muito mais com a *saúde* dos pais (ou a falta dela). É a conclusão sombria da Dra. Beuchat: "A não ser que haja uma intervenção eficaz, haverá uma deterioração constante na saúde da população a cada nova geração."

Por intervenção, ela se refere à substituição de genes perdidos, o que pode ser feito por meio de *outcrossing* (cruzamentos de indivíduos de certas raças pertencentes a diferentes populações de cães para evitar determinados resultados genéticos) ou da introdução de novo material genético via programas de mestiçagem que, espera-se, expandam o pool genético dos cães de raça pura. Esses métodos encontram resistência entre muitos puristas. Todos os geneticistas com quem conversamos reiteraram o seguinte argumento: a saída para melhorar a saúde de todos os cães a longo prazo, sejam os de raça pura ou não, é a manipulação genética adequada. **Lembre-se de que os distúrbios genéticos são o resultado da perda de genes de que o corpo precisa para funcionar de um jeito adequado.** A pessoa pode fazer tudo certo, mas, se o cão não tem o DNA de um coração saudável, há uma grande chance de ele desenvolver um problema cardíaco. Crie uma mutação no gene supressor de tumores e o câncer se instala. Remova o gene das retinas saudáveis e o resultado é a displasia da retina. Remova diversos genes do sistema imunitário e os distúrbios imunitários são inevitáveis. Quando animais carregam uma variante genética, temos o potencial de modular sua expressão por meio da epigenética. Ainda assim, se o material genético se perde, não há como substituí-lo sem expandir o pool genético (introduzindo novo DNA, ou seja, recorrendo ao *outcrossing*).

Sem a implantação de um plano estratégico de ampla visão que reduza intencionalmente as consequências do cruzamento seletivo num pool genético fechado, os testes de DNA sozinhos não vão resultar em cães mais saudáveis nos próximos anos. Isso só pode ser feito por meio de um gerenciamento genético cuidadoso, exatamente o que o International Partnership for Dogs está tentando fazer. E, ainda que testes de DNA não aliviem o sufoco dos cães de raça pura, eles podem ser muito valiosos para você, que está se tornando um(a) defensor(a) da saúde canina. O teste genético pode ser um passo importante porque ele implica a identificação de predisposições capazes de afetar o bem-estar futuro do cão em sua casa. Nossas escolhas diárias têm profundo efeito na atividade dos genes presentes. Isso nos dá poder. E o mais importante: **somos capazes de influenciar a expressão de muitos genes que atuam diretamente na nossa saúde e na nossa longevidade.** O mesmo se aplica a nossos companheiros caninos, com uma ressalva: somos nós que tomamos as boas decisões por eles.

Infelizmente, muitos danos já foram causados ao DNA das raças. Alguns distúrbios de ansiedade, por exemplo, se acumulam em raças específicas. Em 2020, pesquisadores de um estudo norueguês que examinava a conexão entre genética e comportamento descobriram que a sensibilidade ao barulho é mais pronunciada em cães das raças lagotto romagnolo (um retriever grande e peludo natural da Itália) e no wheaten terrier, bem como nos cães de raças misturadas. As raças mais medrosas são o cão d'água espanhol, o Pastor de Shetland e os de raças mistas. Quase um décimo dos cães da raça schnauzer miniatura é agressivo e tem medo de estranhos, traços praticamente não identificados nos cães da raça labrador retriever. Em 2019, num estudo finlandês, os genes associados à sociabilidade também foram encontrados no mesmo trecho do DNA ligado à maior sensibilidade ao barulho, sugerindo que, ao selecionar cães mais dóceis, os humanos podem, sem querer, ter selecionado cães ainda mais sensíveis ao barulho. Mutações desse tipo provavelmente acontecem com muito mais frequência do que percebemos. Entretanto, com a aceleração das pesquisas em DNA, temos a esperança de limitar os maus resultados e de conseguir melhor gerenciamento genético, o que nos ajudará a criar menos problemas. Não é justo pré-programar certas raças para sofrer de inúmeras enfermidades que poderiam ser prevenidas por meio do gerenciamento genético adequado. Algumas raças estão desaparecendo por conta disso. Os buldogues ingleses, por exemplo, podem ter chegado a um beco genético sem saída. Raça conhecida por seu focinho curto e seu pequeno corpo enrugado, os exemplares de buldogue inglês são tão geneticamente semelhantes uns aos outros hoje em dia que especialistas dizem ser impossível para os criadores torná-los mais saudáveis.

> No mundo atual, só há duas opções responsáveis ao adquirir um cão:
>
> **Opção 1:** se você vai fazer negócio com um criador, é tarefa sua negociar apenas com aqueles que estão efetivamente tentando melhorar a genética das raças. Para iniciar a conversa com um possível criador ou criadora, use o questionário de vinte perguntas sobre cruzamento disponível na página 435. O site www.gooddog.com fornece informações em inglês para se identificar criadores de qualidade.
>
> **Opção 2:** adote um cão de um abrigo ou de uma organização de resgate bem-conceituada. (Hoje em dia, negociantes virtuais de filhotes se passam por grupos de resgate ou de adoção, portanto tome cuidado. Em pupquest.org há mais informações disponíveis em inglês sobre esse novo tipo de golpe.) Ao decidir adotar um cão resgatado ou abrigar um cão de rua, a pessoa não tem qualquer conhecimento ou informação acerca do DNA do cachorro que está levando para casa (se você for como nós, isso é menos importante do que salvar a vida do animal). Muitas pessoas simplesmente se recusam a comprar um cão de um criador conhecido porque o abrigo local ou o serviço de resgate de uma raça específica está lotado de cães de rua. Cada vez mais, abrigos e centros de resgate completam os testes de DNA nos filhotes das ninhadas de raça mista, reconhecendo que quanto mais se sabe sobre a ninhada, melhores as chances de promover encontros bem-sucedidos. Por exemplo, adotar um filhote que é uma mistura de raças pastoras significa que há uma grande possibilidade de ele exibir fortes tendências de pastoreio – algo bom de se saber antes da adoção! O resgate não é para os fracos: muitas pessoas já passaram pelas repetidas dores

> de conviver com animais resgatados. Por exemplo, muitos cães de abrigo são esterilizados ou castrados com 8 semanas de vida; como já dito, remover aqueles hormônios-chave antes da puberdade pode predispor muitos cães a problemas de saúde e dificuldades no treinamento, além de desequilíbrios hormonais ao longo da vida, com impacto negativo no sistema imunitário. Resgatar ou comprar de criadores funcionais ou comprometidos com a pesquisa genética é uma decisão pessoal. O mais importante é adotar *ou* comprar com responsabilidade. Pesquisar antes é fundamental para compreender melhor a imensa responsabilidade que é trazer um amigo peludo para dentro de casa.

Fazer uma lista de toda possível falha ou mutação genética relacionada a cada raça não é o propósito deste livro. Nos sites www.caninehealthinfo.org e www.dogwellnet.com é possível ter uma ideia dos testes recomendados por raça (conteúdo em inglês). O melhor a se fazer enquanto tutor é determinar a composição genética do cão à sua frente e, se possível, tentar compensar as deficiências a partir da epigenética, com boas escolhas de vida. A tecnologia (ou seja, os testes de DNA) tem nos dado o poder de afetar a expressão genética por meio de influências positivas no ambiente e nas experiências. Se quiser saber o que se esconde sob o pelo do seu cão, faça o teste de DNA e depois utilize as informações contidas neste livro e em www.foreverdog.com para criar um plano de bem-estar que contribua para o genoma particular. E, caso não queira saber dos marcadores genéticos específicos, as sugestões embasadas na ciência apresentadas neste livro podem auxiliar muito no melhoramento da expectativa de saúde do seu cãozinho.

Recapitulando, não é possível alterar o DNA dos cães (ou adicionar de volta os genes perdidos), mas *é possível* alterar a forma como o DNA se manifesta influenciando o epigenoma por meio de boas escolhas de vida (como lembrete, verifique na página 112 uma lista de gatilhos epigenéticos; cada um deles suscetível ao seu controle). Um tema recorrente entre muitos pesquisadores que entrevistamos foi a ciência emergente em torno da saúde emocional dos cães: nós (humanos) há muito subestimamos o poder que as interações sociais têm de modelar e influenciar o bem-estar físico de nossos cachorros. Os cães são animais sociais e precisam de ambientes sociais onde possam desenvolver competências sociais, expressar sua personalidade e se divertir.

Minimize o estresse emocional crônico com estímulos e envolvimento social

Quantos amigos seu cão tem? Não deve ser surpresa o fato de que os fortes laços sociais constituem um dos três pilares dos centenários das Zonas Azuis, o que significa que também é importante cultivar fortes redes sociais para seu cachorro. E não subestime o poder dos abraços e beijos (caso o animal goste de contato físico). Sua amizade é muito importante para ele: talvez você seja seu único canal de socialização.

Por isso, incentivamos o hábito de avaliar sua postura como modelo para seu animal de estimação; cuide do próprio estresse e seja a pessoa mais atenciosa, brincalhona e comunicativa possível. Construir um relacionamento duradouro com seu cachorro é um processo de vida inteira. Eis uma dica: depois de identificar os petiscos naturais que ele adora, use-os para sessões curtas de treinamento ao longo do dia ou antes e depois do trabalho.

Mesmo que seu cão seja mais velho e bem treinado, ainda assim é importante passar alguns minutos por dia trabalhando as habilidades comunicativas. Ele precisa de tarefas ou de alguma coisa interessante em que pensar, algo com que ocupar o cérebro. Se você não quer passar alguns minutos aperfeiçoando ou ensinando truques todos os dias, ofereça ao seu amigo um jogo ou um brinquedo que libera petiscos com o qual se ocupar. E não se esqueça de reservar tempo para brincar pelo menos uma vez ao dia. No livro *The Happiness Track*, Emma Seppälä, pesquisadora da Universidade Stanford, ressalta que os humanos são *os únicos* mamíferos adultos que não reservam tempo para brincar. Nossos cães iriam *adorar* se nós nos engajássemos mais em brincadeiras – eles estão literalmente esperando por nossa interação. Brinque mais: faz bem para nós também.

Dica profissional: deixar o telefone no modo avião quando conseguir arrumar uns minutinhos de qualidade com seu cão é uma ótima maneira de praticar a atenção e de se conectar melhor com ele.

Não é surpresa o fato de as "exposições" e as experiências das primeiras fases da vida darem as cartas na vida do cão. Estudos revelam que a extensão da socialização apropriada durante a fase de filhote (entre 4 semanas e 4 meses de idade) tem influência direta no nível de medo que o cão experimenta nas fases futuras da vida (isso serve tanto para o medo de outros cães quanto para o de estranhos).

O temperamento de um cão é fortemente influenciado pela genética *e* pelas experiências (ou falta delas) nos primeiros 63 dias de vida. Por essa razão, Suzanne Clothier, adestradora e criadora especializada, criou o Protocolo de Enriquecimento do Filhote, que já trouxe influências positivas para mais de 15 mil filhotes, inclusive para muitos destinados a se tornar cães de serviço. A Dra. Lisa Radosta, veterinária comportamentalista, acrescentou que as experiências e o nível de estresse durante a gravidez da cadela também desempenham um papel na carga de ansiedade, de medo, de agressão e de fobias ao longo da vida do filhote. Segundo a Dra. Radosta: "As circunstâncias ambientais influenciam a forma como o filhote se comportará mais tarde com o desenvolvimento do cérebro e do temperamento." Outro motivo importante para considerar imperativas as conversas profundas com um potencial criador.

O Dr. Gayle Watkins, do programa de formação de criadores avidog.com, ressalta que as cadelas procriadoras das fábricas de filhotes vivem sob constante estresse ambiental, emocional e nutricional devido à produção de dezenas de filhotes – filhotes que, por sua vez, são influenciados epigeneticamente pelo estresse e pelas experiências traumáticas da mãe, acionando o potencial de todo tipo de traço comportamental indesejado.

Os estudos acerca do desenvolvimento canino definem três períodos cruciais na socialização de filhotes, com a primeira fase ocorrendo no local de procriação ou nas instalações do resgate, quando o cão tem 4 semanas de vida. Com 4 semanas, os cachorrinhos devem dar início aos primeiros programas de socialização. Esses programas são elaborados para promover experiências sensoriais cruciais durante uma janela de tempo muito curta e são *inestimáveis* no desenvolvimento de temperamentos adaptáveis e sociáveis em nossos cães (na página 442 dos Apêndices há uma lista de programas de socialização inicial de filhotes que nós adoramos).

Partindo do pressuposto de que seu cão vá para sua casa em torno da nona semana de vida, os dois outros períodos cruciais vão ocorrer com você. Os meses seguintes da vida de seu filhote são os mais importantes no estabelecimento da fundação de traços centrais do comportamento e da personalidade, das reações e da capacidade de lidar com mudanças e com variações do ambiente nos anos seguintes. Uma socialização adequada e segura confere a seu filhote as habilidades sociais de que ele vai precisar durante a vida. Filhotes bem socializados se tornam adultos bastante adaptáveis e têm menos cortisol, ansiedade, medo, fobias e menores níveis de agressão. Do mesmo modo, cães que não são socializados de maneira adequada enquanto filhotes são mais propensos a reações estressantes (e ao cortisol) durante toda a vida.

A prevenção do medo a situações novas começa na sede do criador ou no centro de resgate, quando os filhotes têm 4 semanas de vida. Filhotes entre 4 semanas e 4 meses expostos diariamente, de forma controlada e segura, a imagens e sons do mundo (aspiradores, disparos ou outros sons altos, fogos de artifício, tempestades, cadeiras de roda, crianças, campainhas, para citar apenas alguns) aprendem que não precisam sentir pânico ou reagir exageradamente a esses eventos. Essas experiências no início da vida ajudam os cães a ser mais confiantes, intensos e desenvolver um espírito aventureiro ou os condenam a viver na defensiva, num estado de ativo esquivamento ou de defesa diante de situações imprevisíveis, num mundo bastante amedrontador. O Dr. Watkins enfatiza que o aspecto mais importante da socialização não é jogar o filhote de qualquer jeito neste mundo assustador: trata-se de construir e de manter a confiança por meio de novas experiências que os preparem para todos os aspectos da vida (dentro de uma curta janela de oportunidade).

Programas caseiros de desenvolvimento no início da vida, junto com ensinamentos contínuos aos filhotes, ajudam os cães a começar com o pé direito e não só são muito recomendados como são *essenciais* para quem tem a intenção de criar um cão adulto emocionalmente forte. Resumindo, **exposições ao ambiente e experiências (boas e ruins), em especial antes dos 4 meses de idade, podem afetar profundamente o comportamento e a personalidade do cão pelo resto da vida**. Isso, por sua vez, afeta o nível de produção contínua de hormônios, o que influencia a expectativa de saúde. Antes de trazer o filhote para casa, reserve um tempo para elaborar um plano de socialização direcionado, diverso, envolvente e emocionalmente seguro.

O Dr. Watkins ressalta que um adestramento centrado no relacionamento e livre do medo deve prosseguir *pelo menos* durante o primeiro ano de vida. Os períodos infantil e adolescente, que ocorrem entre os 6 meses e os 12 ou

16 meses de idade, podem ser desafiadores (os "meses da adolescência"), e é fundamental atravessar com sucesso esse período difícil, sem punições aversivas, para o bem-estar psicológico a longo prazo. Como diz o Dr. Watkins, "é preciso lembrar que, embora eles estejam grandes e pareçam adultos, ainda estão em pleno desenvolvimento cognitivo". Infelizmente, os "filhotes pandêmicos" não socializados estão emergindo no mundo como adolescentes descontrolados e reativos, causando bastante estresse parental. O mais importante é fazer um plano, de imediato, para retificar a situação (com a ajuda de profissionais treinados, usando métodos de treinamento humanizados e baseados na ciência). "Se você tiver um ótimo filhote, terá um ótimo cão."

> **"ENSINE-ME A SER O CÃO QUE VOCÊ QUER QUE EU SEJA"**
>
> Nossa crença é a mesma dos comportamentalistas: o treinamento contínuo, que dura a vida inteira, baseado no relacionamento não é uma opção, é uma obrigação. Não é algo que se começa quando o filhote ou cão resgatado desenvolve um comportamento irritante; trata-se, na verdade, de *prevenir* problemas de relacionamento.

Nunca é tarde demais para apresentar novas experiências ao seu cão, desde que você adote um ritmo que não cause ansiedade ou medo. "Aprender a ler a linguagem corporal do cão é a coisa mais importante a ser feita", diz a Dra. Radosta. Ser capaz de ler com precisão a comunicação não verbal do cachorro é fundamental por diversas razões, inclusive para permitir a intervenção imediata no caso de estresse excessivo associado a experiências negativas (dê uma olhada no livro de Lili Chin *Doggie Language: A Dog Lover's Guide to Understanding Your Best Friend* [Linguagem dos cachorrinhos: o guia dos amantes de cães para entender seu melhor amigo], uma boa leitura inicial sobre linguagem corporal canina). O portal pupquest.org registra que até 50% dos filhotes não duram um ano no primeiro lar e apenas um cão em cada dez passa a vida inteira com a mesma família. Animais que mudam de lar podem apresentar sinais de estresse pós-traumático, entre muitos outros comportamentos que costumam demandar a intervenção de um profissional para gerar melhora. Se um filhote não tiver sido socializado adequadamente, é possível partir para a redução de danos (modificação comportamental) em qualquer idade, para melhorar a sensação de segurança e de felicidade do cachorro; dependendo de quão reativo ou reservado é o cão, o desafio pode exigir ajuda profissional. Recomendamos buscar ajuda credenciada o mais cedo possível para gerenciar quaisquer problemas ou distúrbios recorrentes de comportamento. Quanto antes você tratar desses aspectos, mais rápido as coisas vão melhorar. Escolha com sabedoria a pessoa que vai treinar seu cão, como escolheria uma babá para seu filho. Na página 441 dos Apêndices há uma lista de sugestões.

Além de equipar o cão com habilidades sociais e emocionais para torná-lo feliz, funcional e bem relacionado em sua casa e na comunidade (ou gerenciar com sensibilidade aqueles que não conseguem), também é uma boa ideia identificar e tratar as fontes de estresse repetitivo e assim diminuir o potencial de uma vida de ansiedade. Visitas veterinárias, cortes de unhas, limpeza de orelhas e banhos são apenas algumas das experiências comuns que podem deixar o cão desconfortável. **Aprender a lidar de forma adequada com as reações estressadas do cão é um dos melhores recursos em seu kit de relacionamento, além de uma dádiva para a vida inteira dele.**

O ponto forte de nossa amiga Susan Garrett é treinar cães atletas de ponta. Susan é mais conhecida por ter se tornado dez vezes campeã mundial de *agility*, mas ela é também excepcional na solução de problemas diários que todos experimentamos sempre que tentamos nos comunicar com outras espécies. Ela nos lembra que toda pessoa que tem um cão é, por definição, uma treinadora. E o bom treinamento de cães nada mais é do que o desenvolvimento de dois elementos cruciais: a autoconfiança do cão e a confiança dele no dono ou na dona. Quando acreditamos que o cão vai se dedicar ao máximo em suas interações, é possível atingir esses dois objetivos de uma só vez. Os cães nunca querem nos decepcionar. Infelizmente, eles costumam ser repreendidos por se comportarem como "um cão"; com isso, a confiança nas pessoas costuma ser quebrada. Como já mencionamos, o relacionamento com seu cachorro é baseado em confiança e comunicação mútuas. Quer você tenha um animal resgatado ou um novo filhote, a educação diária (o treinamento) é uma necessidade na construção e na manutenção do entendimento com seu pet.

Sempre que os cães estão estressados ou com medo (fogos de artifício, estranhos na porta, o apito de um detector de fumaça, um novo peitoral, passeios de carro, o barulho do aspirador e assim por diante), eles reagem por reflexo, sem um processo de decisão consciente; seus corpos são preparados para a autodefesa. Como tutores, ressalta Susan, o mais importante é lembrarmos que **o estresse e o medo são bloqueios instantâneos ao aprendizado**. Uma vez que a reação ao medo é fomentada, é impossível, para o homem ou para uma fera, "aprender". Os hormônios do estresse são liberados instantaneamente e acionam o enfrentamento, a fuga ou a inação, oferecendo um meio primário para o cão se proteger contra a ameaça identificada. De imediato, o corpo aloca todos os recursos no "modo sobrevivência", e, para os cães, a reação ao medo provoca o rosnado, a mordida, o latido, o pulo, o recolhimento, o pânico ou a fuga.

Durante situações estressantes, é pouco provável que nossos cães reajam a nossas palavras como eles costumam fazer, a não ser que tenham sido treinados para ter uma reação alternativa e saudável – um mecanismo de enfrentamento em situações de intenso estresse. Quando entram em pânico, eles não são capazes de nos ouvir. Não puna seu cão por entrar em pânico. Em vez disso, estabeleça o objetivo (se necessário com a ajuda de profissionais) de criar uma "reação emocional condicionada" positiva cada vez que ele exibir sinais de estresse ou de medo. E, ainda que não seja possível "treinar" o cão em situações de estresse, você pode começar a condicioná-lo a enfrentar a situação estressante de uma forma diferente. **Temos a capacidade de ajudar os cães no enfrentamento bem-sucedido de situações estressantes ou com potencial assustador aprofundando, não diminuindo, a confiança do animal em nós.**

Comprometendo-se com o processo, é possível alterar os gatilhos, para que, no futuro, toda vez que seu cão se deparar com o antigo gatilho, ele possa reagir com a atitude esperada, buscando em você o apoio e a recompensa em vez de ser dominado pelo medo.

O portal fearfreepets.com é um grande aliado para quem está procurando veterinários e cuidadores que trabalham com prevenção e alívio do medo, da ansiedade e do estresse de animais de estimação, inspirando e educando as pessoas que cuidam deles. Sua missão é livrar os cães do medo paralisante. Eles ensinam você a fazer o possível para ajudar o cão a superar obstáculos emocionais que causam a secreção recorrente do hormônio do estresse e provocam danos à saúde do corpo. E, além disso, faça tudo que estiver ao seu alcance para deixar o cão num estado de equilíbrio emocional... e faça isso por você também.

É claro que ninguém vai aliviar todo o estresse da vida do cão; o mundo é um lugar louco, cheio de eventos imprevisíveis e assustadores. No entanto, o gerenciamento dos fatores estressantes conhecidos, diários ou repetitivos, *está* a nosso alcance, e devemos isso a nossos cães: comece o laborioso, mas gratificante, processo de dessensibilização e descondicionamento (com as técnicas de modificação de comportamento usadas pelo adestrador) para que o próximo ano seja menos estressante do que este. Caso nada seja feito (além de reagir), os comportamentos indesejados tendem a piorar. Assim como o relacionamento com o animal.

O objetivo é sermos confiáveis, consistentes e transparentes nas reações diante daqueles que nos cercam; isso é crucial para que, sem querer, não criemos cães loucos. Logo depois de adotar Homer, eu (Karen) aprendi que tocar suas patas estava fora de questão (ou corria o risco de levar uma mordida) e que os banhos eram uma experiência de quase morte (ou um potencial ataque de pânico para um animal mais velho). Seis meses após a adoção (uma período incrivelmente curto), tenho orgulho em dizer que Homer come petiscos enquanto lava as patas, solto. Adote a implementação de uma "terapia de redução de danos" baseada na ciência para tratar comportamentos indesejados. Faça isso; a alternativa não é boa nem saudável para nenhum de vocês dois.

Dias de cão (definidos pelos cães)

Se você deixasse seu cachorro decidir o que quer fazer durante o dia, o que ele faria? Olhar a vida da perspectiva do cão é algo que deveríamos fazer com mais frequência. Que atividades o deixam animado? Quais as comidas preferidas? O que eles gostam de cheirar e com quem gostam de interagir? Aprender as preferências do cão nos torna tutores melhores e melhora nosso vínculo, sem falar na qualidade deles. Quanto mais tempo reservamos para conhecer as preferências de nossos cachorros, mais competentes e capazes nos tornamos para atender às suas necessidades sociais, físicas e emocionais.

Não leve o cachorro a um parque canino a não ser que você saiba como ele vai reagir, ou isso aumentará o estresse (o dele e o seu). Quando conversamos com Suzanne Clothier, ela deixou isso muito claro: **parques caninos são a pior alternativa para cães tímidos ou pouco socializados**. Quem quiser criar experiências positivas ao ar livre para um cão reativo ou medroso precisará se dedicar a redefinir o comportamento dele – num dado ritmo e com técnicas de adestramento que não o estressem (as pesquisas mostram com clareza que treinamentos punitivos aumentam a ansiedade e a produção dos hormônios do estresse). Muitos de nós resgatamos cães pouco socializados e com alguma bagagem emocional, e partimos da premissa equivocada de que um ambiente amoroso e estável vai reparar os problemas mentais e emocionais. "Não funciona assim", diz a Dra. Radosta. Nem todo o amor do mundo vai resolver problemas comportamentais (incluindo medo e ansiedade) dos cães; é preciso tratar os problemas de imediato e, de preferência, com uma equipe profissional. "Monte sua equipe de modificação comportamental como se estivesse planejando uma festa de casamento", aconselha ela. O American College of Veterinary Behaviorists tem um site disponível em inglês em www.dacvb.org.

A coisa mais importante que podemos fazer por nossos cães é descobrir e proporcionar experiências, atividades e exercícios seguros de que *eles* gostem de verdade, com base na personalidade e nas habilidades físicas de cada animal. Os cães têm preferências, assim como nós, e descobrir as alegrias da vida de seu cão alimenta a alma. Se você não tem ideia do que ele gosta de fazer, tente experimentar coisas variadas. Até atividades às quais ele não reagia no início da vida podem ser mais interessantes na fase adulta ou na velhice; portanto, mãos à obra!

É bom não esquecer também os efeitos da estimulação contínua positiva sobre o cérebro. Já entramos em detalhes sobre estudos que mostram como a combinação de uma dieta anti-inflamatória com experiências sociais e exercícios adequados promove níveis mais altos de um fator de crescimento muito importante no cérebro – o BDNF (fator neurotrófico derivado do cérebro). Essa é a forma de o cérebro nutrir suas células e de permitir o nascimento de novas células cerebrais – uma coisa boa em qualquer idade!

O veterinário comportamentalista Ian Dunbar acredita que uma das melhores coisas que podemos fazer pelo bem-estar emocional do cão é **cultivar uma vida social rica para ele**: identificar cães dos quais ele gosta de verdade (amigos caninos) e, então, garantir encontros ao longo da vida. Um cão precisa de oportunidades de ser um cão: correr a toda velocidade, cavar na terra, rolar no chão, cheirar traseiros, brincar, puxar, roer, latir e perseguir. *Você* deve providenciar esses momentos. Outra maneira de nos referirmos aos cuidadores de nossos cães é "os exterminadores do tédio". Muitos cães amados, de maneira geral, levam uma vida entediante, e não que isso seja escolha deles; eles não têm controle sobre a vida que levam.

Julie Morris nos contou que costumava agendar encontros regulares para Tiger, sua velha pit bull de 22 anos, especialmente quando ela começou a envelhecer, para que a cachorra tivesse interações sociais com amigos caninos. Por mais trivial que possa parecer, a pesquisa da Dra. Kubinyi confirma que, levando-se em conta aspectos emocionais, esses encontros podem ser importantes para os cães, da mesma forma que a pesquisa das Zonas Azuis confirma que são para os humanos. Somos duas espécies sociais e precisamos de oportunidades frequentes de engajamento social positivo ao longo da vida.

Caso seu cão não tenha as habilidades sociais necessárias para conviver com outros cães, tente descobrir o que ele realmente gosta de fazer com o cérebro ou com o corpo e deixe-o fazê-lo regularmente. Farejar (com jogos que estimulam o olfato) é nossa atividade favorita (transformado em hobby canino ou como "tarefa" para raças de trabalho) para cães agressivos, reativos ou tímidos e para cães com estresse pós-traumático. Segundo a Dra. Radosta, é nossa responsabilidade como tutores prover nossos cães das "cinco liberdades"; precisamos garantir que nossos cães sejam:

- livres do estresse (medo/ansiedade)
- livres da dor ou de ferimentos
- livres do estresse ambiental ou do desconforto
- livres da fome e da sede
- livres para expressar comportamentos que promovam o bem-estar e que sejam típicos da espécie

O Dr. David Mellor, professor de ciência do bem-estar animal na Universidade Massey, na Nova Zelândia, deu um passo a mais e desenvolveu um conjunto de diretrizes que ele chama de Cinco Domínios. Seu modelo enfatiza a maximização de experiências positivas, não apenas a minimização das negativas, o que pode gerar benefícios que promovem a longevidade:

- Boa nutrição: fornecer uma dieta que mantenha a plena saúde e o vigor e permita uma experiência alimentar prazerosa.

- Bom ambiente: minimizar as exposições a substâncias químicas nocivas.
- Boa saúde: prevenir ou diagnosticar/tratar com rapidez ferimentos, doenças e enfermidades. Manter o bom tônus muscular e a capacidade física.
- Comportamento adequado: permitir companhias amigáveis e variedade, minimizar ameaças e restrições desagradáveis de comportamento, além de promover atividades de engajamento e recompensa.
- Experiências mentais positivas: providenciar oportunidades seguras e agradáveis, típicas da espécie, que proporcionem experiências prazerosas. Promover diversas formas de conforto, prazer, interesse, confiança e senso de controle.

Providenciar uma boa nutrição e um ambiente pouco estressante e não tóxico; manter o corpo saudável; envolver o animal em atividades recompensadoras; e criar experiências mentais positivas – os pesquisadores das Zonas Azuis endossam cada um desses métodos para se ter uma vida longa e robusta.

Por último, mas não menos importante, observe e ouça o animal. Preste muita atenção em tudo – corpo, linguagem corporal e comportamento. Conheça seu cão tão bem quanto conhece seus filhos ou a pessoa mais próxima a você neste planeta. Aprenda a identificar se ele está inquieto, conheça suas preferências – a hora e o jeito favorito de brincar, onde e como gosta de ser tocado, o que gosta de fazer, de que comidas ele gosta *mesmo*. No momento em que você decide transformar um cachorro em seu melhor amigo, ou pelo menos torná-lo um membro valioso da família, você vira um tutor melhor (e melhora drasticamente a qualidade de vida do seu animal e o relacionamento com ele).

Você vai prestar mais atenção, se envolver de um jeito diferente, se tornar mais sensível e mais conectado(a), e fazer perguntas melhores: por que ele lambeu a ponta da pata direita duas noites seguidas? Sua linha de pensamento vai se expandir além de "Meu cão vomita toda vez que lambe o tapete" para "Por que ele quer tanto lamber esse tapete?". Você vai ter vontade de buscar a raiz do problema e começar a observar o comportamento e as escolhas do cão como um mapa diário para aquilo que você, enquanto protetor do animal, precisa tratar ou fazer. Começamos a tentar entender o comportamento do cão em vez de reagir a ele. Dessa forma, cumprimos nossa parte do compromisso em fazer o melhor possível pelos animais que dependem de nós. Não podemos decepcioná-los. Contudo, para fazer a coisa certa, precisamos conhecer bem nossos animais. Para mantê-los saudáveis em nossa casa, precisamos olhar com mais atenção para o ambiente a nossa volta.

Minimize o estresse ambiental e reduza a carga química

Talvez o Capítulo 6 tenha feito você fugir para as montanhas ao reconhecer o grau de toxicidade de nossa vida moderna em tudo que nos cerca e em nossas exposições diárias a tantas substâncias. Desde o momento em que saímos da cama, que por si só pode estar cheia de substâncias químicas emissoras de gases, nós nos deparamos com inúmeras fontes de toxinas ambientais. Algumas são relativamente inofensivas, outras são inevitáveis, como pesticidas prescritos para eliminar pulgas e carrapatos e para a prevenção da dirofilariose. Algumas substâncias químicas são importantes para prevenir doenças. Mesmo assim, todas exigem que o corpo do cão as metabolize e as excrete. Eu (Dra. Becker) vejo as enzimas hepáticas de muitos cães se elevarem no verão e voltarem ao normal no inverno, quando a prescrição de aplicação e ingestão de pesticidas diminui. A exposição a substâncias químicas prescritas por profissionais pode aumentar a carga química geral – a carga corporal – e reforçar os fatores de risco de certas doenças. Como você se saiu no teste de produtos químicos das páginas 203-204?

Caso tenha se sentido uma pessoa "tóxica", não entre em pânico! Identificar a exposição a substâncias químicas pode tornar você capaz de adotar mudanças que protejam você e seu animal de estimação, além de limitar as exposições futuras. O objetivo é evitar que essas exposições perturbem o funcionamento essencial do corpo e prejudiquem o DNA, as membranas celulares e as proteínas. A seguir, uma lista com 13 pontos a serem seguidos na limpeza do ambiente. Sabemos que algumas dessas estratégias já foram mencionadas ou indiretamente abordadas nos capítulos anteriores, mas tê-las reunidas em um só lugar pode ser útil. Portanto, **comece por aqui**:

1. **Tudo se inicia na comida:** diminua a alimentação metabolicamente estressante que proporciona picos de cortisol e de insulina (livre-se do amido!). Caso já tenha implementado as estratégias descritas nos capítulos anteriores, você está no caminho certo. Dietas mais naturais também minimizam o consumo de micotoxinas nocivas, de resíduos químicos nos alimentos e dos subprodutos do processamento a altas temperaturas (AGEs).
2. **Remova potes e vasilhas de plástico:** eles estão cheios de ftalatos que perturbam o sistema endócrino. Em vez disso, use aço inoxidável de qualidade, porcelana ou vidro. Quanto ao aço, prefira os inoxidáveis de calibre 18, de preferência fornecidos por uma empresa que aplique testes confiáveis de pureza, pois até o aço inoxidável pode estar contaminado (lembra do *recall* de potes de metal da Petco anos atrás?). Algumas porcelanas podem conter chumbo e outras não são aprovadas para uso alimentício. Assim, certifique-se de comprar porcelana de boa qualidade, feita para uso alimentício por uma empresa de sua confiança. Os vidros da marca Pyrex e Duralex são nossos favoritos porque são duráveis e atóxicos, ao contrário de outros produtos de vidro de baixa qualidade que podem conter chumbo ou cádmio. Observe ainda que muitos cuidadores geralmente compram vasilhas de comida muito grandes. Como a quantidade correta de comida parece pequena se for servida numa vasilha gigantesca, as pessoas costumam acrescentar mais comida para melhorar o "visual" da refeição. Se tiver comprado um pote de comida muito grande, considere usá-lo para servir água fresquinha. É interessante notar que em muitas casas o tamanho do pote de comida é maior que o da água, apesar de a água ser um dos componentes mais importantes da dieta canina.
3. **Filtre a água de seu cachorro:** não importa quanto você aprecie o sabor da água da torneira ou o lindo relatório do fornecedor de água, compre um filtro, pelo menos para a água que você bebe ou utiliza para cozinhar. As substâncias químicas que produzimos e usamos na indústria e na agricultura acabam encontrando o caminho da água que bebemos. Um filtro caseiro remove com eficiência uma grande quantidade de toxinas que seu cão pode acabar consumindo caso beba a água do abastecimento urbano ou do poço. Uma

variedade de tecnologias de tratamento de água se encontra disponível hoje em dia, desde vasilhames simples e baratos munidos de filtro, que são enchidos manualmente, até sistemas de filtragem com reservatórios instaláveis sob a pia ou filtros com carbono que filtram a água na entrada da casa. Estes últimos são os ideais, em particular quando se adota um serviço que troca os filtros com regularidade. Assim, é possível confiar na água usada na cozinha e, também, na dos banheiros. Escolha a tecnologia de filtragem que melhor se adéqua às suas circunstâncias e ao seu orçamento: carbono para toda a casa; filtros de carbono individuais nas torneiras, na geladeira e similares; filtros de osmose reversa na cozinha. Faça sua pesquisa, pois cada tipo de filtro tem vantagens e limitações, e um único tipo não se aplica a todos os objetivos.

4. **Diminua o uso do plástico:** minimize a quantidade de plástico utilizada em sua vida. É impossível se livrar dele, mas com certeza é possível limitar sua presença e, portanto, a exposição (sua e de seu pet) a mais ftalatos e BPA. Use o bom senso ao decidir como estocar a comida canina e suas próprias bebidas. Sempre que possível, use vidro de qualidade, cerâmica ou aço inoxidável e evite armazenar comida em sacolas plásticas. Nunca use o micro-ondas, cozinhe ou asse nada usando plástico. Ao comprar brinquedos, fuja dos feitos de plástico e procure pelos classificados como "livre de BPA" na etiqueta ou por produtos fabricados com borracha 100% natural, algodão orgânico, cânhamo ou outras fibras naturais.

5. **Deixe os sapatos do lado de fora e limpe as patinhas do seu cão:** em muitos países, a retirada dos sapatos ao entrar em casa é um hábito. É uma demonstração de respeito pela casa e por seus habitantes. Contudo, em muitos países ocidentais, incluindo os Estados Unidos, é pouco comum deixar os sapatos na porta (ou do lado de fora). No entanto, deixar os sapatos do lado de fora é uma das formas mais fáceis de evitar a exposição a elementos nocivos que vão de bactérias e vírus patogênicos a matéria fecal e produtos químicos tóxicos, incluindo uma panóplia de substâncias químicas que todos faríamos muito bem em evitar. Seus sapatos carregam poeira contaminada das construções dos arredores e substâncias químicas que acabaram de ser borrifadas em gramados no perímetro das casas, perto dos

parques públicos e até mesmo na calçada da sua casa. Como os cães estão naturalmente mais perto do chão, essa estratégia é importante. Você pode ir além e limpar as patas do seu cão com um paninho úmido (use sabão de castela, se necessário). Para os que vivem em climas frios, onde as ruas são salgadas no inverno, isso é especialmente importante. O sal das ruas no inverno adoece muitos cães; em sua casa, use sal ou areia que não os agrida.

6. **Limpe o ar; minimize as fontes de compostos orgânicos voláteis (VOCs) e de outros químicos nocivos:** providencie um bom aspirador com filtro HEPA, sigla que significa *high-efficiency particulate air* – alta eficiência na retenção de partículas. Para ser qualificado como filtro HEPA, o produto deve remover 99,97% das partículas transportadas pelo ar com diâmetro igual ou superior a 0,3 mícron. Para ter uma ideia do que significa 0,3 mícron, o fio de cabelo humano típico varia entre 17 e 181 mícrons de diâmetro. Um filtro HEPA captura partículas centenas de vezes mais finas, incluindo a maior parte da poeira, das bactérias e dos esporos de mofo. Os VOCs costumam aderir à poeira. Portanto, um aspirador HEPA ajuda a minimizar os efeitos dos retardantes de chamas, dos ftalatos e de outros VOCs em sua casa. Preste atenção nos aromatizadores de ambientes, velas, difusores elétricos e produtos para limpar tapetes, todos carregados de VOCs. Sugerimos que você simplesmente se livre de aromatizadores, sprays, difusores elétricos ou pavios perfumados. Esses produtos estão cheios de ftalatos e de uma grande quantidade de outras substâncias químicas. ***Na dúvida, elimine!*** Caso tenha tapetes, tente fazer uma aspiração completa sempre que possível (ao menos uma vez por semana). Você também pode instalar purificadores de ar HEPA nos ambientes onde passa a maior parte do tempo (sala de estar, escritório, quartos de dormir e assim por diante). Use exaustores onde estiverem instalados, como na cozinha (enquanto prepara a comida), no banheiro (enquanto toma banho ou usa produtos de higiene com spray) e nas áreas de serviço (enquanto lava a roupa). Limpe o parapeito das janelas com um pano úmido e aspire as cortinas com regularidade. Você também pode usar o pano úmido em superfícies de vinil ou de ladrilho e aspirar ou varrer os pisos de madeira com frequência – se possível, toda semana. Mantenha

qualquer material tóxico que julgar necessário, como colas, tintas, solventes e produtos de limpeza, num galpão ou na garagem – longe dos outros ambientes da casa.

7. **Reveja os cuidados com o gramado:** produtos químicos de jardinagem, incluindo fertilizantes, pesticidas e herbicidas, são muito mais tóxicos para os cães porque nossos pets não usam vestimentas ou calçados de proteção nem tomam banho regularmente para remover os químicos acumulados. Há serviços naturais de controle de pestes e de jardinagem disponíveis. Substitua o herbicida Roundup e outros pesticidas ou herbicidas sintéticos no seu galpão ou garagem. Há uma variedade de herbicidas orgânicos disponíveis que eliminam com eficiência ervas daninhas. São opções mais seguras que não aumentam o risco de sua família ter câncer (o portal www.avengerorganics.com oferece produtos que fazem sucesso entre as pessoas que amam animais de estimação). Programas de manutenção de jardins livres de substâncias químicas (como em www.getsunday.com) estão surgindo mundo afora, entregando na porta da sua casa kits de manutenção completos prontos para aplicação e sem produtos químicos (elaborados de acordo com seus tipos de solo, clima e gramado).

Procure ingredientes que não tenham nome de agroquímicos sintéticos. Alguns herbicidas orgânicos usam ácido cítrico, óleo de cravo, óleo de canela, óleo de capim-santo, d-limoneno (da laranja) e ácido acético (vinagre). Herbicida natural, a farinha de glúten de milho é um ingrediente comum na ração canina seca, mas serve melhor como remédio para capim. Não se esqueça do uso de nematódeos benéficos que você pode soltar pelo jardim ou no quintal. Eles se alimentam de pulgas, larvas, carrapatos, pulgões, ácaros e outros besouros e são inofensivos para as pessoas, as plantas e os animais de estimação; o site www.gardensalive.com é um bom lugar para começar a aprender sobre o assunto (informações disponíveis em inglês). Substitua sua mangueira de jardim tradicional (que deixa vazar chumbo, BPA e ftalatos) por uma mangueira de água potável sem ftalatos certificada pela NSF (National Sanitation Foundation – organização internacional de teste, inspeção e certificação). Se puder se livrar do PVC, melhor ainda. E use a mangueira para enxaguar o cachorro que acabou de sair da piscina! Dê uma olhada no site www.sustainablefoodtrust.org para outras informações em inglês e ideias sobre jardinagem sustentável e orgânica.

> **PESTICIDAS VETERINÁRIOS**
>
> Em se tratando da frequência e da justificativa do uso de pesticidas para pulgas, carrapatos e dirofilariose, é possível fazer escolhas com base no bom senso, verificando a relação risco-benefício. Se seu maltês quase nunca sai do quintal tratado regularmente com pesticidas, o risco de ele ser alvo de uma infestação massiva de carrapatos é muito mais baixo do que se você costuma acampar ou fazer trilha com ele nos confins da floresta. Caso tenha o hábito de levar o cão para passear em matas e áreas de risco, providencie proteção química e ajude as vias endógenas de desintoxicação do animal (veja o protocolo descrito no Capítulo 4).

"Dissuasores" ou repelentes naturais (que costumam ser feitos com produtos botânicos ou com substâncias químicas menos tóxicas) protegem seu cão contra os parasitas, mas não são 100% eficazes (assim como os pesticidas químicos, caso você não saiba). Os "preventivos" são (pesticidas) químicos aprovados pela FDA para aplicação ou administração via oral. Cada produto químico é aprovado para matar parasitas específicos ou vários tipos de parasita. Esses pesticidas apresentam uma ampla margem de possíveis efeitos colaterais. Em 2003, o Departamento de Agricultura dos Estados Unidos concedeu status de produto orgânico ao Spinosad, um inseticida que não agride o meio ambiente. Trata-se de um inseticida relativamente novo, derivado dos sucos de fermentação de uma bactéria do solo chamada *Saccharoplysporta spinosa*, portanto tóxica para insetos inoportunos, mas não para mamíferos, e pode ser uma opção mais segura do que os produtos à base de isoxazolina (Bravecto, Simparic e NexGard). Numa pesquisa recente sobre a isoxazolina, *66% dos cuidadores de cães informaram algum tipo de reação ao ingrediente*. Em 20 de setembro de 2018, a FDA publicou uma advertência de que produtos contendo isoxazolina causam reações adversas em animais de estimação, incluindo tremor muscular, ataxia (problemas na coordenação motora) e convulsões. A FDA atuou junto a fabricantes de produtos à base de isoxazolina para incluir nos rótulos as devidas advertências acerca dos efeitos neurológicos.

Todo pesticida vem com um conjunto de riscos e benefícios próprios que vão depender do estado das vias de desintoxicação do animal (o que determina com que eficácia ele é capaz de se livrar das substâncias químicas presentes no corpo), da frequência da dose, do status imunitário e de outras variáveis.

Cada cão deve ser *avaliado individualmente* com base no perfil particular de risco. Lembre-se: muitos parasitas caninos, como os carrapatos, transmitem doenças que podem afetar os humanos, portanto você está em risco tanto quanto seu cachorro. Quando tiver que escolher protocolos paralelos de pesticidas, recomendamos fazer pelo cão o mesmo que fazemos pelas crianças que adoram brincar lá fora e por nós mesmos. Para determinar um programa de controle de parasitas adequado para seu cão, considere o seguinte:

❏ Meu cão tem algum problema médico que complicaria a limpeza dos pesticidas do corpo (anomalias no fígado, alteração nas enzimas hepáticas ou outro problema congênito)?
❏ Eu moro numa área de baixo, médio ou alto risco de ocorrência de determinados parasitas?
❏ Se vivo numa área de médio ou alto risco, com que frequência estamos expostos: diária, semanal ou mensalmente?
❏ Estamos expostos durante todo o ano?
❏ Estou disposto(a) a verificar com regularidade e critério a ocorrência de parasitas externos visíveis (como pulgas e carrapatos) em mim e em meu cão? Essa é uma pergunta importante, pois é o primeiro passo para identificar os rastejadores indesejáveis que um de vocês pode ter trazido lá de fora.
❏ Eu tenho um protocolo de desintoxicação pronto para ser ativado? Caso você resida em uma área de alto risco e passe muito tempo ao ar livre, é provável que esteja fadado(a) a usar produtos químicos. Contudo, o tipo e a frequência das aplicações devem ser ajustados nos meses de baixo risco. Se você usa produtos químicos, recomendamos um protocolo de desintoxicação, porque a carga corporal de pesticida do seu cão será implacável. Os microbiologistas que entre-

vistamos sugeriram o uso de probióticos e de protocolos de suporte ao microbioma, caso inseticidas para pulgas e carrapatos sejam usados de forma rotineira.

Se você mora num ambiente de alto risco, mas se expõe pouco, ou num ambiente de baixo risco, mas se expõe bastante, talvez considere mais sensata a adoção de um protocolo híbrido: revezar repelentes naturais e preventivos químicos. Em qualquer área endêmica de carrapatos, recomendamos a realização de exames para detecção da doença do carrapato pelo menos uma vez ao ano, seja qual for a estratégia preventiva adotada. Na página 422 dos Apêndices há mais detalhes.

PULVERIZADOR CASEIRO

- Uma colher de chá (5ml) de óleo de neem (comprado na loja de produtos naturais ou em sua loja de manipulação de óleos essenciais favorita)
- Uma colher de chá de extrato de baunilha (do armário da sua cozinha; isso ajuda o óleo de neem a durar mais)
- Uma xícara (237ml) de hamamélis (que ajuda o óleo de neem a se dispersar na solução)
- ¼ de xícara (60ml) de *Aloe vera* em gel (para ajudar a evitar que a mistura se separe)

Coloque todos os ingredientes numa garrafa com spray e agite vigorosamente até misturar bem. Borrife sobre o cachorro (evite os olhos!). Repita a aplicação a cada quatro horas se estiver ao ar livre. Agite bem antes de cada aplicação. Sempre escove o cão em busca de pulgas depois do passeio para remover os visitantes indesejados (lembre-se: nenhum pesticida ou dissuasor natural é 100% eficaz). Para máxima eficiência, prepare uma nova mistura a cada duas semanas.

COLEIRA PESTICIDA CASEIRA

- Dez gotas de óleo de eucalipto-limão (compre todos esses óleos em sua loja favorita de manipulação de óleos essenciais de alta qualidade)
- Dez gotas de óleo de gerânio
- Cinco gotas de óleo de lavanda
- Cinco gotas de óleo de cedro

Misture os óleos e aplique cinco gotas a uma bandana (ou coleira) de tecido; deixe que seu cão use a coleira quando sair. Remova a bandana depois do passeio. Reaplique mais cinco gotas diariamente, antes de cada saída. Mais uma vez, sempre escove o cachorro em busca de pulgas depois do passeio para remover os visitantes indesejados.

Observação: não use esses produtos caso o cachorro seja sensível a qualquer um dos ingredientes.

Pratique o princípio da precaução: se os efeitos de um produto químico forem desconhecidos ou controversos, é melhor minimizar o uso no presente para evitar as consequências mais tarde. Na dúvida, elimine!

---

8. **Reavalie alguns utensílios domésticos:** invista numa cama orgânica para seu cão, feita de materiais naturais. A não ser que esteja disposto(a) a comprar um novo colchão orgânico para você (a maioria dos cães acaba dormindo em nossas camas), o melhor a fazer é comprar uma manta feita 100% de material orgânico: algodão, cânhamo, seda ou lã. Você pode comprar uma para o seu cão também, caso não esteja em condições de comprar uma cama orgânica para ele; um simples lençol ou cobertor de algodão orgânico já resolve. Lave-o uma vez por semana com detergente livre de VOCs e não use ama-

ciante. Ao comprar detergentes, desinfetantes, removedores de manchas e produtos desse tipo, prefira os verdes, feitos com ingredientes simples (por exemplo, vinagre branco, bórax, peróxido de hidrogênio, suco de limão, bicarbonato de sódio, sabão de castela). A presença de produtos químicos em nossos lares é desastrosa para os cães, ainda mais para aqueles que passam a maior parte do tempo dentro de casa. Avalie com atenção qualquer produto que trouxer para casa. Cuidado com rótulos que dizem "seguro", "atóxico", "verde" ou "natural", porque esses termos não significam nada. Leia os rótulos atentamente, identifique os ingredientes e preste atenção especial nas advertências. É possível usar ingredientes inofensivos, eficazes e econômicos para fazer seus produtos de limpeza. Milhares de receitas on-line usam ingredientes conhecidos e atóxicos. Lembre-se da "exceção da fragrância": de acordo com lei federal norte-americana, os fabricantes não precisam revelar os produtos químicos de qualquer substância denominada "fragrância", uma brecha não muito elegante que empresas não confiáveis exploram para mascarar ingredientes tóxicos. Se você precisa usar em casa produtos químicos classificados como cáusticos ou que contenham um alerta de "Se ingerido, procure assistência médica", faça um segundo ou terceiro enxágue para remover qualquer resíduo.

9. **Avalie a higiene canina:** prefira produtos de embelezamento que sejam orgânicos e não contenham substâncias químicas, dos xampus aos limpadores de orelhas e pastas de dente. Avalie os ingredientes dos produtos usados em seu cão; por exemplo, muitos produtos para remoção das manchas perto dos olhos são antibióticos de baixa dosagem (Tylosin) capazes de perturbar o microbioma ao longo do tempo; e a maioria dos inibidores para coprofagia (o hábito de comer cocô) contém MSG (glutamato monossódico), que pode causar distúrbios comportamentais e problemas neuroendócrinos em animais modelo.

> **Receita caseira de pasta de dente:** 2 colheres de sopa de bicarbonato de sódio + 2 colheres de sopa de óleo de coco + 1 gota de óleo essencial de hortelã (opcional); junte os ingredientes, misture bem e guarde num pote de vidro. Envolva o dedo num pedaço de gaze, mergulhe-o na pasta e massageie a mistura nos dentes do cão à noite, depois do jantar.

10. **Mantenha a saúde bucal:** todos nós subestimamos muito o poder da higiene bucal. Ainda assim, a ciência é clara: a saúde bucal influencia tudo, inclusive a inflamação sistêmica. Quando a boca e as gengivas estão limpas e livres de infecção, reduz-se o risco de inflamações perigosas e de problemas dentários. Estima-se que, ao completar 1 ano de vida, até 90% dos cães tenham alguma forma de doença periodontal. Muitos cremes dentais para humanos contêm xilitol, um adoçante que pode ser fatal para os cães. O flúor tampouco é seguro para eles, portanto use produtos feitos especificamente para a higiene bucal de animais de estimação. Você também pode ajudar a saúde bucal de seu cachorro lhe oferecendo ossos crus. Um estudo australiano descobriu que 90% do tártaro é removido em até três dias apenas oferecendo ao cão ossos crus e carnudos! (Veja as Regras para Ossos Crus na página 437 dos Apêndices.)

11. **Opte pela titulação de anticorpos:** a titulação de anticorpos é um exame de sangue simples que fornece informações sobre a imunidade atual a doenças contra as quais o animal foi vacinado no passado. Humanos adultos não recebem doses de reforço anuais para vacinas essenciais que tomamos na infância porque nossa imunidade dura décadas e, na maioria dos casos, a vida inteira. De maneira semelhante, o regime de vacinação essencial de um filhote costuma fornecer imunidade que dura por muitos anos (e, frequentemente, a vida inteira). A titulação de anticorpos no lugar da revacinação automática para todas as enfermidades virais, com exceção da raiva, que é exigida por lei na maioria dos países, também pode ajudar a diminuir a carga química (suplementar) ao aplicar apenas o necessário – sem passar dos limites – para manter o sistema imunitário alerta. Um

teste positivo de anticorpos significa que o sistema imunitário de seu animal de estimação é capaz de montar uma reação eficiente e que nenhuma vacinação adicional é necessária no momento. Todos os Cães Eternos que conhecemos tinham esquemas de vacinação modificados; foram vacinados quando filhotes, mas não todos os anos depois de adultos.

12. **Controle a poluição sonora e visual:** deixe a luz natural entrar o máximo possível em todos os ambientes da casa para que não seja necessário recorrer tanto à iluminação artificial. Tanto as luzes fluorescentes quanto as incandescentes carecem do espectro completo de comprimentos de ondas que existem na luz do sol. Privar o cão da luz natural do sol tem consequências conhecidas na saúde, desde ritmos circadianos caóticos a depressão. Precisamos respeitar mais nossos relógios biológicos. Diminua a iluminação da casa depois do jantar ou em torno das oito da noite, no máximo, e minimize ou desligue qualquer tela emissora de luz azul (telefones, computadores, etc.). Depois do jantar, o Dr. Panda não deixa acesas quaisquer lâmpadas localizadas acima da altura da cabeça. Nós seguimos o exemplo. Ele tem um bom e memorável ditado: "Luz para os olhos não significa luz para a saúde." É possível comprar *dimmers* baratos para suas lâmpadas e assim diminuir a luminosidade à medida que a hora de dormir se aproxima, para manter os níveis de melatonina equilibrados e

EFEITOS DA LUZ INDESEJADA E DA FALTA DE LUZ

TELAS ILUMINADAS E LUZES ACESAS À NOITE:
- Ativam a melanopsina, nos mantendo acordados
- Reduzem a melatonina, o hormônio do sono
- Perturbam o ritmo circadiano

INTERIORES ESCUROS DURANTE O DIA:
- Desalinham o ritmo circadiano noite/dia
- Promovem depressão e ansiedade
- Reduzem o estado de alerta

acionados. Mantenha o ambiente silencioso e gerencie fontes externas de barulho irritantes, tais como TVs com volume alto. Desligue o roteador à noite. Se você é do tipo que fica acordado até tarde, depois da hora do seu cão dormir, envolvido em atividades de lazer (ou seja, mais luz e barulho), crie um refúgio seguro para ele, que seja escuro, fresco e tranquilo.

13. **Mantenha contato com uma equipe de bem-estar proativa:** os pequenos varejistas independentes no ramo dos produtos para animais de estimação são a melhor opção para ajudar você a manter o seu bem-estar e o do seu cão. Esses comerciantes locais e seus funcionários costumam ser amantes dos animais e geralmente são bem informados sobre escolhas alimentares porque fizeram pesquisas sobre as marcas que oferecem em suas lojas. Além disso, costumam conhecer bons profissionais especializados em bem-estar animal que atuam na comunidade e, por isso, são capazes de indicar um bom fisioterapeuta ou um profissional de reabilitação, uma adestradora local ou um veterinário proativo. Em muitos casos, assim como ocorre com a saúde humana, você acaba escolhendo a equipe de saúde de seu animal de estimação do mesmo modo que escolhe a sua. Muitos de nós temos um médico da família ou um clínico geral, uma obstetra ou ginecologista, um quiropata ou massagista, uma nutricionista, um treinador particular, um dentista, uma dermatologista, uma terapeuta e um podólogo a quem recorrer para manter nossa saúde e prevenir doenças. À medida que envelhecemos, essa lista cresce para incluir oncologistas, cardiologistas, internistas, cirurgiões e outros. O objetivo é nos cuidar ao máximo – misturando a sabedoria de vários profissionais com foco direcionado a uma parte do corpo ou a um determinado aspecto da cura – para que não precisemos de especialistas depois, pois prevenimos as doenças ao fazer boas escolhas de vida. Já se foi o tempo em que um médico da vila fazia tudo por nós, do ponto de vista clínico e físico. Da mesma maneira, a diversificação da medicina atingiu a medicina veterinária em muitas partes do mundo. Muitos donos e donas de animais de estimação têm uma veterinária regular, outro integrativo ou funcional, um clínico para atendimentos emergenciais, uma fisioterapeuta para reabilitação (ou prevenção) de lesões e um acupunturista ou quiropata. Caso você

more numa zona rural ou por outra razão não tenha acesso a uma variedade de serviços de bem-estar, não entre em pânico: a leitura deste livro é um ótimo começo e a internet está cheia de fontes confiáveis para ajudar você a se tornar uma pessoa bem informada, um defensor habilidoso dos cuidados com a sua saúde e a de seu cão.

Por fim, há muitas mudanças que podem ser feitas *de graça* para melhorar o bem-estar. Não é necessário ter muito dinheiro nem esperar por aquele bônus anual para incorporar as ideias contidas neste livro.

A prática de exercícios fornece ou substitui a necessidade de mais de vinte suplementos e é um modo natural de desintoxicação para o corpo. *Desintoxicação gratuita!* Se você está com a grana curta, use os exercícios como uma poderosa ferramenta antienvelhecimento. É preciso dar aos cães oportunidades diárias de *se mexer* para que eles possam gerar BDNF adequado, o que não vem em forma de suplemento. O BDNF é reduzido pelo estresse e pelos radicais livres e é impulsionado pelo exercício aeróbico e por quantidades adequadas de vitamina B5 (encontrada nos cogumelos).

Não se esqueça das caminhadas matinais liberadoras de melanopsina e das caminhadas ao fim do dia para liberação de melatonina. Abra as cortinas e maximize a luz natural, desligue o roteador à noite, adote jogos cerebrais caseiros diários, agende encontros, mantenha o peso do animal, pratique a alimentação de tempo restrito e pare de alimentá-lo ao menos duas horas antes do horário de dormir; a simples criação de uma janela de alimentação já é capaz de gerar melhorias profundas no bem-estar metabólico e imunitário.

Essas são apenas algumas das sugestões deste livro que vão virar o jogo de um jeito poderoso a favor da longevidade. Não é preciso muito para se tornar economicamente versátil. Nas compras, por exemplo, procure os produtos machucados ou amassados em promoção e congele-os. Coloque os restos de legumes (sem temperos) na vasilha do cachorro. Cultive seus legumes e verduras. Junte-se a uma cooperativa de alimentos. Procure fornecedores do seu mercado local. Guarde a porção de salsinha do seu lanche para usar como TEL, complemente a comida de seu cão com temperos culinários seguros da prateleira de temperos, ferva os ossos de frango que sobraram em seu prato e faça um caldo, faça chá de ervas para dois (esfrie antes de servir sobre a comida), leve seu amigo até a mata para brincar na terra e nadar no lago. São muitas as escolhas diárias inovadoras e econômicas que podem ajudar o seu cão a ter uma vida mais longa e mais feliz!

O processo de melhoria gradual da saúde e do bem-estar de nosso cão é uma jornada, um tipo de evolução. Cães e seres humanos evoluíram juntos por milênios, confiando um no outro, aprendendo um com o outro, ouvindo um ao outro e melhorando de modo simbiótico o bem-estar físico e emocional um do outro. Ao embarcar na aventura de criar um Cão Eterno, lembre-se: os cães vivem no momento, no agora. O momento presente é a melhor oportunidade que temos de melhorar juntos nossa jornada de saúde, de fazer a mais longa e mais satisfatória "caminhada de volta para casa".

NOTAS PARA OS ENTUSIASTAS DA LONGEVIDADE

- Os cães precisam de, no mínimo, 20 minutos de exercícios contínuos de condicionamento cardíaco pelo menos três vezes por semana; a maioria dos cães se beneficia de sessões mais longas e mais frequentes. Exercícios que durem 30 minutos ou uma hora são melhores do que os de 20 minutos e uma frequência de seis ou sete dias por semana é melhor do que uma de três dias. Seja criativo com os exercícios e descubra o que seu amigo gosta de fazer.
- Exercícios para o cérebro são tão importantes quanto os físicos (em www.foreverdog.com há mais sugestões disponíveis em inglês).
- Além dos exercícios diários, leve seu cão para farejafáris duas vezes ao dia – pela manhã e à noite. Ao menos uma vez por dia, deixe que ele fareje o que quiser pelo tempo que quiser; nada de puxar a guia.
- Seja adotando ou comprando um filhote, aja com responsabilidade. Se for comprar um cachorro, negocie com criadores qualificados e bem-conceituados que se importam em criar filhotes geneticamente saudáveis (na página 435 dos Apêndices há perguntas que você precisa fazer antes de comprar um cão).
- Caso resgate um cachorro, não há problema em não conhecer o DNA do animal; se tiver curiosidade, o teste genético é

uma possibilidade (os portais www.caninehealthinfo.org e www.dogwellnet.com trazem mais informações disponíveis em inglês). Muitas predisposições genéticas podem ser influenciadas de forma positiva por meio da epigenética.
➤ Minimize o estresse emocional crônico providenciando socialização contínua, estímulos mentais e atividades de que seu cão gosta, centradas no animal.
➤ Minimize o estresse ambiental e reduza a carga química com a lista dos 13 aspectos a serem considerados.

Vamos dar uma olhada num dia da vida de um Cão Eterno. A maioria das pessoas que leem este livro não mora em fazenda, onde é possível abrir a porta e deixar o cão ir viver o melhor da vida, experimentando o dia do jeito que quiser. A maioria dos nossos cães espera por *nós*. É nossa responsabilidade criar oportunidades significativas de escolha, exercícios, engajamento e brincadeiras. Comprometa-se a criar conscientemente "dias bons pra cachorro" com experiências que nutram o corpo e o cérebro do cão.

Como é *um dia bom pra cachorro*? Pode ser diferente para cada pessoa, mas temos a sorte de ver como milhares de pessoas em nossa comunidade vêm colocando em prática os princípios do Cão Eterno, cultivando dias de Cão Eterno que combinam com seus estilos de vida. A seguir, um dia com Stacey e Charm.

Stacey é uma caminhadora de cães profissional de 26 anos em Pittsburgh, no estado da Pensilvânia. Charm é uma yorkie poo resgatada de 8 anos. Nos dias em que Stacey começa a trabalhar bem cedo, não há tempo para exercícios matinais, então a rotina é mais ou menos assim:

➤ Para começar, todas as cortinas e persianas da casa são abertas.
➤ Pote de Pyrex com água fresca e filtrada.
➤ Café da manhã canino: uma pequena porção de comida caseira misturada a uma colher de sopa de ração sem produtos sintéticos, com caldo morno de ossos e suplementos escondidos na comida (ela não serve muita comida de manhã para que Charm não precise fazer cocô enquanto ela está no trabalho).

- Farejafári de 10 minutos para acionar o ritmo circadiano (oportunidade para Charm farejar, fazer cocô e xixi e farejar um pouco mais, e para Stacey tomar um copo de café enquanto respira um pouco de ar puro).
- Stacey fica no trabalho durante seis horas e volta para casa para um almoço tardio. Usa TELs como petiscos de treinamento enquanto aquece a própria comida; treina o "Senta", "Fica" e "Deita" por alguns minutos. Recheia um brinquedo interativo com carne liofilizada para, durante seu almoço, Charm se entreter e estimular o bom funcionamento do cérebro.
- Caminhada turbinada de 20 minutos com Charm; volta ao trabalho.
- Stacey chega do trabalho, brinca de puxar um brinquedo da boca de Charm para aquecer; em seguida, vigorosa perseguição à bolinha no quintal. Jantar canino (o grosso das calorias de Charm): comida liofilizada reconstituída com Caldo Medicinal de Cogumelos (receita na página 248), além de suplementos do bem-estar. Stacey tritura os mesmos legumes que prepara para seu jantar e os mistura à refeição de Charm como TELs.
- Para ocupar Charm enquanto janta, Stacey põe uma colher de sopa de comida crua comprada pronta num tapete de petiscos (uma ótima ferramenta de distração).
- Farejafári de 10 minutos para acertar o ritmo circadiano, quando Charm costuma se encontrar com cães da vizinhança para um olá e um pouco de socialização.
- Diminuição das luzes da casa, cortinas fechadas.
- Hora de dormir: TV e roteador desligados, dentes de Charm escovados; Charm ganha uma massagem leve e tranquilizadora (e um escaneamento da cabeça às patas), luzes desligadas.

Como será o amanhã do seu Cão Eterno?

Epílogo

De acordo com algumas pesquisas em desenvolvimento, os benefícios psicológicos de se ter um cão são reais – e convincentes. O aumento das taxas de adoção durante a quarentena provocada pela covid-19 nos Estados Unidos é um vívido testemento de nossa confiança coletiva no fato de que os cães melhoram nossa saúde mental e aliviam a solidão (de acordo com os dados da organização sem fins lucrativos Shelter Animals Count, as adoções subiram 30% em 2020). Aquilo que ouvimos falar por tanto tempo é trazido à tona pelas pesquisas atuais: cada novo estudo revela que ter um animal de estimação nos ajuda a manter uma atitude otimista diante da vida e diminui os sintomas da depressão e da ansiedade. Os cães são alimento para a alma – e para a saúde. A escritora e especialista em animais Karen Winegar diz: "O vínculo humano-animal ultrapassa o intelecto e vai direto ao coração e às emoções, nutrindo-nos de um modo que nada mais é capaz de fazer." Sim, é verdade. Nossos cães nutrem a alma de um jeito que nada mais é capaz de fazer. Eles enriquecem muito nossa vida, razão pela qual perder um animal querido pode doer tanto quanto perder um membro humano da família, um amigo – ou até mais.

Os cães *nos* oferecem muitas coisas. É a nossa vez de oferecer *a eles*. Esperamos que este livro inspire as pessoas a fazer o melhor possível por seus cães. Quando nos comprometemos com o cuidado de um animal, assumimos a responsabilidade moral de fazer a coisa certa. Fazemos um juramento silencioso para ser um bom cuidador ou cuidadora. Nós *queremos* fazer a coisa certa por nossos cães. Queremos que nosso novo e precioso companheiro peludo seja feliz, realizado e saudável – capaz de expressar a totalidade de seu eu canino. O melhor jeito de fazer isso é criando um ambiente sadio e fornecendo um sustento que estimule e que nutra o corpo, o cérebro e a alma do animal.

Imploramos que você não se culpe pelo seu "jeito antigo". A indústria de alimentação para animais de estimação tem convencido milhares de tutores caninos de que aquela farinha nutricionalmente insípida e ultraprocessada é a única coisa que um cão precisa para ter uma vida longa e saudável. *Agora você está mais bem informado.*

Depois de ler este livro, você tem todo o poder da ciência (os porquês) e as ferramentas (os modos de fazer) para elaborar um plano de bem-estar do Cão Eterno que funcione em seu contexto pessoal e que ponha seu cachorro numa jornada transformadora. Não é necessária uma revolução completa; mudanças graduais rendem bons resultados. Não é preciso gastar uma fortuna; aquelas frutinhas orgânicas na sua geladeira vão dar ao cachorro uma boa dose de antioxidantes que atuam direto no genoma. Nosso objetivo com este livro é oferecer o embasamento necessário para fazer as escolhas certas, tanto para você quanto para o seu cão; se soubermos mais, faremos melhor. Enquanto planeja refeições e atividades para seu cão, mantenha este livro por perto e visite nosso site em busca de informações atualizadas e listas de referências; e não se esqueça de misturar. A variedade é o tempero da vida – e muito importante na construção do Cão Eterno.

Neste momento, é possível se sentir intimidado, sem saber por onde começar. É possível duvidar da própria capacidade de fazer a coisa certa. Mas não desista. Nós garantimos: você consegue! De verdade, não é *tão* difícil assim. De fato, são necessários compromisso e tempo, mas sabemos do seu comprometimento, pois você está prestes a terminar este livro! Também prometemos que chegará o dia em que sua confiança atingirá o mesmo nível de seu conhecimento. Enquanto isso, lute o bom combate. Siga lendo (rótulos, artigos, livros), pesquisando (há muita coisa disponível na internet) e se envolvendo de forma cada vez mais profunda com a comunidade comprometida com o bem-estar animal – há legiões de pessoas como nós ao redor do planeta; basta procurar e você encontrará a comunidade de apoio com a qual se identifica. Com o tempo e a experiência, sua apreensão vai diminuir, e sua confiança, crescer. Algumas coisas vão funcionar bem e se tornar parte de sua rotina eterna; quanto às outras, você vai experimentá-las e seguir sem elas. É assim mesmo que funciona.

A melhor parte: um dia a certeza vai chegar. Você não vai ter dúvidas de que está fazendo o melhor pelo seu cão, porque ele lhe dirá isso. Você vai ver a energia, o brilho, a vitalidade, as melhoras na saúde, o ritmo do andar, o brilho no olho – e vai ter certeza. Vai ter certeza de que *você* lhe deu o incrível presente da saúde e da longevidade. Não existe sensação no mundo mais gratificante do que a convicção de ter feito sua parte na criação de um Cão Eterno. Muito bem, tutora, tutor.

Nós lhe desejamos o melhor. Sempre.

Agradecimentos

Temos tantas pessoas a quem agradecer, tantas pessoas por quem somos incrível e humildemente gratos. *O Cão Eterno* tem sido um esforço colaborativo prazeroso, com dezenas de pessoas compartilhando generosamente suas ideias, seu tempo e conhecimento para tornar este livro o que ele deveria ser: uma revolução na saúde canina global. Fizemos entrevistas, nos conectamos, estabelecemos parcerias e aprendemos com pessoas incríveis que apoiaram este projeto desde o início, a começar pelos especialistas e cientistas de todo o mundo citados nestas páginas. Ao longo de todo o projeto, a empolgação dessas pessoas em torno do livro e o entusiasmo em compartilhar suas pesquisas – na verdade, o objetivo fundamental de ajudar os cães a terem uma vida mais longa e saudável – foram uma tremenda inspiração para nós. Nem é preciso dizer que conhecer alguns dos cães mais velhos do mundo e seus maravilhosos donos e donas foi um presente único e extraordinário do qual nunca vamos nos esquecer. Obrigada, Cindy Meehl, por me (Rodney) apresentar a Joni Evans, que sugeriu que eu conversasse com Kim Witherspoon, a pessoa que acabou nos guiando ao longo de toda a experiência de criação deste livro. Somos gratos a todos da HarperCollins: Brian Perry trabalhou com afinco junto às equipes de Kenneth Gillett e Mark Fortier, ao lado de nossa própria equipe (Rachel Miller, Marc Lewis e Bea Adams), para coordenar a desafiadora tarefa de lançar um livro em meio a uma pandemia. Karen Rinaldi, da Harper Wave, orquestrou com maestria todo o projeto e nos apresentou ao nosso maior trunfo ao longo desta aventura, nossa escritora científica Kristin Loberg. Obrigada, Kristin, por rastrear centenas de referências e entrevistas e por nos ajudar a ordenar toda a informação científica que Rodney acumulou ao longo de vários anos. Organizar um volume tão imenso de informação para um público tão diverso não foi nada menos do que impressionante. Você nos prometeu que tudo daria certo e deu. Somos muito gratos por termos feito tudo isso juntos. E somos gratos também a Bonnie Solow, que nos ofereceu sugestões editoriais valiosas para melhorar o manuscrito. Tia Jo (Dra. Sharon Shaw Elrod), Steve Brown, Susan Thixton, Tammy Akerman, Dra. Laurie Coger, Sarah Mackeigan, Jan Cummings e minha (de Karen) melhor amiga, Dra. Susan Recker: somos muito gratos por todas as sugestões editoriais. É uma honra fazer parte dessa comunidade de especialistas tão talentosos e comprometidos com a saúde dos animais de estimação. Renne Morin, seu apoio inabalável à nossa comunidade virtual de tutores 2.0, a Inside Scoop, faz todos se sentirem bem-vindos e sua ajuda nos bastidores é inestimável. Muitas outras pessoas se prontificaram a oferecer ajuda ao longo da caminhada, incluindo Niki Tudge, Whitney Rupp, toda a equipe do Planet Paws e, claro, nossos familiares, sempre leais. Todas as refeições caseiras saudáveis e deliciosas preparadas por nossas mamães, Sally e Jeannine, durante a criação deste livro permitiram que pudéssemos continuar trabalhando *e* bem nutridos! Obrigada, Mamãe Becker, não só por preparar os Petiscos da Dra. Becker, mas por fazer todas as refeições de meus pets durante o processo de escrita deste livro, enquanto eu (Karen) estava ocupada demais. E obrigada, Annie (irmã de Karen), por ter passado tantas noites editando, editando, editando: suas sugestões foram fundamentais para a clareza e a coesão do texto. Temos também um profundo sentimento de gratidão por nossa comunidade apaixonada pelo bem-estar animal e pelos milhares de Entusiastas da Longevidade ao redor do mundo que pediram por este livro. Nossa rede internacional de bem informados defensores do bem-estar animal cresce a cada dia; a implementação dos princípios do Cão Eterno com resultados incríveis, o apoio inabalável e os testemunhos inspiradores alimentam nossa alma e impulsionam nossa missão de vida. Por fim, seríamos negligentes se não concluíssemos este livro do mesmo modo que o iniciamos, expressando nossa mais profunda gratidão aos cães em nossa vida, nossos professores mais poderosos e nossos amigos mais próximos. Nossos cães nos tornam pessoas melhores. Nossa esperança é que este livro nos transforme em melhores tutores.

Apêndices

Exames recomendados

Exames anuais são importantes para a saúde. Os cães envelhecem muito mais rápido do que as pessoas, e, para garantir a atualização dos protocolos de bem-estar durante o envelhecimento, costumo ver muitos de meus pacientes a cada seis meses (a partir da maturidade ou quando um novo sintoma aparece). Tendo como objetivo a maximização da expectativa de saúde, o bem-estar é considerado um processo dinâmico que requer modificações contínuas na dieta e nas estratégias de saúde individuais de cada paciente. Além de um exame físico completo, os exames laboratoriais básicos (incluindo hemograma completo e perfil bioquímico sanguíneo) e os exames de fezes e urina são componentes importantes na avaliação anual de seu cão. Há alguns diagnósticos adicionais que podem ser úteis na determinação do estado de saúde e das condições de envelhecimento do animal. Eles podem ajudar você a se manter um passo à frente de algumas doenças e enfermidades:

➤ **Vitamina D –** Cães e gatos não processam a vitamina D a partir da luz do sol. Portanto, eles precisam obtê-la da dieta. Infelizmente, a forma sintética utilizada em muitas comidas para animais de estimação industrializadas pode ser de difícil absorção pelos animais, e, a não ser que sejam impecavelmente balanceadas, as refeições caseiras são deficientes em vitamina D. Esse exame não faz parte das análises de sangue de rotina, mas você pode pedir ao consultório veterinário que o inclua na avaliação. Níveis baixos de vitamina D têm muitos impactos negativos, incluindo o comprometimento das reações imunitárias.

- **Teste de disbiose** – Mais de 70% do sistema imunitário está localizado no intestino e muitos animais de estimação sofrem de distúrbios desse órgão que geram má absorção, má digestão e, por fim, um sistema imunitário enfraquecido e disfuncional. Identificar e tratar um intestino permeável ou disbiótico é muito importante no restabelecimento da boa saúde, em especial nos casos de animais debilitados, com doenças crônicas ou em processo de envelhecimento.
- **Proteína c-reativa (PCR)** – Esse é um dos marcadores mais precisos da inflamação sistêmica em cães. Hoje em dia, veterinários e veterinárias podem realizar esse exame no hospital.
- **Biomarcadores cardíacos (peptídeo natriurético cerebral – BNP)** – Um simples exame de sangue mede substâncias que o coração libera quando o órgão está prejudicado ou estressado. É um ótimo teste de identificação de miocardite, miocardiopatias e insuficiência cardíaca.
- **Hemoglobina glicada** – Há cerca de uma década, *biohackers*, pesquisadores da metabolômica e clínicos da medicina funcional começaram a usar o exame hemoglobina glicada (originalmente, uma ferramenta de monitoração da diabetes) como um marcador da saúde metabólica. A hemoglobina glicada é, na verdade, um produto final da glicação avançada (AGE); é uma medida de quanta hemoglobina (proteína que conduz o oxigênio) está coberta de açúcar (glicada). Quanto mais alta a hemoglobina glicada, mais inflamação, glicação e estresse metabólico. A mesma interpretação se aplica aos cães.
- **Teste combinado da doença do carrapato e da dirofilariose** – Em muitos lugares do mundo, inclusive nos Estados Unidos, foi-se o tempo em que bastava um exame simples de dirofilariose. Os carrapatos estão por toda parte e transmitem moléstias que podem ser fatais, muito mais comuns do que a dirofilariose. A doença de Lyme e outras enfermidades transmitidas pelo carrapato estão se tornando uma epidemia silenciosa entre cães e pessoas de certas regiões. Peça ao veterinário ou veterinária que faça o exame SNAT 4DxPlus (Idexx Labs) ou o AccuPlex4 (Antech Diagnostics), que identificam a dirofilariose, a doença de Lyme e duas cepas de *Ehrlichia* e de *Anaplasma*. Caso um cachorro receba diagnóstico positivo num dos testes da doença de Lyme, isso significa que ele foi exposto. **Não significa**

que ele está doente. Na verdade, as pesquisas revelam que a maior parte dos sistemas imunitários dos cães faz exatamente o que se espera deles: monta uma reação imunitária à bactéria e a eliminam. No entanto, em cerca de 10% dos casos os cães são infectados e não conseguem eliminar as bactérias. Esses cães precisam ser identificados e tratados com rapidez antes do início dos sintomas. O exame de sangue que diferencia a exposição à Lyme da infecção/doença propriamente dita se chama Quantitativo C6 (QC6). Não deixe que o veterinário ou a veterinária prescreva antibióticos até que o QC6 dê positivo para a infecção de Lyme. Caso use antibióticos por qualquer motivo, não se esqueça de seguir os protocolos de recuperação do microbioma contidos neste livro. Recomendamos um desses exames de sangue simples para identificar doenças do carrapato a cada 6 ou 12 meses (dependendo do descontrole desses males na região onde você mora e da potência/frequência dos pesticidas utilizados). Se você utiliza preventivos naturais, faça exames com mais frequência; eles não têm a mesma eficácia dos pesticidas mais pesados (por outro lado, não são tão tóxicos). Caso esteja usando medicamentos prescritos para o combate a pulgas e carrapatos, faça um SNAP 4 DX Plus todos os anos e siga protocolos de desintoxicação!

Observação: o site www.foreverdog.com tem mais informações disponíveis em inglês sobre novos biomarcadores, diagnósticos de bem-estar, exames e laboratórios.

Análise nutricional de uma refeição com carne bovina

GRAMAS	PERCENTUAL	INGREDIENTE
2.270	58,07%	carne magra (7% de gordura) moída ou esmigalhada, levemente cozida em fogo baixo
908	23,23%	fígado bovino, cozido, selado
454	11,61%	aspargos crus
113,5	2,9%	espinafre cru
56,8	1,45%	sementes de girassol sem casca, secas
56,8	1,45%	sementes de cânhamo
25	0,64%	carbonato de cálcio
15	0,38%	óleo de fígado de bacalhau Carlson, 400UI – 1 colher de sopa
5	0,13%	gengibre ralado
5	0,13%	farinha de algas marinhas da Tidal Organics
3.909	**100%**	

ANÁLISE DE MACRONUTRIENTES			
Fatores de Atwater			
COMPOSIÇÃO	MATÉRIA ORIGINAL	MATÉRIA SECA (MS)	%KCAL
Proteína	25%	66%	54%
Gordura	9%	23%	42%
Matéria mineral	2%	6%	
Umidade	63%		
Fibra	1%	2%	
Carboidratos líquidos	2%	4%	3%
Açúcares (dados limitados)	0%	1%	1%
Amido (dados limitados)	0%	0%	0%
Total			**100%**

MACRONUTRIENTES	
Total de kcal na receita	7.098
Kcal/dia	342
Rendimento em dias	20,7
Kcal/kg	1.817
Kcal/kg MS	4.863
Gramas a servir por dia	188

Peso desejado		4,5kg					18,2kg		
NÍVEL DE ATIVIDADE, FEDIAF 2016	FATOR K	KCAL/DIA	G/DIA	% DE ÁGUA	PBKG (PROTEÍNA BRUTA)	UNIDADE /DIA	KCAL /DIA	G/DIA	% DE ÁGUA
Adulto									
Energia em repouso	70	218	120	2,6%	47,9	3,8	616	339	1,9%
Adulto – sedentário, dentro de casa	85	265	146	3,2%	58,2	4,7	748	412	2,3%
Adulto – menos ativo	95	296	163	3,6%	65,1	5,2	836	460	2,5%
Adulto – ativo	110	342	188	4,2%	75,3	6,0	969	533	2,9%
Adulto – mais ativo	125	389	214	4,7%	85,6	6,9	1.101	606	3,3%
Adulto – muito ativo	150	467	257	5,7%	102,7	8,2	1.321	727	4,0%
Adulto – cão de trabalho	175	545	300	6,6%	119,9	9,6	1.541	848	4,7%
Adulto – cão de trenó	860	2.677	1.473	32,5%	589,0	47,2	7.572	4.167	23%

AAFCO 2017 – ADULTO – ATIVO					
MINERAIS	UNIDADE	MÍNIMOS	MÁXIMOS	RECEITA	QUANTIDADE DIÁRIA
Ca	g	1,25	6,25/4,5	1,67	0,54
P	g	1,00		1,66	0,57
Relação Ca:P	relação	1:1	2:1	1:1	
K	g	1,50		2,27	0,78
Na	g	0,20		0,41	0,14
Mg	g	0,15		0,22	0,08
Cl (sem dados do USDA)	g	0,30		0,01	0,00
Fe	mg	10,00		21,81	7,47
Cu	mg	1,83		19,02	6,51
Mn	mg	1,25		1,59	0,54
Zn	mg	20,00		30,74	10,53
I (sem dados do USDA)	mg	0,25	2,75	0,475	0,16
Se	mg	0,08	0,50	0,124	0,04

AAFCO 2017 – ADULTO – ATIVO					
VITAMINAS	UNIDADE	MÍNIMOS	MÁXIMOS	RECEITA	QUANTIDADE DIÁRIA
Vit. A	UI	1.250,00	62.500	42.940,13	14.704
Vit. D	UI	125,00	750	252,63	87
Vit. E	UI	12,50		12,90	4
Tiamina, B1	mg	0,56		0,73	0,3
Riboflavina, B2	mg	1,30		5,24	1,8
Niacina, B3	mg	3,40		46,56	15,9
Ácido Pantotênico, B5	mg	3,00		11,95	4,1
B6 (Piridoxina)	mg	0,38		2,91	1
B12	mg	0,01		0,099	0,034
Ácido Fólico	mg	0,05		0,432	0,148
Colina	mg	340,00		860,95	295

AAFCO 2017 – ADULTO – ATIVO (por 1.000 kcal)					
GORDURAS	UNIDADE	MÍNIMOS	MÁXIMOS	RECEITA	QUANTIDADE DIÁRIA
Total	g	13,80	82,5	47,06	16,11
Saturadas	g			15,89	5,44
Monoinsaturadas	g			15,19	5,20
Poli-insaturadas	g			7,11	2,43
LA	g	2,80	16,30	5,12	1,75
ALA	g			0,65	0,22
AA	g			0,44	0,15
EPA+DHA	g			0,41	0,14
EPA	g			0,18	0,06
DPA	g			0,09	0,03
DHA	g			0,23	0,08
Ômega-6: ômega-3	relação		30:1	5,25	

AAFCO 2017 – ADULTO – ATIVO (por 1.000 kcal)					
AMINOÁCIDOS	UNIDADE	MÍNIMOS	MÁXIMOS	RECEITA	QUANTIDADE DIÁRIA
Proteína total	g	45,00		135,74	46,48
Triptofano	g	0,40		0,99	0,34
Treonina	g	1,20		5,26	1,80
Isoleucina	g	0,95		5,98	2,05
Leucina	g	1,70		10,84	3,71
Lisina	g	1,58		10,69	3,66
Metionina	g	0,83		3,40	1,17
Metionina – cistina	g	1,63		5,08	1,74
Fenilalanina	g	1,13		5,69	1,95
Fenilalanina – tirosina	g	1,85		10,06	3,44
Valina	g	1,23		6,97	2,39
Arginina	g	1,28		9,09	3,11

Áreas sombreadas (se houver) não atendem ao padrão de crescimento canino da União Europeia e da AAFCO.

Análise nutricional de refeição com carne de peru e suplementos

REFEIÇÃO CANINA DE PERU

animaldiet FORMULATOR
OFERECIMENTO DA ROYAL ANIMAL HEALTH UNIVERSITY

INGREDIENTES DA RECEITA		
ITEM	GRAMAS	PERCENTUAL
Carne de peru (15% de gordura), grelhada na panela, moída ou esmigalhada	2.270,00	51,23%
Fígado de boi, cozido, selado	908,00	20,49%
Couve-de-bruxelas, cozida, fervida, escorrida, sem sal	454,00	10,25%
Vagens frescas ou congeladas, de qualquer tipo (holandesa, manteiga, etc.), sem tempero	454,00	10,25%
Escarola crua	227,00	5,12%
Óleo de salmão, mistura de óleo de salmão selvagem Alfa Ômega	50,00	1,13%
Carbonato de cálcio	25,00	0,56%
Vitamina D3, 400UI/g	3,00	0,07%
Potássio Solaray, 99mg/caps, 1g = 1caps	25,00	0,56%
Citrato de Magnésio, 200mg / comprimido – 1g = 1comprimido	3,00	0,07%
Quelato de manganês – 10mg	1,00	0,02%
Zinco Nature Made, comprimido de 30mg	4,00	0,09%
Iodo Whole Foods, 360mcg/caps	7,00	0,16%
Vitamina E 400UI, 1g = 1caps, Bluebonnet	0,13	0,00%
Total	**4.431,13**	**100,00%**

ANÁLISE DE MACRONUTRIENTES			
O conteúdo de nutrientes nos alimentos naturais varia, às vezes significativamente. Considere os valores dos nutrientes apenas como aproximação.			
COMPOSIÇÃO	MATÉRIA ORIGINAL	MATÉRIA SECA (MS)	%KCAL
Proteína	19,33%	54,01%	39,78%
Gordura	11,23%	31,36%	56,1%
Matéria mineral	2,52%	7,05%	
Umidade	64,2%		
Fibra	0,71%	1,99%	
Carboidratos líquidos	2%	5,59%	4,12%
Açúcares (dados limitados)	0,24%	0,67%	0,49%
Amido (dados limitados)	0,16%	0,44%	0,32%
Total			100%

INFORMAÇÃO DOS MACRONUTRIENTES	
Total de kcal na receita	7.538,38
Kcal/dia	2.068,33
Rendimento em dias	3,64
Kcal/kg	1.701,20
Kcal/kg MS	2.108,97
Gramas a servir por dia	1.215,80
Relação cetogênica [gramas de gordura / (gramas de proteína + gramas de carboidratos líquidos)]	0,53

MINERAIS	UNIDADE	MÍNIMOS	MÁXIMOS	RECEITA	QUANTIDADE DIÁRIA
Ca	g	1,25	0,00	1,54	3,19
P	g	1,00	4,00	1,45	3,00
Ca:P	relação	1:1	2:1	1,06:1	
K	g	1,25	0,00	1,79	3,70
Na	g	0,25	0,00	0,37	0,77
Mg	g	0,18	0,00	0,22	0,45
Cl (sem dados do USDA)	g	0,38	0,00	0,00	0,00
Fe	mg	9,00	0,00	15,33	31,71
Cu	mg	1,80	0,00	17,85	36,92
Mn	mg	1,44	0,00	2,16	4,47
Zn	mg	18,00	71,00	33,62	69,53
I (sem dados do USDA)	mg	0,26	0,00	0,33	0,69
Se	mg	0,08	0,14	0,15	0,32

VITAMINAS	UNIDADE	MÍNIMOS	MÁXIMOS	RECEITA	QUANTIDADE DIÁRIA
Vit A	UI	1.515,00	100.000,00	39.965,19	82.661,27
Vit C	mg	0,00	0,00	12,02	24,85
Vit D	UI	138,00	568,00	242,30	501,16
Vit E	UI	9,00	0,00	9,00	18,62
Tiamina, B1	mg	0,54	0,00	0,62	1,29
Riboflavina, B2	mg	1,50	0,00	5,03	10,41
Niacina, B3	mg	4,09	0,00	45,14	93,37
Ácido Pantotênico, B5	mg	3,55	0,00	13,10	27,10
B6 (Piridoxina)	mg	0,36	0,00	2,75	5,70
B12	mg	0,01	0,00	0,09	0,19
Ácido Fólico	mg	0,07	0,00	0,41	0,86
Colina	mg	409,00	0,00	749,15	1.549,50
Vit K1 (dados mínimos)	mg	0,00	0,00	158,03	326,87
Biotina (dados mínimos)	mg	0,00	0,00	0,00	0,00

AMINOÁCIDOS	UNIDADE	MÍNIMOS	MÁXIMOS	RECEITA	QUANTIDADE DIÁRIA
Proteína total	g	45,00	0,00	113,65	235,07
Triptofano	g	0,43	0,00	1,32	2,72
Treonina	g	1,30	0,00	5,00	10,34
Isoleucina	g	1,15	0,00	5,08	10,51
Leucina	g	2,05	0,00	9,56	19,78
Lisina	g	1,05	0,00	9,55	19,76
Metionina	g	1,00	0,00	3,16	6,54
Metionina – cistina	g	1,91	0,00	4,61	9,53
Fenilalanina	g	1,35	0,00	4,83	9,99
Fenilalanina – tirosina	g	2,23	0,00	8,91	18,43
Valina	g	1,48	0,00	5,70	11,80
Arginina	g	1,30	0,00	7,65	15,83
Histidina	g	0,58	0,00	3,33	6,89
Purinas	mg	0,00	0,00	0,00	0,00
Taurina	g	0,00	0,00	0,02	0,05

GORDURAS	UNIDADE	MÍNIMOS	MÁXIMOS	RECEITA	QUANTIDADE DIÁRIA
Total	g	13,75	0,00	66,00	136,52
Saturadas	g	0,00	0,00	15,85	32,79
Monoinsaturadas	g	0,00	0,00	19,03	39,35
Poli-insaturadas	g	0,00	0,00	15,42	31,90
LA	g	3,27	0,00	12,96	26,80
ALA	g	0,00	0,00	0,76	1,56
AA	g	0,00	0,00	0,69	1,42
EPA+DHA	g	0,00	0,00	2,12	4,38
EPA	g	0,00	0,00	1,28	2,64
DPA	g	0,00	0,00	0,04	0,08
DHA	g	0,00	0,00	0,84	1,74
Ômega-6: ômega-3	relação			4,75:1	

Vinte perguntas para o criador de filhotes

EXAMES DE GENÉTICA E SAÚDE

1. A fêmea (mãe) foi submetida a todos os testes de DNA atualmente considerados adequados para a raça? (Em www.dogwellnet.com você encontra uma lista de exames por raças.)
2. O macho (pai) foi submetido a todos os testes de DNA atualmente considerados adequados para a raça?
3. Quais foram os resultados dos exames com método PennHip para displasia do quadril no pai e na mãe? Quais os resultados dos exames de cotovelo e de patela no pai e na mãe?
4. No caso de raças afetadas por alterações da tireoide, quando os resultados dos exames do pai e da mãe foram registrados pela última vez no banco de dados da tireoide da OFA (Orthopedic Foundation for Animals)?
5. Caso seja uma indicação para a raça, os olhos do pai e da mãe foram avaliados por um oftalmologista e os resultados foram registrados no CERF (Companion Animal Eye Registry) ou no OFA?
6. Há algum problema relacionado à raça que o criador ou criadora esteja tentando tratar/retificar/melhorar por meio do acasalamento desse par?

EPIGENÉTICA

7. Que percentual da dieta do pai e da mãe é composto por alimentos não processados ou minimamente processados?
8. Quais são os protocolos de vacinação do pai e da mãe?
9. O protocolo de vacinação do filhote é determinado por um nomograma (os níveis de anticorpos da mãe são testados para determinar quando as vacinas serão eficazes nos filhotes)?
10. Com que frequência são aplicados pesticidas no pai e na mãe (medicamento tópico e via oral para dirofilariose, pulgas e carrapatos)?

SOCIALIZAÇÃO, DESENVOLVIMENTO INICIAL E BEM-ESTAR

11. Que programa de socialização inicial (do dia 0 ao dia 63) o criador institui antes de entregar os filhotes aos novos lares?
12. O contrato requer que os filhotes sejam esterilizados ou castrados em uma idade determinada?
13. Se sim, a cláusula de esterilização inclui opções de vasectomia ou de histerectomia?
14. O contrato requer que o novo dono ou dona participe de aulas de adestramento com o cão?
15. Caso seja apropriado à raça, os olhos dos filhotes são examinados por um(uma) oftalmologista entre a sexta e a oitava semana de vida?
16. Antes de ir para os novos lares, os filhotes são submetidos a um exame geral feito pelo veterinário ou veterinária do criador ou criadora? Com que idade os filhotes são entregues?

TRANSPARÊNCIA

17. O criador ou criadora permite que o futuro dono ou dona visite as instalações do canil (pessoalmente ou por chamadas de vídeo) e fornece referências com as quais se possa entrar em contato?

18. No caso de o novo dono ou dona não ser capaz de ficar com o filhote ou caso as coisas não funcionem muito bem, o criador ou criadora aceitará o filhote de volta a qualquer momento?
19. O criador ou criadora (ou alguém de sua rede de contatos) está disponível para qualquer suporte, se necessário?
20. O kit do filhote inclui todos os itens a seguir?
    - Contrato
    - Registro ou solicitação de registro no AKC (American Kennel Club) ou organização equivalente
    - Outros registros da raça, se for o caso (por exemplo, Australian Shepherd Club of America)
    - Pedigree da ninhada
    - Cópias dos exames oftalmológicos do filhote, se for o caso
    - Resumo do estado geral de saúde do filhote fornecido por veterinário ou veterinária (registro médico da primeira consulta)
    - Atestados de saúde da mãe, incluindo cópias dos testes de DNA
    - Atestados de saúde do pai, incluindo cópias dos testes de DNA
    - Fotos do pai e da mãe
    - Recursos educacionais (sugestão de esquema de alimentação, sugestão de protocolos de vacina e sugestão de datas para a titulação de anticorpos para garantir a imunização, recursos para treinamento)

REGRAS PARA OSSOS CRUS

Granola crocante não remove a placa dos seus dentes. Petiscos crocantes não removem a placa dos dentes dos cães. Ainda assim, as pessoas acreditam que biscoitos caninos "limpam" os dentes. Não é verdade! Essa é uma vergonhosa manobra de marketing. Há três formas de remover a placa dos dentes caninos: o veterinário ou veterinária pode fazer uma limpeza profissional (é o modo mais eficaz para se obter uma boca limpa, mas costuma envolver anestesia); você pode escová-los todas as noites depois do jantar (prática da qual somos fãs); e pode incentivar seu cão a participar da remoção da placa por meio do ato de roer (também conhecido como "abrasão mecânica"). Quando o cão rói um osso cru recreativo, especialmente um carnudo, com cartilagem e tecidos moles ainda agarrados a ele, os dentes recebem o equivalente a uma boa escovação e passada de fio dental. Porém é ele quem faz o trabalho, não você. Um estudo revelou que oferecer ossos crus aos cães remove a maior parte da placa e do tártaro dos molares e dos primeiros e segundos pré-molares *em menos de três dias*! Esses ossos são chamados de ossos recreativos porque os cães adoram roê-los, mas eles não são feitos para serem mastigados ou engolidos. E têm uma longa lista de regras.

É possível encontrar uma variedade de ossos crus na sessão de congelados da pet shop independente do seu bairro, com funcionários mais bem informados que podem ajudar você a escolher o tamanho correto do osso para cada cachorro. Se você não tem acesso a uma loja desse tipo, pode encontrar ossos crus de articulações (não fervidos, defumados, cozidos ou assados) no açougue local ou no balcão de carnes do supermercado (às vezes esses ossos são chamados de ossos para sopa e podem ser encontrados no freezer ou na seção de congelados). Quando levar os ossos para casa, congele-os, depois descongele-os um de cada vez antes de oferecer ao cão. De maneira geral, os ossos das articulações de grandes mamíferos (boi, bisão, veado) são as opções mais seguras. Outras dicas:

- Compare o tamanho do osso com o tamanho da cabeça do cachorro. Não existe osso grande demais, mas definitivamente há ossos que são muito pequenos para certos cães. Ossos muito pequenos oferecem risco de engasgar e podem causar trauma significativo na boca (incluindo dentes quebrados).
- Caso o animal tenha restaurações ou coroas dentárias, ou caso tenha dentes fraturados ou moles (cães idosos), nunca ofereça ossos recreativos.
- Sempre supervisione atentamente o cão enquanto ele brinca com o osso. Não permita que ele leve o prêmio para um cantinho, sozinho.

- Para manter a paz em casas com mais de um cachorro, separe os cães antes de oferecer os ossos recreativos. Essa regra se aplica a amigos caninos casuais e melhores amigos. Cães em estado de guarda não devem receber ossos crus. Ao final da sessão de roedura, recolha os ossos (para começar, 15 minutos é um bom período).
- O tutano é gorduroso e pode acrescentar calorias à dieta. Cães com pancreatite não devem comê-lo. Muito tutano pode provocar diarreia em cães com estômago sensível. Portanto, remova-o até que o trato gastrointestinal de seu cão esteja adaptado a esse petisco mais gorduroso ou permita sessões de mastigação mais curtas; por exemplo, 15 minutos diários, para começar. Uma alternativa para cães rechonchudos ou que precisam de ossos com menos gordura é sempre oferecer os ossos crus sem o tutano.
- Ossos crus podem gerar muita sujeira enquanto o cão rói sem parar. Muitas pessoas os oferecem do lado de fora da casa ou sobre uma superfície que possa ser lavada sem dificuldade com água quente e sabão. Nunca ofereça qualquer tipo de osso cozido.

Recursos adicionais

Para informações atualizadas, visite o site disponível em inglês www.foreverdog.com.

REABILITAÇÃO PROFISSIONAL (CONTEÚDO DISPONÍVEL EM INGLÊS)

- Profissionais do Canine Rehabilitation Institute: www.caninirehabinstitute.com/Find_A_Therapist.html
- Canadian Physiotherapy Association: www.physiotherapy.ca/divisions/animal-rehabilitation
- Diretório virtual da American Association of Rehabilitation Veterinarians: www.rehabvets.org/director.lasso
- Profissionais do Canine Rehabilitation Certificate Program: www.utvetce.com/canine-rehab-ccrp/ccrp-practitioners

TREINAMENTO E COMPORTAMENTO (CONTEÚDO DISPONÍVEL EM INGLÊS)

- Certification Council for Professional Dog Trainers (CCPDT): www.ccpdt.org
- International Association of Animal Behavior Consultants (IAABC): www.iaabc.org
- Karen Pryor Academy: www.karenpryoracademy.com

- Academy for Dog Trainers: www.academyfordogtrainers.com
- Pet Professional Guild: www.petprofessionalguild.com
- Fear Free Pets: www.fearfreepets.com
- American College of Veterinary Behaviorists: www.dacvb.org

PROGRAMAS PARA FILHOTES (CONTEÚDO DISPONÍVEL EM INGLÊS)

- Avidog: www.avidog.com
- Puppy Culture: www.shoppuppyculture.com
- Enriched Puppy Protocol: https://suzanneclothier.com/events/enriched-puppy-protocol/
- Puppy Prodigies: www.puppyprodigies.org

SERVIÇOS DE CONCIERGE ADEPTOS DA MEDICINA VETERINÁRIA FUNCIONAL (CONTEÚDO DISPONÍVEL EM INGLÊS)

- College of Integrative Veterinary Therapies: www.civtedu.org
- American Veterinary Chiropractic Association: www.animalchiropractic.org
- International Veterinary Chiropractic Association: www.ivca.de
- American College of Veterinary Botanical Medicine: www.acvbm.org
- Veterinary Botanical Medicine Association: www.vbma.org
- Veterinary Medical Aromatherapy Association: www.vmaa.vet
- American Academy of Veterinary Acupuncture: www.aava.org
- International Veterinary Acupuncture Society: www.ivas.org
- International Association of Animal Massage and Bodywork: www.iaamb.org
- American Holistic Veterinary Medical Association: www.ahvma.org
- Raw Feeding Veterinary Society: www.rfvs.info

Comida canina "com suplementação"

Nos Estados Unidos, todas as comidas caninas devem oferecer informação nutricional na embalagem. Se você mora no Canadá ou em outro país sem regulamentação sobre essas embalagens, infelizmente é necessário fazer uma pesquisa para verificar se a comida que está comprando é nutricionalmente adequada. No Brasil, a Associação Brasileira da Indústria de Produtos para Animais de Estimação publica o *Manual Pet Food Brasil*, com informações e normativas sobre produção de alimentação animal, diretrizes nutricionais e legislação pertinente ao tema: abinpet.org.br. Nos Estados Unidos, um rótulo que diz "Para alimentação suplementar ou intermitente" indica que aquela comida é nutricionalmente incompleta – é deficiente em vitaminas e minerais essenciais que devem ser suplementados na dieta do cão, mas que não são fornecidos naquele alimento. Não importa onde você more, se os rótulos da comida comercial para animais de estimação não vierem com uma declaração de adequação nutricional, e caso a empresa não forneça uma análise nutricional completa (como as da AAFCO, do NRC ou da FEDIAF), você deve pressupor que o alimento não atende às necessidades nutricionais diárias do cão. Levando em consideração a temperatura de processamento, a pureza e a origem de todos os ingredientes, esses alimentos podem funcionar muito bem como pequenas porções, petiscos, *toppers* ou dietas de curto prazo para cães adultos (um em cada sete, ou duas em cada 14 refeições). Essas opções incompletas não são elaboradas para consumo consistente como única fonte de alimentação; o problema é que elas são usadas dessa forma. E causam todo tipo de bloqueio no caminho da longevidade do cão.

Quando os cães estão com falta de vitaminas e minerais essenciais que atuam como cofatores em reações enzimáticas centrais e facilitam a produção de proteínas indispensáveis, o corpo não funciona de modo otimizado no nível celular, o que, com o tempo, leva ao estresse metabólico e fisiológico. No fim das contas, o adoecimento é inevitável. O problema é que não vemos os sinais externos dessas deficiências de micronutrientes até que o corpo do cão esteja tão debilitado que não há chances de uma futura entrada no *Guinness*. As pessoas andam muito confusas em relação à alimentação animal e os tempos atuais oferecem sérias restrições econômicas. Entendemos isso perfeitamente. O cenário tem sido propício para que as empresas de alimentação animal ofereçam uma solução: comida canina muito mais barata, natural e desbalanceada (em comparação a muitas outras marcas de comida crua ou minimamente processada que se empenham em criar dietas bem formuladas, nutricionalmente completas e, por isso, mais caras). Para os tutores de animais de estimação 3.0 muito bem informados, sem medo de fazer contas, algumas das "misturas" cruas disponíveis no comércio (feitas com carne, ossos e vísceras) ou outras "misturas base" cozidas, desidratadas ou liofilizadas de carnes e vegetais são uma boa opção. Essas misturas podem ser uma bênção para a carteira e podem ser servidas como *toppers* ou petiscos (menos de 10% das calorias diárias de seu cão).

Quem opta por usar essas misturas caninas desbalanceadas como a base das refeições diárias precisa preencher todas as lacunas nutricionais. Há muitas microempresas produzindo pequenas porções de comida canina com o potencial de serem ótimos alimentos, caso a comida seja balanceada por você (sim, com uma calculadora). Empresas transparentes disponibilizam PDFs em seus sites mostrando a análise nutricional de suas dietas (incompletas). Essa informação pode ser lançada numa planilha para que você consiga comparar com padrões nutricionais aceitáveis na atualidade (que você pode encontrar em www.foreverdog.com) e determinar que nutrientes precisam ser adicionados. Muitos tutores 3.0 em nossa comunidade fazem isso. É uma forma fantástica de oferecer comida balanceada e natural dentro de um orçamento mais apertado. A maneira mais barata de oferecer ao seu cão uma dieta 100% de qualidade para consumo humano e otimizada é recorrer às promoções, unir-se a uma cooperativa, comprar a granel ou preparar a comida em casa seguindo uma receita nutricionalmente completa. Para muitas pessoas que conhecemos, isso é inviável.

Se você tentar equilibrar dietas caninas comerciais desbalanceadas, seu cachorro dependerá de você para a identificação não apenas dos nutrientes que estão faltando, mas das quantidades que precisam ser adicionadas para, pelo menos, atender às necessidades mínimas diárias. "Alimentação suplementada" não é ruim; na verdade, com uma avaliação inteligente e em quantidades apropriadas, ela pode ser *muito benéfica* para sua carteira, dependendo da intensidade do processamento e da qualidade dos ingredientes crus. No entanto, existe uma coisa que importa mais do que qualquer outra nessa categoria de comida canina: a ética da empresa. Qual o grau de transparência no compartilhamento dos resultados da análise nutricional dos produtos? Essa pergunta é fundamental, e recomendamos que você a faça antes de oferecer esses alimentos durante o tempo que for (além de um TEL ou numa refeição leve). Existem opções de comida canina "suplementar" (em geral, as que não adotam qualquer declaração de adequação nutricional entram nessa categoria) dentro da maioria das categorias de comida canina, incluindo muitas marcas de comida crua e várias de comida levemente cozida, produzidas por microempresas, que você pode comprar nos mercados locais, nas butiques de animais de estimação, nas grandes lojas ou fornecedores virtuais. É provável que a esta altura você já seja capaz de perceber algumas desvantagens dessa categoria.

Muitas empresas que produzem misturas básicas do tipo "modelo de presa" – "80/10/10" (carne/ossos/vísceras), com componentes crus ou "comida canina ancestral" – não fornecem uma lista dos ingredientes ou a quantidade de suplementos que você precisa adicionar para equilibrar essas dietas desbalanceadas. Pior ainda, pode ser difícil ou até impossível obter os dados de que você precisa junto ao departamento de serviço ao consumidor para tentar calcular e corrigir as deficiências. **Algumas empresas que vendem comida canina não fornecem informações sobre o que está na comida.** O que é assustador, pois é possível que elas não conheçam o perfil nutricional do próprio produto ou não queiram que ninguém conheça. Na verdade, algumas empresas divulgam que, caso o dono ou a dona do animal reveze todos os sabores e proteínas, com o tempo vão atender às necessidades nutricionais mínimas, sem nunca fornecerem provas de que esse é um modo viável de atender a essas necessidades. Isso deixa veterinários e veterinárias com muita raiva porque costuma não ser verdade. **O problema de revezar às cegas entre uma variedade de dietas desequilibradas é que o cão per-**

manece nutricionalmente deficiente. Essa é uma das maiores razões de vermos animais que comem alimentos naturais, menos processados ou crus sendo prejudicados: a comida é natural, porém deficiente.

Desconfie das empresas que oferecem recomendações nutricionais vagas para equilibrar seus produtos, tais como "Adicione algas e ômega-3 para equilibrar nossas dietas". O "revezamento temporário" (revezar entre vários tipos de carnes, ossos e vísceras) é outro conceito nutricional que enfurece veterinários, porque são poucas as pessoas ou empresas que demonstram estar de fato atendendo a alguma demanda nutricional. Esse é um grande problema enfrentado por muitas pessoas. E muitos profissionais já estão frustrados com seus clientes que aderiram às "categorias alternativas e não tradicionais de comida" e se afastaram das ultraprocessadas e altamente refinadas "partículas parecidas com comida" (expressão usada pelo Dr. Ian Billinghurst para se referir às rações). Se, ao menos na maior parte do tempo, você não tem certeza de que pode garantir ao seu cão tudo de que ele precisa do ponto de vista nutricional, ofereça essas dietas comerciais não formuladas cerca de duas vezes por semana (duas em cada 14 refeições) ou todos os dias, como um *topper* essencial (10% das calorias). Profissionais no diretório da www.freshfoodconsultantes.org podem ajudar você a equilibrar esses produtos, ou você pode usar a planilha da www.petdietdesigner.com.

Muitos tutores 3.0 também dominam as variações da alimentação caseira à base de dietas cruas com ossos carnudos (as RMBDs – *raw meaty bone diets*) ou de dietas à base de ossos e comida crua (as BARFs, como é comum vermos na internet – *biologically appropriate raw food*) que atendem às necessidades nutricionais mínimas. Esse tipo de alimentação envolve a mistura de uma variedade de carnes, ossos, glândulas e vísceras para imitar a presa. Para evitar desequilíbrios, essas modalidades podem ser seguidas com sucesso com o auxílio de uma das muitas planilhas disponíveis para balanceamento de alimentação crua.

Notas

Devido ao volume de fontes e à literatura científica que poderíamos ter citado ao longo das páginas, nossa seleta lista de notas que acompanha as declarações feitas neste livro se tornou um tomo à parte. Nós a transferimos para www.foreverdog.com, onde podemos mantê-la sempre atualizada. Partindo do pressuposto de que você visita sites bem-conceituados, que publicam informação verificada e de credibilidade, corroborada por especialistas, temos certeza de que, com alguns cliques, você encontrará na internet, por conta própria, milhares de referências e de evidências para as declarações feitas aqui. Em se tratando de saúde e medicina, isso é ainda mais importante. Os melhores mecanismos de pesquisa de periódicos médicos que não exigem assinatura, muitos dos quais estão listados nas notas, incluem: pubmed.gov (um arquivo virtual de artigos médicos mantidos pela United States National Institutes of Health's National Library of Medicine); sciencedirect.com e seu irmão *SpringerLink*, link.springer.com; a *Cochrane Library*, em cochranelibrary.com; e o *Google Scholar*, em scholar.google.com, ótimo mecanismo de busca a ser usado após a pesquisa inicial. Os bancos de dados acessados por esses mecanismos de busca incluem o *Embase* (da editora de publicação científica Elsevier), o *Medline* e o *MedlinePlus* e cobrem milhões de estudos de todo o mundo avaliados por pares. Fizemos o melhor possível para incluir todos os estudos especificamente destacados e adicionamos outros para complementar a conversa. Para outras consultas, use os verbetes como elemento de busca e não se esqueça de verificar nosso site www.foreverdog.com para atualizações em inglês.

CONHEÇA ALGUNS DESTAQUES DE NOSSO CATÁLOGO

- **Brené Brown:** *A coragem de ser imperfeito – Como aceitar a própria vulnerabilidade, vencer a vergonha e ousar ser quem você é* (600 mil livros vendidos) e *Mais forte do que nunca*

- **T. Harv Eker:** *Os segredos da mente milionária* (2 milhões de livros vendidos)

- **Dale Carnegie:** *Como fazer amigos e influenciar pessoas* (16 milhões de livros vendidos) e *Como evitar preocupações e começar a viver* (6 milhões de livros vendidos)

- **Greg McKeown:** *Essencialismo – A disciplinada busca por menos* (400 mil livros vendidos) e *Sem esforço – Torne mais fácil o que é mais importante*

- **Haemin Sunim:** *As coisas que você só vê quando desacelera* (450 mil livros vendidos) e *Amor pelas coisas imperfeitas*

- **Ana Claudia Quintana Arantes:** *A morte é um dia que vale a pena viver* (400 mil livros vendidos) e *Pra vida toda valer a pena viver*

- **Ichiro Kishimi e Fumitake Koga:** *A coragem de não agradar – Como a filosofia pode ajudar você a se libertar da opinião dos outros, superar suas limitações e se tornar a pessoa que deseja* (200 mil livros vendidos)

- **Simon Sinek:** *Comece pelo porquê* (200 mil livros vendidos) e *O jogo infinito*

- **Robert B. Cialdini:** *As armas da persuasão* (350 mil livros vendidos) e *Pré-suasão – A influência começa antes mesmo da primeira palavra*

- **Eckhart Tolle:** *O poder do agora* (1,2 milhão de livros vendidos) e *Um novo mundo* (240 mil livros vendidos)

- **Edith Eva Eger:** *A bailarina de Auschwitz* (600 mil livros vendidos)

- **Cristina Núñez Pereira e Rafael R. Valcárcel:** *Emocionário – Um guia prático e lúdico para lidar com as emoções* (de 4 a 11 anos) (800 mil livros vendidos)

sextante.com.br